AMV

Paul Robinson

Georg Solti

Große Dirigenten – ihr Leben und Wirken

Mit 11 Abbildungen auf Kunstdrucktafeln
Bearbeitet und erweitert von Peter Geier

Albert Müller Verlag
Rüschlikon-Zürich · Stuttgart · Wien

Aus dem Englischen übersetzt von Sylvia Hofheinz. Titel des kanadischen Originals: «Solti», erschienen bei Lester and Orpen Limited, Toronto/ Ontario.
ISBN 3-275-00786-6. – 1/5-83. – Printed in Switzerland.

Inhalt

Einleitung

Solti in Bayreuth

Sir Georg Solti, der Chefdirigent des Chicago Symphony Orchestra und «Conductor Laureatus» auf Lebenszeit des London Philharmonic Orchestra, ist für Opernfreunde und Kenner der klassischen Musik schon lange zu einem Begriff geworden, mit dem sich einerseits sein gegenwärtiges Wirken als Dirigent in den Vereinigten Staaten, England und Europa verbindet. Andererseits knüpfen sich an seinen Namen – der nebenbei gesagt wie «Scholti» auszusprechen ist – näher oder weiter zurückliegende Erinnerungen, hat dieser Dirigent von Weltruf doch fast ein Drittel seines Daseins in deutschsprachigen Städten zugebracht: rund sieben Jahre in Zürich (1939 bis 1946), sechs Jahre in München (1946 bis 1952) und schließlich neun Jahre in Frankfurt am Main (1952 bis 1961), insgesamt also zweiundzwanzig von bald einundsiebzig Lebensjahren. Und läßt man Ungarn beiseite, wo er zur Hauptsache an deutscher Musik geschult wurde, und beschränkt man sich auf seine Tätigkeit im Ausland, so darf behauptet werden, daß er in der Schweiz seine ersten großen Erfolge als Pianist und Orchesterleiter errang und daß er es in Deutschland zu internationalem Ansehen als Opern- und Konzertdirigent brachte. Hinter solch nüchternen Feststellungen verbirgt sich ein bedeutsamer Teil seiner Lebensgeschichte und vor allem seiner Entwicklung zu einem der bedeutendsten Orchesterleiter unserer Zeit, und obwohl sich das alles in England und in den Vereinigten Staaten fortsetzte, liegt darauf der Hauptakzent der Schilderungen in den nachfolgenden Kapiteln. Faßt man diese Vergangenheit ins Auge, die zwischenzeitlichen Tourneen in Europa, die Gastauftritte und Schallplattenereignisse, so wird jetzt schon offensichtlich, daß Georg Solti zwar nicht unser ist, aber ganz unzweifelhaft zu uns gehört. Dementsprechend ist unser Buch einerseits ein Erinnerungsbuch, andererseits aber auch ein Buch lebendiger Vergegenwärtigung, und sieht man es als Ganzes, ist es immer beides gleichzeitig. Den Freunden des Dirigenten und der Musik geht es dabei gewiß nicht darum, Sensationelles in reißerischer Verpackung vorgesetzt zu bekommen, sondern nachdenklich mitzuerleben, wie sich die Schicksale einer Musikerpersönlichkeit vollzogen, eines Mitmenschen, dessen beglückendes Wirken wir erwahrend und bewahrend begleiten und das uns hoffentlich noch lange erhalten bleibt. Seiner inne zu werden und daraus auch sich selbst zu bedeuten – das ist eines der Ziele des vorliegenden Bandes.

In die unmittelbare Gegenwart oder jüngste Vergangenheit von Soltis Dirigententätigkeit gehört ein Geschehnis aus dem Erscheinungsjahr dieses Bandes, das aus zwei Gründen gleich etwas ausführlicher dargestellt werden soll. Erstens einmal stellt es für ihn einen Markstein in seiner Karriere dar, und zweitens gibt es uns Gelegenheit, noch vor der Schilderung seines musikalischen Lebenslaufs mit dem Solti von heute oder doch vor wenigen Jahren bekannt zu werden. Wenn er am 25. Juli 1983 – im hundertsten Todesjahr von Richard Wagner – auf dem Grünen Hügel zu Bayreuth *Das Rheingold* dirigiert, gleichsam als Auftakt zu einem völlig neu inszenierten *Ring*-Zyklus, geht für ihn «ein alter Kindheitstraum» in Erfüllung. Natürlich stellt sich die Frage, weshalb es so lange dauerte, ehe der berühmte Dirigent, der als erster das Bühnenfestspiel *Der Ring des Nibelungen* auf Schallplatten einspielte und seit langem als einer der hervorragendsten Wagner-Interpreten galt, die Gelegenheit erhielt oder fand, im Bayreuther Festspielhaus aufzutreten. Doch dies ist eine lange Geschichte, die im vorliegenden Band erzählt wird. Begnügen wir uns für den Augenblick mit der Feststellung, daß Solti die aus dem *Rheingold,* der *Walküre, Siegfried* und der *Götterdämmerung* bestehende gewaltige Tetralogie des Meisters nicht weniger als dreimal nacheinander leitet und daß geplant ist, den *Ring* auch 1984 und 1985 unter seiner Stabführung zu geben. Für das Geschehen auf der Bühne übernimmt Sir Peter Hall die Verantwortung, der Direktor des English National Theatre in London, der mit Solti an der Covent Garden Opera zusammenarbeitete und mit riesigem Erfolg die Schönberg-Oper *Moses und Aron* inszenierte. Beide haben vor, von der Abstraktion in der Wagner-Regie abzurücken und zu beweisen, daß der Komponist und Dichter mit seiner realistischen Inszenierung von 1876 recht hatte und alles andere letzten Endes falsch ist. In einem Gespräch mit Ingo Harden sagte Solti: «Wagner hat seine Szenen sehr präzise gesehen und seine Musik auf diese Szenen hin komponiert. Natürlich gibt es Argumente für alles. Zum Beispiel kann man sagen, daß er ein so fortschrittliches Genie gewesen sei, daß er heute alles anders gemacht hätte. Aber man kann schließlich alles bis zum Absurden zerreden. Festen Boden bekommt man nur unter die Füße, wenn man auf den Text zurückgeht. Und so meine ich, daß ich etwas für und nicht gegen Bayreuth tue, wenn ich heute die Abstraktion ablehne» («Die Welt», 30. April 1977). In der Schallplattengeschichte dürfte sich Solti als Dirigent eines ersten «Gesamt-Wagner» etablieren, denn von den großen Bühnenwerken hat er außer *Rienzi* und *Lohengrin* alle auf Platten aufgenommen, und aller Voraussicht nach wird die Einspielung der beiden fehlenden Opern in nächster Zeit noch folgen. Vielleicht kommt es gar in

Bayreuth zu einer Live-Aufnahme des gesamten *Rings* – wenn nicht 1983, dann möglicherweise in einem der folgenden Jahre: Solti wäre viel daran gelegen.

Kehren wir nun nach diesem kurzen Blick auf die Ereignisse des Sommers 1983 zu Georg Solti zurück, den viele, wenn nicht die meisten Musikfreunde freilich nur von Schallplatten sowie von Fernsehkonzerten und -filmen her kennen, auch von Tourneen mit seinen Orchestern; im übrigen aber ist er, von England abgesehen, während der letzten Jahre nicht sehr häufig in Europas Opernhäusern und Konzertsälen anzutreffen gewesen. Zwar unternahm er mit dem London Philharmonic Orchestra (LPO), das am 7. Oktober den fünfzigsten Jahrestag seiner Gründung durch Sir Thomas Beecham feiern konnte, im Februar und März 1983 eine Jubiläums-Tournee in Europa, doch konzertierte er im deutschsprachigen Raum einzig in Hamburg (19. 2.) und Frankfurt (5. 3. 83). Das LPO gastierte indes auf der Tournee unter Klaus Tennstedt auch in Berlin, Mannheim, Wien, Stuttgart, München und Frankfurt. Eben deshalb, weil Solti sich wenig bei uns blicken läßt, ist sein Bayreuther Engagement um so begrüßenswerter. Es verschafft so all jenen, die ihn kennen und schätzen, verehren und bewundern, die Gelegenheit zu einem Wiedersehen an einer ebenso verehrlichen Traditionsstätte des Musiktheaters und gibt ihnen Gelegenheit, einmal mehr Zeuge seiner unvergleich hochgespannten, dynamisch-nervigen und dennoch präzisen Kunst des Dirigierens und Interpretierens zu werden.

Will man es sich etwas leichter machen, läßt sich Soltis Leben auch einfach als Erfolgsgeschichte begreifen. Da der Erfolg als äußerliches Zeichen des glorios Erreichten besonders die Amerikaner beeindruckt, manifestiert sich ihre Begeisterung darob in ungewöhnlich spektakulärer Form. An sich kann Erfolg in der Welt der Musik auf vielerlei Weise gemessen werden. Gute Kritiken, hohe Orden und Honorare, Schallplatten-Preise und dergleichen geben einen allgemein annehmbaren Maßstab dafür ab, doch als Solti 1969 Chefdirigent des Chicago Symphony Orchestra wurde (er möchte diesen Posten wenn möglich bis 1991, das heißt bis zum hundertjährigen Bestehen des CSO beibehalten), hatte er diese Stufen auf der Leiter des Ruhms längst erreicht. Bei der Rückkehr des Orchesters von seiner ersten, triumphalen Europa-Tournee des Jahres 1971 dachte man infolgedessen gar nicht daran, sich bloß auf eine Geste des Dankes und der Anerkennung zu beschränken. Nein, in Würdigung ihres internationalen Renommees wurde für die siegreichen Helden der State Street entlang eine Parade veranstaltet, und die Stadt Chicago erklärte sie zu «Bürgern des Jahres». Aber auch sonst werden die Musiker Jahr für Jahr mit Lob überschüttet und Schall-

platten-Preisen ausgezeichnet, und bei ihren New Yorker Konzerten gehören zehnminütige Ovationen zur Regel. Solti hat den Einwohnern von Chicago zu einem neuen Platz an der Sonne verholfen, und dafür sind sie ihm dankbar. In der Millionenstadt am Michigansee verfiel man deshalb 1977 auf die Idee, den Dirigenten auf eine Art zu ehren, die noch keinem anderen Musiker jemals widerfahren ist: sein Bild erschien, mit den freundlichen Empfehlungen der Illinois Bell Telephone Company, auf dem Einband des Chicagoer Telefonbuches, so daß es im Heim eines jeden Bewohners anzutreffen war!
Wer ist dieser Mann hinter dem stadtbekannten Gesicht? Ist es wirklich der berühmte Wagner-Dirigent, der im altehrwürdigen Festspielhaus zu Bayreuth dreimal den *Ring des Nibelungen* dirigiert? Es scheint kaum glaubhaft, und doch handelt es sich um dieselbe Person. Solti ist eben in vielen Welten zu Hause, in der Musik wie im Leben. Vorwiegend ist er natürlich der Dirigent des Chicago Symphony Orchestra, aber diese Aufgabe hält ihn jedes Jahr nur etwa drei Monate in der ungeliebten «Windy City» fest. Dort soll er jeweils in einem Hotel wohnen, wogegen er in New York – wenn man einem deutschen Nachrichtenmagazin Glauben schenken will – im Olympic Tower an der Fifth Avenue über ein relativ bescheidenes Appartement verfügt. Seinen eigentlichen Wohnsitz hat er jedoch in London, genauer gesagt in St. John's Wood, wo er mit seiner (zweiten) Frau, der einstigen BBC-Reporterin Valerie Pitts, und den beiden Töchtern Gabrielle und Claudia lebt. Hier hat er ja auch im Anschluß an Frankfurt zehn Jahre lang (von 1961 bis 1971) das Königliche Opernhaus Covent Garden geleitet, und nach diesem Dezennium, das nach britischem Urteil «eines der farbigsten Kapitel in der fast zweihundertfünfzigjährigen Geschichte des Opernhauses» darstellte, hatte ihm 1971 Premierminister Edward Heath die Insignien eines Knight Commander of the British Empire (KBE) überreicht und war er im folgenden Jahr mit dem Ehrendoktorat der Universität Oxford bedacht worden. Auf charmant-schalkhafte Art hat sich Solti dann bei Heath revanchiert, indem er 1973 zur Feier von dessen Geburtstag einen besonderen Beitrag leistete. Er war in London gerade mit Schallplattenaufnahmen von Mozarts Oper *Così fan tutte* beschäftigt und ließ bei der Geburtstagsparty eine Aufnahme des Sextetts «Alla bella Despinetta» abspielen, wobei die Schlußworte zu jedermanns Entzücken in «Happy Birthday, Ted» abgeändert worden waren. Diese ungewöhnliche Aufnahme trägt die Aufschrift «Am Cembalo: G. Solti».
Das London Philharmonic Orchestra war das erste englische Orchester, das der Dirigent leitete, als er 1948 als Gast nach England kam. Schon in den fünfziger Jahren begann er die Schallplattenarbeit mit

dem LPO, die er noch immer fortsetzt. Von 1966 oder 67 an dirigierte er das Orchester regelmäßig, und als er 1979 als Nachfolger von Bernard Haitink dessen Chefdirigent und Künstlerischer Leiter wurde, stand er jährlich etwa zweieinhalb Monate an seiner Spitze.

Den Sommer pflegt Solti mit seiner Familie fast ausnahmslos in einem Landhaus in Italien zu verbringen, wo er sich weit weg von der Konzertroutine eine längere Pause der Besinnung gönnt, sich ausruht und für die nächste Saison vorbereitet. Außerdem macht er häufig auch Urlaub in der Schweiz. Hier steht angeblich das Stammschloß des gebürtigen Ungaren und heutigen britischen Staatsbürgers. Es existiert indessen einzig in der Phantasie eines übereifrigen Journalisten; in Wirklichkeit handelt es sich um ein Chalet in den Waadtländer Alpen, das er sommers und winters jeweilen für zwei oder drei Wochen aufsucht. Skilaufen findet er allerdings – vermutlich im Gegensatz zu seinen Töchtern – eine unmögliche Angelegenheit. In seiner Freizeit spielt er lieber in kleinem Kreise eine Partie Bridge oder Tennis, verfolgt am Fernsehapparat das Sportgeschehen, liest Zeitungen mit einem speziellen Blick für Börsenberichte und Bücher und besucht auch gerne Theatervorstellungen. Da er neben der Arbeit mit seinen beiden Orchestern noch zahlreichen andern Verpflichtungen nachzukommen hat, ist er sehr oft mit dem Flugzeug unterwegs, was er seit ein paar unangenehmen Flugerfahrungen zutiefst verabscheut. Leute, die mit ihm gereist sind, wissen von einem Mann zu berichten, der außer sich ist vor Gespanntheit und Nervosität. Dies ist jedoch ein Teil von Georg Solti: «Ich habe mein ganzes Leben damit verbracht, mich entspannen zu lernen», sagt er – in verblüffender Übereinstimmung mit Herbert von Karajan, dem dasselbe Problem zu schaffen machte. Wie Karajan hat er eine Vorliebe für schnelle Autos, obwohl er, ganz anders als sein österreichischer Kollege, allem Maschinellen und Mechanischen völlig hilflos gegenübersteht. Am Dirigentenpult wie auch überall sonst ist Solti von vibrierender Spannung erfüllt, die sich mit den Jahren etwas gemäßigt hat, aber noch immer steht er, wo er sich befindet, im Mittelpunkt der Aufmerksamkeit, weil niemand es mit seiner Dynamik aufnehmen kann. Der Beruf eines Orchesterdirigenten läßt sich von den dafür erforderlichen Fähigkeiten, der Verantwortung, der Belastung, dem Prestige und dem Gehalt her mit der Leitung eines großen Unternehmens vergleichen. Soltis Einkommen aus seiner Tätigkeit mit dem Chicago Symphony Orchestra allein dürfte pro Jahr über eine Viertelmillion Dollar betragen, so daß er in der Lage ist, in London ein Sekretariat zu unterhalten, das ihm viel Arbeit abnimmt und ihn vor allem auch von dem lästigen Kleinkram befreit, mit dem Leute seines Schlages

täglich behelligt werden. Seiner Frau unterstehen ferner eine Sekretärin, ein Diener und eine Haushälterin, und wenn es auf Reisen geht, sind sie stets mit von der Partie.
Soviel zur vorläufigen Information über den Werdegang des Dirigenten Georg Solti und über den gegenwärtigen Stand der Dinge. Was nun im weiteren folgen wird, läßt sich nicht als eigentliche Biographie bezeichnen, denn dazu fehlt es an dokumentarischem Material und an anderen Voraussetzungen. Gegenüber der Öffentlichkeit hat sich Solti nämlich, was Privates und Persönliches angeht, immer strikter Zurückhaltung beflissen, und das ist selbstverständlich zu respektieren. Wenn hier trotzdem der Versuch unternommen wird, so etwas wie seine Lebensgeschichte nachzuzeichnen, ist man also gezwungen, die musikalischen Ereignisse und ihre kritische Würdigung in den Vordergrund zu stellen und an Biographischem das einfließen zu lassen, was die eher spärlichen Quellen hergaben. Freilich verhält es sich bei Menschen, die im Vergleich zu anderen einen hohen und somit exponierten Stand des Ansehens und des Erfolgs erreicht haben, vielfach so, daß sie wenig Wert darauf legen, an frühere Zeiten erinnert zu werden, die sie definitiv hinter sich glauben. Das ist besonders dann der Fall, wenn Angelegenheiten wieder zutage gefördert werden, die den Betroffenen unangenehm oder gar schmerzlich berühren, obschon dies gewiß nicht in der Absicht des Autors lag. Zwar ist nicht anzunehmen, daß dieser Fall in den nachstehenden Kapiteln eintritt, und sollte es dennoch geschehen, sei um Nachsicht gebeten, zumal im Hinblick auf die Leser, die von einem solchen Buch weder die Bloßstellung noch auch die Verherrlichung eines Helden erwarten, sondern anteilnehmend den Weg abschreiten möchten, den ein Mann gegangen ist, dem sie Interesse und vielleicht noch mehr – Bewunderung und Zuneigung – entgegenbringen. Das aber wäre nicht möglich, wenn man sich gänzlich den Standpunkt des in Frage Stehenden zu eigen machte, für den im nachhinein alles viel folgerichtiger erscheint, als es wirklich war; der auf seinen Lebensweg wie auf eine gerade Bahn zurückblickt und darob vergißt, daß auch die Umwege, die Rückschläge und die Zeiten des Wartens und Bangens ganz wesentlich zu dem beitrugen, was heute sein Ansehen und erst recht seine Bedeutung ausmacht. Für die Leser bringt daher der Verzicht darauf, jemanden als einsame und fast absolute, von der Umwelt mehr oder minder isolierte Größe darzustellen, einen Gewinn an Glaubwürdigkeit sich selbst und dem anderen gegenüber: die Erfahrung des Mitmenschlichen wirkt überzeugender als alles sonstige und macht ein Buch überhaupt erst lesenswert.
Man kriegt es hier also nicht mit einem leicht lesbaren und rasch zu überfliegenden Roman eines Lebens zu tun; vielmehr ist so weit wie

möglich versucht worden, das Leben und Wirken des Dirigenten Georg Solti in ein Netz von Beziehungen einzuweben und es manchmal durch bloße Namensnennung von Freunden und Kollegen, Kritikern, Sängerinnen und Sängern, Regisseuren, Bühnenbildnern und vielen andern, oft aber auch durch Exkurse deutlich werden zu lassen. Soltis Vordringen zur Weltspitze war ja nicht einfach ein Siegeszug, ein elegant-müheloses Überwinden von Hindernissen, sondern eher ein langsamer, komplexer Prozeß voller Not und Verzweiflung, voller Hingabe und freudigem Enthusiasmus, wie dies vielleicht in besonderem Maß für eine Künstlerexistenz, aber auch für jede andere menschliche Existenz kennzeichnend ist. Seine Gestalt, sein Wollen und Streben werden durch diese Vielfalt an Bezügen anschaulicher, und selbst wenn sich zuweilen Verwirrliches ergibt, so verstärkt sich dadurch – wie wenigstens zu hoffen ist – nur der Eindruck davon, was es heißt, sich als Musiker und Dirigent gegen alle inneren und äußeren Widerstände durchzusetzen und stets aufs neue zu bewähren. Aus diesem Grund wird auch nicht allein auf die Qualität seines Dirigierens und Interpretierens hingewiesen; ebenso wichtig ist das quantitative Leistungsmaß als Ausdruck von Fleiß und Bemühen, ja von arbeitswütiger Besessenheit, ohne die der Durchbruch zu Größe und Geltung selbst für Hochbegabte kaum ernstlich denkbar ist. Sogar für Solti-Kenner dürfte dieses erste umfassende Buch über den Dirigenten viel Neues und Unbekanntes bringen, speziell über seine Tätigkeit in der Schweiz, in Deutschland und Österreich. Überdies hilft es zahlreiche Irrtümer beseitigen, deren fehlender Wahrheitsgehalt sich auch durch stete Wiederholung während Jahren und Jahrzehnten nicht wettmachen ließ. Sie entstanden meist aus einer Unkenntnis heraus, von der auch dieses Buch nicht frei sein wird. Ebenso kann und will es auf Vollständigkeit keinerlei Anspruch erheben. Wenn es ihm gelingt, dem Leser ein lebendiges Bild des großen Dirigenten zu vermitteln, erfüllt es seinen Zweck durchaus.

So bleibt zuletzt, bevor wir uns endgültig Georg Solti zuwenden, den vielen freundlichen und hilfreichen Leuten zu danken, die in Kanada, England und den USA, hauptsächlich aber in Deutschland, Österreich und der Schweiz durch ihren Beistand das Erscheinen dieses Buches ermöglicht haben. Sie alle namentlich aufzuzählen, die behördlichen Stellen, Redaktionen, Pressebüros, Bibliotheken und Archive zu nennen, ist leider ausgeschlossen; sie werden auch diesmal gewiß Verständnis dafür haben.

1 Budapest und Zürich: Ein Beginnen gegen die Ungunst der Zeit

Schon im neunzehnten Jahrhundert hat Ungarn eine Reihe bedeutender Dirigenten hervorgebracht – man denke nur an Franz Liszt, Hans Richter und Arthur Nikisch. Von noch größerer internationaler Bedeutung ist freilich die moderne ungarische Dirigentengruppe, die Namen wie Fritz Reiner, George Szell, Eugene Ormandy und János Ferencsik, István Kertész, Antal Dorati, den jung verstorbenen Ferenc Fricsay und Georg Solti umfaßt. Die musikalische Ausbildung dieser Dirigenten war in Ungarn von der deutschen Schule beherrscht, und viele von ihnen gingen nach Österreich oder Deutschland, um dort ihre Studien zu vollenden. Die Karriere von drei dieser Ungaren ist jedoch eng mit den Vereinigten Staaten verknüpft.

Fritz Reiner, ein kleiner Mann, der mit langem Taktstock einen winzigen Schlag anwandte, galt als großer Dirigiertechniker: er besaß die Fähigkeit, selbst komplizierteste Partituren gleichsam durchsichtig zu machen. Nach Laibach, Budapest, Dresden, Rom und Barcelona ging er 1922 nach Amerika, wo er Leiter des Cincinnati Symphony Orchestra und 1931 Lehrer für Dirigieren am Curtis Institute of Music in Philadelphia wurde. Von 1938 bis 1948 leitete er das Pittsburgh Symphony Orchestra, und nach einigen Jahren an der Metropolitan Opera in New York übernahm er 1953 das Chicago Symphony Orchestra (CSO), das sich unter ihm nach Strawinskys Ansicht zum präzisesten und flexibelsten Orchester der Welt entwickelte. Wie Toscanini war Reiner bemüht, durch genaues Studium der Partituren von herkömmlichen Aufführungspraktiken loszukommen und die Musik so erklingen zu lassen, als wäre sie eben geschrieben worden. Daß ein um vierundzwanzig Jahre jüngerer Landsmann namens Georg Solti dereinst einer seiner Nachfolger beim CSO werden und seine Arbeit ebenfalls im Sinne Arturo Toscaninis weiterführen würde, konnte Reiner natürlich nicht ahnen; im nachhinein allerdings will es scheinen, als hätte eine Fügung des Schicksals dies gewollt.

Bevor aber von diesem jungen ungarischen Dirigenten in Reiners Fußstapfen die Rede sein soll, sei noch kurz etwas über die beiden andern Ungarn gesagt, die in den USA zu Ruhm und Ehren kamen. Der eine davon war George Szell, wie Reiner in Budapest geboren, der sich nach erfolgreicher Tätigkeit in Europa 1939 in Amerika niederließ, das NBC Orchestra in New York als Gast dirigierte und nach einigen Jahren an der Metropolitan Opera zum Leiter des

Cleveland Orchestra berufen wurde. Er war ein ebenso bedeutender Dirigent klassischer wie Neuer Musik und brachte das Orchester bald zu Weltruf. Szell galt ähnlich wie Reiner als Antiromantiker und unbedingter Verfechter der Präzision, während Eugene Ormandy – ebenfalls ein gebürtiger Budapester – zwar als ausgezeichneter Techniker gilt, sich indes bei den Nachromantikern und frühen Modernen am glücklichsten fühlt. Seine Dirigentenlaufbahn begann schon 1924 in New York und führte ihn über Minneapolis zum Philadelphia Orchestra, dessen ständiger Dirigent er 1936 wurde. Im Jahre 1980 wurde Riccardo Muti Chef dieses Orchesters; Ormandy selbst dirigiert nun neben andern das Philharmonische Orchester Rotterdam.

Wenden wir uns jetzt Georg Solti zu, der die Reihe großer ungarischer Dirigenten fortsetzt und aus ihr besonders herausragt. Er wurde am 21. Oktober 1912 in Budapest als Sohn eines ungarisch-jüdischen Getreidehändlers, der später auch als Grundstückmakler arbeitete, geboren. Sein Vater Mores (Moritz) war in dem winzigen Dorf Balatonfokajar aufgewachsen und hatte sich mit Theresa Rosenbaum verheiratet. Die Eltern umsorgten den kleinen «Gyuri» liebevoll. Obwohl sie dem Mittelstand angehörten, lebten sie in eher dürftigen Verhältnissen, was man indes schamhaft zu verbergen suchte. Es war ein ständiger Kampf, mit dem Vorhandenen zurechtzukommen und den Schein zu wahren, was Solti – wie er später einmal erzählte – als sehr bedrückend empfand. Als er fünfeinhalb Jahre alt war, entdeckten seine Eltern, daß er ein sehr gutes musikalisches Gehör hatte. Sie kauften ein altes Klavier und ließen den Jungen Klavierstunden nehmen. Er machte rasche Fortschritte, zumal er sich voller Begeisterung auf diese neue Tätigkeit stürzte und ein frühreifes Talent für dieses Instrument an den Tag legte. Bereits im Alter von zwölf Jahren gab er seine ersten öffentlichen Konzerte. Nach der Primarschule ging er in die Mittelschule, die er 1930 mit dem Abitur abschloß. Als er seine um einige Jahre ältere Schwester Lilly, die über eine artige Sopranstimme verfügte, bei Arien aus Giacomo Puccinis Opern auf dem Klavier begleiten mußte, weil kein Geld für einen professionellen Korrepetitor vorhanden war, erwachte seine Leidenschaft für die Oper. Seine Eltern schickten ihn deshalb in eine auf ungarisch gesungene Aufführung von Richard Wagners *Meistersinger von Nürnberg,* doch schon nach der ersten Hälfte des ersten Aktes war der noch junge Mann eingeschlafen und vermochte sich hinterher an rein gar nichts mehr zu erinnern. Nach einer anderen Version soll er sich in Budapest *Das Rheingold* und *Die Walküre* von Wagner angehört haben. Immerhin lernte er durch seine Arbeit mit der Schwester die Sopranliteratur kennen. Mit fünfzehn Jahren schrieb sich Solti unter

dem Namen György Stern an der Königlichen Franz-Liszt-Akademie in Budapest ein, Ungarns führender Musikschule. Selbstverständlich trugen damals auch seine Eltern diesen deutschen Namen, der später in «Solti» umgewandelt wurde. Der Grund dafür mag in der zunehmenden rassischen Diskriminierung gelegen haben, die vom Dritten Reich auf Ungarn übergriff. Viele ungarische Familien hatten ihre Namen allerdings schon bei der Erlangung von Ungarns Unabhängigkeit magyarisiert, und die Familie trug offenbar eine Zeitlang beide Namen. György war einer der jüngsten Studenten der Akademie, die dreimal in der Woche zu besuchen war, und er hatte während seiner fünf Jahre dort das Glück, die bedeutendsten musikalischen Persönlichkeiten des Landes zu seinen Lehrern zu zählen. Der Komponist Zoltán Kodály bildete ihn in der Kompositionslehre und der Komponist und Pianist Ernst von Dohnányi zum Konzertpianisten aus. Bei Béla Bartók hatte Solti einmal sechs Wochen lang Klavierunterricht, weil sein Lehrer erkrankt war. Der damals noch nicht allgemein anerkannte Komponist war – wie Solti später berichtete – ein sehr scheuer, zurückhaltender Mensch, der leise und nur wenig gesprochen habe. «Wir nahmen Bach und Mozart mit ihm durch. Er hat wunderbar Bach gespielt, ganz sauber, ohne Pedal. Er hat alles ohne Pedal gespielt, außer Liszt, den er sehr liebte.»
Als Mitglied der Prüfungskommission an der Liszt-Akademie mußte Bartók auch Soltis Kompositionen beurteilen; wie diese Beurteilung ausfiel, ist nirgends überliefert. Als der Komponist im Jahre 1938 seine *Sonate für zwei Klaviere und Schlagzeug* mit seiner Frau zum ersten Mal an der Budapester Oper öffentlich aufführte und Solti für ihn die Seiten umwendete, ärgerte sich dieser darüber, daß nur die jungen Zuhörer applaudierten, die allein die wahre Bedeutung dieses Meisterwerks erkannten. Zwei Jahre darauf, nachdem Bartók als erklärter Gegner des Faschismus in die USA emigriert war, entstand die Fassung mit Orchester. Bei einer Einstudierung des Balletts *Der wunderbare Mandarin,* ebenfalls an der Budapester Oper, konnte ihn Solti dabei beobachten, wie er mit dem Metronom in der Hand vom Parkett aus genauestens die Tempi überwachte. Der junge Musikstudent wurde von seinen Lehrern, zu denen auch Leo Weiner gezählt haben soll, begreiflicherweise stark geprägt und hat es sich in späteren Jahren aus diesem Grunde, und um sich ausdrücklich zu seiner ungarischen Abkunft zu bekennen, zu seinem speziellen Anliegen gemacht, deren Musik in die Welt hinauszutragen und das Publikum mit ihr vertraut zu machen. Und sooft er gerade die einst verfemten Werke Bartóks dirigierte, ehrte er dessen Kampf gegen Diktatur und Faschismus und gab zugleich seiner Solidarität mit ihm Ausdruck. Als Bartók am 26. September

1945 im Alter von vierundsechzig Jahren in New York verschied, kehrte seine Gattin, die Pianistin Ditta Pasztory, im folgenden Jahr nach Ungarn zurück, wo auch sie in Konzerten vor allem die Werke ihres Mannes interpretierte. Sie ist erst kürzlich, am 21. November 1982, im achtzigsten Lebensjahr in Budapest gestorben.
Den Entschluß, Dirigent zu werden, fällte der junge Solti, als er Erich Kleiber am Pult erlebte, der die Fünfte Symphonie von Beethoven dirigierte. Noch vor seinem Abschlußexamen im Jahr 1932 begann er aus finanzieller Not, Klavierunterricht zu erteilen. Außerdem wurde er mit achtzehn Jahren Volontär ohne Gehalt beim Korrepetitor der Budapester Oper, und von 1933 bis 1939 konnte er als eigenständiger Korrepetitor arbeiten und ein bißchen Geld verdienen, da er bereits viele Arien kannte und die kompletten Opern rasch lernte. Sein erstes Auftreten als Orchesterleiter fiel in die Saison 1936/37 bei einem Konzert in der Musikakademie. Bei seinem zweiten Konzert führte er 1938 mit dem Orchester von Budapest eines der *Brandenburgischen Konzerte* von Johann Sebastian Bach, Robert Schumanns Klavierkonzert in a-Moll op. 54 und Gioachino Rossinis Ouvertüre *La gazza ladra* (Die diebische Elster) auf und erntete dafür gute Kritiken. Ein verheißungsvoller Beginn, wie es schien, denn bereits in den beiden Jahren zuvor hatte sich etwas Glückhaftes und für die Laufbahn Soltis ganz Entscheidendes ereignet: die Begegnung mit dem italienischen Meisterdirigenten Arturo Toscanini. Vom ersten Zusammentreffen im Jahre 1936 berichtete Solti später:

Toscanini hat mich etwas gelehrt, was die meisten Menschen nicht wissen. Ich bin Ungar und von Geburt her nicht gerade sehr fleißig. Als junger Mann war ich wahrscheinlich sehr begabt, ich habe schnell gelernt – aber wenig gearbeitet. Als ich dreiundzwanzig Jahre alt war, kam ich nach Salzburg, zum berühmten Toscanini. Da habe ich erstmals in meinem Leben einen Menschen gesehen, der nichts anderes getan hat als das, was ich heute tue: Musik in sich aufzunehmen. Von morgens bis abends! Das war für mich ein ungeheuerlicher Eindruck: da ist ein Mensch, den ich so verehre – und der ist so fleißig! Dieser Begegnung bin ich ewig dankbar. Da habe ich gelernt: Talent ist nur die Hälfte! Die andere Hälfte mußt du dir selbst erarbeiten: Es unbedingt machen wollen. Keine Ruhe geben. («Solti-Edition», Begleitbroschüre der Teldec «Telefunken-Decca» Schallplatten GmbH zur Gesamtausgabe von Soltis Dirigierwerk, Hamburg 1981)

Der junge Ungare war von Toscaninis Wissen, seinem totalen Engagement und seiner Energie zutiefst gefesselt. Vorwegnehmend ist jedoch anzumerken, daß Solti den größten Teil seiner Karriere über, was die raschen Tempi und das starre Festhalten an einem einmal gewählten Grundtempo betrifft, vielleicht allzusehr unter dem Einfluß des überragenden Italieners gestanden hat. In einem Gespräch mit dem Musikkritiker William Mann, das 1974 aufgezeichnet wurde und als Teil der englischen Plattenausgabe von Beethovens Symphonien erschien, äußerte Georg Solti selbst diese Meinung.

Im Salzburg der dreißiger Jahre waren Toscanini und Wilhelm Furtwängler die dominierenden Dirigentenpersönlichkeiten, wobei sie sich in bezug auf ihren Dirigierstil und ihre Werkinterpretationen wesentlich voneinander unterschieden. Für einen noch wenig erfahrenen Mann muß es ausgesprochen schwierig gewesen sein, die jedem dieser beiden Dirigenten eigenen guten Eigenschaften gleichzeitig zu erkennen und zu würdigen. Aufgrund seiner Vorbildung und seines Temperamentes eiferte Solti Toscanini nach, auf Kosten Furtwänglers, dessen scheinbar mangelnde Sorgfalt in Fragen, die das Ensemblespiel, das Tempo und den Rhythmus betrafen, er beklagte. Für Solti war Furtwängler ein Dirigent, der vollkommen aus dem Rahmen fiel. Allerdings änderte er später diese Ansicht, und nachdem er die großen Fähigkeiten des deutschen Meisterdirigenten einmal erkannt hatte, bemühte er sich nach Kräften, die besten Eigenschaften Furtwänglers und Toscaninis harmonisch miteinander zu verbinden.

Die zweite Begegnung Soltis mit Toscanini ereignete sich im folgenden Jahr, also im Sommer 1937. Er kam mit einem Empfehlungsbrief seines Hauses nach Salzburg und durfte in allen Proben sitzen. Als er im Festspielhaus sein Empfehlungsschreiben abgab, fragte man ihn, ob er einige Proben spielen könne. Eine Grippe-Epidemie war ausgebrochen, und einige der Korrepetitoren waren erkrankt. «Ich sagte also ja und fragte, wann es losgehen solle. Man sagte mir, ich möge am Nachmittag kommen. Da habe ich dann angefangen. Mit der *Zauberflöte,* Proben unter Herbert Graf. Plötzlich kam Toscanini herein. Ich spielte Klavier, und von da an blieb ich. Das war im Jahre 1937, ein Jahr später ging ich erneut nach Salzburg.» Die zitierten Sätze stammen wiederum aus der «Solti-Edition», wo es in der Fortsetzung heißt, Solti habe mit Toscanini eine ganze Reihe von Opern einstudiert, so Giuseppe Verdis *Falstaff* und Wagners *Meistersinger,* Ludwig van Beethovens *Fidelio,* Mozarts *Zauberflöte* und Verdis *Messa da Requiem.* Da Toscanini 1938 aus Protest gegen den Anschluß Österreichs an Deutschland und gegen die Nazis Salzburg den Rücken kehrte, ist es fraglich, ob Solti in jenem Jahr tatsächlich wieder nach Salzburg fuhr. Die genannten Einstudierungen haben deshalb wahrscheinlich in den Jahren 1936 und 1937 stattgefunden. Der Maestro hat jedenfalls 1937 den *Falstaff* in Salzburg wirklich aufgeführt. Als Toscanini am 16. und 17. August 1939 in der Luzerner Jesuitenkirche das *Requiem* dirigierte, weilte zwar auch Solti in der Leuchtenstadt am Vierwaldstättersee, doch war er an der Einstudierung nicht beteiligt. Wann genau die Probearbeit für die übrigen Werke erfolgte, bleibt eine offene Frage.

Wichtiger ist die Tatsache, daß Toscanini – wie aus dem zweiten Zitat hervorgeht – in Salzburg Soltis Korrepetieren stillschweigend guthieß. Das war keineswegs selbstverständlich, denn von einem Augenzeugen wissen wir sehr genau, wie es damals bei Einstudierungen mit Toscanini zuging. Er heißt Rolf Liebermann und wurde in späteren Jahren ein sehr guter Freund Georg Soltis. Die Ironie des Schicksals wollte es, daß Liebermann im Jahre 1936 nach Budapest reiste, um dort einen Dirigentenkurs Hermann Scherchens zu besuchen, während im gleichen Jahr Solti sich in Salzburg für Toscanini begeisterte. Scherchens tatkräftiges Eintreten für die zeitgenössische Musik machte in jener Zeit auf die jungen Musiker großen Eindruck, und zwar um so mehr, als er die Kompositionen der Avantgarde nicht nur zu dirigieren vermochte, sondern sie auch liebte. Als Dirigent erlebte der aus Berlin stammende Scherchen die ganze Zwölftonepoche mit, führte die Werke von Alban Berg, Arnold Schönberg und Anton von Webern auf und dirigierte auf vielen Festen moderner Musik. Und obwohl er ein Vorkämpfer der Wiener Schule war, mochte er auch andere Musik, zum Beispiel die von Gustav Mahler, Jean-Philippe Rameau und Johann Sebastian Bach. Er besaß (wie Toscanini) ein geradezu unbändiges Leistungsvermögen und konnte achtzehn Stunden hintereinander arbeiten, ohne zu ermüden.

Auf welch ungewöhnliche Weise Scherchen seinen Budapester Dirigentenkurs durchführte, schildert Rolf Liebermann in seinem fesselnden Buch «Opernjahre» (weitere Angaben zu den angeführten Titeln sind jeweils aus der Bibliographie auf Seite 308 zu ersehen). Sechs Wochen lang bekamen die Teilnehmer kein Orchester zu sehen; vielmehr betraute Scherchen jeden von ihnen mit der Einstudierung einer Symphonie, wobei er selber die Rolle des Orchesters spielte. «Er sang jede Stimme, wechselte von Pult zu Pult, imitierte in einem Augenblick das Fagott, im nächsten die Celli, jetzt wieder die Klarinette, dann die Bratsche. Man mußte das Werk schon bis in die kleinsten Einzelheiten kennen, um sich nicht zu irren ...» (Seite 45). Manchmal wurde der Spieß umgekehrt. Scherchen dirigierte, und die fünfzehn Schüler hatten die Orchesterstimmen eines bestimmten symphonischen Werks zu übernehmen. Jeder mußte sich in ein bestimmtes Instrument hineindenken und seinen Part singen,

was alles andere als einfach war, besonders wenn ein transponiertes Instrument markiert werden sollte. Auf diese und noch andere Weisen lernten die Beteiligten das Handwerk von Grund auf kennen, und als Liebermann nach anderthalb Monaten vor einem wirklichen Orchester stand und die Zweite Symphonie in D-Dur op. 36 von Beethoven dirigierte, hatte er das Gefühl, das Werk schon sein Leben lang mit den Musikern durchgearbeitet zu haben. Viele Scherchen-Schüler sind in der Folge auch berühmt geworden: Walter Goehr, Bruno Maderna, Igor Markevitch, Ernest Bour und andere, nicht zuletzt Liebermann selber, freilich weniger als Dirigent denn als Komponist und Opernintendant von Weltruf.
Wie stellt es ein lerneifriger junger Musiker überhaupt an, Dirigent zu werden? Die übliche Antwort schien damals noch ganz selbstverständlich darin zu bestehen, an einem Opernhaus Korrepetitor zu werden. Fast alle großen Dirigenten der älteren Generation waren zu Beginn ihrer Laufbahn Korrepetitor, und zwar deshalb, weil sie im Rahmen dieser Tätigkeit praktische Erfahrungen sammeln konnten. Wie sonst sollte ein Dirigent, sieht man von entsprechenden Kursen einmal ab, dies bewerkstelligen? Man läßt ihn ja nie dirigieren, weil er noch gar nicht dirigieren kann. Er kann es jedoch deswegen nicht, weil er dazu keine Gelegenheit erhält und nicht üben kann. Steht ihm nicht ständig ein Orchester zur Verfügung, ergeht es ihm wie einem Geiger ohne Instrument. In einem Opernhaus dagegen fungiert der künftige Dirigent als Korrepetitor und begleitet die Sänger am Klavier, um sie auf ihre Rolle vorzubereiten. Er probt auch mit dem Chor und darf ihn bei Aufführungen vielleicht schon einmal hinter der Bühne dirigieren. Wird er einige Jahre später gebeten, eine Vorstellung vom Orchestergraben aus zu leiten, kennt er eine Vielzahl von Opern in- und auswendig, und nicht nur dies: er kennt außer jeder Note der Partitur auch alle möglichen Fallstricke. Er weiß, wie er alle seiner Leitung unterstellten Kräfte koordinieren kann und wie sich auftretende Fehler berichtigen lassen.
Wählt man das Opernhaus als Ausgangspunkt für eine Dirigentenkarriere, kommt dem Klavierspiel also eine wesentliche Bedeutung zu. Wie zuvor Herbert von Karajan, George Szell, Erich Leinsdorf, Otto Klemperer, Bruno Walter und so viele andere hatte auch Georg Solti schon sehr früh diese Voraussetzungen geschaffen, und daher war er 1937 in Salzburg imstande, die – wie erwähnt – durchaus nicht selbstverständliche Billigung Toscaninis seiner Probenarbeit gegenüber zu finden. Und diese Billigung erfährt noch eine beträchtliche Wertsteigerung, wenn man weiß, wie Liebermann den italienischen Maestro einschätzt: «Toscanini war, ungeachtet seines Genies, ein Tobsüchtiger, der unaufhörlich schrie, mit

den Füßen stampfte und seinen Musikern den Taktstock ins Gesicht warf.» Zur Einstudierung des *Falstaff,* bei der Liebermann anscheinend ebenso wie Solti zugegen war, ist in den «Opernjahren» auf Seite 177 folgendes zu lesen:

Damals war jede Probe ein Drama für sich. Einmal feuerte der Unbeherrschte den vier Damen die Partitur vor die Füße, weil sie auseinandergeraten waren; ein andermal sagte er dem Schlagzeuger, er solle einen bestimmten Paukenwirbel ganz am Rand der Pauke ausführen, um den Ton heller zu machen. Offenbar gelang es dem Paukisten nicht, die gewünschte Klangfärbung zu erzeugen, denn Toscanini stürzte sich plötzlich auf ihn, entriß ihm die Schlägel, zerdrosch damit das Paukenfell und verließ wild fluchend den Saal.

Als die Wiener Philharmoniker hierauf dem Festspielpräsidenten erklärten, mit Toscanini nicht weiterzuproben, wenn er sich nicht beim Paukisten entschuldige, geschah etwas Überraschendes. Der Maestro eilte nämlich sogleich zu dem Gekränkten, umarmte ihn und sagte, daß er gegen ihn nichts habe, denn er, der Paukist, sei ein vortrefflicher Musiker. Wenn er sich so aufrege, geschehe es doch nur für Verdi! Dieser Vorfall, der als einer von vielen ähnlichen in Toscaninis Dirigentenleben zu betrachten ist, zeigt sehr deutlich, daß der Maestro einerseits infolge seines hitzigen Temperaments zu Zornausbrüchen neigte, daß es ihm aber andererseits nicht um die Person, sondern um die Sache ging: um die kompromißlose Verwirklichung der reinen Musik und des lebendigen Theaters. Er hat – nach Liebermann – das Operntheater, das er vorfand, gereinigt und das strenge, objektive Festhalten am Notentext eingeführt, und man kann deshalb gut verstehen, daß ihn der junge Solti eben deswegen aufs höchste bewunderte und verehrte und ihn zumindest in seinen Anfangsjahren zu seinem Vorbild auserwählte. Auf den eher schüchternen jungen Mann mit den dunklen, melancholisch verschatteten Augen, deren Blick mehr nach innen als nach außen gerichtet schien und dessen Porträtaufnahmen hierin an Franz Kafka erinnern, haben Toscaninis cholerische Anfälle kaum einen abstoßenden Eindruck gemacht; jedenfalls hat er darüber in der Öffentlichkeit nie ein einziges Wort verloren. Die sachbezogene Entschiedenheit des Maestro, der unerbittlich jede Art von Schlamperei geißelte, dürfte Soltis eigenem Bestreben, sich durch die makellose und unanfechtbare Darbietung von Musik hervorzutun, und zwar in Gestalt eines in jeder Beziehung souveränen Dirigenten, sogar entgegengekommen sein. Toscaninis Fleiß zu rühmen, wäre ja recht sinnlos, wenn Solti darin nicht das Mittel zum Zweck, nämlich zur Ausformung der partiturgerechten und somit vollkommenen Wie-

dergabe von Musik gesehen hätte. Dann war aber auch eine gewisse Aggressivität des Dirigenten nicht allein verzeihlich, sondern notwendig und berechtigt, denn wer mit ungeheurem Einsatz und unbezweifelbarem Talent sein Bestes gibt, darf dies ohne Frage von den übrigen Beteiligten ebenfalls erwarten. Erst in einem Buch über Dirigenten, das vor einem Jahr erschien und sich auch mit Solti befaßte, äußerte sich dieser kritischer, wenn auch immer noch sehr achtungsvoll über sein einstiges Vorbild. Ähnlich wie Liebermann sprach er von dem «wunderbaren vulkanischen Temperament» des Italieners, der es nie habe verstehen können, daß jemand bei Dingen, die ihm völlig selbstverständlich vorkamen, es fertigbrachte, einen Fehler zu machen. Toscanini sei ein Diktator gewesen und habe nie etwas Anerkennendes gesagt oder etwas erklärt. «Lauter» oder «leise» seien seine einzigen Anweisungen gewesen, oder dann habe er geschrien, das oder jenes sei fürchterlich.
Daß Solti schlicht gesagt seine Sache recht machte und bei seiner Probenarbeit in Salzburg von Toscanini wohlwollend geduldet wurde, trug zweifellos zu einer erheblichen Stärkung seines Selbstbewußtseins als Mensch und Musiker bei. Nun gibt es aber von den Vorgängen in der österreichischen Festspielstadt noch eine andere Version als die in der Broschüre zur Solti-Edition. Sie tauchte viele Jahre nach den Salzburger-Erlebnissen in Zeitungen und Zeitschriften auf, die sich von dem inzwischen arrivierten Dirigenten seinen Werdegang erzählen ließen. Natürlich unterscheiden sich diese Berichte in Stil und Inhalt voneinander, doch stimmen sie, wenn die Rede auf Salzburg und Toscanini kommt, überein. Die nachstehende Darstellung in einer Kurzform, die sicher zu Lasten des Journalisten geht, erschien zu Ende des Jahres 1946. Solti hatte am 1. und 2. November in München zwei Aufführungen von Verdis *Requiem* dirigiert, und nach einem ausführlich lobenden Zitat aus einer Musikkritik ließ sich der Schreiber, der Solti zu einem Gespräch aufgesucht hatte, unter anderem wie folgt verlauten:

«Überall Konzession. In der Kunst keine.» Er sagt es in seinem möblierten Zimmerchen in der Münchener Maximilianstraße (...). Die wichtigsten Eindrücke: die Mutter aus dem südungarischen Dorf, mit ihrer tiefen einfachen Liebe zur Musik. Lehrzeit an der Budapester Akademie. Neunzehnjährig Engagement an die Budapester Staatsoper. Dann als tiefen Eindruck Begegnung mit Toscanini im Salzburger Festspielhaus (1937). «Ich kam von der Bahn. Ein Kapellmeister hatte eben abgesagt. Alles wie ein Traum: ich sprang ein. Dirigierte vor Toscanini. Als ich den Taktstock weglegte, unerträgliche Spannung. Dann ein einziges, herrliches Wort: ‹Bene!›» («Neue Zeitung», 30. Dezember 1946)

Da diese Fassung von jener der Solti-Edition abweicht, fühlt man sich fast versucht, sie als nachträgliche Aufschönung der nicht ganz befriedigenden Realität von anno 1937 zu betrachten. War da halb bewußtes, halb unbewußtes Wunschdenken mit im Spiel? Wollte Solti dem damals Unausgesprochenen, das indes deutlich in der Luft lag, ganz einfach durch das «Bene» Ausdruck verleihen? Absurd und ehrenrührig wäre dies gewiß nicht gewesen, doch weil Toscaninis «Bene» sich immer wieder nach Gesprächen mit Musikkritikern in Zeitungsblättern niederschlug, sind solche Vermutungen von der Hand zu weisen. Solti hat – darüber besteht kein Zweifel – dieses herrliche Wort der Anerkennung von dem temperamentvoll-überschäumenden und dennoch in musikalischen Belangen äußerst kritischen Italiener zu hören bekommen. Weniger wichtig als diese Feststellung ist die Tatsache, daß die Leistungen des noch unbekannten Korrepetitors von Toscanini anerkannt wurden und daß dies Soltis Streben mächtigen Auftrieb verlieh. Übrigens ist diese «Bene»-Episode bereits in die Literatur eingegangen. Mit ähnlichen Worten wie im vorherigen Zitat beschreibt sie Friedrich Herzfeld in seinem Buch «Magier des Taktstockes», das 1964 in Berlin herauskam. Der bekannte Musikschriftsteller kommentierte das «Bene» mit dem knappen Satz: «Damit ist Solti der musikalische Ritterschlag erteilt.»
Bei dieser Gelegenheit sei ein kleiner Vorgriff auf Kommendes gestattet, denn an selber Stelle (Seite 146) ließ sich Herzfeld auch über Soltis musikalische Persönlichkeit aus: «Er gehört zu den Musikern mit großen inneren Spannungen. Ein Vulkan überhitzter Leidenschaft lodert in ihm. (...) Gleichzeitig ist in ihm eine äußerst wache Intelligenz am Werke. Solti präpariert die Musik wie ein Anatom. In den Proben sagt er alle gewünschten Nuancen voraus, läßt sich also nicht wie Nikisch und andere vom Klang tragen, sondern arbeitet wie der Kommandeur einer Truppe nach einem festgelegten Feldzugsplan.» Erinnert man sich an Toscaninis Charakterisierung durch Liebermann, ist hier zwischen Solti und seinem Vorbild eine verblüffende Übereinstimmung zu gewahren, freilich mit dem Unterschied, daß Soltis leidenschaftliche Musikalität ihn kaum jemals dazu hinriß, seinen Musikern gegenüber in massiver Weise ausfällig zu werden.
In den Münchner Jahren hatte Solti übrigens das Pech, daß ein Dieb aus seinem Wagen, einem uralten «Adler» mit einem hinten aufmontierten Gasofen, eine Mappe stahl, die eine halbe *Rigoletto*- und eine ganze *Falstaff*-Partitur enthielt. Es war die *Falstaff*-Partitur, die Solti bei den Salzburger Festspielen 1937 mit einer Unzahl von persönlichen Einträgen hinsichtlich der Tempi, Einsätze und so weiter ergänzt hatte, Einzelheiten, die er in Proben und Aufführun-

gen seinem Lehrer Toscanini abgelauscht hatte. Aber trotz eines flehentlichen «Offenen Briefes an einen Dieb» in der Süddeutschen Zeitung kam die Beute nicht mehr zurück. Ein Beweis für Soltis Wirken unter Toscanini ist aber dennoch erhalten geblieben: ein privater Mitschnitt von Toscaninis *Zauberflöte* desselben Jahres, bei der Solti in meisterlicher Manier das Glockenspiel spielte. Dieser Raubdruck ist insofern ein Unikum, als es sich um die allererste Platte handelte, auf der Solti zu hören war. Man kann sich denken, daß er nach diesem Aufenthalt in der Festspielstadt in recht gehobener Stimmung nach Budapest zurückkehrte und sich mit Feuereifer und bestärktem Selbstvertrauen wieder seiner Arbeit als Korrepetitor widmete. Er war inzwischen fünfundzwanzig Jahre alt geworden und dürfte darauf gedrängt haben, nunmehr auch als Operndirigent zu debütieren. Am 11. März 1938 war es soweit. Der junge Mann sollte *Die Hochzeit des Figaro* von Wolfgang Amadeus Mozart dirigieren und damit an der Budapester Staatsoper nach langen Jahren des Arbeitens, Hoffens und Wartens dartun, ob er das Zeug zu einem Operndirigenten hatte oder nicht. Falls er die Sache verpatzte, war es durchaus möglich, daß er auf Jahre hinaus oder vielleicht überhaupt nie wieder eine andere Chance erhalten würde. Da stand er nun endlich vor den zahlreichen Zuhörern, machte seine Verbeugungen und wandte sich um, um das Orchester und die Sänger – nach seiner eigenen Aussage ohne vorherige Probe! – entsprechend seinen Vorstellungen zu leiten. Würden sie ihm in dieser schrecklichen Prüfung beistehen oder ihn voll tiefer Genugtuung in seiner Unreife und Unerfahrenheit bloßstellen?
Leider kann hier nicht berichtet werden, daß der junge Löwe am Ende siegreich dastand und stürmisch als «der größte Dirigent, den die Budapester Oper in den letzten zwanzig Jahren gesehen hat», gefeiert wurde. Lobpreisungen dieser Art kann man in den Lebensbeschreibungen aller großen Dirigenten finden, nicht aber in der Soltis. Denn der 11. März 1938 war nicht nur für ihn ein besonderer Tag, sondern auch für Österreich, Ungarn und die Welt. Während der Debütant Mozarts heiteres und geistvollstes Werk dirigierte, verbreitete sich nämlich im Opernhaus wie ein Lauffeuer die Nachricht, Hitler marschiere – nur etwa zweihundertfünfzig Straßenkilometer entfernt – in Wien ein. Diese schreckliche Meldung zerstörte jegliche Konzentration auf der Bühne und unter den Zuschauern und ließ Soltis ersten Auftritt als Operndirigent zu einem Ereignis von völliger Bedeutungslosigkeit herabsinken:

Das war wirklich ein denkwürdiger Abend. In der Pause verließen alle meine Freunde das Theater. Die Nachricht kam durch, daß Hitler in Wien einmarschiert war, und jeder rannte in der Meinung nach

Hause, er werde weiter nach Budapest marschieren. Mein Debüt nahm damit ein trauriges Ende. Es gab nicht einmal eine Feier nach der Aufführung. («New York Times»-Interview mit Harold C. Schonberg, 24. März 1957)

Am 13. März 1938 war der Anschluß Österreichs an das Deutsche Reich vollzogen, und am 10. April wurde er durch eine Volksabstimmung bestätigt. Die Regierung übernahm Seyß-Inquart, nachdem Bundeskanzler Schuschnigg durch das Ultimatum der Nazis zum Rücktritt gezwungen worden war. Die neue Lage brachte eine Verstärkung des deutschen Einflusses auf Ungarn, und nach Bildung einer neuen Regierung erfolgte ein Staatsbesuch des Reichsverwesers Admiral Horthy in Deutschland mit Betonung der deutsch-ungarischen Freundschaft. Wie bereits bekannt, verweigerte Toscanini, der den Nationalsozialismus ebenso wie den Faschismus in Italien haßte, seine weitere Teilnahme an den Salzburger Festspielen. Andere Künstler wie Bruno Walter, Vladimir Horowitz, Pablo Casals, Fritz Busch und Adolf Busch und viele andere folgten seinem Beispiel. Schon 1936 hatte ja der Maestro Mussolinis Italien verlassen und war in die Vereinigten Staaten emigriert, wo er aus dem New Yorker NBC-Orchester ein Perfektionsinstrument bildete und ganz neue Maßstäbe der Musikinterpretation setzte. Im selben Jahr hatte er auch aus demonstrativer Opposition gegen die Judenverfolgungen Konzerte mit dem Israel Philharmonic Orchestra in Tel Aviv, Jerusalem und Haifa übernommen.
Als der Leiter des im Jahre 1918 gegründeten Orchestre de la Suisse Romande, Ernest Ansermet, und der damalige Luzerner Stadtpräsident, Dr. Jakob Zimmerli, den Plan ins Auge faßten, sozusagen als Ersatz für die von den Nazis beherrschten Festspielorte Salzburg und Bayreuth in Luzern eine neue internationale Musikstätte zu schaffen, wo niemand seiner Rasse und politischen Gesinnung wegen Diskriminierung und Terror zu fürchten brauchte, bedurfte es keiner großen Überredungskunst, auch Toscanini zur Teilnahme zu bewegen. Das Erbe Richard Wagners, der von 1866 bis 1872 in einem Landhaus auf der Tribschener Halbinsel gewohnt und hier seine Gattin Cosima geheiratet hatte, war in Luzern schon seit jeher eifrig gepflegt worden. Bereits in der Saison 1924 hatte Toscanini mit dem Scala-Orchester in der Stadt am Vierwaldstättersee gastiert, und ihm waren später Ferruccio Busoni, Fritz Kreisler, Carl Flesch, Siegfried Wagner (der in Tribschen zur Welt kam) und Arthur Nikisch gefolgt, wobei dem Werk Wagners stets besondere Aufmerksamkeit geschenkt wurde. Dank der magischen Ausstrahlung von Toscaninis großer Persönlichkeit gelang dem großen Luzerner Musikfestival gleich schon in seinem ersten Jahr der interna-

tionale Durchbruch, denn neben dem italienischen Maestro dirigierten auch Bruno Walter, Fritz Busch und Willem Mengelberg. Das erste Konzert fand unter der Leitung von Ernest Ansermet am 18. Juli 1938 im Kursaal statt, wo das aus Mitgliedern des Orchestre de la Suisse Romande und dem Luzerner Kursaal-Orchester gebildete Festspielorchester Werke von Joseph Haydn, Robert Schumann, Maurice Ravel, César Franck und Igor Strawinsky zu Gehör brachte. Toscanini selbst leitete am 25. August 1938 in Tribschen ein aus dem Busch-Quartett und fünf Schweizer Quartetten bestehendes Elite-Orchester, das nach dem Vorspiel zum dritten Akt der *Meistersinger* das am gleichen Ort entstandene *Siegfried-Idyll* aufführte. Nach der Pause erklang Beethovens Zweite Symphonie in D-Dur op. 36. Rund zwölfhundert Zuhörer wohnten diesem Freilicht-Gedenkkonzert für Richard Wagner bei, darunter die Elite der internationalen Musik- und Geisteswelt, hohe Magistraten sowie eine große Anzahl von Journalisten und Musikreferenten aus dem In- und Ausland. Zwei Tage später dirigierte der Maestro im Kunsthaus ein weiteres Extrakonzert; beide wurden unter der Bezeichnung «Festival Toscanini» aufgeführt. Im Sommer dieses Jahres weilte Georg Solti, nach seinem unglücklich verlaufenen Start als Operndirigent noch immer Korrepetitor am Budapester Theater, im Hause des Dirigenten Issay Dobrowen in Oslo. Ob er damals in Norwegen Gelegenheit zum Dirigieren erhielt, ist nicht auszuschließen. Will man einem Bericht der Frankfurter Allgemeinen vom 12. November 1951 Glauben schenken, war Solti 1937/38 als Gastdirigent auch in Schweden und sogar in England tätig, doch scheint dies deshalb eher zweifelhaft, weil sehr viele der übrigen biographischen Angaben im genannten Artikel schlechtweg falsch sind. Lassen wir das also offen. Wie und warum sich Solti nach Oslo begab, ist ebenfalls ungeklärt; ob er sich wohl wegen des wachsenden Antisemitismus in Ungarn nach einer Zuflucht umschaute? Einfacher war sein Leben und das seiner Familie in Anbetracht der politischen Veränderungen sicher nicht geworden, und man geht kaum fehl in der Annahme, daß er in jener Zeit Anfeindungen und Demütigungen ausgesetzt war und sich über seine Zukunft sorgenvolle Gedanken machte. Sie waren leider nur allzu angebracht, denn am 3. Mai 1939 wurde in Ungarn eine scharfe Anti-Judengesetzgebung erlassen. Danach waren alle unverheirateten Nicht-Arier aus Staatsstellen zu entfernen, und da auch die Mitarbeiter der Budapester Oper, an der Solti immer noch als Korrepetitor tätig war, vom Staat besoldet wurden, bedeutete dies für ihn die Entlassung. Obschon dies ein schwerer Schlag war, erwies sich die Maßnahme später doch als Glück im Unglück, denn sie veranlaßte ihn, Ungarn noch rechtzeitig zu verlassen und sich ins neue Mekka der freiheitlichen Musikwelt, nach Luzern, aufzumachen. In der Zwischenzeit hatte er zweifellos vernommen, daß Toscanini im vorigen Jahr half, die Internationalen Musikalischen Festwochen ins Leben zu rufen, und wahrscheinlich wußte oder hoffte Solti, daß solche auch im August 1939 wieder mit Toscanini und anderen Größen durchgeführt würden. Das traf wirklich zu.

Eigentlich wäre nun zu erwarten gewesen, daß Toscanini den jungen Ungaren zur Einstudierung der beiden Aufführungen von Verdis *Requiem* beizog, die am 16. und 17. August 1939 in der Jesuitenkirche stattfanden und den erschütterten Luzernern noch viele Jahre lebhaft im Gedächtnis haften blieben. Das war jedoch nicht der Fall; Solti hatte keinen Anteil an diesen oder anderen Aufführungen Toscaninis. Er weilte lediglich als einer der vielen Zuhörer unter dem Publikum, muß aber doch mit dem Maestro ins Gespräch gekommen sein. Als Solisten wirkten die Sopranistin Zinka Milanov, die Altistin Kerstin Thorborg, der Tenor Jussi Björling und der Baß Nicola Moscona mit – eine illustre Besetzung! Das erlesene Festprogramm umfaßte außerdem sieben Symphoniekonzerte, einen Kammermusikabend, drei Chorkonzerte, zwei Solistenkonzerte und einen Othmar-Schoeck-Abend, den der Schweizer Komponist selbst leitete. Drei der Symphoniekonzerte standen ebenfalls unter Toscaninis Stabführung, nämlich das Eröffnungskonzert vom 3. August, das zweite Symphoniekonzert vom 5. August 1939 mit dem Violinisten Adolf Busch und das letzte Symphoniekonzert vom 29. August 1939 mit Vladimir Horwitz am Flügel. Natürlich war auch Ernest Ansermet zugegen, der am 11. August mit Sergej Rachmaninow dessen *Rhapsodie für Klavier und Orchester* (op. 43) zur Aufführung brachte. Rachmaninow hatte 1930 in Hertenstein einen Landsitz erworben, und darum gehörte er zu den Musikern, die mit Luzern schon lange eng verbunden waren. Unter den übrigen Solisten ragten besonders der Violoncellist Pablo Casals, die Sopranistin Ria Ginster und der Baß Hermann Schey heraus. Zum zweiten Mal hatte sich ferner Bruno Walter in Luzern eingefunden, begleitet von seiner Frau und seinen beiden Töchtern. Er sollte am 21. August 1939 Mahlers Zweite dirigieren. Anfang Mai war er von New York nach Europa zurückgekommen, und in Paris hatte er sich mit seiner Familie Pläne für den Fall des Kriegsausbruchs zurechtgelegt. Es folgten letzte gute Wochen in Lugano und in seinem gewohnten Ferienort Sils Maria im Engadin sowie einige Konzerte in Frankreich, bevor er im August in der Schweizer Festspielstadt eintraf:

Bald nach meiner Ankunft wohnte ich mit meiner Frau und beiden Töchtern einer Aufführung des Verdischen Requiem *bei, wir aßen danach mit Thomas Mann und Frau Katja und besuchten am näch-*

sten Tag Toscanini in seinem Haus am Vierwaldstättersee. – Ich habe die Mahlersche Symphonie nicht dirigiert. Das schwerste Unglück war über uns hereingebrochen und hat mir die Welt verändert: unsere jüngere Tochter wurde uns durch einen gewaltsamen Tod entrissen. Es war die furchtbare Aufgabe der Frau und Tochter Toscaninis, mir das Entsetzliche mitzuteilen. Sie erfüllten sie mit tiefster Güte und brachten mich dann mit ihrem Wagen zu dem Platz meiner Verabredung mit meiner Frau (...), und wir mußten nun ihr sagen, was geschehen war. – In unsere Seelennacht drangen wie aus der Ferne die Nachrichten, die den unmittelbar bevorstehenden Kriegsausbruch bedeuteten. (Bruno Walter: «Thema und Variationen», S. Fischer Verlag s.l. 1950)

So endete Bruno Walters lange und überaus verdienstvolle Karriere als beliebter Dirigent und zeitweiliger Direktor der Wiener Staatsoper in Europa – voller Trauer über den Verlust der innig geliebten Tochter, die ihm auf so tragische Weise entrissen worden war, aber gewiß auch voller Schmerz ob dem Schrecklichen und Grauenhaften, das über den alten Kontinent hereinbrechen sollte. Nicht anders dürfte sein Freund Toscanini empfunden haben, der bei seiner Abreise Georg Solti einlud, ihn in New York zu besuchen. Es war die herzliche, aber etwas gedankenlose Geste eines Grandseigneurs der Musik, der sich über die amtlichen und finanziellen Schwierigkeiten eines derartigen Schrittes keinerlei Rechenschaft ablegte. Was für ihn so selbstverständlich war, daß er gar nicht die nötigen Überlegungen anstellte, erwies sich für den jungen Musiker als unüberwindliches Hindernis. Das ungarische Kontingent an Visa für die Vereinigten Staaten sei für die nächsten fünfzig Jahre erschöpft, lautete der zynische Bescheid auf Soltis Anfrage.
Drei Tage nach Beendigung der Internationalen Musikalischen Festwochen Luzern (die später in «Internationale Musikfestwochen» umbenannt wurden), am Freitag, 1. September 1939, verkündeten dicke Zeitungslettern, daß sich Deutschland im Kriegszustand gegen Polen befinde, und noch gleichentags wurde die Mobilmachung der schweizerischen Armee angeordnet. Zugleich fand auch in England die allgemeine Mobilmachung der Streitkräfte statt, so daß vorauszusehen war, daß sich der kriegerische Konflikt nicht auf Polen beschränken würde. England und Frankreich stellten in der Tat aufgrund ihrer Bündnisverpflichtungen die Kriegserklärung an das Deutsche Reich in Aussicht, falls die deutschen Truppen nicht sofort zurückgezogen würden. Als dies nicht geschah, erklärten am 3. September 1939 Großbritannien und Frankreich dem Dritten Reich den Krieg. Die zum größten Teil von den Achsenmächten umschlossene Schweiz hatte zwar im April 1938 vom Völkerbunds-

rat noch einmal ihre Neutralität anerkennen lassen, auch von Deutschland und Italien; trotzdem war nicht zu verkennen, daß ihre Lage ungünstig und gefährdet war.
Immerhin hatte sie bis anhin dem politischen Druck aus Norden, Osten und Süden standgehalten, hatte sie sich ihre demokratische Freiheit bewahren können, weshalb sie zur Zufluchtsstätte vieler Tausende von Flüchtlingen wurde. Es ist unbestreitbar und allgemein bekannt, daß die Schweiz vor und während des Zweiten Weltkrieges für diese Unglücklichen große Opfer auf sich nahm; gleichermaßen bekannt ist bedauerlicherweise aber auch, daß die helvetische Humanität – von löblichen Ausnahmen abgesehen – da aufhörte, wo es um die Rettung rassisch Verfolgter ging. Da sich Solti bei Kriegsausbruch bereits in der Schweiz aufhielt, hatte er vorerst keine Schwierigkeiten zu gewärtigen, doch stellte sich für ihn natürlich die Frage, ob er in sein Heimatland zurückkehren solle oder nicht. Ein Telegramm seiner Mutter enthob ihn dieser Entscheidung: sie bat ihn dringend, in der Schweiz zu bleiben und nicht nach Ungarn zurückzureisen. Der Sohn fügte sich diesem Wunsch – wie sich vermuten läßt, teils bitteren, teils leichten Herzens. In Budapest hatte er ohnehin keine Aussichten auf einen Dirigentenposten, und so blieb er in diesem sauberen und wohlhabenden kleinen Land, wo er mit Toscanini hatte sprechen dürfen und wo viele ihm bekannte Musiker mit ihm hofften, hier so lange ein leidliches Auskommen, Schutz und Frieden zu finden, als dieser schändliche Krieg eben dauern würde. Daß er fast sechs Jahre währen würde, konnte damals niemand wissen. Und so begann denn im September 1939 Georg Soltis Schweizer Exilzeit.

Die schriftlichen Zeugnisse, die über Soltis Jahre in der Schweiz berichten, sind äußerst dürftig, und wo sie etwas ausführlicher werden, enthalten sie völlig unzureichende und oft falsche, jedenfalls aber irrtümliche Angaben. In seinem bereits erwähnten Buch «Magier des Taktstocks» stellt Friedrich Herzfeld fest, 1939 habe Solti aus Ungarn fliehen müssen. Wie wir wissen, ist das nicht richtig. Der anschließende Satz auf Seite 146 lautet folgendermaßen: «Die Jahre des Wartens werden in der Schweiz überstanden.» Und weiter: «Nach dem Kriege tauchte Solti in München auf (...).» Mit einem einzigen, nichtssagenden kleinen Satz werden also die Jahre in der Schweiz übergangen. Harold C. Schonberg widmet ihnen in seinem Buch «Die großen Dirigenten» auf Seite 318 immerhin schon drei Sätze: «Der Krieg brachte ihn [Solti] nach Zürich. In der Schweiz fand er keine Gelegenheit zum Dirigieren und hielt sich mit Klavierabenden über Wasser. Er polierte seine

vernachlässigte Technik so gut auf, daß er 1942 einen Klavier-Wettbewerb gewann.» Es wird im folgenden zu zeigen sein, daß auch diese überaus spärlichen Bemerkungen zum Teil unzutreffend sind. Dasselbe Bild bietet sich, wenn man die Texte in Biographischen Archiven, Lexika, Zeitungen und Zeitschriften überprüft: stets sind die betreffenden Auslassungen äußerst knapp und zumindest teilweise unrichtig. Nun ist allerdings einzuräumen, daß Soltis Aufenthalt in der Schweiz im Vergleich zu den späteren Lebensabschnitten keine sonderlich hohe Bedeutung zukommt und daß vielleicht auch der Dirigent selbst, wenn er nun im Alter von über siebzig Jahren auf diese Zeit zurückblickt, derselben Ansicht ist. Dennoch ist unbestreitbar, daß dieser Zeit – und sei sie im nachhinein zur relativ wenig aussagekräftigen Episode geschrumpft – ein Stellenwert zukommt, der für die menschliche und künstlerische Entwicklung des nachmals zu Berühmtheit gelangten Opern- und Konzertdirigenten nicht ohne Belang gewesen ist. Die Zürcher Jahre haben sogar in persönlicher wie beruflicher Beziehung in die nachfolgende Zeit hineingewirkt, und freundschaftliche Bande sind bis heute erhalten geblieben, obgleich sich unter Soltis Erinnerungen auch weniger liebsame befinden dürften.
Er muß sich, als er in Luzern vom Kriegsausbruch überrascht wurde, trotz der nicht wenigen Bekanntschaften, die er mit Leuten aus dem Musikleben und anderen Bereichen geschlossen hatte, zuerst recht einsam und verloren gefühlt haben, zumal sich die Teilnehmer an den Musikalischen Wochen rasch in alle Winde zerstreuten. Über große Geldmittel verfügte er sicherlich nicht, und da sich in der Reußstadt keinerlei Erwerbsmöglichkeiten anboten (das dortige Stadttheater nahm seinen Betrieb erst später und nach einigem Zögern wieder auf), fuhr er gegen Ende September 1939 nach Zürich, der weitaus bevölkerungsreichsten Stadt der Schweizerischen Eidgenossenschaft, wo das Konzert- und Theaterleben am regsten war und wo eben die Schweizerische Landesausstellung nach einem kurzen Unterbruch wegen der Mobilmachung wieder die Pforten geöffnet hatte.
Bis zum 17. Mai 1940 soll Solti im Haus eines Tenors gewohnt haben, der ihn einlud, mit ihm einige Wagner-Rollen zu studieren, namentlich den *Tristan*. Da er auf Grund der fremdenpolizeilichen Bestimmungen keine Arbeitserlaubnis erhielt, wird ihm das Angebot des Sängers gewiß willkommen gewesen sein; so war es ihm wenigstens möglich, seine Börse zu schonen und sich während dieser ersten Monate in der ihm fremden Stadt einzuleben und umzusehen. Danach mietete sich der hagere Ungare, der schon deutliche Ansätze zu einer Stirnglatze zeigte, für etwa fünf Wochen in einer bekannten Emigranten-Pension im Seefeld-Quartier ein.

Sie lag in der Nähe des Zürcher Stadttheaters, das erst in den siebziger Jahren in ein vornehmer tönendes «Opernhaus» umgetauft wurde und sich gegenwärtig im Stadium einer gründlichen Renovation und technischen Modernisierung mit zusätzlicher Probebühne befindet. Ab Mitte 1940 hauste Solti, ebenfalls im Seefeld und somit auf der rechten Seite des Zürcher Seebeckens, für ein Jahr bei einem Kammersänger und rückte nach einem kurzen Gastspiel weiter oben am Berg für einige Monate wieder näher zum Stadttheater, als Untermieter eines Bildhauers. Den verließ er Ende März 1942, um sich nahe der Grenze zu Zollikon für ein halbes Jahr bei einem Spengler und anschließend unweit davon bis Anfang Juni 1945 bei einem Prokuristen und dessen Nachfolger niederzulassen. Ein Sprachlehrer weiter stadteinwärts beherbergte ihn sodann für vier Monate bis Anfang Oktober 1945, worauf er für ein Jahr und einen Monat an der Rämistraße bei einer Partikularin Unterschlupf fand, gleich beim Bellevue-Platz und wiederum nahe des Stadttheaters. Im selben Gebäudekomplex befand sich etwas weiter unten das Prominentenrestaurant «Kronenhalle», das Solti wohl gelegentlich auch frequentierte. Schräg gegenüber, an der Ecke zum Bellevue, war das «Odeon», ein typisches Literatencafé im Stil der Wiener Kaffeehäuser, wo viele bedeutende Dichter und Schriftsteller, Schauspieler, Musiker und bildende Künstler aus dem In- und Ausland verkehrten, zu einem großen Teil aus politischen und anderen Gründen Verfolgte, die hier ihren Kaffee mit dem üblichen Glas Wasser und eine Menge Zeitungen aus aller Welt erhielten, sie lasen oder miteinander an den Marmortischen diskutierten. Mitte November 1946 quartierte sich Solti beim Violonisten Alexander Schaichet ein, der oben am Zürichberg in einem hübschen Haus wohnte und sowohl Leiter des Kammerorchesters Zürich wie auch Professor an der Musikakademie war. Er stammte aus Rußland, während seine Frau Irma – zu jener Zeit Konzertpianistin und gleichzeitig häufiger Gast des Kammerorchesters – ungarischer Herkunft war. Mit diesem Musikerehepaar, das man auch häufig in Radiosendungen zu hören bekam, verband Solti eine herzliche Freundschaft, von der noch zu berichten sein wird.
Das Haus am Zürichberg war Soltis letzter Wohnsitz, bevor er schließlich nach München weiterzog. Faßt man die etwas verwirrliche Wohngeschichte kurz zusammen, so ergibt sich, daß Solti in seiner Zürcher Zeit nicht weniger als neunmal seine Adresse wechselte. Die Gründe dafür waren sicher mannigfacher Natur. Zum einen mag er sich nicht immer mit seinen Vermietern verstanden haben, die ihm, dem Fremdling und vielleicht etwas sonderbar scheinenden Musikus, ihrerseits zu wenig Verständnis und Konzilianz bewiesen haben mögen. Zum anderen können auch finanzielle

Probleme mitgespielt haben oder andere Ursachen, die sich jeder nur allzu leicht ausmalen kann, der selbst einmal vom Schicksal zum Dasein eines Untermieters verurteilt wurde. Möglicherweise ging es bei den Adreßwechseln auch darum, ein Zimmer zu finden, wo ihm ein Klavier zur Verfügung stand – und wo er dann durch endloses Üben die Geduld der Mitbewohner von Wohnung und Haus gar zu arg strapazierte. Tatsächlich hat Solti, zum Teil allerdings bei Freunden, in der Verzweiflung oft stundenlang Klavier gespielt, denn außer der gelegentlichen Schwarzarbeit als Korrepetitor für Opernsänger gab es für ihn zunächst nicht viel zu tun. Von seinen Mühen mit Tenören berichtet übrigens eine hübsche Anekdote. Die meisten von ihnen hatten wohl eine ausgezeichnete Stimme, doch waren sie in musikalischen Dingen nicht sehr bewandert. So habe einer von ihnen ständig f statt fis gesungen, und als ihm Solti dies zum x-tenmal vorhielt, habe er schließlich zur fis-Note geschrieben: «Dieses f ist etwas höher zu singen.»
Auf seine Ambitionen als Dirigent mußte Gyuri, wie er von seinen Freunden auch in Zürich genannt wurde, zumindest für eine Zeitlang verzichten. Eben deshalb konzentrierte er sich ganz auf das Klavierspiel: als Pianist meinte er in der Schweiz mehr Chancen zu haben. Neben den Geld- und Unterkunftssorgen machte ihm auch die Trennung von seiner Familie zu schaffen. Er warf sich vor, sie und seine Landsleute in Ungarn im Stich gelassen zu haben, und gewiß muß er oft Sehnsucht danach empfunden haben, wieder im Kreise seiner Lieben zu weilen und mit ihnen sein heimisches Idiom zu sprechen. Natürlich schrieb man einander hie und da Briefe und Postkarten und schickte sich wechselseitig Fotos mit Widmungen zu, aber das konnte nicht verhindern, daß die Welt seiner Kindheit und Jugend, seiner jungen Mannesjahre auch, in immer weiteren Fernen entschwand und daß gleichzeitig die Angst um die Seinen anwuchs. Erst nach Kriegsende kehrte er für kurze Zeit nach Ungarn zurück: eine Aufnahme zeigt ihn bei einer Konzertprobe in Budapest während der Saison 1947/48. Rund zwanzig Jahre später, 1968, rief ihn ein trauriger Anlaß – das Begräbnis der geliebten Schwester Lilly – noch einmal in die einstige Heimat zurück, und zehn Jahre danach besuchte er auf einer Tournee mit den Wiener Philharmonikern seine Geburtsstadt, wo er zwei Konzerte gab.
Abwechslung in die düsteren und eintönigen Zürcher Tage, die auch von niederdrückenden Meldungen zum Kriegsgeschehen beeinflußt wurden, brachten Klavierstunden bei einigen wenigen Schülern und vereinzelte Abende, an denen er gebeten wurde, in Privathäusern zu spielen. Speziell nahm sich seiner ein Zürcher Privatbankier an, doch blieben seine sonstigen Kontakte eher auf Emigranten und aus dem Ausland stammende Künstler beschränkt.

Man kannte den sonst so temperamentvollen und oft fröhlichen Solti in der Außenwelt als verschlossenen jungen Mann, der sich Unbekannten gegenüber zurückhaltend und schüchtern zeigte. Die Strenge und Härte, welche die Behörden oft im Verkehr mit Ausländern an den Tag legten, wurde zwar – wie man in Soltis ehemaligem Bekanntenkreis erzählt – durch einen Engel im Polizeiamt gemildert, eine tapfere Frau, «die durch ihr starkes, gütiges Mitempfinden manches Verbot und manche befristete Aufenthaltsgenehmigung in den Papierkorb warf und verschwinden ließ». Ob auch Solti vom segensreichen Wirken dieses Engels profitierte, ist unbekannt; hingegen weiß man, daß ganz oben auf seiner Einwohnermeldekarte, mit einer Wellenlinie unterstrichen, das Wörtchen «Toleriert» stand ...

Daran ließen sich allerlei Gedanken knüpfen, doch ist hier nicht der Ort dazu. Vielmehr sei nunmehr in chronologischer Reihenfolge geschildert, an welchen musikalischen Ereignissen Solti während der Kriegsjahre in der Schweiz teilhatte. Da wäre zuerst einmal der Nationalschweizerische Musikwettbewerb in Genf aufzuführen, an dem Solti im Herbst des Jahres 1941 ein erstes Mal teilnahm und wo er – wie der Musikkritiker der Neuen Zürcher Zeitung bei der Besprechung des nächstfolgenden Wettbewerbs verärgert anmerkte – mit Ausnahme der Jury die Aufmerksamkeit aller auf sich zog.

Es muß dem jungen Pianisten in Genf aber auch gelungen sein, jemanden von seinen Talenten als Dirigent zu überzeugen, und die nachfolgenden Ereignisse lassen vermuten, daß dies Ernest Ansermet war, der Chefdirigent des Orchestre de la Suisse Romande. Vielleicht war Solti mit diesem großartigen Orchesterleiter, der ähnlich wie Scherchen ein Förderer der Neuen Musik und vieler Schweizer Komponisten wurde (die Entwicklung zur Atonalität lehnte er freilich ab), schon in Luzern oder Zürich persönlich bekannt geworden. Einer bestimmten Quelle zufolge soll Ansermet vom Können des jungen Pianisten sehr beeindruckt gewesen sein und ihm 1944 Möglichkeiten als Dirigent beim «Schweizer Radio-Orchester» eröffnet haben. Mit diesem Orchester, von dem in Zeitungen und anderen Quellen immer wieder geschrieben wurde, war aber eigentlich das Orchestre de la Suisse Romande (OSR) gemeint, das 1937 vom welschschweizerischen Radiosender Sottens größtenteils festübernommen und durch eine Reorganisation der Besetzung zu einem der besten Schweizer Orchester umgestaltet worden war. Im Jahr 1944 hat Solti das OSR wirklich bei einem Konzert für Radio Sottens dirigiert – davon wird später noch zu berichten sein –, doch kam er in Tat und Wahrheit schon vorher mit ihm in Berührung. Das geschah zum ersten Mal beim erwähnten Musikwettbewerb vom Herbst 1941, bei dem die Solisten (und

damit auch Solti) mit diesem Orchester auftraten. Spätestens zu diesem Zeitpunkt kam er also mit Ansermet in Kontakt, und wenn Solti auf den Dirigenten großen Eindruck machte, so war dies zweifellos schon 1941 der Fall, und nicht erst im folgenden Jahr, als Solti ein zweites Mal am Genfer Wettbewerb teilnahm. Daß es ihm bereits bei seiner ersten Teilnahme gelang, Ansermet für sich zu gewinnen, beweist nichts besser als die Tatsache, daß Solti im folgenden Jahr das OSR dirigieren durfte.
Es war das allererste Mal seit dem unter mißlichen Umständen verlaufenen Debüt von 1938 an der Budapester Oper, daß Solti wieder auf dem Dirigentenpodium stand, und man kann sich vorstellen, daß er sich, voller Genugtuung und voller Dankbarkeit auch gegenüber seinem großherzigen Gönner und Förderer, dem er stets ein getreues Andenken bewahrte, in die Probenarbeit stürzte. Zur Aufführung kam am 20. und 21. Februar 1942, abends um zwanzig Uhr, die lyrische Oper *Werther* von Jules Massenet, die 1892 in Deutschland erstmals über die Bühne ging. Aus Massenets Kompositionsklasse am Pariser Konservatorium war eine Reihe bedeutender Musiker hervorgegangen, unter ihnen Claude Debussy, der zu den wenigen französischen Komponisten gehörte, deren Werke Solti später regelmäßig dirigieren sollte. Die Titelpartie der beiden Vorstellungen mit dem Orchestre de la Suisse Romande unter Soltis Stabführung übernahm Edouard Kriff, während Suzanne Danco die Rolle der Charlotte spielte. Pierre Darmant verkörperte Albert, Germaine Dufresne und Wilma Pasche stellten Sophie und Kätchen dar. Die Regie führte Albert Patan, und Ch. Held leitete den Chor. Beschlossen wurden die Aufführungen im Grand Théâtre de Genève durch ein «Recital de Danse» von Delly und Willy Flay. Pressestimmen zu diesem sicherlich erfolgreichen ersten Auftreten Soltis als Dirigent in der Schweiz standen bedauerlicherweise nicht zur Verfügung, weshalb wir uns nun mit seiner bereits angedeuteten zweiten Beteiligung am Genfer Concours befassen wollen.
Solti hatte sich durch den Mißerfolg im Vorjahr nicht entmutigen lassen und sich für 1942 erneut angemeldet. Dieser dritte Nationalschweizerische Musikwettbewerb wurde vom 28. September bis 10. Oktober im Genfer Konservatorium ausgetragen, wobei sich zweiundsiebzig Schweizer und elf Ausländer beteiligten. Für Klavier hatten sich neunzehn Kandidaten eingeschrieben; daneben gab es auch Wettbewerbe für Gesang, Geige, Cello, Bratsche, Flöte, Klarinette, Horn und für Sonatenduos (Klavier und Geige). Die Preissumme betrug einige Tausend Franken, denen sich noch Diplome und Medaillen beigesellten. Solti bereitete sich mit größtem Fleiß auf diese zweite Konkurrenz vor, war jedoch begreiflicherweise vor seinem Auftritt überaus gespannt und nervös, was nicht ohne Fol-

gen blieb. Als er sich nämlich in ein Künstlerzimmer setzte, um die As-Dur-Klaviersonate op. 110 von Beethoven nochmals zu üben, blieb er bei einer Fugenstelle stecken und kam trotz verzweifeltem Bemühen nicht mehr weiter. Noten hatte Solti nicht bei sich, so daß man sich leicht ausmalen kann, in welch deplorabler Verfassung er zur Exekution seines Musikstücks antrat. Doch Solti wäre nicht er selber gewesen, ein klar denkender, konzentrierter Virtuose, der sich selten von seinem nervös-ungestümen Temperament übermannen ließ, hätte er die Sonate nicht brillant vorgetragen und schließlich den Ersten Preis zugesprochen erhalten. Zum Schlußkonzert der «Auserwählten», bei dem Ernest Ansermet in der Genfer Victoria Hall das Orchestre de la Suisse Romande leitete, fand der bereits erwähnte Zürcher Musikkritiker folgende Lobesworte:

Als reife und großartige Leistung ist Georg Soltis Wiedergabe des Liszt-Konzerts in Es-Dur zu bewerten. (...) Man bewunderte nicht nur sein großes Können und seine reichdifferenzierte Anschlagstechnik, sondern ebenso das farbige Spiel, das sich dem hinreißenden Orchesterklang bis ins letzte anzupassen wußte. («Neue Zürcher Zeitung», 20. Oktober 1942)

Nachzutragen bleibt jetzt ein Ereignis, das wegen der Geschehnisse in Genf, die zusammenhängend beschrieben werden sollten, übersprungen wurde: Am 30. März 1942 leitete Georg Solti («Budapest-Zürich» – so das Programm) im Kleinen Saal der Tonhalle Zürich ein Orchesterkonzert mit dem Winterthurer Stadtorchester und der Pianistin Bärbel Andreae! Dieses erstmalige Wirken Soltis als Konzertdirigent auf Schweizerboden, noch vor Erringung des Pianistenpreises in Genf, überrascht nun nach den beiden *Werther*-Aufführungen nicht mehr so sehr. Und doch – wenn man bedenkt, wie kärglich er sich als knapp geduldeter Ausländer durchbringen mußte und wie wenig er auf seine dirigentischen Erfahrungen pochen konnte, grenzt dieser neuerliche Auftritt an ein Wunder. Hatte wieder der polizeiamtliche Engel ein Auge zugedrückt? Möglich. Aber daß einer, der in Zürich noch ein Niemand war, gleich ein angesehenes Orchester zur Verfügung gestellt bekam, läßt wie gesagt auf das Walten noch höherer Mächte schließen. Zu ihnen zählte Ernest Ansermet, der Solti nicht nur die beiden Genfer Aufführungen zuhielt, sondern ihn auch Werner Reinhart empfohlen haben dürfte. Diesem sympathischen und bescheidenen Mann, der sich keineswegs als Machthaber fühlte und gebärdete, sondern allenfalls als Mäzen, hatte Solti es zu danken, daß er das Winterthurer Stadtorchester dirigieren durfte, denn durch Reinharts Hände ging in Sachen Musik, soweit es Winterthur betraf, einfach alles.

Über Werner Reinhart, der von 1884 bis 1951 lebte, ließe sich sehr viel Wissenswertes berichten, doch müssen hier einige kurze Angaben zu seiner Person und seinen Aktivitäten genügen. Er war Teilhaber des Welthandelshauses Gebrüder Volkart in Winterthur, einer Industrie- und Handelsstadt, die etwa dreißig Kilometer von Zürich entfernt liegt. Vor allem aber war er wie schon seine Eltern ein großer Förderer der Künste, und wollte man sich etwas forsch ausdrücken, so könnte man sagen, daß in seinem Haus zum «Rychenberg» die berühmtesten Maler und Bildhauer, Dichter, Komponisten und Musiker einander die Klinke in die Hand gaben. Um nur die wichtigsten Tonsetzer zu nennen: Hans Pfitzner und Richard Strauss weilten dort zu Gast, Walter Braunfels und Friedrich Klose, Othmar Schoeck und Arthur Honegger, Heinrich Kaminski und Paul Hindemith, Felix Petyrek und Ernst Křenek, Strawinsky und Bartók, Alban Berg und Anton von Webern, von der glänzenden Folge von Namen ausübender Künstler ganz zu schweigen. Als Zuzüger pflegte Reinhart regelmäßig im verstärkten Stadtorchester mitzuspielen und auswärtige Konzerte und Tagungen zu besuchen, um neue Werke, neue Solisten und neue Dirigenten kennenzulernen. Auf diese Weise hatte er Adolf Busch für seine Vaterstadt entdeckt und ebenso Hermann Scherchen, den er 1922 nach Winterthur verpflichtete. Der Berliner, der 1936 in Budapest Rolf Liebermann das Dirigieren beibrachte, hatte das Winterthurer Stadtorchester während seiner langjährigen Tätigkeit zu einem vorzüglichen Klangkörper herangebildet. Es setzte sich aus nur zweiundvierzig Musikern zusammen, deren Zahl sich von 1940 bis 1950 noch um sechs Mitglieder verringerte, stand indessen in bezug auf seine Qualitäten selbst weit größeren Orchestern kaum nach. Ob Werner Reinhart in Luzern oder anderswo von dem jungen Assistenten Toscaninis gehört oder umgekehrt Solti von Reinhart etwas erfahren hat? Darüber zu rätseln, ist wohl müßig; Tatsache ist jedenfalls, daß Solti dank Reinhart das Winterthurer Stadtorchester dirigieren durfte.

Das reich befrachtete Programm umfaßte die folgenden Werke: Georg Friedrich Händels Concerto grosso Nr. 10 in d-Moll für Streichorchester, Felix Mendelssohns Klavierkonzert Nr. 1 in g-Moll op. 25, Leo Weiners Tempo di marcia funebre (Csongors Abschied von den Eltern) und Scherzo (Begegnung mit den Teufelsbuben) aus der Suite *Csongor und Tünde* op. 10 sowie Beethovens Zweite Symphonie in D-Dur. Die Wahl zweier Sätze aus Weiners Suite bedeutete wahrscheinlich eine Huldigung an das alte, freiheitliche Ungarn, während mit jener von Mendelssohns Klavierkonzert eine kleine Demonstration zugunsten der von den Nazis geächteten Komponisten beabsichtigt gewesen sein könnte. Den geachteten

Musikkritiker Willi Schuh dünkte das Programm, freilich aus anderen Gründen, nicht eben interessant. Er meinte – sicher nicht zu Unrecht –, daß es dem ungarischen Dirigenten darum zu tun war, seine bemerkenswerte Gewandtheit als Orchesterleiter an Werken aus verschiedenen Stilbereichen zu demonstrieren. Ihn störte neben anderem, daß die Zweite Symphonie von Beethoven doch etwas zu sehr aus der Perspektive des späteren, des «titanischen» Beethoven gestaltet worden sei. Klassisches Maß wäre nicht Soltis Sache, aber über dem expansiven Temperamentsmusizieren habe glücklicherweise die Präzision des Musizierens nicht gelitten. Seine Eindrücke faßte Schuh in gesamthafter Betrachtung so zusammen:

Georg Solti, der am Genfer Concours [von 1941] als Pianist ausgezeichnete Figur machte, scheint sich als Orchesterleiter nicht weniger in seinem Element zu fühlen. Er bringt nicht nur jegliches dirigiertechnische Rüstzeug mit, sondern auch jene Musikalität, mit der der geborene Dirigent auf das Orchester einwirkt und den Hörer vom ersten Ton an in den musikalischen Kräftestrom einbezieht. Solti weiß, was er will, und weiß auch mühelos seine künstlerischen Absichten auf die Spieler zu übertragen, sie zu lebendigem und intensivem Musizieren zu inspirieren. Seine dirigiertechnische Gewandtheit verleitet ihn freilich auch zu etwas virtuosen Allüren, zu effektvollen Steigerungen (und Übersteigerungen), verleitet ihn, einer Neigung zum Extremen allzu sehr nachzugehen. («Neue Zürcher Zeitung», 5. April 1942)

Wie aus dem weiteren Verlauf dieser Dirigenten-Darstellung noch ersichtlich werden wird, zeigt diese wahrhaft treffliche Konzertbesprechung – die erste wesentliche in deutscher Sprache, die dem Dirigenten Solti gilt –, bereits die hauptsächlichen Stärken und Schwächen auf, welche die Kritiker stets aufs neue lobten oder tadelten. Im ganzen gesehen war es bestimmt ein vielversprechender Anfang, der Solti gelungen war, und als er ein halbes Jahr später gar den Ersten Preis für Pianisten beim Genfer Wettbewerb erlangte, dürften ihn diese Erfolge mit seinem Schicksal einigermaßen versöhnt haben. «Pianistin und Dirigent gewannen sich bei einer zahlreichen Hörerschaft einen ausgesprochenen Erfolg.» So schloß auch Willi Schuh seinen Konzertbericht. Er konnte ja nicht wissen, daß zumindest der finanzielle Erfolg für Solti alles andere als überwältigend war: der Anlaß endete nämlich mit einem Fehlbetrag, den Werner Reinhart deckte. In einem Brief vom 25. April 1942 an seinen Gönner bedankte sich Solti, daß er ihm «in so rührender Weise noch 200 Fr. zur Deckung des Defizites» überwiesen habe. War dieses Entgegenkommen wirklich – wie Solti es tat – «großzügig» zu nennen? Da über das Ausmaß an finanzieller Unter-

stützung, die dem Dirigenten durch Werner Reinhart zuteil wurde, keinerlei einsehbare Akten vorliegen, bleibt nichts anderes als zu hoffen übrig, daß dem tatsächlich so war. Ein nettes Sümmchen mitsamt prächtiger Urkunde brachte natürlich der Genfer Preis ein. Berücksichtigt man allerdings, daß der also Bescherte zwei oder drei Jahre lang fleißig und intensiv üben mußte, ehe er als preiswürdig anerkannt wurde, und daß er sonst lediglich über spärliche Einnahmen verfügte, ist leicht einzusehen, daß er trotz seiner künstlerischen Errungenschaften keinen Grund zum Jubeln hatte.
Etwas mehr als einen Monat nach dem Genfer Wettbewerb, am 29. November 1942, ward Solti die Gelegenheit geboten, sein glänzendes Können als Pianist auch in Zürich unter Beweis zu stellen. Mit der Geigerin Lore Spoerri war er Solist im ersten regulären Saison-Konzert des unter der Leitung von Alexander Schaichet stehenden Kammerorchesters Zürich (das nicht mit dem heutigen Zürcher Kammerorchester unter Edmond de Stoutz zu verwechseln ist). Soltis Part erfolgte nach dem einleitenden Streichquartett von Friedrich Klose, das in Schaichets autorisierter Einrichtung für Streichorchester zur Erstaufführung gelangte: er spielte Mozarts Klavierkonzert in Es-Dur (K.-V. 271), an das sich Luigi Boccherinis Konzert für Violine und Orchester in D-Dur und Joseph Haydns Symphonie in B-Dur Nr. 10 anschlossen. Wie gleich beizufügen ist, soll Solti ebenfalls im Kleinen Saal der Tonhalle «zur größten Bewunderung und Begeisterung des Publikums mit dem Kammerorchester Zürich das Mozart-Klavierkonzert in C-Dur (K.-V. 467) und zusammen mit Irma Schaichet die *Sonate für zwei Klaviere und Schlagzeug* von Bartók vorgetragen haben, wobei das letztgenannte Werk wegen des nicht endenwollenden Beifalls der Konzertbesucher wiederholt werden mußte. Die Daten dieser beiden Aufführungen ließen sich nicht genau ermitteln, und es muß in diesem Zusammenhang betont werden, daß die hier erfolgende Übersicht über Soltis Auftritte als Dirigent und Pianist in Zürich und allgemein in der Schweiz keinen Anspruch auf letzte Vollständigkeit erheben kann.
Daß es ihm überhaupt glückte, sich in Zürichs Musikleben selbst in diesem bescheidenen Rahmen und Ausmaß durchzusetzen, ist eigentlich trotz seiner eminenten Begabung verwunderlich. Die Konkurrenz in jener Zeit war unter Pianisten wie Dirigenten enorm groß, und gerade in der Saison von 1942/43 wurde in der Zürcher Tonhalle ein Zyklus «Meister des Klaviers» durchgeführt, an dem Walter Gieseking, Adrian Aeschbacher, Alfred Cortot, Wilhelm Backhaus und Edwin Fischer beteiligt waren. Und die Liste der damals während der Kriegsjahre in der Limmatstadt gastierenden oder ansässigen Klavierkünstler füllten Namen wie Robert Casade-

sus, Dinu Lipatti, Joseph Turczynski, Nikita Magaloff, Mieczyslaw Horszowski, Géza Anda, Wilhelm Kempff, Rudolf Serkin und Arturo Benedetti-Michelangeli (Erster Preisträger am Genfer Wettbewerb von 1939), aber auch Walter Frey, Walter Rehberg, Lis Keller-Andreae, Hans Andreae und andere. Sich unter soviel Prominenz hervorzuheben und sich einen eigenen Namen zu machen, war ein Kunststück, das wohl nur dem musikbesessenen und ungeheuer fleißigen Solti gelingen konnte, der es geschickt verstand, die wenigen Lücken im Konzert-Kalender für sich zu nutzen.
Fast auf den Tag genau wie vor einem Jahr, am 28. März 1943, leitete Georg Solti im Kleinen Saal der Tonhalle wiederum ein Konzert mit dem Winterthurer Stadtorchester. Zum ungewöhnlichen starken Erfolg des Abends trug die solistisch mitwirkende Sopranistin Margherita Perras bei, die mit ihrer berückenden, schlanken Stimme in Mozarts Motette *Exsultate, jubilate* (K.-V. 165) und in Antonín Dvořáks *Zigeunerliedern* (anstelle der ursprünglich vorgesehenen drei Arien aus Schoecks Oper *Erwin und Elmire*) brillierte. Zuvor war die Ouvertüre op. 21 zu Felix Mendelssohn Bartholdys *Sommernachtstraum* und nach der Motette Mozarts Symphonie Nr. 35 in D-Dur (K.-V. 385) erklungen. Den Schluß des Programms bildete Zoltán Kodálys *Háry-János-Suite*. Den «zu Ovationen sich steigernden Beifall des Auditoriums» quittierten Solti und das ihm ausgezeichnet folgende Orchester mit der Wiederholung des «Intermezzo» aus der *János-Suite*. Der Kritiker H. S. der Neuen Zürcher Zeitung (31. März 1943) hatte bei Solti einzig «die negativen Ausstrahlungen seiner äußerst gewandten, gestisch aber reichlich aufdringlichen und damit nicht wenig ablenkenden Dirigierbewegungen» zu bemängeln, die sich glücklicherweise bei Mozarts Symphonie immer mehr verloren hätten.
Trotz des sehr guten Besuchs dieses zweiten Orchesterkonzerts mit den Winterthurer Musikern ergab sich auch diesmal ein Defizit, und so sah sich der Dirigent genötigt, in seinem Schreiben vom 30. April 1943 mit einer neuerlichen Bitte an Werner Reinhart zu gelangen:

In Anbetracht meiner finanziellen Lage möchte ich bei der hiesigen Fremdenpolizei eine Eingabe machen für einige Korrepetitionsstundenerlaubnis. Dazu wäre es von großer Wichtigkeit, wenn ich einige Empfehlungsschreiben über meine musikalischen Fähigkeiten von prominenten Schweizer Musikern haben könnte. Ein solches wurde mir bereits von den Herren Ansermet, Schmid-Bloss und Prof. Gysi in Aussicht gestellt. Ich wäre Ihnen zu großem Dank verpflichtet, wenn auch Sie (...) mir ein paar diesbezügliche Zeilen schreiben würden. (Quelle: Archiv des Musikkollegiums Winterthur in der Stadtbibliothek Winterthur)

Diesem Brief beigefügt war noch die Bemerkung, der Inhaber der Agentur, die das Konzert organisierte, werde sich erlauben, Reinhart die Konzertabrechnungen zuzustellen; ob er – Solti – ihn vielleicht an sein liebenswürdiges Entgegenkommen erinnern dürfe? Die finanziellen Verhältnisse müssen doch recht bedrückend gewesen sein, denn sonst hätte sich der empfindsame junge Künstler gewiß die Peinlichkeit einer solchen Bitte erspart. Da es feststeht, daß er in Zürich korrepetierte, versuchte Solti offenbar, seine Tätigkeit entweder im voraus oder im nachhinein legalisieren zu lassen. Ob er sein Gesuch wirklich bei den Behörden einreichte, entzieht sich leider unserer Kenntnis; ebenso weiß man nicht, wie der Entscheid ausgefallen wäre – oder ist. Nachzutragen bleibt noch, daß Karl Schmid-Bloss zu jener Zeit Direktor des Zürcher Stadttheaters war und nicht allzu lange hernach von Hans Zimmermann abgelöst wurde, während Fritz Gysi in Zürich als Titularprofessor für Musikwissenschaft an der Universität Zürich, als Dozent an der Zürcher Musikakademie und an der Volkshochschule sowie als namhafter Musikkritiker amtete.
Werner Reinhart beantwortete Soltis Bittschreiben schon am 3. Mai 1943. Er bezeugte für den Wunsch des Ungaren durchaus Verständnis, bat ihn jedoch, davon Umgang zu nehmen, seinen Namen bei der Fremdenpolizei als Referenz zu nennen. Nach langwierigen Bemühungen sei es ihm und einigen Freunden nämlich gelungen, Professor Carl Flesch und seine Gattin endlich nach der Schweiz zu bringen, um ihm eine limitierte Arbeitsmöglichkeit zu verschaffen. Da es sich bei Flesch um eine künstlerische wie pädagogische Persönlichkeit handle, die gewissermaßen «hors concours» stehe, habe er sich gerne für ihn eingesetzt. (Soltis berühmter Landsmann war 1943 dann tatsächlich Reinharts Gast auf dem «Rychenberg», gab von 1943 bis 1944 Meisterkurse am Konservatorium Luzern und trat in Zürich und andern Schweizer Städten als Solist auf. Er hatte sich zudem als Violinlehrer und Verfasser pädagogischer wie theoretischer Bücher über das Violinspiel einen vorzüglichen Namen geschaffen. Von 1908 bis 1926 lebte er in Berlin und hierauf in Baden-Baden, verließ Deutschland 1934 und ging nach London und später nach Amsterdam, von wo er über Ungarn in die Schweiz flüchtete, jedoch schon Mitte November 1944 in Luzern im Alter von einundsiebzig Jahren verstarb. Seine Meisterklasse am Luzerner Konservatorium übernahm Georg Kulenkampff, der 1943 gleichfalls in die Schweiz übersiedelt war und der dann 1947 und 1948 mit Solti drei Schallplatten mit Violinsonaten von Mozart, Brahms und Beethoven aufnehmen sollte – eine wiederum schicksalshaft anmutende Verstrickung der Lebensumstände der beteiligten Persönlichkeiten, zumal auch Kulenkampff bereits 1948 starb.)

So wenig er an Soltis besonderen Fähigkeiten als Pianist und Musiker zweifle, fuhr Reinhart fort, so liege der Arbeitsmarkt für Korrepetitoren in der Schweiz eben so, daß zahlreiche junge und zum Teil auch sehr begabte einheimische Musiker für eine derartige Betätigung zu kämpfen hätten. Auch sonst müsse er sehen, daß er die Fremdenpolizei, die er schon für die Engagements der Orchestermusiker häufig in Anspruch nehme, nicht zu viel mit Gesuchen behellige. Das Schreiben Werner Reinharts schloß mit der Bemerkung, er erinnere sich nicht mehr, ob Solti in bezug auf die Deckung des Defizits außer seiner Zusage nicht wiederum auch jene einer Gönnerin bekommen habe. Er hoffe in dieser Hinsicht noch ein Wort von ihm zu hören. Damit sah sich Solti in bestimmte allgemeine wie auch persönliche Grenzen zurückverwiesen, und obwohl er Reinhart, dessen Standpunkt man begreifen kann und den man darob sicher nicht der Kleinlichkeit bezichtigen darf, kaum wirklich gram sein konnte, muß dieser Bescheid für den von Geldsorgen Geplagten doch recht enttäuschend gewesen sein.
Der Klavierabend vom 26. Januar 1944 im Kleinen Tonhallesaal lenkte – so der Kritiker Willi Schuh – einmal mehr «die Aufmerksamkeit auf diesen hochbegabten Musiker, der, was immer er anpackt, mit ungewöhnlicher künstlerischer Intelligenz und ebenso ungewöhnlicher Kraft des Einfühlens und des Gestaltens zu durchdringen weiß». Zu Gehör kamen erst Haydns Sonate in Es-Dur und Frédéric Chopins h-Moll-Sonate op. 58, nach der Pause Poissons d'or aus *Images* und *L'Isle joyeuse* von Claude Debussy sowie *Bilder einer Ausstellung* von Modest Mussorgskij. Willi Schuh schlug in seiner Konzertbesprechung, was bei ihm sonst selten geschah, geradezu enthusiastische Töne an und lobte die bezwingende Frische und Lebendigkeit der Haydn-Interpretation. Der Sprung zu Chopin sei zwar groß gewesen, aber der gewaltige musikalische Kraftstrom, der die Wiedergabe zu seltener Intensität und Plastik steigerte, habe die Hörer unwiderstehlich mitgerissen. Zu Debussy meinte er unter anderem, man könne dessen Kunst kaum großartiger zur Darstellung bringen als in Soltis souveränem Vortrag. Und zu den *Bildern einer Ausstellung* schließlich: «Diese über das Pianistische hinausweisende Musik musikalisch intuitiv, d.h. überall als wirkliche Musik (und nicht als Tonmalerei) zu fassen und ihr immanentes Formgesetz wirksam werden zu lassen, war Solti der richtige Mann.» Kein Wunder sei es deshalb gewesen, daß die Hörer den Künstler nach dieser kongenialen Interpretation noch um Zugaben bestürmt hätten.
Ungefähr zwei Monate später, am 31. März 1944, kam Solti wie in den Vorjahren in die Tonhalle, um sich an der Spitze des Winterthurer Stadtorchesters als Dirigent neu zu erproben und bewähren.

Und da sich ihm in Marko Rothmüller vom Stadttheater Zürich ein Baritonsänger zur Seite stellte, der in breiten Kreisen längst große Popularität genoß, war auch dieser Orchesterabend ausgezeichnet besucht. Die Kritik hatte dreierlei Dinge anzukreiden. Einmal nahm man an der stilistisch buntschillernden, aber wenig verpflichtenden Spielordnung Anstoß: Nach Beethovens Achter Symphonie in F-Dur op. 93 folgten die Grafen-Arie «Hai già vinta» aus *Figaros Hochzeit* und die sogenannte Champagner-Arie aus *Don Giovanni,* woran sich nach dem Pausenunterbruch Debussys *Prélude à l'après-midi d'un faune,* eine Arie aus Mussorgskijs Oper *Chowanschtschina* und Bedřich Smetanas Ouvertüre zur Oper *Die verkaufte Braut* anschlossen – in der Tat ein etwas unglückliches Konglomerat. Dann wurde auch beklagt, daß Solti sein Temperament immer noch nicht genügend beherrschen gelernt habe und sich auf eine halb angeborene, halb «kultivierte» Zeichengebung kapriziere, die aufdringlich wirke, ablenke und den Spielern zu unvorteilhaften Übertreibungen Anstoß gebe. Bei der alerten, aber nicht immer gleich gelösten Beethoven-Wiedergabe endlich wurden «die vom Dirigent oft hart herausgepeitschten Akzente» gerügt, die fast noch mehr störten als die gelegentlich unsaubere Tongebung bei einzelnen Instrumentengruppen. Im übrigen freilich war man des Lobes voll und vergaß nicht zu erwähnen, daß der Dirigent nach jeder Nummer und besonders am Schluß mit begeistertem Beifall überschüttet worden sei.
Kehren wir nun, wie früher angekündigt, zu Ernest Ansermet zurück, dem Solti vielleicht schon in Luzern oder Zürich begegnet war, ganz gewiß aber in Genf, als er an den Nationalen Musikwettbewerben von 1941 und 1942 teilnahm. Schon beim ersten Mal hatte Solti ihn als Chef des begleitenden Orchestre de la Suisse Romande (OSR) kennengelernt, und dabei war es ihm offenbar gelungen, den Schweizer von seinen Fähigkeiten als Dirigent zu überzeugen. So war es im Februar 1942 zu den beiden *Werther*-Aufführungen im Genfer Grand Théâtre unter Soltis Leitung gekommen. Weshalb man vom OSR als einem Radio-Orchester sprach, das Solti mehrmals dirigiert haben soll, wurde bereits dargelegt: es war vom welschschweizerischen Radiosender Sottens übernommen worden und gab deshalb auch regelmäßig Radiokonzerte. Sie wurden zur Hauptsache von Ansermet und von Edmond Appia geleitet; dann und wann standen auch Otto Ackermann, Alexander Krannhals, Paul Kletzki, Paul Sacher, Dr. Hans Münch und andere am Dirigentenpult. Für die Behauptung, Solti habe das (Welsch-)Schweizer Radio-Orchester, respektive das Orchestre de la Suisse Romande mehrmals dirigiert, ließen sich, von *Werther* und dem einen Auftritt abgesehen, auf den wir gleich zu sprechen kommen, keine weiteren

Beweise finden. Solche Nachforschungen sind allerdings – wo auch immer – stets etwas heikel und schwierig, weil die betreffenden Akten und Unterlagen in desto verstaubteren und schwerer erschließbaren Archiven ruhen, je weiter der Gegenstand des Interesses in der Vergangenheit zurückliegt. Selbst der Nachlaß von Ernest Ansermet, dem wohl bedeutendsten Schweizer Dirigenten dieses Jahrhunderts, liegt noch heute – vierzehn Jahre nach seinem Tod – unerschlossen in einem Dutzend Kisten herum. Da wartet Musikwissenschaftern und all jenen, die Wesentliches zur Erhellung der neueren Musikgeschichte beitragen möchten, ein reiches und dankbares Betätigungsfeld, wobei auch zu hoffen wäre, daß sich die zuständigen Stellen und Behörden zu entsprechender Unterstützung bereitfänden.
Was nun Solti betrifft: Er leitete während der Jahre in der Schweiz, wie sich mit ziemlicher Sicherheit herausstellte, nur einmal ein Radiokonzert des OSR. Das war am 19. April 1944 im Rahmen der «Mercredis symphoniques», von Symphoniekonzerten demnach, die von Radio Sottens regelmäßig an Mittwochabenden ausgestrahlt wurden. Die von ihm dirigierten Werke waren dieselben wie im Orchesterkonzert vom 28. März 1943 (siehe Seite 39), mit dem einzigen Unterschied, daß die von Margherita Perras gesungenen Stücke entfielen. War etwa das Konzert von 1943 auf Band aufgezeichnet worden? Fast könnte man es glauben, wenn nicht im Radioprogramm ausdrücklich das Orchestre de la Suisse Romande erwähnt worden wäre. Am Rande sei noch notiert, daß der uns bekannte Carl Flesch mit dem OSR am 30. August 1944 an den Internationalen Musikfestwochen Luzern als Solist unter Paul Kletzki auftrat und daß auch Furtwängler dort gastierte. Solti dagegen wurde die Leitung eines Konzerts, das im Juni 1944 bei Radio Lugano hätte stattfinden sollen, durch die Tessiner Fremdenpolizei verwehrt. Erst viele Jahre danach, am 2. und 4. Februar 1959, stand das OSR in Lausanne und Genf nochmals unter seiner Stabführung. Am 5. Februar wurde sein Konzert vom Landessender Sottens übertragen; dabei kamen Bartóks *Tanz-Suite* für Orchester, Mozarts c-Moll-Klavierkonzert (K.-V. 491) und Schumanns *Rheinische Symphonie* (Nr. 3 in Es-Dur op. 97) zu Gehör. Das heißt nun nicht, daß er von da an in der französischsprachigen Schweiz, mit der ihn noch heute enge Beziehungen verbinden, nie mehr aufgetreten wäre. Aber davon in einem späteren Kapitel.
Nach diesen ausführlichen Bemerkungen zu Soltis bisherigem Hervortreten als Dirigent und Pianist in Zürich soll nun die folgende Aufzählung der weiteren Auftritte, wenigstens insoweit, als sie im Kleinen Saal der Tonhalle oder im Kammermusiksaal stattfanden, eine Übersicht verschaffen. Der Kommentar dazu erfolgt, falls er

überhaupt als notwendig erscheint, in Kurzform; das gleiche gilt für die kurzen Ausschnitte von Kritiken aus der Neuen Zürcher Zeitung (NZZ), die in Anführungszeichen stehen. Das jeweilige Programm wird nur dort angegeben, wo es von besonderem Interesse ist. Ob zusätzliche Darbietungen Soltis in anderen Zürcher Musiksälen oder anderen Städten der Schweiz stattfanden, muß dahingestellt bleiben.

1944, 15. Dezember: *Klavierabend Georg Solti.* Kleiner Saal der Tonhalle. Programm: L. van Beethoven: Sonate op. 53 C-Dur (Waldstein-Sonate); F. Schubert: Sonate B-Dur op. posth.; R. Schumann: Sonate op. 11 fis-Moll. – NZZ 18. 12. 44: «Solti, der über eminente technische Ressourcen verfügt, stellte nie das Virtuose in den Mittelpunkt, war nie auf rein pianistische Wirkungen bedacht (...), sondern trachtete gleichsam die innere Schönheit der verschiedenen Tonsprachen zu erlauschen und herauszulösen.»

1945, 15. Januar: *Liederabend Laszlo Csabay.* Am Flügel: Georg Solti. Kammermusiksaal Kongreßhaus. – Der mit Solti befreundete ungarische Tenor vom Stadttheater Zürich, der heute in den Vereinigten Staaten lebt, gab seinen ersten Liederabend.

1945, 12. März: *Orchesterkonzert Georg Solti.* Kleiner Saal der Tonhalle. Solist: Géza Anda, Klavier. Mitwirkende: Mitglieder des Tonhalle-Orchesters. Programm: Joseph Haydn: Symphonie Nr. 12 B-Dur; W. A. Mozart: Klavierkonzert G-Dur (K.-V. 453); Franz Schubert: Symphonie Nr. 6 C-Dur. – Soltis viertes Orchesterkonzert in Zürich, mit dem berühmten ungarischen Pianisten, der sich 1942 in der Schweiz niederließ, 1946 seine internationale Konzerttätigkeit begann, die Tochter eines Schweizer Großindustriellen heiratete und Schweizer Bürger wurde. – NZZ 14. 3. 45: «Daß in den hochintensivierten, in Tempo, Dynamik und Ausdrucksdifferenzierung zuweilen etwas übersteigert wirkenden Werkvorträgen (...) beispielsweise den Celli und Kontrabässen das klare und exakte Ausführen einzelner Tonfiguren erschwert wurde, darf nicht verschwiegen werden. (...) Wieder erwies sich Anda als subtiler Techniker und ebenso subtiler Musiker, in dessen elegantem und brillantem pianistischen Vortrag ein feines Gefühl für das irrationale Element der Musik mitschwingt.»

1945, 18. Mai: *Liederabend Hedwig Pfyffer.* Am Flügel: Georg Solti. Kleiner Saal der Tonhalle. – Vermutlich war die Sopranistin Mitglied des Stadttheaters Zürich.

1945, 14. November: *Gedenkfeier für Béla Bartók* (25. März 1881 bis 25. September 1945). Kammermusiksaal Kongreßhaus. Mitwirkende: Laszlo Csabay, Gesang; Dr. Willi Reich, Gedenkrede; Georg Solti, Klavier; Stefi Geyer-Quartett (mit Stefi Geyer, Rudolf Baumgartner, Ottavio Corti und Eric Guignard). Programm: Sonatine für Gesang (1919); Im Kerker (Volkslied 1932); Sieben ungarische Volkslieder (1922); Aus Mikrokosmos (1940); Gedenkrede; 6. Streichquartett (1939). – Daß diese Feier einem inneren Anliegen Soltis entsprach, braucht kaum betont zu werden; er dürfte zu den Mitinitiatoren gehört haben.

1946, 31. Januar: *Klavierabend Georg Solti.* Kleiner Saal der Tonhalle. Programm: Joh. Seb. Bach: Praeludium und Fuga in D-Dur (II. Teil), Praeludium und Fuga in es-Moll (I. Teil) aus «Das wohltemperierte Klavier»; L. van Beethoven: 33 Veränderungen über einen Walzer von A. Diabelli op. 120; Claude Debussy: Préludes, 2ème livre; Franz Schubert: Impromptu in f-Moll op. 142; Fr. Chopin: Scherzo in b-Moll op. 31. – NZZ 5. 2. 46: «Das wirklich erstaunlich vollkommene, kontrastschwere und klanglich überraschend lebendig sich auswirkende Spiel der von Solti als unteilbares Ganzes empfundenen, aber hervorragend gegliederten und plastisch durchmodellierten Diabelli-Variationen wurde den Hörern ohne Zweifel zum eigentlichen Erlebnis des Abends.»

1946, 15. Mai: *Liederabend Hedwig Pfyffer.* Am Flügel: Georg Solti. Kammermusiksaal Kongreßhaus.

1947, 17. Januar: *Schubert-Abend Lucas Barth.* Am Flügel: Georg Solti, München. Kleiner Saal der Tonhalle. Der Baß vom Stadttheater Zürich brachte Franz Schuberts Liederzyklus «Die Winterreise» nach Gedichten von Wilhelm Müller zu Gehör.

1947, 29. Januar: *Liederabend Max Lichtegg.* Am Flügel: Georg Solti. Kleiner Saal der Tonhalle. Programm: Aus den «Mörike-Liedern» von Hugo Wolf und «Schwanengesang» von Franz Schubert. – Der aus Polen stammende Lichtegg wurde 1940 nach vorheriger Tätigkeit in Bern und Basel als lyrischer Tenor nach Zürich engagiert, wo er bald zum erklärten Liebling des Opern- und Operettenpublikums wurde. Er hatte mit Solti schon in früheren Jahren in Zürich Liederabende durchgeführt. – NZZ 2. 2. 47: «Die beiden Partner scheinen sich trotz der unverkennbaren Verschiedenheit ihres Wesens – der Pianist ist die ungleich stärkere und universeller begabte Musikpersönlichkeit, während dem Sänger sein liebenswürdiges, harmonisches Naturell auch im Lied zustatten kommt – sehr gut zu verstehen (...).»

Auf Lichtegg wird nachfolgend noch einmal zurückzukommen sein. Vorerst jedoch muß noch einiges zur Beziehung zwischen Werner Reinhart und Solti nachgetragen werden, denn dem aufmerksamen Leser wird nicht entgangen sein, daß Solti im März 1945 nicht mehr das Winterthurer Stadtorchester, sondern ein Ensemble aus Tonhalle-Musikern dirigierte. Auf die Gründe, weshalb es zu diesem

Wechsel kam, weist ein Brief hin, den der Dirigent am 22. April 1944 an Werner Reinhart richtete. «Zu meiner größten Überraschung und Empörung», schrieb Solti, habe er leider erst jetzt vernommen, daß die organisierende Konzertdirektion sich nach seinem letzten Orchesterkonzert mit den Winterthurern für die Deckung des Defizites in seinem Namen an Reinhart gewandt habe, «trotz Ihrer ausdrücklichen schriftlichen Erklärung, sich damit nicht mehr befassen zu können.» Einer strikten Vereinbarung gemäß hätte der Konzertveranstalter den fehlenden Betrag auf sich nehmen müssen. Solti gab ferner seinem tiefsten Bedauern gegenüber «diesem unmöglichen Vorgehen» Ausdruck und entschuldigte sich wortreich. Man könnte dazu mutmaßen, daß Reinhart nach dem Ansinnen, ein Defizit zu begleichen, dessen Deckung er gar nicht versprochen hatte, es ablehnte, Solti «sein» Orchester weiterhin zur Verfügung zu stellen.
Es gibt freilich für den Wechsel zu den Tonhalle-Musikern noch eine andere und plausiblere Erklärung. 1944 drängte nämlich die Schweizerische Rundspruchgesellschaft (SRG), der die finanzielle Belastung durch das Radio-Orchester im Verhältnis zu dessen Sendezeit zu groß geworden war, auf eine Verkleinerung des Ensembles. Diesem Vorhaben kam die Ansicht Hermann Scherchens entgegen, der mittlerweile zum Musikalischen Leiter des deutschschweizerischen Landessenders Beromünster ernannt worden war, es sei zum Beispiel für ein achtunddreißig Mann starkes Orchester genügend Literatur vorhanden; außerdem könne durch technische Tricks vor dem Mikrophon ein größeres Orchester vorgetäuscht werden. Gegen diese künstlerisch unbefriedigende Lösung und gegen die Entlassung von Musikern wehrten sich nicht nur die Orchestermitglieder, sondern auch die ganze schweizerische Musikerschaft sowie der Schweizerische Tonkünstlerverein. Es kam zu einem eigentlichen «Orchesterkrieg», über den während des Sommers im Zürcher Gemeinderat, im Schweizer Nationalrat sowie in der Presse vehement diskutiert wurde. Gegen Ende des Jahres war dann der Konflikt provisorisch beigelegt worden: das ehemalige Radio-Orchester wurde jenem der Zürcher Tonhalle eingegliedert. Eine spezielle Radioformation unter der Leitung von Hermann Scherchen und Paul Burkhard wurde indes für Konzerte bei Radio Zürich verpflichtet, und zwar mit der Bezeichnung «Radio-Orchester der Zürcher Tonhalle». Eine Gruppe von dreißig neu eingestellten Musikern bildete das «Studioorchester» Basel, das ebenfalls unter Scherchen und Burkhard musizierte. Im Sommer 1945 traf die SRG eine endgültige Regelung. Der vorgenannte Plan Scherchen ließ sich dadurch realisieren, daß fortan das in Basel spielende Studioorchester mit achtunddreißig Mann im Studio Zürich tätig sein

und sich der symphonischen und gehobenen Unterhaltungsmusik annehmen sollte, derweil im Basler Studio ein kleines Unterhaltungsorchester mit zwölf Musikern stationiert wurde. Aus Opposition gegen Scherchen war die Zürcher Tonhalle bis zum 6. Dezember 1944 für das Winterthurer Stadtorchester gesperrt gewesen, und da sich Solti zur Durchführung seines Frühjahrs-Konzerts frühzeitig der Mitwirkung eines Orchesters versichern mußte, sah er sich genötigt, den erwähnten Wechsel zu Tonhalle-Musikern zu vollziehen. Als sich Scherchen 1950 nach der Rückkehr von einer achttägigen Tournee in der Tschechoslowakei zu unklugen politischen Äußerungen hinreißen ließ, bauschten seine Feinde dies zu einem Skandal auf, der ihn sein Amt im Studio Zürich kostete. Er gründete darauf in Zürich den Ars-Viva-Verlag, und wie er zuvor, seit den zwanziger Jahren, zahllose Uraufführungen zeitgenössischer Musikwerke geleitet hatte, darunter viele von Schweizer Komponisten, so hatten ihm nun manche Musiker, die später Berühmheit erlangten, ihre erste Publikation zu verdanken. Vier Jahre später eröffnete er in Gravesano ein elektroakustisches Studio und gab bis 1962 die Vierteljahresschrift «Gravesaner Blätter» heraus, wobei er zwischenhinein, von 1959 bis 1960, auch den Posten eines Chefdirigenten der Nordwestdeutschen Philharmonie in Herford bekleidete. Am 12. Juni 1966 starb er, dessen Wirken für die Neue Musik bahnbrechend war und der neben den Vorzügen auch die Schattenseiten schweizerischer Beständigkeit kennengelernt hatte, fünfundsiebzigjährig in Florenz. Auch ein Dirigentenschicksal!
Doch blenden wir wieder ins Jahr 1944 zurück, in dem Hermann Scherchen noch beim Landessender Beromünster tätig war. «Er (...) engagierte mich als Tonmeister beim Studio Zürich. Gleichzeitig arbeitete ich für die Schallplattenfirma Decca, wo ich einen Mann kennenlernte, der einer meiner besten Freunde wurde: Georg Solti. Tatsächlich habe ich seine allererste Platte aufgenommen, auf der er zusammen mit Georg Kulenkampff eine Violinsonate von Brahms spielt.» Niemand anders als Rolf Liebermann schrieb diese Zeilen («Opernjahre», Seite 48), der 1937 in Salzburg Toscaninis Proben des *Falstaff* beigewohnt hatte – zur selben Zeit, da Solti bei der Einstudierung der Oper mitwirkte. Liebermann ist in den zitierten Sätzen allerdings ungenau: die erste Plattenaufnahme fand mit dem Tenor Max Lichtegg statt, und Lichtegg war es auch, der seinen Freund Solti dem Decca-Direktor Maurice Rosengarten vorstellte und sich darum bemühte, bei Decca zwei der Lieder aus Schuberts *Schwanengesang* («In der Ferne» und «Abschied») einzuspielen, die sie gemeinsam am Liederabend vom 29. Januar 1947 vorgetragen hatten. Diese allererste Decca-Platte mit Solti stammt daher mit großer Wahrscheinlichkeit aus dem Jahre 1947, und nicht wie in

Diskographien vermutet von 1945. Im selben Jahr und im darauffolgenden hatte man ja auch die drei Platten mit dem Geiger Georg Kulenkampff aufgenommen. Dabei wurden auf der ersten Platte Mozarts B-Dur-Violinsonate (K.-V. 454), auf der zweiten Brahms' Violinsonaten Nr. 1 in G-Dur op. 78, in A-Dur op. 100 und d-Moll op. 108 und schließlich auf der dritten Beethovens A-Dur-Violinsonate op. 47 («Kreutzersonate») eingespielt – mehr hatte jeweils auf den Achtundsiebziger-Pressungen nicht Platz.
Mit dem Kriegsende und dem Zusammenbruch des Dritten Reiches im Mai 1945 war auch in der Schweiz die Zeit der nächtlichen Verdunkelung, der Fliegeralarme, der Lebensmittel-Rationierung und der langen Militärdienstleistungen (an denen auch der Zürcher Rolf Liebermann teilhatte) vorbei: man konnte nach dem Untergang des italienischen Faschismus und des deutschen Nazismus wieder befreit aufatmen. Dank der vielen bedeutenden Emigranten aus Deutschland und Italien und den von diesen Diktaturen besetzten Ländern hatte das Kultur- und Geistesleben in der Schweiz einen beträchtlichen Aufschwung genommen, und so waren gerade in den Kriegsjahren und noch einige Jahre danach speziell das Zürcher Schauspielhaus und das Cabaret Cornichon zu einem Ruf gelangt, der weit über die Grenzen hinausreichte. Das Zürcher Musikleben und auch das anderer Städte zeichnete sich durch eine Regsamkeit aus, die sich nach der Öffnung der Grenzen noch steigerte, weil das kriegsunversehrte kleine Land seinen Besuchern, unter die sich bald sehr zahlreiche amerikanische Soldaten auf Urlaub mischten, wie ein Wunder erschien. Zu den vielen namhaften Dirigenten und Pianisten in der Schweiz, die in diesem Kapitel zum Teil schon aufgezählt worden sind, kamen gastweise noch andere dazu, so zum Beispiel Bruno Walter und bald auch wieder Furtwängler und Karajan unter den Dirigenten, deren Schar sich durch einheimische Talente noch vergrößerte, während bei den Pianisten etwa Leo Nadelmann, Arthur Rubinstein und Friedrich Gulda zu nennen wären. Sich gegen solch überlegene Konkurrenten, zumindest was den Bekanntheitsgrad anbetraf, so zu behaupten, daß man dabei auf einen grünen Zweig kam, war für Solti trotz seiner Erfolge ziemlich aussichtslos. Und überhaupt – er war ja seit langem entschlossen, sich als Dirigent durchzusetzen. In dieser Hinsicht waren allerdings die Aussichten in Zürich auch nicht rosig, denn die Leitung der Symphoniekonzerte in der Zürcher Tonhalle lag schon seit Jahrzehnten fest in der Hand von Volkmar Andreae. Dieser nahm zwar 1949 mit zwei festlichen Aufführungen von Beethovens Neunter von seinem treuen Publikum Abschied, dirigierte aber als Gast noch bis 1959. Als sein Nachfolger wäre der noch wenig dirigiererfahrene Ungare trotz seiner offensichtlich ho-

hen Begabung kaum ernstlich in Frage gekommen, und Solti dürfte sich diesbezüglich auch keinerlei Illusionen hingegeben haben. Er blieb zunächst in Zürich, gab gelegentlich Klavierabende, beteiligte sich am Flügel an Liederabenden, wie wir wissen, und spielte seinen Freunden – zu denen ja vor allem Alexander und Irma Schaichet, Max Lichtegg, Rolf Liebermann, Laszlo Csabay und viele andere zählten – ab und zu in seinem kleinen Zimmer im Hause der «Kronenhalle» etwas vor. Frau Schaichet erinnert sich noch heute daran:

Wir alle fanden schon damals, er sei musikalisch wie technisch einer der ganz großen Pianisten, auf allerhöchster Ebene. Wer immer ihn hörte, fühlte, daß ein herrlicher Pianist, ein außergewöhnlicher Musiker unter uns lebte. So wie Solti Mozart spielte, habe ich vor und nach ihm niemanden gehört. Ich glaube, er wäre als Pianist eine Weltgröße geworden, hätte er nicht die große Dirigentenkarriere gemacht.

Solti schien es nicht eilig zu haben, von Zürich wegzukommen, bis plötzlich in der Mitte des folgenden Jahres etwas höchst Erstaunliches und vermutlich nicht nur für Außenstehende Überraschendes geschah: Am 27. Juni 1946 dirigierte er an der Münchner Staatsoper *Fidelio* als Gast! Doch damit nicht genug: er wurde überdies auf den Herbst, zusammen mit dem gleichaltrigen Ferdinand Leitner, zum leitenden Dirigenten und auf Ende des Jahres zum Musikalischen Oberleiter der Staatsoper ernannt! Schon vom 1. November weg dirigierte er in der bayerischen Landeshauptstadt eine ganze Reihe von Akademie-Konzerten, und am 1. Januar 1947 begann seine Operntätigkeit mit Georges Bizets Oper *Carmen,* die Peter Hamel neu in Szene gesetzt hatte und unter Soltis musikalischer Leitung stand. Wie war denn dieser gewaltige Eklat überhaupt möglich geworden? Das werden sich die damaligen Zeugen ebenso gefragt haben, wie es heute die Leser dieses Buches tun. Doch gemach: die Münchner Zeit Soltis wird gleich im nächsten Kapitel dargestellt. Zuerst soll die Schilderung der Schweizer Jahre beendet werden. Denn kaum sah der frischgebackene Opernchef eine verheißungsvolle und finanziell gesicherte Zukunft vor sich, verheiratete er sich am 29. Oktober 1946 mit der um etwa zwei Jahre jüngeren Zürcherin Hedi (Hedwig) Oechsli, wobei ein befreundeter deutscher Dirigent als einer der Trauzeugen fungierte.

Damit ist es nun Zeit geworden, im Hinblick auf Soltis Schweizer Aufenthalt kurz Bilanz zu ziehen. Wie sich gezeigt hat, verbrachte er diese Jahre weder zwangsläufig mit müßigem Abwarten, bis der Krieg vorüber war, noch mit einem «pianistischen Zwischenspiel», wie dies in der bekannten Broschüre zur Solti-Edition beschrieben

ist. Obwohl er in den rund sieben Jahren lediglich etwa siebenmal zum Dirigieren kam und daneben bloß einige Auftritte als Solist sowie einige Klavier- und Liederabende zu bestreiten vermochte und obschon er nur bei wenigen Schallplattenaufnahmen mitwirken konnte, war sein musikalisches Leben und Treiben in der Schweiz weit bedeutungsvoller und erfüllter, als man bis anhin allgemein anzunehmen pflegte, besonders wenn man auch an den Ersten Preis beim Genfer Wettbewerb denkt. Zudem ist in Betracht zu ziehen, daß es sich hier nicht um eine vollständig recherchierte Darstellung handelt und Soltis Aktivitäten vielleicht noch etwas umfänglicher waren. Und wenn es auch in mancher Beziehung eine harte und entbehrungsreiche Zeit war, die im ganzen gesehen allmählich zur Episode verblaßte, so hat Solti daraus doch an bleibender persönlicher und musikalischer Substanz gewonnen, was ihm in München und selbst später noch zustatten kam. Dank seines unerhörten Talents und Fleißes ist es ihm zudem gelungen, sich in Zürich ungeachtet der engen Verhältnisse und des heftigen Wettbewerbs einen Namen zu schaffen, den man kaum je vergaß.
Bereits im Jahre 1949, als Solti am 9. Februar als Gast des Zürcher Stadttheaters Mozarts *Zauberflöte* dirigierte (mit Lisa Della Casa in der Rolle der Pamina, Max Lichtegg in der des Tamino und weiteren hochkarätigen Kräften), fand Willi Schuh, das Ereignis dieses ersten Erscheinens des Dirigenten am Zürcher Opernpult biete eigentlich Anlaß zu Betrachtungen «über die betrüblichen Beschränkungen, denen des Künstlers Wirken in seinen Zürcher Jahren unterworfen war». Nicht viel anders tönte es aus den übrigen Zürcher Blättern, und man tröstete sich mit der Feststellung, durch die Herberufung Soltis habe die Theaterleitung früher verpaßte Gelegenheiten zum Teil wenigstens wieder wettgemacht. Auch gab man allerseits der Hoffnung Ausdruck, Soltis Dirigierkunst künftig öfter im Zürcher Stadttheater bewundern zu können. «In gewissen Zügen möchte man fast meinen», schrieb der Rezensent der TAT, «daß hier ein neuer Toscanini heranwächst.» Ein schöneres Kompliment hätte sich Solti sicherlich nicht wünschen können. Es war – um noch ein letztes Mal dem NZZ-Kritiker Willi Schuh das Wort zu geben – «eine der glänzendsten, lebendigsten und beglückendsten Mozart-Aufführungen (...), die man in unserem Opernhaus gehört hat». Des Dirigenten Persönlichkeit charakterisierte er folgendermaßen:

Solti ist ein von Musik wahrhaft Besessener, ein Musiker von stärkster geistiger Gespanntheit, der in einem ursprünglich musikantischen Empfinden ein ausgezeichnetes Korrektiv besitzt. Es glüht ein fanatischer Wille zur Präzision, zur Klarstellung in diesem hochsensiblen, sein Temperament straff zügelnden Dirigenten, der aus einer ungemein bestimmt umrissenen Werkvorstellung heraus sowohl im Großen disponiert als im Einzelnen ausformt, wobei ihm eine bewundernswert leichte und sichere Hand zustatten kommt. («Neue Zürcher Zeitung», 12. Februar 1949)

Dem ist weiter nichts beizufügen als vielleicht dies: Trotz der rückhaltlosen Anerkennung von Soltis großartiger Leistung seitens der Kritik war es den Zürchern seither nie wieder vergönnt, ihn als Operndirigent zu erleben. Auch als Konzertdirigent gastierte der stets berühmter werdende Meister des Taktstocks recht selten in der größten Schweizerstadt, die ihm einst Zuflucht und Obdach geboten hatte. Hier in Kürze die Daten:

1952, 12. Februar: *5. Extra-Konzert* der Tonhalle-Gesellschaft mit dem Tonhalle-Orchester. Programm: Haydn: Symphonie Nr. 102; R. Strauss: «Don Juan»; Beethoven: Symphonie Nr. 5.
1956, 3. Juli: *Fünftes Symphoniekonzert* der Zürcher Juni-Festwochen mit dem Tonhalle-Orchester und Alexander Brailowsky, der Robert Schumanns Klavierkonzert in a-Moll spielte. Zuvor Béla Bartók: Tanz-Suite; nach der Pause Beethovens Siebente.
1960, 2. Juni: *Erstes Juni-Festkonzert* mit dem Tonhalle-Orchester und Claudio Arrau. Programm: Brahms: Variationen über ein Thema von Haydn; Beethoven: Fünftes Klavierkonzert; Schumann: Vierte Symphonie.
1972, 27. Juni: *4. Orchesterkonzert* anläßlich der Internationalen Juni-Festwochen Zürich. Programm: Schumann: Dritte Symphonie («Rheinische»); Brahms: Vierte Symphonie.
1973, 28. November: *Klubhaus-Konzert* mit dem Orchestre de Paris. Programm: Albert Roussel: Sinfonie No. 3 g-Moll op. 42; Hector Berlioz: Symphonie fantastique. – Mit gleichem Programm am 29. 11. in Lausanne, am 30. 11. in Basel, am 1. 12. in Genf.
1974, 17. September: *1. Extra-Konzert* mit dem Chicago Symphony Orchestra. Programm: Beethoven: Erste Symphonie; Gustav Mahler: Fünfte Symphonie cis-Moll.
1978, 28. Juni: *Viertes Orchesterkonzert* anläßlich der Internat. Juni-Festwochen Zürich mit dem Tonhalle-Orchester. Programm: Mozart: Symphonie g-Moll (K.-V. 550); Brahms: Vierte Symphonie.

Die Zürcher haben es Georg Solti hoch angerechnet, daß er sich im Gegensatz zu manch anderen Dirigenten trotz seines ständig wachsenden Ruhmes nicht zu gut dünkte, auch in späteren Jahren ihr Tonhalle-Orchester zu leiten. Es zählte damals wie heute trotz eines recht respektablen Ansehens nicht zu den wirklich großen, in aller

Welt berühmten Klangkörpern, vermochte sich jedoch unter sehr fähigen Stabführern immer wieder auf ein Niveau zu erheben, das jenem der maßgeblichen Orchester nicht nachstand. Ganz gewiß ist in Soltis Gastauftritten mit dem Tonhalle-Orchester ein Zeichen seiner Dankbarkeit dafür zu erblicken, daß Tonhalle-Musiker es ihm in schwieriger Zeit ermöglichten, mit ihnen zu musizieren. Wenn hier wenigstens andeutungsweise versucht worden ist, Soltis Leben und Wirken in der Schweiz in seinem menschlichen und musikalischen Umfeld zu schildern, dann geschah dies nicht zuletzt um der Proportionen willen, die aus einem derartigen Nebeneinander und Miteinander resultieren. Die sich oft mehrfach überkreuzenden Lebenswege, ja der ganze Komplex von Bezügen und Beziehungen, wie sie manchmal nur durch die Nennung von Namen, manchmal auch etwas ausführlicher dargestellt wurden, haben es verhindert, daß Solti allein zum Gegenstand der Betrachtungen geworden ist. Mit anderen Worten: Die Berücksichtigung der Umstände hat es ermöglicht, sein Gesicht wie auch seine Gestalt inmitten vieler anderer, die ihm nahestanden, deutlich werden zu lassen, und damit nicht minder sein Hoffen und Bangen, sein Streben und Wollen – kurz all das, was einen Menschen erst menschlich macht. Männer wie er haben es sicherlich nicht einzig ihren Talenten und ihrer Tüchtigkeit oder sonstwelchen Fähigkeiten zu danken, daß sie über den «Durchschnitt» der anderen hinausgelangten, sondern mindestens ebensosehr ihrer Mitmenschlichkeit, der Anteilnahme also am Leben und Geschick eines weiten Kreises von Freunden, Vorbildern und Bekannten. Und umgekehrt bedeutet dies auch, daß er deren Anteilnahme entgegenzunehmen imstande war, sich ihnen zu eröffnen und mitzuteilen wußte. Durch solche Gemeinschaft und Gemeinsamkeit vermag sich einer aufzuheben, sich den andern anzuverwandeln und dennoch sich selber treu zu bleiben, den Freunden ebenso wie der Öffentlichkeit – beispielsweise dem Musikpublikum – gegenüber.
Dies gilt selbstverständlich ganz allgemein, und wenn es sich in bezug auf Zürich bewährte und dies aus unserem Text aufschien, könnten Soltis Schweizer Jahre gleichzeitig auch als Exempel dienen. Das wäre um so wichtiger, als es in den nachstehenden Kapiteln nicht mehr möglich sein wird, so ausführlich auf das angesprochene Umfeld hinzuweisen. Nicht daß es weniger bedeutsam würde – im Gegenteil! Aber die hier zu verfolgenden Ziele lassen es leider nicht zu, außer bei besonderen Gelegenheiten auf die so ausschlaggebende Mitmenschlichkeit eminenter Persönlichkeiten hinzuweisen. Wenn sich also der Blick künftig mehr auf Solti konzentriert und sich mit dieser etwas verengten Optik der Eindruck einstellen sollte, er trete allzusehr in den Vordergrund, dann

erinnere man sich an die vorhin vorgebrachten Überlegungen. Es geht ja nicht darum, jemanden zum Heros emporzustilisieren, sondern ein Dirigentenleben nachzuzeichnen und die speziellen Leistungen eines Mannes zu würdigen, dem viel zu erreichen beschieden war. Nimmt man Zürich als Exempel, dann sollte für Solti nun in München die Probe auf dieses Exempel folgen, wobei sich vorstellen läßt, daß sich in den vergangenen Jahren, die trotz einer mühsam erreichten Kontinuität in musikalischer Hinsicht auch eine Zeit des Harrens und Sich-Bescheidens waren, allerhand in ihm aufstaute und nach einem befreienden Durchbruch verlangte. Daß er sich doch nicht so leicht bewerkstelligen ließ, wie die vorgängigen kurzen Bemerkungen zu seinem Anfang in Bayerns Kapitale dies glauben machten, legt das anschließende Kapitel dar.

2 München: Anfang einer Karriere

Als Georg Solti im Jahre 1946 aus der kriegsverschonten Schweiz nach München fuhr, muß der Anblick der zerbombten Stadt wie ein Schock auf ihn gewirkt haben. Die Bayerische Staatsoper, einst glanzvolles Wirkungsfeld von Hans von Bülow und Hermann Levi, Richard Strauss, Felix Motti und Bruno Walter, war bis 1944, bis zur Zerstörung des Nationaltheaters durch Fliegerbomben, von Clemens Krauss geleitet worden. Krauss hatte von 1939 an auch den Festspielen und dem Mozarteum in Salzburg vorgestanden und wurde nach dem Krieg Dirigent an der Wiener Staatsoper und bei den Wiener Philharmonikern. Nach dem Zusammenbruch Deutschlands war der Betrieb der Bayerischen Staatsoper von der amerikanischen Militärregierung im leidlich zusammengeflickten, akustisch ungünstigen Prinzregententheater wieder in die Wege geleitet worden, wobei es Musikkontrolloffizieren oblag, das Opern- und Konzertleben mit Kräften von politisch einwandfreier Haltung und Gesinnung wieder in Schwung zu bringen. Das war nicht einfach, denn viele Dirigenten waren ins Ausland geflohen, und diejenigen, die in Deutschland geblieben waren wie Furtwängler, Karajan, Böhm und viele andere, wurden der Kollaboration mit den Nationalsozialisten verdächtigt und hatten sich vor Untersuchungsbehörden zu verantworten. Bis zu ihrer Freisprechung von der Anklage, die Nazis aktiv unterstützt zu haben – bis zu ihrer «Entnazifizierung» also –, wurde über die Verdächtigten ein Dirigierverbot verhängt. Einer der für Bayern zuständigen Musikoffiziere war der amerikanische Pianist Edward Kilenyi, der mit Solti zusammen in den zwanziger Jahren in Dohnányis Klasse gesessen hatte. Solti schrieb seinem ehemaligen Kameraden, daß er einen Dirigentenposten suche, worauf er nach seinen eigenen Aussagen im März 1946 von den Militärbehörden und der Staatsoper offiziell eingeladen wurde, die Oper *Fidelio* zu dirigieren. In der Schweiz hatte Solti gehört, daß in München ein neuer Operndirektor gesucht werde, und da er sich durchaus zutraute, eine gute Aufführung zustande zu bringen, hegte er die Hoffnung, am Ende gar diese begehrenswerte Stellung zu erhalten.

Sie wurde zunächst jedoch vom damaligen Opernintendanten zunichte gemacht, weil ihm Solti wahrscheinlich eingestehen mußte, bisher erst zwei Opern aufgeführt zu haben – und dies vor vier und acht Jahren! Obwohl also der Intendant von Solti nichts wissen wollte, gab sich Kilenyi nicht geschlagen und schickte seinen Landsmann nach Stuttgart weiter, wo ebenfalls eine *Fidelio*-Aufführung geplant war. So kam es, daß Solti diese Oper Ende März wirklich und zum allerersten Mal dirigieren konnte, und dies gleich mit derartigem Erfolg, daß ihm Theodor Heuss, damaliger Kultusminister von Württemberg und späterer Bundespräsident, die Stellung eines Musikdirektors in Stuttgart anbot. Der dreiunddreißigjährige Ungare nahm jedoch nicht an, weil er noch immer auf München setzte. Als man dort von seinem erfolgreichen *Fidelio* vernahm, forderte man ihn auf, die Beethoven-Oper zur Probe auch im Prinzregententheater zu leiten, was am 27. Juni 1946 dann tatsächlich geschah. Die Eintrittskarten kosteten vier bis zehn Reichsmark. Den Florestan gab freilich nicht mehr wie in Stuttgart der junge Wolfgang Windgassen, sondern Adam Fendt als Gast, der seine Sache nicht weniger gut machte. Als Leonore tat sich wie schon in Stuttgart Helena Braun hervor, während Karl Schmidt und Carl Kronenberg bravourös ihre Rollen als Don Fernando und Pizarro meisterten. Die Inszenierung besorgte Günther Rennert, die Bühnenbilder schuf Caspar Neher. Herbert Erlenwein studierte die Chöre ein. Die Vorstellung wirkte derart überzeugend, daß Solti auf Beginn der Spielzeit 1946/47 zum leitenden Dirigenten und bereits auf Jahresende zum Musikalischen Oberleiter der Staatsoper mit den Befugnissen eines Generalmusikdirektors erkoren wurde. Eine Zeitlang mußte er seinen Posten allerdings mit Ferdinand Leitner teilen; anscheinend traute der Opernintendant Soltis Fähigkeiten noch immer nicht ganz. Leitner, der sich auf die Dauer von einer Zusammenarbeit zweier Dirigenten nichts Ersprießliches versprach, ging schon 1947 nach Stuttgart, wo er bis 1969 als Operndirektor und Generalmusikdirektor tätig war, ab 1956 zugleich als ständiger Dirigent am Teatro Colón in Buenos Aires. Danach wurde er als Musikalischer Oberleiter an das Zürcher Opernhaus berufen und übernahm später noch weitere Verpflichtungen. Zu Soltis Zeiten in Frankfurt und London weilte er dort ab und zu als Gastdirigent, und auch heute noch treffen sich die beiden gelegentlich, wenn Solti in Chicago sein Symphony Orchestra und Leitner an der Lyric Opera dirigiert.

Komfortabel war Soltis Leben und Wirken in München beileibe nicht zu nennen. Er besaß nicht einmal eine Wohnung, sondern hauste an der Maximilianstraße in einem möblierten Zimmerchen mit einem Bett, einem Tisch, zwei Stühlen und einem Loch in der Decke – ein nicht eben erfreulicher Kontrast zu dem behaglichen und gediegen ausgestatteten Haus der Schaichets am Zürichberg, wo er zuletzt gewohnt hatte. Dazu kam, daß der Winter 1947 einer der kältesten des Jahrhunderts war; wegen des Kohlemangels fror Münchens neuer Opernleiter nicht nur zu Hause, sondern mit den Musikern, Sängern und Bühnenarbeitern auch im Theater, dessen Einrichtung ohnehin viel zu wünschen übrig ließ. Sein Debüt als Konzertdirigent gab Solti im Rahmen der Akademie-Konzerte am 1. und 2. November 1946 mit zwei Aufführungen von Verdis *Requiem,* das er kurz vor Kriegsausbruch in Luzern unter Toscaninis Leitung gehört hatte. Bewußt knüpfte er damit seine Münchner Tätigkeit an die Erlebnisse mit seinem großen Vorbild an und trat in dessen Fußstapfen. Das effektgeladene Werk, schrieb die Musikkritik, biete einem Dirigenten alle Chancen, über sein Können Aufschluß zu geben, und Solti habe sie wahrgenommen, bis zur letzten Sechzehntel-Note. Dieser Verdi sei großartig, gebe es doch keinen Gefühlsausbruch, für den der Dirigent nicht den tieferen musikalischen Ausdruck finde. Viel von seinem künstlerischen Ernst und von seiner Empfindsamkeit habe sich auch in der Gebärde jähen Erschreckens verraten, als er nach dem ersten Teil das Pult verließ. Einige Zuhörer hätten applaudiert, doch sein impulsives Hochwerfen der Arme habe den Beifall verstummen lassen.

Nach der Wiederholung des *Requiem* folgte schon anderntags die 2. Morgenveranstaltung, bei der Helena Braun und Ferdinand Frantz Lieder von Schubert, Wolf, Brahms und Richard Strauss vortrugen und Solti sich «als Pianist von hoher Ausdruckskraft und technischer Gewandtheit» erwies. Am 5. und 6. November 1946 (und am 17. Mai, 1., 2. und 12. November 1947) wurde das *Requiem* wiederholt, am 10. November die 2. Morgenveranstaltung, worauf am 11. und 12. Dezember das 3. Akademie-Konzert abgehalten wurde. Es brachte Haydns Symphonie Nr. 12 in B-Dur, Mozarts Klavierkonzert in Es-Dur (K.-V. 271), das sogenannte Jeunehomme-Konzert, und von Beethoven die Siebente Symphonie in A-Dur op. 92. Solti wirkte dabei in einer Doppelfunktion, indem er dirigierte und beim Klavierkonzert zugleich auch den Solopart übernahm. Da Solti den *Fidelio* noch als Gast geleitet hatte, bedeutete die Neujahrs-Premiere mit Bizets *Carmen* sein eigentliches Münchner Opern-Debüt. Nach Dr. Heinz Pringsheim, dem Schwager Thomas Manns, der sich von allem Anfang an stark für Soltis Verbleiben in München eingesetzt hatte, war diese Premiere «die in sich geschlossenste und in jeder Beziehung höchststehende Darstellung einer Oper, die uns seit Wiedereröffnung des Prinzregententheaters beschert worden ist – ein gutes Omen für 1947» – und natürlich auch ein gutes Omen für Solti. Mitte November des vorigen Jahres war er von Dr. Heinz Hess noch als «wahrer homo novus» bezeichnet worden, der in der deutschen Musikwelt noch ohne Namen sei, was ja durchaus zutreffend war. Daraus ergebe sich auch ein großer Vorteil, hatte Hess gemeint, denn Straussdirigenten und Wagnerdirigenten, auch Bruckner- und Brahmsdirigenten habe man genug gehabt. Bei Licht besehen seien solche Ehrentitel nur Einschränkungen; der ideale Dirigent müsse sich das gesamte Musikgut mit gleichem Verständnis und gleicher Einfühlungskraft zu eigen machen. Diese Bedingung erfüllte Solti mit der von Regisseur Peter Hamel und dem Bühnenbildner Janni Loghi neuinszenierten *Carmen* aufs beste, aber auch Helena Brauns dämonische Verkörperung des Zigeunermädchens faszinierte ungemein. Den arglos treuherzigen Don José gab der herrliche Tenor Lorenz Fehenberger, und Hans Hotter als Escamillo beherrschte mit Erscheinung, Stimme und Darstellung die Szene, sooft er auf der Bühne stand. Ein reizendes Paar bildeten Elisabeth Lindermeier, der noch eine glänzende Karriere bevorstand, und Gerda Sommerschuh in den Rollen der beiden Zigeunermädchen Mercedes und Frasquita. Pringsheim schloß seinen Bericht wie folgt:

Die ganze Aufführung war vom Geiste der Musik beherrscht, vom Geist des Mannes, der sie leitete. Ravel hat einmal gesagt, man brauche seine Musik nicht zu interpretieren, man brauche sie nur zu spielen. Ich wüßte zur Charakterisierung der musikalischen Leitung Soltis nichts Besseres zu sagen, als daß er Bizets Musik nicht «interpretiert», sondern sie nur «spielt», freilich in jedem Takt und in jeder Note so spielt, wie der Komponist sie gedacht und aufgezeichnet hat. Ein ganz großer und starker Eindruck. («Süddeutsche Zeitung», 4. Januar 1947)

Die *Carmen* wurde in dieser ersten Spielzeit Soltis noch elfmal wiederholt; weitere vier Wiederholungen erfolgten in der nächsten Saison. Mitte Januar kehrte Solti wie schon im Sommer nach der *Fidelio*-Aufführung nach Zürich zurück, wo er im Januar 1947 an zwei Liederabenden Lucas Barth und Max Lichtegg am Flügel begleitete (siehe Seite 45). Da er seinen Schweizer Wohnsitz erst im September des gleichen Jahres aufgab, ist anzunehmen, daß er sich auch im Juli und August noch einmal in der Stadt am Zürichsee aufhielt. Wann ihm seine Frau definitiv nach München folgte, ist unbekannt; wegen der Wohnungsnot kann dies 1947 oder aber erst später geschehen sein. Wieder in München, dirigierte Solti am 21. und 22. März 1947 das 5. Akademiekonzert, und zwar die Achte Symphonie in C-Dur von Schubert (die im Programm noch als die Siebente angegeben wurde), das Cello-Konzert in D-Dur von Haydn und die Tondichtung *Don Juan* op. 20 von Richard Strauss. Als Solist wirkte Adolf Schmidt mit, der das Cello-Konzert sowohl virtuos wie warm und verständnisvoll spielte. Bei Schubert fiel auf, daß Solti die Kantabilität weniger liege als das Leidenschaftliche; bei melodiösen Stellen verhalte er sich reserviert. Völlig in seinem

Element sei er in Straussens *Don Juan* gewesen, in welchem er seinen ganzen vehementen Elan entfaltet habe.
Die Neuinszenierung der Wagner-Oper *Die Walküre,* die von Solti am 29. April 1947 zum ersten Mal geleitet wurde (weitere vier Male noch in dieser Spielzeit und häufig in den später folgenden Spielzeiten), gab in den Münchner Zeitungen viel zu schreiben. Im Münchner Mittag vom 2. Mai 1947 stellte Otto Oster bedauernd fest, es sei mit dem sehr vernehmlich gewordenen Ruf nach den Werken Richard Wagners zu rechnen gewesen, zumal das Opernpublikum dazu erzogen worden sei, immer wieder dort anzuknüpfen, wo man – 1914 aufgehört habe. Der propagandistische Mißbrauch, den die nationalsozialistische «Kulturpolitik» mit Wagners Werken getrieben habe, verliere indes an maßgeblichem Gewicht, wenn man nach dem kunstpsychologischen Motiv frage, das dem horrenden Erfolg jener destruktiven Tendenz überhaupt erst den Boden habe bereiten können. «Alle Erkenntnis der für die kulturgeschichtliche Entwicklung des deutschen Geistes wirksamen Bindungen hängt entscheidend ab von dem sicheren Blickgefühl für das Zwiespältige, das Doppeldeutige innerhalb der musikalischen Schöpfung Richard Wagners», räsonierte Oster. Die Gefahr des historischen Ästhetizismus, auf die Nietzsche angesichts der janushaften Erscheinung des Komponisten hingewiesen habe, bestehe für die Deutschen unvermindert weiter. Die Opernfreunde, die zu dem bis heute fortlebenden Kunstbürgertum zählten, hätten nämlich nur dem Anschein nach dem von Wagner angestrebten musikalischen Bildungstheater gehuldigt; in Tat und Wahrheit seien sie auf den viel leichter erreichbaren und ergiebigeren Genuß der stimmungsträchtigen romantischen Opernbühne aus gewesen. Wohin diese Bereitwilligkeit zur Entpersönlichung schließlich geführt habe, bedürfe kaum noch eines besonderen Fingerzeiges. Messe man die Münchner Neuinszenierung der *Walküre* daran, welche Lehren aus der Entwicklung der letzten Jahre gezogen wurden, sei das Ergebnis im Hinblick auf die ziemlich unverhohlene Beibehaltung eines antiquierten Opernstils alles in allem deprimierend genug. Zu Soltis Dirigierweise bemerkte Oster sehr klug: «Dieser hervorragende Musiker weiß sehr genau, welche stilbildenden Merkmale wesentlich sind. Insbesondere ist er sich darüber klar, daß das geistige Gesetz dieses Stiles nur in der strengen (und von der Neigung zu vorherrschender Klangwirkung an sich noch entschiedener zu lösenden) musikalischen Deklamation zu erfüllen ist.»
Ohne Bezug zu Osters Überlegungen und Beobachtungen sei noch am Rande vermerkt, daß einer Notiz auf derselben Seite seiner *Walküre*-Kritik zu entnehmen war, daß Wilhelm Furtwängler nunmehr von der alliierten Entnazifizierungskommission in Berlin ent-

lastet worden sei. Die deutsche Spruchkammer für Künstler hatte den Fall Furtwängler befürwortend an die Alliierten weitergeleitet. Furtwängler habe sich wieder in sein freiwilliges Exil in der Schweiz begeben; man nehme aber an, daß er nach Berlin kommen und verschiedene Konzerte dirigieren werde.
Daß Solti, wie vorhin einmal gesagt wurde, die Musik nicht interpretiert, sondern so spielt, wie der Komponist sie gedacht und aufgezeichnet hat, ist ihm also auch bei Wagner zugute gekommen. Diese «platonische Idee» des Musizierens ist ihm bekanntlich durch Toscanini vermittelt worden; was es damit auf sich hat, ist in den vorangegangenen Ausführungen und im Buch über Herbert von Karajan (Seiten 73–78 und 119–124; siehe Bibliographie) bereits recht explizit dargelegt worden. Rudolf Bach hat einige Jahre nach der *Walküre*-Aufführung in der Frankfurter Allgemeinen Zeitung (FAZ) vom 12. November 1951 ein Solti-Konzert besprochen und dabei Solti als den Dirigenten beschrieben, der die platonische Idee in die Tat umsetze. Der herrschende Eindruck, der von seinem Musizieren ausgehe, zeuge zwar von elementarer, blutvoller Vitalität; dennoch sei Solti keineswegs bloß das, was man einen ausgezeichneten «Musikanten» heiße. Vielmehr entspreche seinem musikalischen Temperament eine nicht geringere geistige Leidenschaft. In seinen Interpretationen älterer und neuerer Musikwerke verbinde sich daher ein starkes, sehr männliches Gefühl mit der entschiedensten, überlegen disponierenden Intelligenz. «Oper und Konzert gleichermaßen zugetan, ist Solti ein rastloser, unerbittlicher Arbeiter und Probierer, erfüllt vom höchsten Ziel und Sinn allen künstlerischen Bemühens: dem Urbilde der Vollkommenheit.»
Die gleichen oder sehr ähnlichen Charakterisierungen kennen wir übrigens schon von den Zürcher Kritikern. Doch kehren wir zur *Walküre* zurück – dem ersten Musikdrama Wagners, das seit der Zerstörung des Münchner Nationaltheaters wieder in der Staatsoper lebendig geworden war. Pringsheim enthielt sich aller Bedenklichkeiten und gab lediglich der Hoffnung Ausdruck, die Wagnerstadt München werde mit der Wiederaufnahme der ganzen *Ring*-Tetralogie und der übrigen großen Dramen den Ruhm seiner alten Tradition fortsetzen. Des weiteren lobte er Max Hofmüllers Inszenierung und die Darstellung im ganzen, die aus dem Geist der Musik hervorgegangen sei. Franz Völker habe als Siegmund im Legato die Worte deutlich artikuliert, rapportierte der Kritiker der Süddeutschen, und mit edlem, in allen Lagen ausgeglichenem Sopran sei Erna Schlüter als Brünnhilde zu hören gewesen. Auch die Leistung der übrigen Darsteller – Friedrich Dalbergs als Hunding, Hans Hotters als Wotan, Marianne Schechs als Sieglinde und Irmgard Barths als Fricka – wurde rühmend anerkannt, während über Solti

wenig, aber Vielsagendes geschrieben stand: «Würdig schließt er sich damit der Reihe unserer großen Wagner-Dirigenten an. Noch nie bisher hat das Orchester so schön gespielt. – Ein großer Tag der Staatsoper, ein voller, ein verdienter, ein nachhaltiger Erfolg» (3. Mai 1947). Und auch hier auf derselben Seite die Meldungen: Furtwängler wurde von der alliierten Entnazifizierungskommission entlastet – Zum 60. Geburtstag Ernst Wiecherts bringt ein Münchner Verlag ein Buch mit Beiträgen in- und ausländischer Schriftsteller heraus – Thomas Mann wird in Washington eine Vortragsreihe beginnen.

Pringsheim sollte mit seinen Äußerungen über Solti weit über den aktuellen Anlaß hinaus recht behalten, denn bei der einzigen von Solti geleiteten *Walküre*-Vorstellung des Jahres 1950 war ausgerechnet der englische Schallplattenproduzent John Culshaw von der Decca zugegen, und das hatte für den Dirigenten, dem hier wieder einmal das Glück lächelte, in der Tat überaus nachhaltige Folgen. Davon wird jedoch ein späteres Kapitel erzählen. Für den jetzigen Augenblick stellt sich die Frage, wie Solti selbst zumute war, als man ihn auf Grund der Publikumswünsche ersuchte, Wagner zu dirigieren. «In meiner Jugend habe ich Wagner nicht gemocht», gestand er in einem Gespräch mit einem Musikreferenten. Abgesehen davon, daß er sich dem an ihn herangetragenen Begehren schwerlich verschließen konnte, muß der reifere Solti die unbestreitbaren Qualitäten der Wagnerschen Musikdramen doch schätzen gelernt haben. Da sie auch für ihn bestimmt noch von üblen nazistischen Gerüchten umwittert waren, dürfte es ihm um so leichter gefallen sein, sich wie üblich ganz auf *die* Musik zu konzentrieren, die in den Partituren stand und die es in möglichster Reinheit und Ursprünglichkeit wiederzugeben galt. Gleichzeitig mußten natürlich die Texte Wagners von allem Schwulst des Vortragens befreit, von jeglicher Abweichung in bezug auf den musikalischen Duktus bewahrt werden, so daß sich ihm und den Korrepetitoren die Aufgabe stellte, die Sängerinnen und Sänger entsprechend umzuschulen und sie auf diese neuen, nüchterneren Wagnerklänge einzustimmen. Als Solti während der Spielzeit 1960/61 in Frankfurt am Main die *Walküre* neu einstudierte, schilderte ein Mitarbeiter der FAZ sehr detailliert, wie der Dirigent damals – aber sicher auch schon in seiner Münchner Zeit – vorging. Es lohnt sich, den Bericht darüber vom 29. September 1960 kurz zu rekapitulieren.

Schon bei den ersten Gesangsproben weist Georg Solti die Richtung. Jedem Darsteller gibt er seine Auffassung des Parts bekannt, seine Vorstellung vom Klang, von Nuancen. In der bald darauffolgenden Verständigungsprobe mit dem Regisseur vereinbart er die Auftritte, die Standorte der Solisten und des Chors, denn für die

Klangwirkung ist es zuweilen nicht unwesentlich, ob eine Arie vom Hintergrund der Szene gesungen wird oder von der Rampe. Danach setzt der Dirigent die Gesangsproben mit Klavierbegleitung im Studio und auf der Bühne fort. Die Proben mit dem Orchester beginnen erst in der nächsten Phase. Neue Werke werden zunächst ohne die Darsteller in Leseproben besprochen, wobei die eine oder andere Stelle gespielt und ausgefeilt wird. Zur Information der Darsteller trägt dann das Orchester das ganze Werk einmal vor; daran schließt sich die eingehende Probenarbeit der Solisten mit Orchesterbegleitung an. Szene um Szene wird gesungen, gespielt und korrigiert. Zuweilen läßt Solti seinen Assistenten, der die Tempi kennt, dirigieren, hört vom Zuschauerraum aus zu, geht wieder ans Pult, dirigiert selbst und teilt den Musikern seine Auffassung mit. «Dynamisch-architektonische Besprechungen» nennt er diese Methode. Er übernahm sie von Richard Strauss, der ihn lehrte, daß Zuhören eine wichtige Aufgabe des Kapellmeisters sei. Auch akustische Probleme müssen gelöst werden, da die Stimmen und Instrumente im leeren Haus anders als bei Aufführungen mit Publikum tönen. Erst wenn alle Szenen und Passagen unmißverständlich festgelegt sind, setzt Solti die Lichter der eigenen Interpretation auf.
Der manchmal wochenlang dauernden Einstudierung geht natürlich das Studium der Partitur voraus, bei dem der Dirigent nach Soltis Ansicht seine Klangvorstellungen in den entscheidenden Passagen festlegen soll. Nachher komme es dann darauf an, inwieweit es ihm gelinge, sich durchzusetzen und seine Absichten zu verwirklichen. Verblüffenderweise hält er von momentanen Inspirationen während des Dirigierens nicht viel. In Anbetracht der intensiven Probearbeit ist dies aber verständlich: unvorhergesehene Impulse würden die Musiker und Solisten verunsichern und ihr notwendiges Vertrauen in den Dirigenten, mit dem eine Aufführung steht oder fällt, erschüttern. Wie zu ersehen ist, bedeutet also das Einstudieren einer Oper «ein wohlgerüttelt Maß» an Arbeit. Man begreift, daß sich Solti im Rückblick auf die Münchner Zeit fragte, wie es ihm überhaupt möglich gewesen war, sein enormes Pensum zu bewältigen. Gewiß, es waren neben ihm noch drei andere Dirigenten da, zum Beispiel der Staatskapellmeister Robert Heger, doch übernahm er die Hauptlast der Anforderungen. Außer der Verantwortung für das gute Gelingen der Opernvorstellungen und Konzerte trug er zum Teil auch jene für den reibungslosen Betriebsablauf. Gemeinsam mit dem Intendanten hatte er das Repertoire zu bestimmen, die Annahme neuer Werke, Neueinstudierungen, die Besetzung selbst der Opern, die nicht unter seiner Leitung standen, die Engagements, die Auflösung von Verträgen mit Sängerinnen und

Sängern, Gastspiele und vieles mehr. Geschenkt wurde dem kühnen Neuling, den viele der gestrengen Kritiker als eine Art Tempelschänder empfanden, besonders in den Anfangsjahren nichts. Doch er war zufrieden, denn endlich konnte er so viel dirigieren, wie er nur wollte. An dankbaren Hörern fehlte es in dieser Zeit, da die Nahrungsmittelzuteilungen vielfach noch unter der Minimalration von 1150 Kalorien täglich lagen, jedenfalls nicht. Auch bei der Deckung der übrigen Lebensbedürfnisse bestand an allen Ecken und Enden ein empfindlicher Mangel, und so ließ sich beim Anhören musikalischer Darbietungen die Not des Alltags wenigstens für eine Weile vergessen.

Die restliche Spielzeit 1946/47 war mit Aufführungen der *Carmen* und der *Walküre* ausgefüllt; zweimal wurde auch *Fidelio* gegeben. Dabei ist zu beachten, daß hier nur von Aufführungen unter der Leitung Soltis die Rede ist. Beim 7. Akademie-Konzert vom 14. und 15. Mai 1947 gedachte er des fünfzigsten Todestages von Johannes Brahms (er starb am 3. April 1897 in Wien) und setzte dessen *Tragische Ouvertüre* in d-Moll op. 81, das Violinkonzert in D-Dur op. 77 und die Vierte Symphonie e-Moll op. 98 auf das Programm. Es war das erste Mal, daß sich Solti der Werke des norddeutschen Komponisten annahm; bisher hatte er sich, von wenigen Ausnahmen abgesehen, eher leichtgewichtiger symphonischer Musik gewidmet. Immerhin war die konstruktive Dichte von Brahms' neuartiger Musiksprache seinerzeit ebenso zukunftweisend für die Neue Musik gewesen wie diejenige Wagners, und nach der *Walküre* schien somit der Schritt zu Brahms um so naheliegender zu sein, als für das nächstfolgende Konzert wirklich ein Programm mit Neuer Musik vorgesehen war. Wer im Violinkonzert von Brahms als Solist auftrat, ließ sich nicht eruieren. Möglicherweise war es Soltis Landsmann Tibor Varga, der eben zu jener Zeit in München als Interpret von Alban Bergs Violinkonzert Aufsehen erregte und sich zudem mit den Münchner Philharmonikern unter der Leitung des Gastdirigenten Kurt Eichhorn in Mendelssohns Violinkonzert als Geiger höchsten Ranges bewährte. Da Solti mit Varga auch Kammermusikabende veranstaltete, könnte es also durchaus sein, daß er Varga als Solisten verpflichtete. Das 8. und letzte Akademie-Konzert dieser ersten Saison Soltis fand am 13. Juli 1947 statt und brachte von Samuel Barber den 1. und 2. *Essay* für Orchester, op. 12 und 17, zu Gehör, von Paul Hindemith den *Schwanendreher,* von Mozart die D-Dur-Symphonie Nr. 35 (K.-V. 385) und von Zoltán Kodály die *Háry-János-Suite,* die der Dirigent bereits zweimal in der Schweiz aufgeführt hatte. Eine Wiederholung des sicherlich unpopulären Konzerts erübrigte sich. Von diesen modernen Komponisten wollte man nichts oder noch nichts wissen, weil ihre

Musik unvertraut klang und man sich lieber an Gewohntem erbaute, als sich für Neues zu interessieren. Der jungen Generation, von der man noch am ehesten Neugier und Aufgeschlossenheit erwarten konnte, bedeuteten Namen wie Barber, Hindemith und Kodály deshalb kaum etwas, weil der Nazismus es verhindert hatte, die Werke dieser Musiker kennenzulernen. Auf musikalischem Gebiet war die Entwicklung für die meisten Deutschen bei Werner Egk und Carl Orff stehengeblieben, und vor allem die jungen Leute hatten selbst von Bartók, Prokofjew oder Strawinsky noch nie eine Note gehört, geschweige denn von den Komponisten der Zweiten Wiener Schule, Schönberg, Berg und Webern.

Solti hatte daher in mehr als nur einer Beziehung in München eigentliche Aufbauarbeit zu vollbringen, und dazu gehörte auch die an seinem noch kaum vorhandenen Repertoire. Den Musikkritikern, die ihn in seinem kleinen Zimmer aufsuchten, war er schon nach kurzer Zeit zu einem musikalischen Begriff geworden, und natürlich konnte es bei solchen Unterredungen nicht fehlen, daß er auch auf die entscheidende Begegnung mit Toscanini in Salzburg und dessen «Bene» zu sprechen kam. Von ihm, sagte Solti, habe er gelernt, daß das ganze Geheimnis der Dirigierkunst darin bestehe, die Partitur im Kopf zu haben und das, was darin stehe, in fleißigem und gewissenhaftem Bemühen zu verwirklichen. Denn alles was der berühmte Maestro an Frappierendem erreiche, stehe in der Partitur. Auf die Frage von Dr. Heinz Hess nach seinen Lieblingskomponisten, erwiderte der Dirigent mit Nachdruck: «Ich habe keine. Ich erstrebe eine alles umfassende Vielseitigkeit gleich Toscanini.» Hess fiel überdies auf, daß Solti den Vorstellungen von einem romantischen Künstlertyp mit Haarmähne gar nicht entsprach, und er meinte, des Dirigenten elegante Erscheinung mit den gewinnenden Gesichtszügen deute eher auf einen Attaché der ungarischen Gesandtschaft hin, zumal der Charme des Budapesters mit einer aus dunklen Augen sprechenden Leidenschaftlichkeit verbunden sei. Zu Soltis Auffälligkeiten zählte ferner seine eigenwillige Zeichengebung, von der ein anderer Kritiker behauptete, das sei kein Dirigieren mehr, sondern fast schon Tanz. Jede Sehne, jeder Nerv dieses Mannes scheine Musik zu sein. Die feinste Nuance in der Partitur werde bei ihm zu einer Bewegung – bald des Kopfes, bald nur der Fingerspitzen –, welche die musikalische Phrase wirkungsvoll unterstreiche, vertiefe, erläutere, und die sich ihr so natürlich anschmiege, daß man glaube, dies und nichts anderes sei die wahre Konkretisierung der Töne. Solche Beobachtungen hatten, wie man sich erinnern wird, schon Zürcher Kritiker zu Protokoll gegeben, freilich nicht ohne anfängliches Befremden. Selbst in viel späteren Jahren sollte diese etwas absonderlich scheinende, im Grunde jedoch mit

Soltis Wesen und Musikverständnis übereinstimmende Zeichengebung immer wieder zum Gegenstand kritischer Äußerungen werden, bewundernder wie ablehnender, obschon darin wenig Sinn zu erkennen ist – es sei denn, man bringe diese von der Partitur und der persönlichen Auffassung her bestimmte Art der Zeichensetzung mit der daraus resultierenden Klang- und Artikulationsweise des Orchesters in Zusammenhang. Beide Phänomene werden indes meist gesondert bestaunt.

Was Solti in den fünf weiteren Münchner Spielzeiten in musikalischer Hinsicht alles geleistet hat, kann in diesem Buch nicht im einzelnen dargestellt werden. Wer sich schon jetzt über seine gesamte Tätigkeit in der bayerischen Landeshauptstadt orientieren möchte, kann dies anhand einer Zusammenstellung auf Seite 86ff. tun, die über sämtliche Opernpremieren unter seiner Stabführung und sein wachsendes Repertoire Auskunft gibt. Im übrigen ist es nur möglich, ein paar wichtige Opernereignisse herauszugreifen und sie mit Hilfe der Kritiker zu kommentieren. Zuvor jedoch seien kurz die weiteren Akademie-Konzerte erwähnt, die Solti in der Saison 1947/48 dirigierte. Sie fanden wie alle vorhergehenden im Prinzregententheater statt; wie schon bekannt, leitete er daneben in anderen Lokalitäten Münchens zusätzliche musikalische Darbietungen. Im 1. Akademie-Konzert der neuen Spielzeit 1947/48 spielte das Bayerische Staatsorchester am 14. und 15. September 1947 Mozarts *Prager*-Symphonie in D-Dur (K.-V. 504), Dvořáks Konzert für Violoncello und Orchester in h-Moll op. 104 und Beethovens Achte F-Dur-Symphonie op. 93, wonach zweimal zu Anfang November und noch einmal gegen Monatsmitte als 2. Akademie-Konzert der Saison Verdis *Requiem* aufgeführt wurde. Beim 4. Akademie-Konzert vom 1. Februar 1948 leitete Solti die Ouvertüre zu Shakespeares «Sommernachtstraum» von Felix Mendelssohn Bartholdy, die rund fünf Jahre vorher in Zürich auf dem Programm gestanden hatte, sowie die *Musik für Saiteninstrumente, Schlagzeug und Celesta* von Bartók, das c-Moll-Klavierkonzert (K.-V. 491) von Mozart und die Fünfte Symphonie in B-Dur D 485 von Schubert. Höchstwahrscheinlich hat Solti den Solopart des Mozartschen Klavierkonzerts selber vorgetragen, wie dies 1949 in Berlin bei demselben Werk auch geschah. Es lasse sich theoretisch manches gegen dirigierende Pianisten sagen, schrieb ein Berliner Musikkritiker, doch gebe es in der Praxis beglückende Ausnahmen. Mit Solti sei es zu einem wundervoll aufeinander abgestimmten Musizieren mit den Philharmonikern gekommen, das keinen Wunsch offen gelassen habe. Die in der Schweiz zur Vervollkommnung seines pianistischen Könnens unternommenen Anstrengungen, die ihm in Genf den Ersten Preis eingebracht hatten, trugen also weiterhin Früchte. Sein letztes

Akademie-Konzert im Prinzregententheater – es war das Siebente in der Reihenfolge jener Saison – galt schließlich am 7. und 8. August 1948 Beethovens Neunter Symphonie in d-Moll op. 125. Damit brach die Reihe der Akademie-Konzerte unter Solti im Prinzregententheater ab; sie ist aber anderswo in München, wahrscheinlich im Kongreßsaal des Deutschen Museums, weitergeführt worden. Er hat zu Anfang November 1949 und vielleicht später noch einige Male Verdis *Requiem* aufgeführt, doch ist anzunehmen, daß er schon mit dem Ende der Spielzeit 1947/48 seine Münchner Konzerttätigkeit reduzierte. Es liegt dafür auch ein plausibler Grund vor: in der folgenden Spielzeit nämlich nahm die Zahl seiner Operneinstudierungen um das Zweifache zu, und die der Opernaufführungen stieg um mehr als das Doppelte. Für Konzerte blieb unter diesen Umständen wenig Zeit übrig, zumal Solti alle Opern zum ersten Mal in seinem Leben zur Aufführung brachte.
Zu den bedeutendsten kulturellen Taten, die Solti in München vollbrachte, ist ohne Zweifel die Erstaufführung von Paul Hindemiths Oper in sieben Bildern *Mathis der Maler* zu rechnen. Der 13. März 1948 war für die Bayerische Staatsoper ein ganz großer Tag, denn zwölf Jahre hatten vergehen müssen, bis dieses Werk endlich dem Publikum vorgestellt werden konnte. Helmut Schmidt-Garre, der am 15. März im Münchner Merkur über dieses Ereignis berichtete, empfand das Schicksal dieser Oper wie ein Symbol für das Los desjenigen Teils des deutschen Volkes, der sich in der Zeit der größten Not und Unterdrückung selber treu geblieben war. (Auf derselben Seite wie seine Besprechung war in einer Kurznotiz zu lesen, Prof. Dr. Hans Knappertsbusch sei vom Kultusminister aus Anlaß seines sechzigsten Geburtstages zum Ehrenmitglied der Bayerischen Staatsoper ernannt worden.) Die besten Musiker Deutschlands, Wilhelm Furtwängler an ihrer Spitze, seien bereit gewesen, der im Jahre 1935 herangereiften Oper mit allen Kräften zu dienen, aber kaum habe Furtwängler die ersten Teilstücke zur Aufführung gebracht, sei die Staatsmacht eingeschritten, habe Aufführungen der Oper verboten und Furtwängler auf ein halbes Jahr aus dem öffentlichen Musikleben verbannt. Warum dies alles? «In Gleichschaltung mit seinem politischen Machtstreben hatte Hitler in der Kunst den heroischen Stil proklamiert. Joseph Goebbels aber, der große Sinnfälscher, verstand es, diese Staatsforderung geschickt mit dem trägen Musikbedürfnis der breiten Masse in Einklang zu bringen; er erfand die ‹stählerne Romantik›. Dieses Schlagwort, das jahrelang die deutsche Kunst und Kultur bestimmte, wie schnell ist es doch verblichen und vergessen! Aber die reine Menschlichkeit des *Mathis* und die ehrliche und konzessionslose Musik Hindemiths, die ihr erstes Opfer wurde – sie lebt heute noch.»

Hindemiths Schicksal gemahnt in manchem an das von Musikerpersönlichkeiten, die uns bereits begegnet sind. Er verließ nach dem Boykott durch das nationalsozialistische Regime von 1935 an Deutschland jährlich zu längeren Aufenthalten in Ankara, wo er im Auftrag der türkischen Regierung das Musikleben organisierte. Im März 1937 trat er von seinem Amt als Kompositionslehrer an der Berliner Musikhochschule zurück, unternahm Konzertreisen in den Vereinigten Staaten, lebte zwei Jahre in der Schweiz und übersiedelte 1940 in die USA. Von 1951 bis 1957 lehrte er an der Universität Zürich, gegen Ende Dezember 1963 starb er in Frankfurt am Main. Zürich darf sich übrigens rühmen, den *Mathis* am 28. April 1938 uraufgeführt zu haben; es ist deshalb denkbar, daß Solti während seiner Jahre dort davon hörte und sich schon damals vornahm, die Oper irgendwann einmal selbst aufzuführen. Mit Heinz Pringsheim ist jedenfalls festzustellen, daß Stärkeres und Eindrucksvolleres nach Strauss, Hans Pfitzner und Alban Berg für die deutsche Opernbühne nicht geschaffen worden ist. Der Musikkritiker der Süddeutschen Zeitung fand die Inszenierung durch Georg Hartmann besser als die vorhergegangene Stuttgarter Inszenierung, und die Besetzung der Rollen durch Franz Klarwein, Hans Reinmar, Benno Kusche, Paul Kuen und Friedrich Dalberg sowie durch Marianne Schech, Gerda Sommerschuh und Irmgard Barth war seiner Ansicht nach vorzüglich. Als Hauptträger dieser Oper, schrieb er abschließend, seien in erster Linie das Orchester und der Chor, dem besonders wichtige und anspruchsvolle Aufgaben zufielen, zu nennen:

Kein Wort des Lobes ist für diese Leistungen, Ergebnis unendlich mühevoller Probearbeit und einer beinahe grenzenlosen Hingabe, zu hoch gegriffen. Man muß deshalb auch des Chorleiters Herbert Erlenwein mit besonderer Auszeichnung gedenken. Daß dem Dirigenten Georg Solti das Hauptverdienst an der in allen Einzelheiten aufs sorgfältigste durchgearbeiteten und im großen Zuge durchgeführten musikalischen Darstellung zukommt, versteht sich von selbst. Seine Erziehungsarbeit am Sängerensemble und dem Orchester trägt immer reichere Frucht. Es ist daher verständlich, daß ihm und dem Orchester vor dem Schlußbild eine Sonderovation von selten erlebtem Ausmaß dargebracht wurde. Und in dem nicht enden wollenden Schlußbeifall kam die Freude und Genugtuung des Opernpublikums zum Ausdruck, daß die Münchner Staatsoper in einer vorbildlichen Aufführung das Tor zur Oper der Gegenwart und Zukunft weithin sichtbar aufgestoßen hat. (Ca. 15. März 1948)

Hindemiths Oper, die den Sieg der Idee über die Gewalt verkündet, brachte es bis Ende Oktober 1950 auf immerhin ein Dutzend Wiederholungen, was dem Münchner Opernpublikum ein gutes Zeugnis ausstellt. Wie weit das Tor zur Oper der Gegenwart und Zukunft dann in der Folge noch aufgestoßen werden sollte, wird sich später weisen. Von der menschlich-privaten Seite her wird uns Solti in jener Zeit durch einen Bericht von Ernst Müller-Meiningen jr. gegenwärtig. Als Wohnungsnachbarn in der Prinzregentenstraße erlebte die Familie des Chronisten Soltis erste Anfänge in München mit und konnte ihm manchen Ratschlag geben, so auch über den Umgang mit Münchens Kultusministerium, «schon immer eine diffizile Sache». Der junge Dirigent spielte mit seinen Nachbarn an manchen Abenden Bridge, das er ihnen mit viel Nachsicht beizubringen versuchte. Als eine Vorstellung von Wagners Oper *Tristan und Isolde,* die in einer Neuinszenierung von Georg Hartmann am 6. November 1947 Premiere hatte, im folgenden Januar einmal wegen Kohlenmangels ausfallen mußte, habe Solti, «diese prachtvolle Mischung von Ernst und Humor, Charme und Besessenheit», am Spätnachmittag an der Wohnungstüre geklingelt und gefragt: «Ist die Nanni da? Ich möchte mit ihr in die Anlagen am Friedensengel zum Rodeln gehen.» Darauf habe er mit der Achtjährigen begeistert besagtem Wintersport gehuldigt, spektakuläre Stürze inklusive. Vom selben Chronisten wissen wir bereits auch, daß Solti in jener Zeit mit einem uralten «Adler»-Auto durch die ihm sehr behagende Stadt und Landschaft kutschierte und daß ihm ein Dieb Partituren klaute, die er in Salzburg als Assistent Toscaninis mit Einträgen versehen hatte. Im Sommer dieses Jahres, vielleicht aber schon eher, lernte der Musikalische Oberleiter der Staatsoper einen Mann kennen, der ihm in mancher Hinsicht ebenfalls zum Vorbild und Lehrer wurde, wenn auch nicht in so ausgeprägtem Maße wie der italienische Maestro. Es war der vierundachtzig Jahre alte Richard Strauss, dessen *Salome,* ein Musik-Drama in einem Aufzuge nach Oscar Wildes gleichnamiger Dichtung, am 4. September 1948 von Solti erstmals seit Kriegsende in München wieder aufgeführt wurde. Ob sich Strauss persönlich davon überzeugen wollte, daß sein Werk in guten Händen sei, und deswegen von seinem Alterssitz in Garmisch nach München fuhr? Diese Frage muß leider unbeantwortet bleiben; sicher ist lediglich, daß der greise Komponist mit Solti zusammengearbeitet hat und ihm bei der Einstudierung der *Salome* oder des *Rosenkavaliers,* dessen Premiere am 11. Juni 1949 über die Bühne ging, mit Rat und Tat zur Seite stand, denn ein Foto aus diesen Jahren zeigt Solti im Orchestergraben des Prinzregententheaters neben Richard Strauss am Dirigentenpult. Nicht auszuschließen ist auch, daß es Solti war, der sich an den berühmten Komponisten wandte, um eine gleichsam autorisierte Aufführung in Szene zu setzen und Straussens Musik so authentisch wie nur möglich darzubieten. Auf jeden Fall entwickelte sich zwischen den beiden eine herzliche, auf gegenseitigen Respekt gegründete Beziehung, die dazu führte, daß Solti mehrmals nach Garmisch eingeladen wurde.

Der Münchner Richard Strauss, Sohn des Waldhornvirtuosen der Königlich Bayerischen Hofkapelle namens Franz Joseph Strauss, hatte in jüngeren Jahren als Dritter, Zweiter und schließlich Erster Kapellmeister auch in seiner Vaterstadt und in Berlin gewirkt, wo er 1908 Generalmusikdirektor wurde. Von 1919 bis 1924 leitete er mit Franz Schalk die Wiener Staatsoper. Nach seiner zwei Jahre dauernden Präsidentschaft der Reichsmusikkammer in den dreißiger Jahren lebte er ausschließlich seinem Schaffen als Komponist, zum Teil in Zusammenarbeit mit den Dichtern Hugo von Hofmannsthal, Stefan Zweig und Joseph Gregor, und seiner Tätigkeit als Gastdirigent. Solti mochte ihn um so eher an seine Kapellmeister-Zeit in München erinnern, als er damals fast im selben Alter stand wie der Ungare. Der hatte bis zum Opernchef allerdings nicht so viele Stationen durchlaufen müssen, und es wird Strauss denn auch nicht verborgen geblieben sein, daß es dem jungen Mann trotz der eingeheimsten Erfolge noch an Erfahrung mangelte. Ebensowenig dürfte ihm aber Soltis hohe Begabung als Orchesterleiter und sein immenser Fleiß und Eifer entgangen sein; gerade dies wird den Komponisten dazu bewogen haben, seinem «Kollegen» ein wenig unter die Arme zu greifen und ihn in Garmisch zu gewiß hochinteressanten Gesprächen und Diskussionen über musikalische Fragen väterlich zu empfangen. Von Strauss, sagte Solti später, habe ich mehr gelernt als bei anderen Menschen in Jahren. «Wissen Sie, was das Schlimmste am Beruf eines Dirigenten ist?» fragte ihn dieser bei einer ihrer Zusammenkünfte. «Wenn man am Nachmittag nach einer Probe oder vor einer Vorstellung im Hotelzimmer sitzt und sich fragt, was tu ich da, statt bei meiner Familie zu sein.» Aber auch Strauss habe dieses Problem nicht lösen können. Wie bereits erwähnt, erteilte ihm der Komponist auch den wertvollen Rat, auf den Proben mitunter einen Assistenten ans Pult zu stellen und vom Zuschauerraum aus das gesamte Klangbild zu kontrollieren. Er riet Solti zudem, kleiner zu schlagen, denn er selbst hatte sich nach einem Herzanfall die ausladenden Gesten abgewöhnt. Einmal – erzählte Solti dem Musikkritiker Karl Schumann viele Jahre danach («Süddeutsche Zeitung», 14. September 1974) – habe ihn Strauss mit der Fangfrage geneckt, welches Instrument im letzten H-Dur-Akkord des *Tristan* schweige. Es ist das Englischhorn, und es schweigt nach Strauss' Deutung im erlösenden Schlußakkord des-

halb, weil es das vorher ausgiebig angewandte Klangsymbol der Sehnsucht und des Leidens war. «Von Strauss bin ich dankbar und erfüllt weggegangen, wie ich nicht einmal von Nazareth hätte weggehen können», schloß Solti nachdrücklich.
Die letzte Einladung Soltis durch Richard Strauss erfolgte im Jahre 1949. Rund drei Monate nach der Münchner Premiere des *Rosenkavalier,* seines volkstümlichsten und meistgespielten Werkes, starb der Komponist an seinem Wohnsitz. Das war am 8. September 1949. Zum Begräbnis dieses bedeutendsten Komponisten Münchens dirigierte in Garmisch Georg Solti:

Es war ein herrlicher Sommertag Anfang September und auf dem Friedhof waren sicherlich fünfzigtausend Menschen versammelt. Wir spielten den langsamen Satz aus der Eroica *und – Strauss' Wunsch – das* Rosenkavalier-*Terzett. Es war eine der rührendsten Erinnerungen in meinem Leben: Meine drei Solisten (Marianne Schech, Gerda Sommerschuh und Maud Kunitz) hörten vor Ergriffenheit der Reihe nach auf zu singen, zum Schluß blieb ich mit dem Orchester allein. («Münchner Abendzeitung», 6. September 1979)*

Dreißig Jahre später leitete Solti ein Richard-Strauss-Gedächtniskonzert, das vom Bayerischen Rundfunk am 7. September 1979 im Herkulessaal der Residenz veranstaltet wurde. Das Rundfunk-Symphonieorchester spielte als erstes Mozarts große g-Moll-Symphonie (K.-V. 550), ein Werk, das Richard Strauss besonders oft dirigiert hatte und das wie kaum eine andere Symphonie Mozarts überall in der Welt bekannt geworden ist. Nach der Pause folgte die *Alpensymphonie* op. 64 des verstorbenen Komponisten, eine Tondichtung, die nach Soltis Meinung zu Unrecht nur selten gespielt wird.
Aber noch stehen wir im Jahr 1949, das für die Öffnung der Münchner Oper auf die Gegenwart und Zukunft hin besonders bedeutsam wurde. Unter Solti gelangten damals nicht weniger als vier Werke zeitgenössischer Komponisten zur Aufführung, wenngleich beizufügen ist, daß sie sehr unterschiedlichen Kalibers waren.
Den Anfang machte am 30. April 1949 die zugleich auch in Hamburg stattfindende deutsche Erstaufführung von *Raskolnikoff,* einer Oper in zwei Akten nach Dostojewskis Roman «Schuld und Sühne». Die Musik schrieb der Schweizer Heinrich Sutermeister, den Text dessen Bruder Peter. Nach seinem Aufenthalt in Paris von 1929 bis 1930 hatte sich der Komponist in München niedergelassen und an der Akademie der Tonkunst bei Carl Orff und anderen Lehrern Komposition studiert, so daß er gewissermaßen als Einheimischer gelten konnte. Sein fast drei Stunden in Anspruch nehmendes Werk wurde von Georg Hartmann inszeniert, die Bühnenbilder

stammten von Helmut Jürgens, der schon jene für *Mathis, Salome, Aïda* und *Don Giovanni* geschaffen hatte. Als bewährte gesangliche Kräfte wirkten Franz Klarwein, Benno Kusche, Irmgard Barth, Karl Hoppe und andere mit. Bis zum Jahresende waren immerhin sechs Wiederholungen zu verzeichnen, so daß sich für Sutermeister ein recht achtbarer Erfolg ergab.
Eine weitere deutsche Erstaufführung und eine lokale Erstaufführung brachte der Ballettabend vom 17. September 1949 mit Igor Strawinskys *Orpheus* und *Le sacre du printemps* (Frühlingsweihe) und der nachfolgenden symphonischen Tanzsuite *Scheherezade* von Nikolaj Rimskij-Korsakow, die heute eher in der Schreibung «Scheherazade» bekannt ist. Die insgesamt sechs Abende verliefen für die Liebhaber des Balletts sicher höchst genußreich, obwohl sich wahrscheinlich nicht wenige unter ihnen an Strawinskys heidnisch-brutale Thematik im *Sacre* und seine die reguläre Taktrhythmik durchbrechende Musik erst noch gewöhnen mußten. Eine weitere Münchner Erstaufführung war dann am 28. Oktober 1949 mit einer deutschen Volksoper, das heißt mit *Tobias Wunderlich* von Joseph Haas zu registrieren. Daß sie nach der Premiere kein zweites Mal auf dem Spielplan erschien, sagt eigentlich schon alles; es war offenbar ein völliger Fehlschlag. Dennoch ließ es sich Heinz Pringsheim nicht verdrießen, die Oper, mit deren Aufführung man eine Ehrenschuld am siebzigjährigen Komponisten und Akademiepräsidenten glaubte abtragen zu müssen, kritisch zu würdigen und Soltis musikalische Leitung zu loben. Es sei immer wieder erstaunlich, schrieb Pringsheim, mit welch unfehlbar sicherem Instinkt dieser Dirigent jedem Werk und jedem Stil gerecht zu werden wisse ... Aber auch diese Kritik war eine Fehlleistung, hatte doch Solti der «Ehrenschuld» wegen seinem musikalischen Instinkt zuwiderhandeln und sein Talent an das ihm aufgenötigte Werk verschwenden müssen! Allzu gutmeinende Referenten bringen es immer wieder fertig, Komplimente auszuteilen, die den Betroffenen einerseits schwer auf dem Magen liegen, andererseits jedoch allen dazu verhelfen, wenigstens das Gesicht zu wahren.
Eine weitere und letzte Erstaufführung, die Georg Solti in München dirigierte, war Carl Orffs *Antigonae,* die textlich auf Friedrich Hölderlins Übersetzung der Tragödie von Sophokles basiert. Die Premiere vom 10. Januar 1951 war natürlich für die Musikfreunde wie auch für die gute Gesellschaft ein festliches Ereignis, denn nach Richard Strauss zählte Orff zu den bekanntesten und vielversprechendsten Komponisten der Isar-Stadt. Er hatte bereits so aufsehenerregende Werke wie die *Carmina Burana, Der Mond, Die Kluge* und *Die Bernauerin* verfaßt, das sogenannte Orff-Instrumentarium geschaffen und leitete seit einem Jahr eine Meisterklasse für Kom-

position an der Münchner Musikhochschule. Dem einzigartigen Anlaß angemessen war auch die erstklassige Besetzung: Als Gast aus Berlin sang Christel Goltz die Antigone, während Hermann Uhde von der Staatsoper Wien dem Kreon und Ernst Häfliger vom Stadttheater Zürich dem Tiresias Gestalt und Stimme liehen. Hervorragende Mitwirkende waren zudem die Ensemblemitglieder Irmgard Barth, Marianne Schech, Benno Kusche, Paul Kuen und Kurt Böhme. Regie führte Heinz Arnold, der Orffs Intentionen mit viel Einfühlungskraft und Phantasie zu realisieren vermochte. Karl Heinz Ruppel schrieb für die Süddeutsche Zeitung (12. Januar 1951) einen sehr ausführlichen Bericht über die Aufführung, der alle nur möglichen Aspekte aufzeigte und ebenso gelehrt wie wortgewandt des Komponisten Schritt erklärte, «der am weitesten von allen heute geläufigen Formen und Spielarten der szenischen Kunst wegführt und das Theater wieder unter die kultischen Gesetze stellt, die seinen abendländischen Anfang beherrschten». Zu Soltis Orchesterführung bemerkte der Kritiker, das Orchester habe zuweilen mehr die Klangerzeugung als den Klang vernehmen lassen. So lange aber noch ein Rest der instrumentalen Apparatur spürbar bleibe, könne die auf der Szene erreichte Magie und Vergeistigung im Klang nicht vollends entstehen.
Über zwanzig Jahre später sprach Solti mit Karl Schumann (siehe Seite 68) über die Gründe seines Auszuges aus München im Spätsommer 1952. Dort sei er über die Machtposition eines ansässigen Komponisten gestolpert, dessen Erstaufführung eines griechisch-antik kostümierten Bühnenwerks er dirigiert habe. Als der Autor ironische Bemerkungen über die eigene Partitur, über Strawinsky-Anklänge und dergleichen machte, habe er eingestimmt, nicht ahnend, daß ihm solche Späße nicht zustanden. Schumann: «Er wurde abgesägt. Worauf seine Weltkarriere begann.» Die vom Berichterstatter zusätzlich verkürzte und pointierte Darstellung vermag ebensowenig wie Soltis gelassene und spaßige Aussage darüber hinwegzutäuschen, daß es zwischen dem Komponisten und Solti zu einer ernstlichen Verstimmung gekommen sein muß. Die Ausweitung zu einer Affäre dürfte dagegen weniger Orff selber als vielmehr seinen Schülern und Anhängern sowie dem lokalpatriotisch gesinnten Teil des Publikums zuzuschreiben sein: die Gefolgschaft eines Meisters erweist sich ja bei der Propagierung und Verteidigung seiner Werke und Lehren sehr oft als viel eifriger und beflissener, freilich auch als weitaus beschränkter als dieser selbst. Die infolge des großen zeitlichen Zwischenraums zur Anekdote geschrumpften Vorgänge müssen dem Dirigenten jedenfalls mehr zu schaffen gemacht haben, als seiner knappen Story zu entnehmen ist. Darauf deutet auch die leise in seinen Worten mitschwingende Genugtuung

hin, die Angriffe der erbosten Orff-Verehrer pariert und durch seine glänzende Karriere widerlegt zu haben. Solti wäre im übrigen sicher als erster bereit, die unbestreitbare Bedeutung von Orffs Kompositionen anzuerkennen und ihn von jeder Verantwortlichkeit für die Machenschaften einer Kamarilla, die hinter dem Rücken des Meisters gegen den Dirigenten agierte, zu entbinden.

Da wir schon dabei sind, die Gründe zu erörtern, die Solti zur Aufgabe seines Postens in München bewogen, soll Ernst Müller-Meiningen jr. nochmals zu Wort kommen. Er vertritt die Meinung, das im Umgang mit den Bürgern ohnehin ungeschickte und schwierige Kultusministerium habe es in langwierigen, von den Ministerialen recht unpsychologisch geführten Verhandlungen verstanden, dem Dirigenten das Weiterwirken in München zu verleiden. Schon Mozart sei ja in München mit der Begründung abgewiesen worden, es sei «keine Vakanz für ihn frei». Damals allerdings habe es am Salvatorplatz noch kein Kultusministerium gegeben. Daß besagtes Ministerium tatsächlich sehr wesentlich mit Soltis Weggang nach Frankfurt zu tun hatte, zeigte sich bei einer Debatte des Bayerischen Landtags im Februar 1952 und in einer Gegenerklärung Soltis. Darauf ist noch zurückzukommen. Gleich jetzt sei aber festgehalten, daß zu seinem Entschluß, München zu verlassen, nicht allein die Querelen nach der Orff-Aufführung und die Ministerialbürokratie entscheidend beitrugen, sondern noch andere und ebensowichtige Faktoren, wobei erstere freilich primärer Natur waren und den eigentlichen Anstoß gaben.

Mit Orffs *Antigonae,* die in Zusammenhang mit der Aufführung von Werken zeitgenössischer Tonkünstler im Jahre 1949 stand, sind wir dem Ablauf der Dinge vorausgeeilt. Zu diesem Jahr ist nachzuholen, daß Solti auch einige Auftritte als Gastdirigent absolvierte. Am 9. Februar 1949 leitete er am Zürcher Stadttheater eine vielbewunderte und von der Presse unisono gerühmte Aufführung der *Zauberflöte,* nachdem er zuvor in Berlin – wo er bereits zum zweiten Mal gastierte – gleichfalls mit ungewöhnlichem Erfolg zwei Konzerte der Berliner Philharmoniker, eines mit dem Staatsopernorchester und außerdem den *Tristan* dirigiert hatte. Er beeindruckte die Berliner sogar derart, daß er von der Staatsoper, der Städtischen Oper und den Philharmonikern, von RIAS und vom Berliner Rundfunk zu weiteren Aufführungen eingeladen wurde. Mitte November 1949 trat Solti erstmals in Frankfurt am Main auf, genauer gesagt im Sendesaal von Radio Frankfurt, wo er im Rahmen der Mittwochs-Symphoniekonzerte Mozarts g-Moll-Symphonie (K.-V. 550), Bohuslav Martinůs *Doppelkonzert für Streichorchester, Klavier und Pauke* (die Solisten waren Wolfgang Rudolf und Paul Schneider) und Berlioz' *Symphonie fantastique* leitete. Friedrich Stichtenoth

von der Frankfurter Rundschau, der in den späteren Jahren über unzählige Solti-Aufführungen berichtete, stellte den Dirigenten unter anderem auch als «ständigen Gast der Wiener Staatsoper» vor, was entweder auf einem Mißverständnis beruhte oder aus dem Gedächtnis der Wiener entschwunden ist, denn sie feierten Soltis Debüt an ihrer Staatsoper erst im Jahre – 1980! (Am 24. Februar 1980 leitete er in der Donaustadt die Premiere von Giuseppe Verdis *Falstaff* in einer Neuinszenierung von Filippo Sanjust. Die Aufführung wurde vom Rundfunk übertragen; ungefähr drei Monate später lief in den Wiener Kinos Soltis *Falstaff*-Film an, bei dem Götz Friedrich Regie führte.) Wenn also Solti in den vierziger Jahren in Wien dirigiert haben sollte, dann gewiß anderswo, jedenfalls nicht an der Staatsoper. Oder sollten sich die sachkundigen und versierten Wiener Musikkritiker im Datum doch geirrt haben? Die vorhin erwähnte Gegenerklärung Soltis zu den Ursachen seines Abgangs aus München beginnt nämlich wie folgt: «Im Januar 1951 erreichte mich nach einem Gastspiel ein Angebot der Staatsoper Wien (...).» Also ja: Solti dirigierte schon 1951 oder gar bereits 1950 an der Staatsoper! Freilich ist einzuräumen, daß aus dem Zitat nicht einwandfrei hervorgeht, daß das Gastspiel wirklich an der Staatsoper stattfand; die leitenden Herren dieses Instituts hätte Solti auch an einem anderen Theater in Wien begeistern können. Und wahrhaftig: Nach Meinhard Rüdenauer von der Kronen-Zeitung (10. Februar 1980) soll Solti «vor drei Jahrzehnten» – folglich 1950! – im Theater an der Wien mit nur einer halben Stunde Orchesterprobe den *Tristan* geleitet haben. Darauf wiederum konnte Stichtenoth im Jahr 1949 nicht angespielt haben, weshalb nun endgültig festzustehen scheint, daß dieser sich irrte, sofern ... Doch genug damit. Der Sinn dieses kleinen Zwischenspiels liegt darin, an einem Beispiel zu demonstrieren, wie verquer oft die Bezüge zwischen einzelnen Ereignissen laufen und wie beschwerlich und kompliziert manchmal die «Wahrheitsfindung» sich anläßt, besonders wenn der Einblick in Archive und andere mögliche Fundstätten aus diesen oder jenen Gründen nicht statthaben kann.
Zum Rundfunk-Konzert in Frankfurt vermerkte Stichtenoth kritisch, Georg Solti habe sich als Pultvirtuose großen Stils erwiesen; besonders die *Phantastische Symphonie* sei vom Dirigenten ausgiebig dazu genutzt worden, Empfindung und Temperament bis zur Entfesselung zu zeigen. Es scheine ihm indessen verfehlt, das Mozart-Werk mit drängendem Temperament anzupacken, das Andante in ein Allegretto umzuzeichnen, aus dem Menuett eine dramatische Szene zu machen und die Geigen bis zum Schreien anzutreiben. Da Solti gegenüber schon zuvor und auch späterhin immer wieder der Vorwurf erhoben wurde, ein zu schnelles Grundtempo

anzuschlagen, soll darauf für einmal etwas ausführlicher eingetreten werden. Wie der prasselnde Beifall des Publikums im Frankfurter Rundfunkstudio bewies, muß das relativ schnelle und auf den Musikkritiker befremdlich wirkende Abspielen der vorletzten Symphonie Mozarts nicht nur Soltis eigenem Zeitgefühl, sondern auch dem seiner Zuhörer entsprochen haben, wobei der Ausdruck «Zeitgefühl» in einem weiten und umfassenden Sinne zu verstehen ist. Wie man beispielsweise in der deutschen Literatur der Nachkriegszeit das Wort «Seele» radikal aus dem Vokabular verbannte – und erst recht natürlich alle jene Termini, die im politischen Sprachgebrauch der Nationalsozialisten zu leeren Hüllen, zu plakativen Pervertierungen ausgedroschen wurden –, so unterzog man auch die Sprache der Musik einem Prozeß der Ausnüchterung einerseits und einer gewissen Tabuisierung andererseits. Um vorerst beim Sprachlichen zu bleiben: Es war zwar nicht verboten, aber doch streng verpönt, Begriffe aus dem einst hehren Bereich des Schönen, Guten und Edlen, des Inbrünstigen und machtvoll die Gefühle Ansprechenden zu gebrauchen, weil sie als Beweggründe des Menschen von den seinerzeitigen Machthabern ebenso kraß für ihre Zwecke mißbraucht worden waren, wie die einschlägigen Floskeln und Parolen, die zur emotionellen Aufpeitschung der Massen, zu Propaganda-Tiraden und zu geifernder Hetze gegen Andersgesinnte und Andersrassige dienten. Die Nazis hatten sich alles Hohen und Teuren bemächtigt, der Werte des Geistes und des Empfindens, so daß den Deutschen nach der Katastrophe nur eine ruinenhafte Sprachlandschaft verblieb oder – mit anderen Worten – ein verstümmelter Sprachkörper, den zu heilen es einiger Jahrzehnte bedurfte. Das lange andauernde Trauma, erfüllt von peinigenden Bildern der Erinnerung und schmerzlicher Sprachlosigkeit, erlaubte nur ganz allmählich die Wiederfindung einer Mitte, die sich vorsichtig und bedachtsam auch in literarischer Form auszuprägen begann. Noch während vieler Jahre aber versagte man sich aus Angst vor allem Bewegenden und Hinreißenden, dessen dunkler Gewalt man zu mißtrauen gelernt hatte, das Rühren, das Pochen an nunmehr verschlossene Pforten. Man hatte erfahren, zu welch unabsehbarem Ende es führen konnte, sich gefühlsmäßig ansprechenden Strömungen und Bewegungen zu überlassen, und man hatte eingesehen, wie leicht man im Taumel des entfesselten Massenwahns der Sucht nach falscher Größe und der Manipulation durch unechte Größen anheimfiel, so daß dann aus eigener Kraft eine Befreiung aus der Raserei des Elementaren und schließlich finster Primitiven nicht mehr möglich war. Man sah sich während des Dritten Reiches und erst recht nach dessen Untergang seiner körperlichen und geistigen Integrität, seiner Menschenwürde und seiner Gefühle entäußert, und all das wieder einzubringen, in langsam tastender Rückbesinnung, in mühsamer Lösung aus dumpfer Starrheit, war ein so schwieriges Unterfangen, daß der Versuch zu dessen Bewältigung oft allzurasch in zunehmende Betriebsamkeit und Geschäftigkeit umschlug. Auf Umwegen und in traumatischen Verschlüsselungen näherten sich indes die Dichter und übrigen Kulturschaffenden einer neuen Wesentlichkeit, und scheuten die einen einfach vor betont Gefühlshaftem zurück, so erklärten die anderen programmatisch, verworrener Gefühlsüberschwang und alles obskur Rauschhafte und verlogen Heroische, das an vergangene Zeiten erinnere, habe ausgespielt und sei in ihren Kreisen nicht mehr zu dulden. In simplifizierter Form hieß es gleich allgemein, Gefühl sei nicht mehr gefragt; vielmehr habe man sich auf die Suche nach künstlerischen Ausdrucksmöglichkeiten zu begeben, die es gestatten würden, mit Gefühlsinhalten sachlich umzugehen und sie konstruktiv in die Aussage zu implizieren, statt möglicherweise erneut Unheilvolles zu evozieren. Den Verlust an tragfähigen Strukturen versuchte man dadurch wettzumachen, daß man die Sprache wieder beim Wort nahm und dieses auf seine Bedenklichkeit hin hinterfragte, solcherart sowohl sein Bedeutungs- als auch sein Umfeld einbeziehend. Daraus ergaben sich in der reinsten Ausprägung dieses Verfahrens pragmatisch anmutende Wortkonstellationen ohne eine verfängliche direkte Aussage, jedenfalls Gebilde, die für sich allein einstanden und sich jeder mißbräuchlichen Interpretation entzogen. In diese klar überschaubaren Bezüge ließ sich nichts von der unseligen Unendlichkeit des Gefühls, nichts von irreführender Ideologie und usurpierendem Machtstreben einbringen; sie sperrten sich vielmehr entschieden gegen jeden Versuch, ihnen Prädikate und Attribute zuzuschreiben, die der ihnen zuerkannten Ordnung in Freiheit widersprochen hätten. So konnte die Sprache wieder zu Wort kommen, weil sie auf sich behaftet blieb und ihr nichts Dubioses anhaftete. Sie verzichtete auf das Sagen und alles Sagenhafte, auf individuellen wie kollektiven Eigensinn und wirkte ganz aus sich heraus als gemeinhin sinnfällige Einheit. Nicht der Autor verlieh also letztlich der Sprache Sinn; er ließ einzig die ihr innewohnenden Sinnbezüge hervortreten. Darin, in der Vermittlung sorgsam und gewissenhaft überprüfter Sinnbezüge, bestand seine Bedeutung, und in letzter Zuspitzung läßt sich behaupten, daß Sprache nur deshalb wieder Sinn hatte, weil sich in ihm auch ihr Zweck erfüllte. Da war kein Fragen und Deuteln mehr nötig, aber auch kein Verzerren und Verdrehen mehr möglich: die wieder zu Sinnen gekommene Sprache war sich selbst genug.

In der Musik lagen die Dinge etwas anders, doch auch ihr war in der Nazizeit übel mitgespielt worden, und zwar in durchaus wörtlichem

Verstande. Sie hatte damals, den propagandistischen Anforderungen entsprechend, mit Vorzug entweder schwülstig-pompös, abgehackt stampfend und klirrend daherzukommen oder sich in schwelgerischem Pathos auszudrücken, in gedehnten und zerdehnten Phrasierungen, in zerfließenden, schwindenden Konturen und immer dichter werdendem Gefühlsdunst, der die Sinne benebelte und die Hörer, zur gebannten Masse vereint, auf die ideologischen Absichten der Machthaber einstimmte. Und ob es sich nun um bereits geschaffene und überkommene Musikwerke handelte oder um eigens für Parteizwecke komponierte: stets hatte der theatralisch gewaltig aufgehöhte Überbau die Größe der braunen Bewegung zu bedeuten, ihr Siegesbewußtsein und ihren unerschütterlichen Glauben an den Führer, während das schleichende Unterschieben überdehnter Motivik, das Unterstellen eines all-einigen und bis ins Unendliche reichenden Gefühlsmelos die Einheit von Partei und Volk zu suggerieren suchte. Allemal aber hatte die Musik, und wenn sie nicht zum vornherein auf die Verwirklichung solcher Intentionen angelegt war, deren Interpretation als Sprachrohr und Beeinflussungsmittel der Partei zu dienen – hatte sie Partei zu nehmen und Partei zu sein. Mit dem Unterstellen einer Aussage und eines Gehalts, der gerade klassischer Musik völlig fremd war, nistete sich die Lüge in ihr ein, entfremdete sie sich ihrem eigenen Wesen und wurde so, da man sie nicht auf sich bestehen ließ, zu einem Propagandavehikel in den Händen willfähriger Musiker und Dirigenten. Solchem Mißbrauch öffnet sich die Musik noch leichter als die Sprache, weil sie meist in ihrer originalen Struktur zu wenig bekannt ist und darum die Schwelle von der bloß gefühlsmäßig ungenauen Rezeption zur klar erkannten und wissentlich bedachten nicht zu überschreiten vermag. Wer sie also irgendwelchen Zwekken zu unterstellen trachtet, hat verhältnismäßig leichtes Spiel. Verstößt zum Beispiel jemand beim Vortrag eines Sprachwerks gegen die gegebene Sinngliederung, indem er die Satzzeichen nicht beachtet und die Worte und Gedanken falsch artikuliert, so daß die Äußerungen kaum verständlich werden, wird dies jedermann gleich auffallen. Bei der musikalischen Phrasierung dagegen wird ein solcher Verstoß ohne gründliche Kenntnis der Partitur und ein geschultes Gehör nicht bemerkbar. Dabei geht es im Wesentlichen um dasselbe: Auch die Abgrenzung der Phrasen, das heißt von mehr oder minder in sich geschlossenen Gliedern der musikalischen Gedanken, läßt sich beim Vortrag nicht ohne genaue Beachtung des Ausdrucks oder der Artikulation sowie der Notierung durch besondere Zeichen realisieren. Der gleiche Unterschied zeigt sich auch beim Gebrauch des Metrums in Sprache und Musik. Wird das Metrum eines Gedichtes verzerrt oder verstolpert, merkt man dies sofort, weil wir dafür ein Ohr haben. Geschieht dies jedoch beim Abspielen eines Musikstücks, wird wiederum nur derjenige darauf aufmerksam, der über die entsprechenden Voraussetzungen verfügt. Er weiß, daß man innerhalb der auf dem Taktprinzip beruhenden Musik unter Metrum eine auf qualitativer Abstufung gleichgroßer Zeitteile beruhende musikalische Ordnung oder Maßeinheit versteht und daß der Inbegriff für solch ein metrisches Ordnungsgefüge der Takt ist. Nun hängen metrische Bildungen stets mit anderen musikalischen Faktoren wie Rhythmus, Tempo, harmonischem und motivisch-melodischem Verlauf oder Dynamik zusammen. Der Rhythmus wirkt wieder als eigenständig zeitliches Ordnungs- und Gestaltungsprinzip, wobei ihm eine eigentümliche Paradoxie innewohnt. Für ihn ist nämlich einerseits Gleichförmigkeit und der Bezug zu einem festen Zeitmaß bezeichnend und andererseits Gruppierung und Abwechslung. Aus diesem Grunde meint Rhythmus in der Musik bald die vordergründige Abfolge rhythmischer Elemente im Sinne bestimmter Notenwerte, bald die konstante Grundbewegung. Je nach Auffassung wird vom Rhythmus auch als immanenter Dynamik oder typologisch bedingter Motorik gesprochen; in psychologischer Sicht ist er ein Gestaltphänomen, eine Zeitgestalt.

Wie verhalten sich nun Rhythmus und Tempo zueinander? Das Tempo bestimmt die absolute Dauer der Notenwerte. Da aber die Noten der heutigen Notenschrift rhythmische Wertverhältnisse darstellen, bedarf es zur Bestimmung ihrer Dauer zusätzlich einer Tempo-Bezeichnung, wobei die hierfür verwendeten, meist italienischen Termini dem Ausführenden weiten Spielraum lassen. Zur Präzisierung kann eine Metronombezeichnung oder die Angabe der Uhrzeit für die gesamte Dauer des Stücks verwendet werden. Maßeinheit des Tempos ist die Zählzeit oder beim Dirigieren die Schlagzeit. Das Tempo der Zählzeit liegt im Mittel bei etwa siebzig bis achtzig Schlägen pro Minute; in Extremfällen bei hundertvierzig Schlägen. Ist nun der Rhythmus einer musikalischen Gestalt in ein Taktsystem eingespannt, verfügt sie über wichtige neue Eigenschaften und vor allem dynamische Qualitäten, die dem auf einförmigem Zeitgrund verlaufenden Rhythmus fehlen. Der Bewegungscharakter eines Stückes ergibt sich unter diesen Umständen somit erst aus der Dichte der Takte oder Zählzeiten, das heißt: aus dem Tempo. Schlägt man also wie Toscanini und Solti ein gleichbleibendes, ziemlich rasches Grundtempo, erhöht sich dadurch die Dynamik der musikalischen Gestaltung. Das der Musik Innewohnende wird in vermehrtem Maße herausgestellt – die rhythmische Kraft und die Stärke und Frische des Klangs, die beschwingter artikulierte Phrasierung –, ohne daß der Partitur auf irgendeine Weise Gewalt angetan würde. Im Gegenteil: deren Aussage wird aufs schönste verwirklicht und deren Anweisungen werden aufs genaueste befolgt. Die Einheit bleibt so gewahrt und erhalten, der Eindruck trotz aller Vielfalt der Tönungen und Stufungen rund und geschlossen. Um das gleiche Ergebnis zu erzielen und ähnliche Effekte hervorzurufen, sind andere Orchesterführer zu Tempowechseln gezwungen und zu ähnlichen Eigenmächtigkeiten, die der Notierung und den Intentionen des Komponisten nicht völlig gerecht zu werden vermögen.

Die Entlastung der Musik von ihrem faschistischen Überbau wie auch von schwindlerischen Unterstellungen hat wohl als erster Toscanini vorgenommen, ein kompromißloser Kämpfer gegen Diktatur und sinnlosen Krieg; ihm war seinem Naturell und seiner Überzeugung nach die germanische Pseudo-Innerlichkeit und der sentimentale Ästhetizismus des Kunstbürgertums ohnehin zuwider. Der Maestro, ein typischer Vertreter mediterraner Luzidität, hielt schon aus Gesinnungsgründen bewußt und resolut an seiner Interpretationsweise fest und ließ sich und den von ihm dirigierten Werken keinerlei ideologischen Ballast aufbürden. Wenn aber Eingeschobenes und Unterschobenes, Überhebung und falsche Innerlichkeit wegfallen; wenn Gefühlshaftes gezügelt und Ausschweifendes gestrafft wird und zudem ein scharfer Schlag klar ersichtliche Konturen schafft, wird das Tempo von selbst schneller. Wie seine Wiedergaben sich durch Rasse und Feuer auszeichneten, durch lebendige Frische und sorgfältige Werktreue, so mitreißend und zugleich maßvoll führte auch sein Schüler Georg Solti den Stab. Sein Zeitgefühl, von dem zu Anfang dieser Überlegungen die Rede war, hatte in der Zeitgestalt starker rhythmischer Dynamik in mehr als nur musikalischer Beziehung die gemäße Entsprechung gefunden und war ihm wie seinem Lehrer zu verbindlicher und verpflichtender Haltung geworden. Davon allerdings konnte sein Kritiker, der die mit drängendem Temperament angepackte Mozart-Symphonie als Fehlinterpretation empfand, noch kaum etwas wissen. Der Leser wird indes erkannt haben, daß Solti als Mozart-Dirigent genau machte, was in jenen Jahren des deutschen Wiederaufbaus not tat: indem er die Musik das sein ließ, was sie im Grunde war, brachte er sie wieder zu sich selbst. Als schönes Spiel, als berückende Klangzauberei und vollkommenes Kunstwerk wies sie für die Dauer ihrer selbst auf ihre Eigentlichkeit hin, in allem nur Begabung und niemals Besitz zu sein. Die zu neuem Leben erweckte Musik ist sich selbst genug, denn in der sinngemäßen Aufführung erfüllt sich auch ihr Zweck.

Für die Hörer bleibt nur dankbare Bewunderung übrig, die sich auch auf die ausführenden Instrumentalisten, Sänger oder Dirigenten erstreckt. Deren Streben nach der richtigen Interpretation wird häufig durch individuelle und geschichtliche Subjektivität beeinträchtigt oder durchkreuzt, vielfach jedoch in positivem Sinne gefördert. So hatte Solti ja das Glück, in Toscanini ein Vorbild zu finden, von dem er aus menschlichen, politischen oder andern Rücksichten nie abzurücken brauchte. Und seine Erfahrungen während des Krieges in der Schweiz haben ihn dazu bewogen, seinem Lehrer um so mehr nachzueifern, als die Gefahr bestand, angesichts von materiellen Nöten, Unterkunftsschwierigkeiten, unzureichenden Arbeitsmöglichkeiten, Verständigungsproblemen und vielen noch triftigeren Sorgen in Schwermut zu versinken oder sich in Stunden der Verzweiflung irgendwie gehen zu lassen. Davor hat ihn die Disziplin bewahrt, die ihm zu Hause früh anerzogen wurde, sein starkes Selbstbewußtsein, die unermüdliche Arbeit am Klavier und der ungebrochene Wille, sich als Dirigent durchzusetzen. Er hatte in der Schweiz und auch in München eine harte Schule durchzumachen, und dies hat dazu beigetragen, das Verschlossene an ihm, seine Scheu vor großen Worten, seine innere Gespanntheit und wache Geistigkeit noch wesentlicher werden zu lassen. Die während des Nazi-Regimes geschehenen Greuel und Ungeheuerlichkeiten müssen ihn zutiefst betroffen haben, und Toscaninis Beispiel als Dirigent immer bewußter zu folgen, bedeutete für ihn seine vornehmste Aufgabe. Wie weit er sich darüber im klaren war, daß auch Sprache und Musik ganz erheblich in Mitleidenschaft gezogen worden waren und erst wieder zu sich zu finden hatten, in einem Prozeß der Rückbesinnung und Erneuerung durch ein anderes Deutschland, das nie ganz zu existieren aufgehört hatte, ist ungewiß. Doch selbst wenn ihm vorerst das ganze Ausmaß an Zerstörung des kulturell Überlieferten verborgen geblieben sein sollte, muß er deutlich gespürt haben, wie notwendig seine Art des Musizierens in dem ausgepowerten Land war. Seine von leidenschaftlicher Dynamik und Spannung sowie von dramatischer Intensität beherrschten Aufführungen, die dennoch in keinem Augenblick der Präzision ermangelten, wurden zu Ereignissen, die heilsame Kräfte einfließen ließen und lange Verschüttetes wieder freilegten.

Ähnlich wie die modernen deutschen Dichter der Nachkriegszeit, die vom Gebrauch des Wortes «Seele» Abstand nahmen, weil es zu sehr mißbraucht worden war und weil sie es in die Stille des Wachsens und Bewährens zurücknehmen wollten, hat sich auch der zurückhaltende und verschwiegene Solti öffentlich aller Äußerungen darüber enthalten. Wenn Bruno Walter in seinem Buch «Von der Musik und vom Musizieren» (siehe Bibliographie) feststellte, «in allem Musizieren ist das Seelische primär – hieran haben wir das Glaubensbekenntnis jedes wahren Musikers», würde Solti seinem

hochgeschätzten Kollegen, der von 1948 an wieder als Gast in Europa dirigierte, bestimmt beigepflichtet haben. Trotzdem hätte er selber sich kaum dieser Worte bedient: was Walter, der noch der alten Tradition angehörte und sie überzeugt aufrechtzuerhalten suchte, durchaus angemessen und erlaubt war, ließ sich für ihn nicht auf dieselbe Weise ausdrücken. Den Zeitumständen und seinem Wesen entsprechend würde er wohl weniger vom Seelischen in der Musik als vielmehr vom Geist der Musik geredet haben, nicht von einem Glaubensbekenntnis, sondern schlicht von seinem Bemühen, diesen Geist zu erfassen und aus ihm heraus zu musizieren. Daß dabei auch seine seelischen Kräfte mitbeteiligt waren und in jene Tiefen von Gefühl und Empfindung hineinreichten, die sich als das Seelische in einem Musikstück umschreiben lassen, war für ihn selbstverständlich und bedurfte keiner besonderen Erwähnung. War also Bruno Walter, diesem Dirigenten voller Herzenswärme, eher ein innig gemütvolles Temperament zu eigen, läßt sich Solti eher als leidenschaftlich geistiges Temperament verstehen – ein Wesensunterschied, der sich mit dem Unterschied in ihrer zeitlichen Entwicklung und den abweichenden Verhältnissen in ihrem musikalischen Wirken deckt.
In seinem bereits genannten Buch räumt Bruno Walter ein, daß die Erzielung vollkommener Präzision im Spiel des Orchesters wie im Zusammenwirken von Solisten oder Chören mit dem Orchester unerläßlich ist und die ernsteste Bemühung des Dirigenten verlangt. Der Präzisionsfanatiker aber sei sich wahrscheinlich einer Unterschätzung oder Vernachlässigung des geistig-seelischen Gehalts eines Werkes gar nicht bewußt. Denn der materialistischen Gesinnung, die vom Gebiet der Technik her wie eine kalte Luftschicht in unsere kulturelle Zone hereinströme, bedeuteten Geist und Gefühl kaum mehr als illusorische Nebenprodukte des Materiellen. Niemand wird gegen Solti den Vorwurf erheben können, ein Präzisionsfanatiker zu sein, doch haben sich bei ihm, wie wir von Kritikern her wissen, gelegentlich schon Symptome der Kühle eingestellt. Das passierte bei Wiedergaben, deren Tempo als leicht übersteigert empfunden wurde, so daß gerade infolge der trotzdem makellosen Genauigkeit des Spiels und der dynamischen Ausgewogenheit ein Verlust an Melodik und darum an Wärme zu beklagen war. Im allgemeinen wird er durch die in den Konzertberichten immer wieder hervorgehobene Intensität des Ausdrucks ausgeglichen. Zur Erzielung der vollen Deutlichkeit des Melos muß allerdings eine Melodie oder Passage nicht nur mit Energie und Intensität gespielt werden; sie hat sich überdies gegen die Wucht von Blech und Pauken zu behaupten oder andere dynamische Gegenwirkungen, wie beispielsweise gegen schnelle Figurationen in anderen Instru-

menten. Vergißt ein Musiker den entscheidenden Unterschied zwischen dem quantitativen *schnell* und dem qualitativen *feurig* oder bewältigt er seine Figurationen wegen des raschen Tempos zu langsam, wird die Melodik der stimmführenden Instrumente geschwächt. Am ehesten dürfte sich bei Solti ein zu anspruchsvolles Genauigkeitsbestreben bei Schallplattenaufnahmen bemerkbar machen; davon mehr in einem der folgenden Kapitel. Im gesamten gesehen, dürfte Soltis Musik ein bißchen kühler als die von Bruno Walter klingen. Mit dessen nachstehenden Ausführungen dürfte Solti indessen vorbehaltlos einiggehen.

Die Forderung, niemals ohne intensive innere Beteiligung zu musizieren, darf den Dirigenten aber keineswegs zur Überbetonung des Seelenhaften veranlassen. Musizieren verlangt Ausdruck – aber nicht Druck. Mehr zu geben als die natürliche Empfindung, die die Musik im Interpreten wachruft, verletzt nicht weniger den Geist des Kunstwerks als ein Mangel an innerer Beteiligung. Unser Ideal heißt: die Musik selbst sprechen zu lassen, sie weder durch überhitzten Vortrag zu entstellen noch durch Mangel an Wärme unwirksam zu machen. («Von der Musik und vom Musizieren», Seite 152/53)

Damit ist die Auseinandersetzung mit der Kritik Friedrich Stichtenoths beendet. Die Absicht dabei war, an einem Exempel die zeitgeschichtliche Situation, mit der jede Besprechung einer Musikdarbietung mehr oder weniger eng verbunden ist, zumindest in Umrissen deutlich zu machen. Vorerst ist hier die Aufzählung von Soltis Auftritten als Gastdirigent fortzusetzen. Seine Reisetätigkeit muß schon 1947 oder 1948 begonnen haben, denn im Februar 1949 schloß er in Berlin bereits seine zweite Gastspielserie ab. Nach Zürich war im November des gleichen Jahres Frankfurt an der Reihe gewesen, und 1950 dirigierte er – auch das wurde schon erwähnt – erstmals in Wien, wenn auch nicht an der Staatsoper. Im Juni 1950 wurde er von der Accademia di Santa Cecilia nach Rom eingeladen, um in der Maxentius-Basilika zwei Konzerte mit dem Augusteum-Orchester zu leiten.
Ein überaus wichtiges Ereignis für Solti war die Einladung, an den Salzburger Festspielen vom 27. Juli bis 31. August 1951 teilzunehmen und sogar die Eröffnungspremiere mit der Oper *Idomeneo* von Mozart in der Felsenreitschule zu dirigieren. Sein Ruf hatte sich demnach auch in der Stadt an der Salzach verbreitet, wo Wilhelm Furtwängler die beherrschende Figur darstellte: er leitete in jenem Jahr die *Zauberflöte* und Verdis *Othello* und zwei der acht Orchesterkonzerte. Auf einen Schlag sah sich Münchens junger Opernchef in die Gesellschaft von so berühmten Festspiel-Dirigenten wie Karl Böhm, Edwin Fischer, Eugen Jochum, Rafael Kubelik und

Leopold Stokowski aufgenommen, und er durfte dies mit Recht als Anerkennung seiner Tätigkeit am Prinzregententheater betrachten. Außerdem waren nicht minder angesehene Regisseure zugegen, darunter Gustaf Gründgens, Herbert Graf und Oscar Fritz Schuh, und als Solisten Claudio Arrau, Dietrich Fischer-Dieskau nebst weiteren bedeutenden Künstlerpersönlichkeiten. Mit *Idomeneo* wurde Solti eine Seria-Oper zugeteilt, an der Furtwängler nie großes Interesse gezeigt hatte, denn die Aufführung dieses selten gespielten Werkes bot dramatisch wie musikalisch große Schwierigkeiten. Es enthält auch keine großartigen Arien wie die andern Mozart-Opern und beginnt sich in der Musikwelt eigentlich erst heute wirklich durchzusetzen. Diese Nachteile wurden dadurch aufgewogen, daß Solti – vermutlich zum ersten Mal in seiner Karriere – die exzellenten Wiener Philharmoniker und der Chor der Wiener Staatsoper, dazu in Hilde Güden und Rudolf Schock, Richard Holm und Jane Lawrence glänzende Solisten zur Verfügung standen. Pech wiederum war, daß deren Aussprache des Italienischen mit Ausnahme der Güden «grauenhaft» war und daß der kurz zuvor bei den Festspielen in Glyndebourne aufgeführte *Idomeneo* zu teils schmeichelhaften, teils abschätzigen Vergleichen reizte. Ebenso geteilt waren die Meinungen in bezug auf die Herrichtung der Partitur, die für Glyndebourne Hans Gal und für Salzburg Bernhard Paumgartner besorgt hatten. Daß auch Soltis Leistung als Dirigent von der Presse kontrovers beurteilt wurde, ist nicht verwunderlich. Da hieß es in dem einen Blatt, es fehle ihm als Angehörigem der jüngeren Generation «die nur noch bei Furtwängler konstatierbare Einheit seiner klassisch-heroischen Werkdeutung mit den Mitteln des romantischen Musikers», wogegen ihm ein anderes Blatt attestierte, er habe «mit Umsicht und Zurückhaltung ganz den Intentionen Mozarts entsprochen». Ein drittes endlich fand seine Taktgebung beweglich, federnd und geschmeidig: «Die Wiener Philharmoniker musizieren unter ihm so meisterlich wie je.» Alles in allem konnte Solti, der am 4., 9., 14. und 25. August 1951 weitere vier Vorstellungen dirigierte, mit seinem Einstand in Salzburg zufrieden sein. (Am Rande: Bruno Walter wurde von der Universität Edinburgh am 23. August desselben Jahres zum Doktor der Musik honoris causa ernannt.)

Am 12. November 1951 meldete dann die Frankfurter Allgemeine, Georg Solti, «der künftige Leiter der Frankfurter Oper», dirigiere heute abend im 4. Museumskonzert Werke von Beethoven, Mozart und Strawinsky. «In Mozarts d-Moll-Konzert spielt er, einer älteren Praxis folgend, selbst den Klavierpart.» Des weiteren ließ man verlauten, der heute Vierzigjährige (eigentlich Neununddreißigjährige) zähle zu den prägnantesten Erscheinungen innerhalb der jüngeren Dirigentengeneration. Schon im März war in einem anderen Frankfurter Blatt zu lesen gewesen, der derzeitige Opernchef der Bayerischen Staatsoper sei für Herbst 1952 als Operndirektor und Leiter der Museumskonzerte nach Frankfurt berufen und der Vertragsabschluß von den Stadtverordneten gebilligt worden. Dieser Nachricht mit Soltis Werdegang fügte der Autor «st.» vielsagend hinzu, die Berufung des Dirigenten sei ohne öffentliche Ausschreibung seiner Position und ohne Gastspiel «auf Vorschlag des Generalintendanten erfolgt, der sich nicht als Musikexperte bezeichnet, des Kulturdezernenten und eines aus je einem Vertreter der vier Stadtverordnetenfraktionen – also aus Laien – gebildeten Gremiums». Als man in München von Soltis bevorstehendem Wegzug vernahm, war die Überraschung und Bestürzung groß, vielleicht auch die Genugtuung jener, die ihn aus bestimmten Gründen – wir kennen sie zum Teil – nicht mochten. Eine liberale Abgeordnete des Bayerischen Landtags warf dann im Februar 1952 bei der Beratung des Kulturetats die Frage auf, warum Solti «sozusagen über Nacht» einen Vertrag mit der Stadt Frankfurt abgeschlossen habe. Auf die bereits erwähnte Diskussion im Landtag und Soltis Gegenerklärung soll später eingegangen werden. Noch vor dem 4. Museumskonzert in Frankfurt war Solti nach Argentinien gereist und hatte in Buenos Aires mit dem dortigen Nationalorchester vier Konzerte aufgeführt. Auf seinem Programm standen Werke von Haydn, Mozart, Beethoven, Richard Strauss, Francis Poulenc und Bartók. Auch im nächsten Jahr, von Mitte Juni bis Anfang Juli, leitete er in der argentinischen Hauptstadt mehrere Symphoniekonzerte.

Am 10. Januar 1952 berichtete Hans Heinz Stuckenschmidt über die Berliner Erstaufführung des zweiten, 1930/31 beendeten Klavierkonzerts von Béla Bartók unter Solti. Mit Géza Anda, der schon im März 1945 Solist eines von Solti dirigierten Orchesterkonzerts in Zürich gewesen war, und den Berliner Philharmonikern wurde der Abend im vollen Titania-Palast zu einem Ereignis, dem die hingerissenen Hörer immer wieder applaudierten. Der bedeutende Berliner Kritiker und Musikschriftsteller rühmte die blendende, überlegen abgerollte und atemberaubend präzise Wiedergabe des ungewöhnlich schwierigen Klavierkonzerts durch den jungen ungarischen Pianisten, der dank seiner Leistung und diesem Erfolg in der ersten Reihe stehe. Solti, «zunehmend als einer unserer geistigsten Musiker am Dirigentenpult bewährt», hatte das Konzert mit der Bachschen D-Dur-Suite eingeleitet und beschloß es mit der Zweiten Symphonie in D-Dur op. 73 von Johannes Brahms. «Sie gerät ihm, aus einer bewußt distanzierten Haltung heraus, neuartig, ungewohnt, ganz abseits der deutschen Tradition», schrieb Stuckenschmidt. «Solti nimmt der oft zum Romantisierungsobjekt geworde-

nen Partitur jede Bauchigkeit des Gefühls und musiziert sie formgerecht (...).»
Zu dem von «st.» vermißten Frankfurter Gastspiel kam es am 7. März 1952, nachdem Solti drei Tage zuvor von Generalintendant Harry Buckwitz und Kulturdezernent Stadtrat Dr. Karl vom Rath den Vertretern der Presse vorgestellt worden war. Dabei hatte der neue Opernchef bekannt gegeben, welche Opern er neueinzustudieren gedenke und welche übrigen Veränderungen bevorstünden. Der erste Opernabend in der Main-Stadt mit Bizets *Carmen* und Rosl Zapf in der Titelpartie, dem mit Unterbrechungen ungefähr acht weitere Vorstellungen unter Solti folgten (die übrigen übernahm Bruno Vondenhoff), zeitigte einen triumphalen Erfolg. Die Begeisterung des Publikums regte sich schon nach den Vorspielen, bei offener Szene, nach den Arien, Duetten, Ensembles und Tänzen. Nach den Aktschlüssen und vollends nach Schluß der Aufführung nahm sie tumultuarischen Charakter an. «Solti distanziert sich von der Reißerei der Durchschnittlichen so weit, daß uns *Carmen* am Freitagabend wie ein neues Werk vorkam», vermerkte Stichtenoth am folgenden Tag in der Frankfurter Rundschau. «Dennoch wurde mit Temperament musiziert, aber nicht mit dem ungebändigt lodernden, das blendet und blufft, sondern mit dem nervigen, das immerwährend glüht und uns mehr erregt als der brutale Ausbruch.» Der Newcomer hatte also auch bei dem anfänglich noch bedenklichen Musikkritiker gewonnenes Spiel, und die künftige Laufbahn in Frankfurt war nach diesem verheißungsvollen Start bereits vorgeebnet und gesichert.
Die Reihe seiner Auftritte als Gastdirigent während der Münchner Zeit schloß Solti im Sommer 1952 ab, als er bei den Edinburgher Festspielen mit der Hamburger Staatsoper viermal Mozarts *Zauberflöte* aufführte. Kritiker bezeichneten das Gastspiel als eine der besten von allen Leistungen, die während der Festspiele geboten wurden. Zu Anfang der fünfziger Jahre machte Solti ferner für die Schallplattenfirma Decca einige Aufnahmen in London, die wesentlich dazu beitrugen, seinen Namen im Ausland bekannt zu machen. Auch diese Einspielungen von Werken Mozarts, Bartóks, Kodálys und Franz von Suppés mit dem London Symphony Orchestra und dem London Philharmonic wiesen ihn als einen Dirigenten von ungeheurer Energie und Dynamik aus, der in ungewöhnlichem Maße die Fähigkeit besaß, ein Orchester zu Höchstleistungen anzuspornen.
Was hatte sich inzwischen in München getan? Dort dirigierte Solti in den ersten Apriltagen des Jahres 1952 zum letzten Mal das Bayerische Staatsorchester in der traditionellen Aufführung der *Matthäus-Passion* von J.S. Bach. Ort des Geschehens war das Deutsche

Museum, wo unter Solti zweifellos viele andere Konzerte stattgefunden hatten. Am 10. Juni 1952 freute sich Karl Heinz Ruppel in der Süddeutschen Zeitung: «Also, es ist geschafft! Der neue Münchner *Ring* ist komplett und die Bayerische Staatsoper kann die Konkurrenz mit Bayreuth aufnehmen.» Gelegenheit zu solcher Freude verschaffte ihm die zweite Neuinszenierung der *Walküre,* die am 8. Juni 1952 unter Solti ihre Premiere hatte. Für die Inszenierung zeichnete Heinz Arnold verantwortlich. Günther Treptow verkörperte Siegmund, Kurt Böhme den Hunding und Ferdinand Frantz den Gott Wotan, während Marianne Schech wie schon im April 1947 die Sieglinde, Helena Braun die Brünnhilde und Elisabeth Höngen die Fricka spielten. Da in jenen Wochen und Monaten einzig *Das Rheingold* auch unter Soltis Leitung stand, müssen die übrigen zum *Ring* gehörigen Teile des gesamten Bühnenfestspiels – *Siegfried* und die *Götterdämmerung* – von andern Dirigenten aufgeführt worden sein. Mochte es auch Ruppel bedauern, daß die Staatsoper mit diesen Wagner-Werken einen restaurativen Kurs steuerte – am künstlerischen und finanziellen Erfolg gab es nichts zu rütteln. «Beifallsstürme durchbrausten das Haus, besonders auch für Solti, dessen baldiger Weggang inzwischen vom gesamten Münchner Opernpublikum als ein äußerst schwerwiegender und verstimmender (weil vermeidbarer) Verlust empfunden werden dürfte.» Sechsundzwanzig Jahre danach schrieb derselbe Musikrezensent, Solti habe sich während seiner sechs Jahre in München als einer der talentiertesten und berufensten Dirigenten seiner Generation zu profilieren vermocht. «Niemand zweifelte an seiner Begabung, aber, so geht das halt in München, im Jahr 1952 ließ man ihn dennoch ziehen, weil er angeblich zu wenig ‹Repertoire› für die Leitung eines großen Opernhauses hatte.»
Zu den uns schon bekannten Gründen für Soltis Wegzug aus München ist damit ein weiterer hinzugekommen. Der oberste Grundsatz bei der Leitung eines Opernhauses lautet nach Rolf Liebermann: «Das Theater braucht Neuinszenierungen, um am Leben zu bleiben. Es braucht etwa acht Premieren pro Saison. Ein Opernhaus, das auf seinen Lorbeeren ausruht, verkommt.» Die folgende Zusammenstellung, die Aufschluß über Soltis Tätigkeit als Operndirigent während seiner Münchner Ära gibt, zeigt, daß Liebermanns Anforderungen durchaus entsprochen werden konnte, sofern die zwei, drei anderen Dirigenten am Prinzregententheater ebenso fleißig wie Solti waren. Dieser selbst sagte in späteren Jahren einmal lächelnd: «Erst nach einigen Jahren merkte man in München, daß ich alles zum ersten Mal dirigierte.» Damit wird klar, was ohnehin auf der Hand lag; zu den Einstudierungen benötigte Solti mehr Zeit als ein routinierter Opernfuchs, zumal er ja stets

sehr gründlich und intensiv eine Premiere oder gar eine Erstaufführung vorbereitete. Und in den Augen der Bürokraten wog offenbar die Quantität viel schwerer als die Qualität der Aufführungen ... Nun, wie der Überblick über seine Tätigkeit als Gastdirigent, unter anderem in Frankfurt, bereits erkennen ließ, hatte Solti absolut keinen Grund zu Verzagtheit, und sieht man sich erst seine Premieren-Liste an, begreift man, daß er auf seine Leistungen stolz sein konnte. Die Aufstellung basiert übrigens auf einer Dokumentation aus dem Archiv der Bayerischen Staatsoper, die Karin Heindl-Lau zusammengestellt und uns freundlicherweise überlassen hat.
Alle die hier aufgeführten Premieren sind im Prinzregententheater über die Bühne gegangen; andere Spielorte werden speziell vermerkt. Für Neuinszenierungen steht die Abkürzung «NI», für Erstaufführungen «EA».

Spielzeit 1946/47

1946, 27. Juni:	*Fidelio* von L. van Beethoven (Solti als Gast)
1947, 1. Januar:	*Carmen* von Georges Bizet, NI
1947, 29. April:	*Die Walküre* von Richard Wagner, NI

Insgesamt: 3 Operneinstudierungen mit total 20 Aufführungen (sowie 14 Akademie-Konzerte mit 6 Programmen)

Spielzeit 1947/48

1947, 6. November:	*Tristan und Isolde* von Richard Wagner, NI
1948, 6. Januar:	*Die Macht des Schicksals* von Giuseppe Verdi, NI
1948, 13. März:	*Mathis der Maler* von Paul Hindemith, EA

Unter Solti weiterhin auf dem Spielplan: *Fidelio, Carmen, Die Walküre* (3 Opern)
Insgesamt: 3 Operneinstudierungen und total 30 Aufführungen (sowie 8 Akademie-Konzerte mit 3 Programmen, davon 2 Wiederholungen des *Requiem* von Verdi; von da an keine Akademie-Konzerte mehr im Prinzregententheater)

Spielzeit 1948/49

1948, 4. September:	*Salome* von Richard Strauss, NI
1948, 21. Oktober:	*Aïda* von Giuseppe Verdi, NI
1949, 26. Februar:	*Don Giovanni* von W. A. Mozart, NI
1949, 30. April:	*Raskolnikoff* von Heinr. Sutermeister, Dt. EA
1949, 11. Juni:	*Der Rosenkavalier* von Richard Strauss, NI

1949, 2., 5., 8., 10. Juli:	*Dido und Aeneas* von Henry Purcell, Markgräfliche Oper Bayreuth

Unter Solti auf dem Spielplan: *Fidelio, Die Walküre, Tristan und Isolde, Die Macht des Schicksals, Mathis der Maler* (5 Opern)
Insgesamt mit Bayreuth: 6 Operneinstudierungen und total 67 Opernaufführungen

Spielzeit 1949/50

1949, 17. September:	Ballet-Abend mit *Orpheus* (Dt. EA) und *Le sacre du printemps* (EA) von Igor Strawinsky und *Scheherezade* (NI) von Nikolaj Rimskij-Korsakow
1949, 28. Oktober:	*Tobias Wunderlich* von Joseph Haas, NI
1950, 31. Januar:	*Boris Godunoff* von Modest Mussorgskij, in der Bearbeitung und Instrumentierung von Rimskij-Korsakow, NI
1950, 9. April:	*Rigoletto* von Giuseppe Verdi, NI
1950, 29. Mai:	*Tannhäuser* von Richard Wagner, NI

Unter Solti auf dem Spielplan: *Die Walküre, Tristan und Isolde, Die Macht des Schicksals, Mathis der Maler, Salome, Aïda, Don Giovanni* (am 1., 4., 6. Juni 1950 auch an der Markgräflichen Oper Bayreuth), *Raskolnikoff, Der Rosenkavalier* (9 Opern)
Insgesamt: 4 Operneinstudierungen, 3 Einstudierungen von Ballettstücken, total 53 Aufführungen

Spielzeit 1950/51

1950, 22. Oktober:	*Der fliegende Holländer* von R. Wagner, NI
1951, 10. Januar:	*Antigonae* von Carl Orff, EA
1951, 1. April:	*Così fan tutte* von W. A. Mozart, NI
1951, 22. Juni:	*Ariadne auf Naxos* von Richard Strauss (am 26. und 27. Juni auch an der Markgräfl. Oper Bayreuth)

Unter Solti auf dem Spielplan: *Fidelio, Tristan und Isolde, Die Macht des Schicksals, Mathis der Maler, Salome, Aïda, Don Giovanni, Der Rosenkavalier, Boris Godunoff, Rigoletto, Tannhäuser* (11 Opern)
Insgesamt: 4 Operneinstudierungen und total 56 Opernaufführungen

Spielzeit 1951/52

1951, 14. Oktober:	*Don Carlos* von Giuseppe Verdi, NI
1952, 15. Januar:	*Elektra* von Richard Strauss
1952, 22. Mai:	*Das Rheingold* von Richard Wagner,

1952, 8. Juni: *Die Walküre* von Richard Wagner, 2. NI

Unter Solti auf dem Spielplan: *Fidelio, Tristan und Isolde, Salome, Aïda, Boris Godunoff, Rigoletto, Antigonae, Così fan tutte* (am 25. und 27. Mai 1952 auch an der Markgräflichen Oper Bayreuth), *Ariadne auf Naxos* (9 Opern)

Insgesamt: 4 Operneinstudierungen (mit *Walküre*) und total 33 Opernaufführungen

Zählt man alle Premieren und alle Opernaufführungen zusammen, den Ballett-Abend und die Vorstellungen in Bayreuth eingeschlossen, so ergibt sich für die sechs Spielzeiten ein Gesamttotal von 24 Premieren und 259 Aufführungen unter Soltis Leitung. Dazu kommen 22 Konzerte im Prinzregententheater; die übrigen im Deutschen Museum und an anderen Aufführungsstätten sind hier nicht erfaßt, weshalb die Gesamtzahl höher liegt. Neuinszenierungen von Opern gab er 22, sofern auch die Erstaufführungen eingerechnet werden. Alle diese Zahlen sind weit niedriger als die da und dort in summarischen Berichten genannten; dennoch drückt sich darin eine imposante und bewundernswürdige Leistung aus. Manche Aufführungen haben in einem besonderen Rahmen stattgefunden. Während der Strauss-Festwochen im Juni 1949 dirigierte Solti dreimal den *Rosenkavalier* und einmal *Salome*. Bei den Münchner Festspielen vom Juli 1950 leitete er dreimal den *Tannhäuser* und je einmal den *Rosenkavalier* und *Salome*, beim Verdi-Zyklus vom Januar 1951 je einmal *Rigoletto* und *Die Macht des Schicksals*. Anläßlich der Festspiele vom Juli 1951 führte Solti je zweimal die *Antigonae, Così fan tutte* und *Ariadne auf Naxos* und einmal den *Rosenkavalier* auf, im Juli/August 1952 je einmal *Elektra, Così fan tutte, Das Rheingold* und *Die Walküre*.

Nach Komponisten gegliedert, stehen Richard Wagner und die zeitgenössischen Komponisten mit je fünf Werken (bzw. vier Werken und dem Ballett-Abend) in dieser Gesamtbetrachtung an der Spitze, gefolgt von Richard Strauss und Giuseppe Verdi mit je vier und Mozart mit zwei Opern. Von all diesen Bühnenwerken konnte hier natürlich nur eine kleine Auswahl ausführlicher besprochen werden, und vielleicht wird man vor allem bedauern, daß darunter keine Verdi- und Strauss-Opern waren. Dies soll jedoch bei der Darstellung von Soltis Frankfurter Zeit so weit wie möglich nachgeholt werden. Man kann sich nun fragen, inwieweit das Opernprogramm durch Soltis persönliche Neigungen und Intentionen bestimmt war und inwiefern es andern Gegebenheiten zu genügen hatte. Das erstere traf sicher bei den Mozart-, Verdi- und Strauss-Opern zu, teilweise auch bei jenen zeitgenössischer Tonkünstler.

Wagner hingegen dürfte Solti, zumindest bei den ersten Einstudierungen, schwer zu schaffen gemacht haben, allerdings weniger in musikalischer und aufführungstechnischer Hinsicht als vielmehr des Umstandes wegen, daß die Nationalsozialisten in dessen zu Klangexzessen aufgedonnerten Musik geschwelgt und in seinen Musikdramen eine klare Entsprechung zu ihrer wahnwitzigen Parteiideologie gesehen hatten. Der Dirigent sah aber bald ein, daß man Wagner für den Mißbrauch seiner Werke nicht verantwortlich machen durfte und daß die Anrüchigkeit, mit der sie noch lange nach Kriegsende behaftet waren und in vielen Ländern, verständlicherweise hauptsächlich in Israel, heute noch sind, nicht dem Opfer, sondern den eigentlichen Urhebern zuzuschreiben war. Einen Vollblutmusiker wie Solti konnte die unzerstörbar wertvolle Substanz von Wagners Musik nicht gleichgültig lassen, und wenn ihn trotz eventueller Bedenken etwas dazu vermochte, sie dennoch zu spielen, dann war es gewiß genau dies. Größere Mühe mochte ihm Wagner als Dichter und Denker bereiten, doch würde er seinem Freund Rolf Liebermann, der in dessen Schriften eine Verachtung des «gemeinen Menschen» konstatiert, kaum zustimmen. Von Liebermann wissen wir auch, daß Strawinsky, der Wagner früher ebensowenig schätzte wie Solti, einen ähnlichen Sinneswandel vollzog. Er habe seine Meinung geändert, sagte der russisch-amerikanische Komponist zu Liebermann. «Wagner ist ein großer Meister und mir im Geist stets gegenwärtig. Ein Genie kann viel Böses in der Welt anrichten, aber es kann nie unrecht haben.»
Daß München als eine Stadt mit einer großen Wagner-Tradition und als Vaterstadt von Richard Strauss einen starken Einfluß auf Soltis Programmgestaltung ausübte, ist nicht zu leugnen. Auch zahlreiche andere Faktoren haben darauf eingewirkt, so zum Beispiel die räumlichen Verhältnisse am Theater, die Möglichkeiten bei der Orchester- und Rollenbesetzung, der finanzielle Spielraum, die Meinungen und Absichten des Intendanten sowie der Behörden und übrigen Dirigenten, die besonderen Wünsche und Vorlieben der Opern- und Konzertbesucher und vieles andere mehr. Und schließlich kann es auch der Schallplattenfirma, die einen Dirigenten unter Vertrag hat, nicht ganz egal sein, welches Repertoire an Opern und symphonischer Musik dieser pflegt, denn erstens ist ihr an Publikumserfolgen, die die Beliebtheit und Bekanntheit des Orchesterleiters und seiner Solisten steigern und die kostenlos zugleich auch die denkbar beste Werbung darstellen, sehr gelegen. Zweitens erleichtert es bei Einspielungen die Arbeit, wenn der Dirigent die betreffenden Werke, ihre Schwierigkeiten und Probleme von der Praxis her schon kennt. Decken sich diese kommerziellen Interessen sehr weitgehend mit den künstlerischen, ist für beide Partner eine

Art Idealzustand erreicht, doch besteht gerade bei Leuten mit einem großen Namen die Gefahr, bei der Auswahl einzelner Werke sowohl von der Plattenfirma als auch von andern Instanzen auf einen populären Mittelweg gedrängt zu werden, so daß für sie die Aufführung selten gespielter Stücke und neuer Kompositionen nur ganz ausnahmsweise noch in Betracht kommt. Es waren also in München auf jeden Fall bei der Ausarbeitung des Programms mancherlei Rücksichten zu nehmen und unerläßliche Kompromisse zu schließen, die auch einige Selbstverleugnung erheischten, weswegen sich erneut die Frage stellt, wieviel Freiheit denn Solti bei der Ausübung seines Berufes noch belassen blieb. Da anzunehmen ist, daß er sich gegen zu weitreichende oder ungebührliche Einflußversuche ohne weiteres zu behaupten verstand und in der Beschränkung auch die sinnvolle Notwendigkeit erblickte, sich um der gemeinsam zu verwirklichenden Ziele willen zu bescheiden, hat ihn diese Relativierung der Freiheit wohl kaum sehr bekümmert. Seine eigentliche Freiheit sah er im Musizieren unter den bestmöglichen Bedingungen, und erst von diesem Standpunkt aus – und nicht von der Programmgestaltung oder andern Dingen her – kam den erwähnten Unzulänglichkeiten eine gewisse Bedeutung zu.
Die mißlichen Lebens- und Wohnverhältnisse in jenen Jahren hatte er klaglos in Kauf genommen, denn ihm war es selbstverständlich nicht darum gegangen, ein bequemes und komfortables Zuhause zu haben, sondern zu dirigieren – so oft und so viel wie möglich zu dirigieren. Noch weniger kam es ihm darauf an, Geld zu raffen, ein lockeres Bohème-Dasein zu fristen und mit Affären und Skandalen von sich reden zu machen. Weder in München noch sonstwo hat er der Boulevard-Presse irgendwelchen Stoff für sensationslüsterne Leser geliefert, führte er doch mit seiner Gattin ein zurückgezogenes und ganz auf die Musik ausgerichtetes Leben. Als freilich das Arbeitsklima sich aus uns vertrauten Gründen verschlechterte; als das Kultusministerium sich zum Angebot der Wiener Staatsoper an Solti zuerst überhaupt nicht und dann ausweichend äußerte, gleichzeitig aber heimliche Verhandlungen mit verschiedenen Dirigenten zwecks Übernahme von Soltis Posten aufnahm, zögerte dieser nicht lange und nahm das Frankfurter Angebot an. Ein Staatssekretär des Ministeriums, der von Solti über die Frankfurter Bedingungen informiert worden war, vertrat im Landtag die Ansicht, sie seien «außergewöhnlich gewesen und hätten den Rahmen des hier Möglichen überschritten». Er hatte Solti sogar die Annahme der Frankfurter Offerte empfohlen, worauf dieser umgehend die Konsequenzen zog. In seiner Gegenerklärung zu den Aussagen im Landtag legte der brüskierte Opernchef diese Vorgänge offen und schrieb:

Ich fühle mich zu dieser Klarstellung schon deshalb verpflichtet, weil ich auf gar keinen Fall den Eindruck erwecken möchte, München ohne zwingende Gründe oder nur wegen eines großzügigen Angebotes zu verlassen. Es muß jedem einleuchten, daß man eine sechsjährige Aufbauarbeit, die jetzt erst ihre wirklichen Früchte trägt, nicht ohne weiteres aufgibt. Ich verlasse das mir liebgewordene Institut und die Stadt München nur schweren Herzens und unter dem Zwang der geschilderten Verhältnisse. («Neue Zeitung», 23. Februar 1952)

Da Solti am 5. August 1952 seine letzte Aufführung, Wagners *Walküre,* dirigierte und bereits am 1. Sepember seinen neuen Posten in Frankfurt anzutreten hatte, blieb ihm wenig Muße, düsteren Gedanken nachzuhängen. Das entsprach ohnehin nicht seiner Art, und eigentlich hatte er allen Grund, sich auf seine neue Aufgabe zu freuen. Zwar war die im Krieg noch schwerer als München zerstörte Main-Metropole keine Musikstadt mit langer Tradition, keine Stadt der Maler und Bildhauer, keine ehemalige Residenz von Herzögen und Königen mit Schlössern nah und fern, mit Fasching und Oktoberfest und einem Hofbräuhaus, und eben aus solch vorder- und hintergründigen Motiven heraus neigte man damals und noch heute in der bayerischen Landeshauptstadt und selbst weit herum in Deutschland dazu, Soltis Auszug nach Frankfurt als Abstieg zu qualifizieren. Wie sehr sich doch solch gedankenlose Schwätzer irrten! Daß der Intendant Dr. Georg Hartmann, der bei den meisten Solti-Aufführungen die Regie übernommen hatte, auf den 31. August 1952 ebenfalls den Hut nahm, sagte ihnen natürlich nichts. Solti selber war entschlossen, sich – gereifter und erfahrener geworden – voller Schwung und Energie seiner neuen Pflichten anzunehmen und aus Frankfurt eine führende Opernstadt zu machen. Ein klein wenig Bitterkeit wird er vielleicht schon empfunden haben, als er die Wohnung an der Ebersbergerstraße für immer verließ, aber er hat den Münchnern nie etwas nachgetragen und ist, wie sich im folgenden gleich zeigen wird, immer wieder gern in ihre Stadt zurückgekommen.

«Erstmals leitet Georg Solti, seitdem man ihn vor acht Jahren etwas leichtfertig vom Dirigentenpult der Staatsoper weggehen ließ, um bald darauf vernehmlich hinter ihm herzuseufzen, wieder eine Oper in München», schrieb Helmut Schmidt-Garre im Münchner Merkur vom 14./16. August 1959. «Solti, schon bei seinem Erscheinen lebhaft begrüßt, entlockt dem Staatsorchester ein Äußerstes an Tonschönheit und Intensität des Ausdrucks; seine Dynamik schattiert vom weichen Pianissimo bis zu kraftvollen Akzenten.» Bis zu diesem ersten Wiedersehen mit den Münchnern war doch recht viel Zeit verflossen; wenn man allerdings weiß, was er mittlerweile in

Frankfurt im eigenen Hause und als Gastdirigent im Ausland alles geleistet hatte, erstaunt dies nicht. Am 12. August 1959 also dirigierte er bei der ersten Premiere der Münchner Opernfestspiele Richard Wagners *Tannhäuser;* drei weitere Aufführungen folgten am 17. und 29. August und am 10. November. Hans Hopf sang zum ersten Mal die Titelpartie, und Marianne Schech lieh der Venus ihren wundervollen Sopran; alle aber standen gemäß Schmidt-Garre mehr oder weniger im Schatten Dietrich Fischer-Dieskaus, dem Darsteller des Wolfram. «Die strömende Kraft und Tiefe dieser Stimme, ihr Glanz, ihr Clair-obscur sind ebenso wie die darstellerischen Fähigkeiten dieses Sängers heute ohne Vergleich.»
Über sämtliche weiteren Auftritte Soltis in München kann hier nicht vollständig berichtet werden. Greifen wir daher einiges heraus. Als Solti mit seinem Chicago Symphony Orchestra (CSO) seine erste Europa-Tournee unternahm, spielte er nach Konzerten in einer Reihe von anderen Städten am 1. Oktober 1971 auch im Kongreßsaal des Deutschen Museums zu München. Bei der zweiten Europa-Tournee mit dem CSO gastierte er um die Septembermitte 1974 wieder im Münchner Museumssaal, und bei der dritten Tournee machte er am 18. September 1978 dort aufs neue Station. Im gleichen Jahr, in der ersten Januarhälfte, hatte er im Deutschen Museum schon ein Sonderkonzert mit den Münchner Philharmonikern gegeben. Es begann mit der *Haffner*-Symphonie Mozarts in D-Dur (K.-V. 297), setzte sich mit *Don Juan* von Richard Strauss fort und schloß mit der Vierten Symphonie in e-Moll op. 98 von Johannes Brahms. In der Süddeutschen Zeitung vom 13. Januar 1978 schlug Karl Heinz Ruppel hinsichtlich der Brahms-Interpretation von Solti altvertraute Töne an: «Dramatik heißt bei ihm (...) die Themen als ‹Charaktere› zu empfinden, sie als ‹Dramatis personae› auszubilden und daraus ihre inneren Spannungen mit einer großartigen Intensität zu entwickeln. Dabei gewinnt das dramatische Moment zuweilen ein gewisses Übergewicht über die Kantilene (...).»
Im nächsten Jahr hielt sich Solti zweimal in München auf. Am 7. September 1979 stand das Sonderkonzert des Symphonieorchesters des Bayerischen Rundfunks zum dreißigsten Todestag von Richard Strauss unter seiner Leitung – davon haben wir bereits erfahren –, und am Jahresende dirigierte er das traditionelle Silvesterkonzert des Zweiten Deutschen Fernsehens (ZDF) mit dem London Philharmonic Orchestra im Münchner Herkulessaal, wobei populäre Kompositionen von Jacques Offenbach, Tschaikowsky, Edward Elgar und Richard Strauss gespielt wurden. Diese Eurovisionssendung konnte von vielen Millionen Menschen in Europa gesehen und gehört werden, und für die meisten von ihnen bedeutete Soltis Dirigieren ein einzigartiges oder doch höchst seltenes Erlebnis. Wie

stets wurde Solti, «der Hochfrequenzdirigent ohne jede Spur von Alltag oder Gleichgültigkeit», in München als verlorener Sohn begrüßt, gefeiert und erneut eingeladen. Im Zusammenhang mit diesem Konzert waren zwei sehr merkwürdige Umstände zu verzeichnen. Zum einen hätten nämlich die Silvesterkonzerte des ZDF mit den Berliner Philharmonikern unter Herbert von Karajan stattfinden sollen, doch der hatte seinen Kontrakt auf Eis gelegt, weil ihm die Sendeanstalt die gewünschte stereophone Ausstrahlung mangels Zugang zu den Hörfunkkanälen nicht bieten konnte. Außerdem wurde von der Kritik die Tatsache glossiert, daß es billiger kam, das Londoner Orchester nach München zu spedieren, als das Konzert in England für das ZDF zu produzieren. Doch wie auch immer: Das Silvesterkonzert des ZDF vom 31. Dezember 1980 leitete Solti wiederum in einer Direktübertragung vom Münchner Herkulessaal, diesmal freilich an der Spitze des Symphonieorchesters des Bayerischen Rundfunks. Das Programm enthielt lauter beliebte Musikstücke, so die Tondichtung *Don Juan* von Strauss, die symphonische Dichtung *Die Moldau* aus Smetanas Zyklus «Mein Vaterland», den *Mephisto-Walzer* und *Les Préludes* von Liszt und die Ouvertüre zu *Dichter und Bauer* von Franz von Suppé.
Mit dem BR-Symphonieorchester und dem Frauenchor des Bayerischen Rundfunks versuchte Solti in einer Münchner Erstaufführung die Musikfreunde des Freistaates mit einem Werk des Engländers Gustav Holst bekannt zu machen. Dieser Komponist von Opern, Orchester- und Chorwerken war 1934 im Alter von sechzig Jahren verstorben und in Deutschland bislang nur als lexikalische Größe greifbar gewesen. Doch die beiden Aufführungen seiner Suite für großes Orchester, *Die Planeten,* welche Solti am 19. und 20. Februar 1981 im Herkulessaal der Residenz dirigierte, standen unter keinem sonderlich günstigen Stern. Karl Schumann, der Musikkritiker der Süddeutschen, kam wenigstens zu diesem Schluß. Vieles habe indifferent oder zerprobt gewirkt, manches fahrig und einiges sogar unpräzis, obwohl der Dirigent sehr akkurat schlug. Jedenfalls habe sich bei diesem Effektstück oberen Ranges jene Hochspannung, die Soltis Konzerte sonst auszeichne, nicht eingestellt. Selbst die Wiedergabe von Béla Bartóks *Konzert für Orchester* habe keinen Höhepunkt gebracht: man hörte lediglich «die routiniert-distanzierte Leistung eines Bartók-Experten, der eines seiner Glanzstücke wiederholt». Bei der vierten Europa-Tournee mit dem CSO vom August/September 1981 blieb der Dirigent ausnahmsweise München fern. Das ZDF-Silvesterkonzert 1981 brachte statt einer ursprünglich geplanten Live-Sendung aus Berlin die Aufzeichnung einer Sendung Herbert von Karajans von 1978, und jenes von Ende 1982 dirigierte der Münchner Wolfgang Sawallisch. Da Solti auch im

Laufe des Jahres 1982 nie in München erschien, werden sich die Bayern wie die Musikfreunde aus aller Welt umsomehr auf die drei *Ring*-Zyklen freuen, die er im Juli und August 1983 bei den Richard-Wagner-Festspielen in Bayreuth leiten wird. Davon ist schon in der Einleitung ausführlich gesprochen worden, so daß nun die Schilderung von Soltis Tätigkeit in München abgeschlossen werden kann. Kehren wir also an den Anfang der fünfziger Jahre zurück, denn damals bereitete sich all das vor, was Soltis Frankfurter Zeit bestimmen sollte.

3 Frankfurt I: Der Aufstieg zur Spitze ...

Im Buch einer Engländerin, das 1982 herauskam und die berühmtesten Dirigenten unserer Zeit vorstellt, heißt es über Georg Solti, dem ebenfalls ein Kapitel gewidmet wurde, er sei eines Tages im Jahre 1952 vor dem Prinzregententheater in München einem Mann namens Buckwitz begegnet. Dieser sei eben zum Intendanten der Frankfurter Oper ernannt worden und habe Solti gefragt, ob er dort Musikdirektor werden möchte. Der Dirigent habe sofort bejaht, und so sei es denn gekommen, daß er mit der in München erworbenen Erfahrung in einem Theater, wo er neun beruflich zufriedenstellende Jahre verbringen sollte, neu begonnen habe ... Die Leser unseres Buches wissen bereits, daß sich die Dinge etwas anders abspielten und daß Solti den Entscheid, München zu verlassen und in Frankfurt am Main einen neuen Posten anzunehmen, schon in den ersten Monaten des Jahres 1951 fällte – also eineinhalb Jahre vor seinem wirklichen Wegzug. Richtig ist freilich, daß Harry Buckwitz damit zu tun hatte: er war in der Montagssitzung vom 11. Dezember 1950 vom Frankfurter Magistrat zum Generalintendanten (und nicht bloß zum Intendanten!) der Frankfurter Städtischen Bühnen bestimmt worden, nachdem er in den Jahren zuvor das Amt eines stellvertretenden Intendanten der Münchner Kammerspiele bekleidet hatte. Wie später in Soltis Fall machten die Münchner Zeitungen die bürokratischen Maßnahmen der Behörden für Buckwitz' Flucht in das freiheitliche Frankfurt verantwortlich, und damit ist auch schon die Gemeinsamkeit der Interessen aufgezeigt, die beide Männer für lange Zeit eng miteinander verband. Sicher hatten sie sich schon in früheren Jahren kennen und schätzen gelernt, so daß die Frage, ob sich Buckwitz wegen der Leitung der Frankfurter Oper an Solti wandte oder umgekehrt Solti an Buckwitz, wenig zur Sache tut. Tatsache ist jedenfalls, daß Solti von Buckwitz nach Frankfurt berufen wurde und daß die Frankfurter Stadtverordneten den Vertrag mit Münchens Opernchef schon in der Sitzung vom 29. März 1951 billigten.

Gemeinsamkeiten zwischen Solti und Buckwitz bestanden natürlich auch in künstlerischer Hinsicht. Gewiß hat Buckwitz oft Gelegenheit gehabt, Soltis Leistungen als Opern- und Konzertdirigent, sein hochgespanntes, intensives und dennoch stets präzises Musizieren und seine Aufgeschlossenheit gegenüber zeitgenössischen Komponisten zu bewundern. Buckwitz selber vertrat die Ansicht, das Theater müsse repopularisiert werden, und das Hauptererfordernis

dazu seien Vielseitigkeit und Faszination. Das Theater, meinte er, müsse das Wagnis in geistigen Dingen mit einbeziehen. Dieses Wagnis war er schon in München mit seiner Arbeit eingegangen, und für seine Inszenierungen hatten deshalb auch die verantwortlichen Männer in Frankfurt, darunter Oberbürgermeister Dr. Walter Kolb und Kulturdezernent Dr. Karl vom Rath, lebhaftes Interesse bekundet. Er zeigte in jenen Jahren Stücke wie Hovarths «Jüngster Tag», Laverys «Erste Legion», Zuckmayers «Des Teufels General», Bertolt Brechts «Dreigroschenoper» und «Frauen in New York» von Booth. Von Frankfurt sagte Buckwitz, sein internationales Gepräge und seine Modernität machten es zu einem Schwerpunkt Europas; auf solch vielschichtigem Boden müsse eine interessante hochrangige Bühne florieren und einen ganz besonderen Theatertypus entwickeln. Mit den Schauspieldirektoren Richard Weichert, Lothar Müthel und Heinrich Koch versuchte Buckwitz in der Main-Stadt die Stücke Brechts durchzusetzen, was teilweise auf Widerstand stieß. Aber auch das klassische Repertoire wurde nicht vernachlässigt. Namhafte Regisseure wie Gerhard F. Hering, Arno Assmann, Werner Düggelin, Egon Monk, Imo Moskowicz und andere trugen neben hervorragenden Schauspielern zu der neuen Blüte von Frankfurts Theater wesentlich bei. Wer darüber noch mehr erfahren möchte, greife zu dem Buch «Frankfurt und sein Theater» (siehe Bibliographie), dem die obigen Angaben entnommen wurden. Es beschreibt zudem auch Soltis Frankfurter Tätigkeit.
Für den wagemutigen Buckwitz, der übrigens erst auf Ende der Spielzeit 1967/68 von seinem Frankfurter Posten zurücktrat, danach von Anfang August 1970 bis Ende November 1977 Direktor des Schauspielhauses Zürich war und noch heute seinen Wohnsitz am Zürichsee hat, kam Solti wie gerufen. Denn selbstverständlich hatte Buckwitz als erster Frankfurter Generalintendant nach dem Kriege die Absicht, auch das Opern- und Konzertleben wieder in Schwung zu bringen und es neuen Höhen entgegenzuführen. Und wenn er auch in künstlerischen wie materiellen Belangen gewissen Leuten unbequem war, weil er für die Kunst das Letzte forderte, so kam dies Solti, dem er ein ruhiges Arbeiten in Aussicht stellte, nur gelegen. Als erfahrenem Dirigenten und gereiftem Musiker war ihm, der lange Jahre an der Spitze eines der größten Opernhäuser gestanden hatte, von den Aufgaben und Tücken eines Repertoirebetriebes nichts fremd geblieben. Er durfte sich also von Buckwitz in bezug auf die Bedingungen, unter denen seine Arbeit in Frankfurt vonstatten gehen sollte, offenes Gehör versprechen, und er täuschte sich darin keineswegs. Und hatte ihm seine Tätigkeit an der Münchner Staatsoper einen enormen Verschleiß an Kraft und Ner-

ven abgefordert, so sah er nun «die wundervolle Chance» vor sich, noch einmal in Ruhe ganz von vorn zu beginnen, sein Repertoire zu erweitern und seine künstlerischen Fähigkeiten und Vorstellungen zu vervollkommnen. Allerdings galt es auch in Frankfurt, ein neues Theater aufzubauen, denn «vorhanden war rein gar nichts», aber da ihm eine ganze Reihe von Leuten folgten, mit denen er sich aufs beste verstand, erleichterte dies seine Aufgabe.

Die besonderen Bedingungen Soltis schlugen sich im Dienstvertrag vom 23. Oktober 1951 mit dem Frankfurter Magistrat nieder; offenbar hatte es sich bei dem vor etwa einem halben Jahr geschlossenen und von den Stadtverordneten gutgeheißenen Vertrag um einen Präliminarentscheid ohne materielle Behandlung gehandelt. In Paragraph 3 verpflichtete sich die Stadt Frankfurt, das Orchester auf mindestens zweiundneunzig Personen, den Chor auf mindestens achtundfünfzig und das Ballett auf vierundzwanzig Personen zu verstärken. Auf diese Weise sicherte sich der Dirigent den notwendigen «Apparat», um den Anforderungen, die der Betrieb eines großen Opernhauses nun einmal verlangte, gerecht werden zu können. Dies entsprach auch Buckwitz' Vorhaben, in Frankfurt die erprobten Prinzipien einer unkonservativen und großstädtischen Theaterführung zum Zuge kommen zu lassen. Die zweite Bedingung, die für Solti in persönlicher Beziehung sehr wichtig war, wurde mit Paragraph 8 erfüllt, denn er gewährte ihm nicht nur einen bezahlten Jahresurlaub von vier Wochen während der Theaterferien, sondern zusätzlich einen bezahlten Sonderurlaub von zehn Wochen jährlich «zur Ausübung einer angemessenen Gastspieltätigkeit». Dieser durfte jedoch nicht zusammenhängend genommen werden; er mußte vielmehr in einzelne Teilurlaube von höchstens vierzehn Tagen aufgeteilt werden. Sonderurlaub bis zu fünf Tagen war vorher dem Generalintendanten anzuzeigen; dauerte er länger, bedurfte er der Genehmigung des Generalintendanten. So hatte Solti ziemlich freie Hand, Einladungen aus dem In- und Ausland Folge zu leisten, und daß dies ein entscheidender Punkt war, wenn es darum ging, seinen Ruf außerhalb der Stadtgrenzen zu festigen und weiterzuverbreiten, hatte er schon in München erfahren.

Nicht ohne Bedeutung war natürlich auch die Bestimmung, wonach Solti fortan die Dienstbezeichnungen «Direktor der Oper», «Generalmusikdirektor» und «Leiter der Museums-Konzerte» führen durfte, letzteres mit Zustimmung der Museumsgesellschaft, denn nach Paragraph 5 war er berechtigt und verpflichtet, mindestens sechs von den zwölf Museums-Konzerten vorzubereiten und zu dirigieren. Die übrigen Paragraphen des für vier Jahre geltenden Dienstvertrags regelten unter anderem auch die Abgrenzung von

Soltis Tätigkeit gegenüber der von Generalmusikdirektor Bruno Vondenhoff, der Anspruch auf mindestens zwei gewichtige Opern-Neueinstudierungen je Spielzeit und ebenfalls unter dem Titel «Leiter der Museums-Konzerte» auf die Leitung von vier Museums-Konzerten hatte. Schließlich wurde nebst Üblichem auch die Höhe des Gehalts, der Aufwandentschädigung und der Entschädigung für Dienstreisen festgeschrieben. Einen Dienstwagen stellte man dem neuen Opernchef, der dem Generalintendanten Buckwitz als oberstem Leiter der Städtischen Bühnen Frankfurt am Main unterstellt war, nicht zur Verfügung; er erhielt indessen eine monatliche Pauschale von DM 100.– für den Betrieb seines eigenen Autos im Dienst der Städtischen Bühnen. An ihrem neuen Wohnort konnten sich Solti und seine Schweizer Gattin eines gewissen Maßes an Wohlhabenheit erfreuen, zumal die Bezüge im Lauf der Jahre und nach jeweiliger Vertragserneuerung sich insgesamt um etwa fünfzig Prozent steigerten, doch war im Oktober 1951, im Augenblick des ersten Vertragsabschlusses, noch die Wohnungsfrage offen. Wie man sich erinnern wird, hatte Solti in München anfänglich in einem kalten, beschädigten Kämmerchen hausen müssen, und bis seine Frau endlich hatte nachkommen können, nachdem eine einigermaßen wohnliche Unterkunft gefunden war, dürfte damals recht viel Zeit verstrichen sein. Um einem neuerlichen Wohnungsdebakel zu entgehen, hatte sich das Ehepaar deshalb ausbedungen, daß die Stadt Frankfurt für eine ausreichende Wohnung sorge und sie ihnen zur Untermiete überlasse. Die Behörden hatten denn auch die gewünschten Schritte unternommen und in einem Neubau an der Lindenstraße eine Wohnung gemietet, aber das Pech blieb den beiden zumindest in Sachen Unterbringung treu. Der Neubau konnte nämlich nicht rechtzeitig auf den 1. September 1952 fertiggestellt werden, so daß Solti während der ersten Wochen in einem Hotel logieren mußte. Immerhin war die Stadt fair genug, die Mehrkosten zu begleichen. Später verlegten die Soltis ihren Wohnsitz an den Lönsweg in Frankfurt-Schwanheim.

Die Vorbereitungen für Frankfurt waren mit dem Vertragsabschluß und der von offizieller Seite eingeleiteten Wohnungsbeschaffung also getroffen. Bemerkenswert ist vielleicht noch die Tatsache, daß Solti auf den Amtspapieren der Stadt Frankfurt in die Rubrik Staatsangehörigkeit das Wort «staatenlos» hinsetzte. Hatte er im Hinblick auf das kommunistische Regime in Ungarn bewußt darauf verzichtet, sich als ungarischer Staatsbürger zu bezeichnen? Oder war ihm von Ungarn die Staatsbürgerschaft aberkannt worden? Die erste Annahme scheint eher zuzutreffen, wenn auch dieser Verzicht auf keinen Fall bedeutete, daß er sich von seiner Heimat lossagte. Ihr blieb er stets ergeben, wie es bis auf den heutigen Tag seine

Konzertprogramme beweisen, auf denen immer wieder die Werke ungarischer Komponisten figurieren. Ob er auf diese Weise seine Anhänglichkeit an das alte, freiheitliche Ungarn, an das Land seiner Väter, seiner Kindheit und Jugend bezeugen und für die Kompositionen seiner unvergessenen Lehrer eintreten will? Diese Frage kann getrost bejaht werden. Hingegen geht man möglicherweise zu weit, darin auch eine wortlose Absage gegen jede Art von Faschismus zu erblicken, komme er nun von rechts oder links; im Hintergrund freilich mag solches besonders in jüngeren Jahren noch mitgeklungen haben. Damals ahnte noch niemand, nicht einmal Solti selber, daß dereinst aus dem Ungaren – ein Brite werden sollte. Oder wußte er doch schon in Deutschland, daß seine neue Heimat ein Land sein würde, das ihn voll und ganz zu akzeptieren vermochte, wie er seinerseits ohne Vorbehalte zu ihm sich zu bekennen imstande wäre? Auf seinen Reisen als Gastdirigent hatte er ja bereits erfahren, daß die Welt groß und weit war, und vorerst war seine Begierde, sich in ihr umzusehen und sich als Mensch und Dirigent zu bewähren, offensichtlich weit stärker als der Wunsch, sich jetzt schon festzulegen und zu binden. Bis zu einem gewissen Grad war folglich seine Heimatlosigkeit daran schuld, daß er gerade in den Frankfurter Jahren eine äußerst rege Tätigkeit als Gastdirigent entfaltete. Die deutsche Staatsbürgerschaft hätte er bestimmt leicht erlangen können, doch dem standen Gründe entgegen, auf die man wohl kaum speziell hinzuweisen braucht. Das neue, demokratische Deutschland schätzte er indes hoch ein, und das deutsche Musikpublikum nannte er das beste der Welt. In fortgeschritteneren Jahren sagte er einmal: «Die deutsche Musik ist meine ursprüngliche Heimat» – doch eben dies hat ihm das Finden eines wirklichen Zuhauses eher erschwert als erleichtert. Immerhin stand ihm selbst als Staatenlosem die ganze Welt offen: überall wurde er herzlich empfangen, und Einreiseschwierigkeiten gab es nur ganz selten.

Sein Debüt vom 14. November 1951 im Frankfurter Museum war, wie bereits erwähnt, dadurch gekennzeichnet, daß Solti bei diesem vierten Konzert der Reihe eigenhändig Mozarts d-Moll-Konzert (K.-V. 466) spielte und das Orchester vom Flügel aus leitete. Der ausverkaufte Abend im Turmpalast hatte mit Strawinskys *Petruschka*-Suite begonnen und war mit Beethovens Fünfter Symphonie in c-Moll op. 67 unter ungewöhnlich starkem Beifall der Anwesenden zu Ende gegangen. Die Probe als Konzertdirigent vor dem Frankfurter Publikum war glänzend bestanden. Noch blieb die Aufgabe zu bewältigen, sich vor ihm auch als Operndirigent auszuzeichnen. Das geschah jedoch erst im folgenden Jahr, nachdem am 23. Dezember als neue Spielstätte für die Oper das «Große Haus» eröffnet worden war. Es wurde in der Rekordzeit von fünfzehn Monaten aus der

Ruine des Schauspielhauses aufgebaut und galt dem Umfang und der Bühnenausstattung nach als das größte und modernste Theater Deutschlands. Zur Einweihung dirigierte Bruno Vondenhoff *Die Meistersinger von Nürnberg.* Ungefähr einen Monat später begann Solti mit der Probenarbeit zu Bizets Oper *Carmen,* wobei er erneut die unfreundliche Haltung des Bayerischen Kultusministeriums zu spüren bekam: es kürzte wegen der Abwesenheit von München seine Gage! Die Frankfurter Verantwortlichen erwiesen sich wie in allen anderen Dingen als großzügig und erhöhten die zugesicherte Probenpauschale erheblich, so daß Solti aus diesem Gast-Engagement kein finanzieller Schaden erwuchs. Nach der verschiedentlich schon angesprochenen Debatte im Bayerischen Landtag und der Gegenerklärung des Dirigenten in der Presse fand noch vor der *Carmen*-Aufführung eine Pressekonferenz im Großen Haus statt.
Generalintendant Harry Buckwitz stellte den Journalisten nach Begrüßungsworten des Kulturdezernenten Georg Solti vor, Frankfurts neuen Opernchef, dessen Berufung er als das stärkste Aktivum seiner bisherigen Tätigkeit betrachte. Er habe keinen «Schaufensterdirigenten» gesucht, sondern einen Mann, der noch vor seinem Kulminationspunkt stehe. Solti sei der Typ, der zu ihm passe. Um die Frankfurter Oper wieder zu einer der führenden in Deutschland zu machen, brauche dieser mindestens zwei Jahre Zeit. Bis zum Ablauf der nächsten Saison seien folgende Neueinstudierungen vorgesehen: *Freischütz, Tannhäuser, Die Walküre, Don Giovanni, Salome, Othello, Boris Godunov,* die Neufassung von Hindemiths *Cardillac* als deutsche Erstaufführung, dazu ein Ballettabend, ein Kammertanzabend und zwei Operetten. Orchester, Chor und Ballett würden wesentlich verstärkt; neunzig Prozent der Orchestermitglieder seien jetzt junge Leute unter dreißig. Sodann wurden die neuverpflichteten Sängerinnen und Sänger sowie die Herren Gastregisseure genannt, nämlich Heinz Arnold von der Bayerischen Staatsoper (der in München unter Solti die *Antigonae, Così fan tutte, Don Carlos* und *Die Walküre* inszenierte), Oscar Fritz Schuh und jener Heinz Tietjen, der 1938 als Generalintendant der Preußischen Staatstheater den jungen Karajan eingeladen hatte, an der Berliner Staatsoper zu dirigieren; nach der Aufführung des *Tristan* prägte ein Kritiker die hernach vielzitierte Formel vom «Wunder Karajan». In Frankfurt gaben sich die Pressevertreter bezüglich der mit selbstbewußtem Optimismus vorgetragenen Pläne gelassen, doch räumten sie ein, daß es für die unter schwierigen Verhältnissen zu leistende Aufbauarbeit eines besonderen Schwunges bedürfe.
Auch von der triumphalen *Carmen*-Aufführung, die drei Tage nach der Pressekonferenz, am 7. März 1952, über die Bühne ging, haben wir bereits vernommen. Solti hatte sozusagen im Sturm das Frank-

furter Opernpublikum für sich erobert, so daß der Boden für seine künftige Tätigkeit in der Main-Metropole bestens bestellt war. Der sonst eher selten mögliche Blick hinter die persönlichen und administrativen Kulissen sollte vor Augen führen, wieviele Faktoren bei einem derartigen Szenenwechsel mitspielen und wie sehr neben klugem Geschick und großem Können auch Glück vonnöten ist, damit der «Held» nicht sang- und klanglos in der Versenkung verschwindet. Dank Buckwitzens Scharfblick und großmütiger Unterstützung gelang es Solti, die in München sich auftürmenden Klippen, an denen mancher rettungslos gescheitert wäre, elegant zu umschiffen und seinen Gegnern und Neidern das Nachsehen zu geben. Am 5. August 1952 dirigierte er in München ein letztes Mal *Die Walküre* und Anfang September trat er in Frankfurt seine neue Stellung an. Bei der Darstellung dieses neuen und bedeutungsvollen Abschnitts in seiner Karriere soll zuerst seine gesamte musikalische Tätigkeit während der ersten Spielzeit 1952/53 im einzelnen verfolgt werden. Nachher gilt das Augenmerk wichtigen Ereignissen aus seiner späteren Frankfurter Konzertchronik und anschließend seinen Auftritten als Gastdirigent. Entsprechend werden danach auch wichtige Opernaufführungen der folgenden Spielzeiten zum Gegenstand der Betrachtung, wobei gleichzeitig die Gastspieltätigkeit im Ausland berücksichtigt wird. Als letztes folgt eine Zusammenstellung aller Premieren; wer schon zum voraus einen Überblick auf Soltis gesamtes Opernrepertoire gewinnen möchte, kann schon mal auf Seite 172ff. nachsehen. Was sich sonst noch an Wichtigem während der Frankfurter Jahre ereignete, erscheint jeweils im geeigneten Zusammenhang.

Das 1. Museums-Konzert der Saison 1952/53 war zugleich auch Soltis erstes reguläres Konzert in Frankfurt. Es fand am 15. September 1952 statt und sah laut Programm Béla Bartóks *Musik für Saiteninstrumente, Schlagzeug und Celesta,* Mozarts Violinkonzert D-Dur (K.-V. 271a) und Brahms' Dritte Symphonie in F-Dur op. 90 vor. Diese Werke kamen auch tatsächlich im vollbesetzten Großen Haus zu Gehör, doch stellte der neue Generalmusikdirektor Solti die Reihenfolge aus Rücksicht auf seine Solistin, die junge blonde Michèle Auclair aus Paris, um. Offenbar befürchtete er auf Grund seiner Erfahrungen in München, wo unter seiner Leitung dasselbe Bartók-Werk am 1. Februar 1948 gespielt worden war, ein Teil der Besucher würde zum vornherein wegbleiben oder ihm aus Verärgerung über «Modernes» weglaufen, so daß dann die Geigerin vor gelichteten Reihen hätte auftreten müssen. Vielleicht aber empfand er die Brahms-Symphonie als geeignetere Einstimmung der Hörer auf das nachfolgende Violinkonzert Mozarts. Wie auch immer: Brahms bedeutete einen mehr als nur verheißungsvollen Auftakt,

und die Solistin spielte Mozart mit einem schönen, reinen Ton und vorzüglicher Technik derart brillant, daß sie mit Kaskaden des Beifalls überschüttet wurde. Vor der Bartók-Wiedergabe gingen nur etwa ein Dutzend Leute weg. Heinz Enke würdigte das Konzert in einer vortrefflichen Besprechung und konstatierte, daß das Orchester wohl spürbar von neuen musikalischen Energien belebt sei, doch gebe es bei den Streichern noch etliches zu glätten; überdies seien auch die Klanggruppen noch weicher und enger zu verschmelzen. Zu Bartók meinte er u. a.: «Liegt sein Werk in Händen wie in denen von Georg Solti, dann strahlt von ihm eine Leuchtkraft aus, die alles durchdringt und das Menschliche durch die Kunst verklärt.»
Zehn Tage nach dem 1. Museums-Konzert erfolgte mit Verdis *Othello* die erste Opernpremiere unter Soltis Leitung. Wie Friedrich Stichtenoth, der Kritiker der Frankfurter Rundschau, anmerkte, hatte man in Frankfurt erwartet, der Dirigent würde sich als Gast seinem neuen Publikum «mit einem weniger knalligen Werk» als *Carmen* vorstellen. Doch was nach bequemer Eroberung ausgesehen hatte, verlief ganz anders. Der Staub von jahrzehntelanger Opernmache wurde von Bizet weggefegt, das Geflecht der Partitur behutsam bloßgelegt, auch die verborgenste Nebenstimme in die richtige Position gebracht, das Recht der Sänger gegen das Recht der Instrumente sorgfältig abgewogen, so daß nichts Knalliges oder Billiges übrig blieb. Nach dieser nobilitierten *Carmen* wurde die Verdi-Oper mit um so größerer Spannung erwartet. Stichtenoth nahm das Fazit vorweg: «Man verließ das Theater in dem Bewußtsein, daß nach langer, von unberechenbaren Mächten bestimmter Pause wieder eine große Zeit der Frankfurter Oper angebrochen ist.» Mit diesem etwas verfrüht scheinenden Kompliment an die Adresse Soltis sollte der Kritiker recht behalten: es begann in der Tat eine Glanzzeit der Oper, die sich in immer neuen Höhepunkten fortsetzte und bestätigte. Das war freilich nicht allein Solti zu verdanken, sondern seinem ganzen Team. Dazu gehörte als stellvertretender Operndirektor Dr. Franz Hallasch, als Dirigent von 1953/54 an Wolfgang Rennert, als Erster Kapellmeister der 1955/56 von der Wiener Staatsoper kommende, in Opernfragen vielseitig erfahrene Felix Prohaska und – nicht zu vergessen – der als zweiter Generalmusikdirektor amtierende Bruno Vondenhoff. Mit Rudi Franz, Hermann Nass und Gerd Heidger kamen später weitere Dirigenten dazu. Außerdem zählten selbstverständlich die Regisseure, Bühnenbildner, Sänger und Orchestermitglieder neben vielen anderen zur Mannschaft, ohne deren aufopfernden Einsatz sich eindrucksvolle und blendende Aufführungen nicht realisieren ließen. Zur Verdi-Oper schrieb der Rundschau-Kritiker auch dies:

Die Ausdrucksweite der Othello-*Partitur reicht vom realistischen Toben der Natur mit Donner, Blitz und Sturm bis zu Desdemonas mehr gedachtem als gesungenem Lied vom Weidenbaum. Sie umfaßt eine Welt menschlicher Empfindungen und Leidenschaften, eingetaucht in fahle wie in glühende Farben, bald fließend, bald hart nebeneinandergesetzt. Dafür hat Solti ein außerordentlich feines Ohr, ungemein sensible Nerven und eine suggestive Hand. Er bringt die tönenden Kräfte nicht einfach in ein stabiles Gleichgewicht, er hält sie in der Schwebe, läßt sie balancieren. Daher die atemberaubende Spannung. Allen Respekt auch vor dem Entschluß, den* Othello *ohne Kürzungen zu geben. (26. September 1952)*

Nicht ganz so feinfühlig handhabte Werner Jacob die Regie. Der Bayreuther Heldentenor Bernd Aldenhoff, Ensemblemitglied der Münchner Staatsoper, gab als Gast den Othello, Maud Kunitz die Desdemona. Als Jago bot Rudolf Gonszar gesanglich wie darstellerisch eine hinreißende Leistung. Rosl Zapf als Emilia, Heinrich Bensing als Cassio und Hans-Bert Dick als Rodrigo trugen zum Erfolg der Aufführung wesentlich bei. Der starke Applaus an den Aktschlüssen steigerte sich am Schluß zu einer lange anhaltenden Kundgebung der Begeisterung.
Mit Georg Solti am Pult erlebte der neueinstudierte *Don Giovanni* von Mozart am 22. Oktober 1952 im Großen Haus eine Premiere, die häufig bei offener Szene von spontanem Beifall unterbrochen und nach Schluß mit stürmischen Ovationen gefeiert wurde. Regie führte wiederum Werner Jacob. In der Titelpartie trat Willi Wolff auf, während Otto von Rohr den Komtur und Kurt Wolinski Don Ottavio darstellten. Die weiblichen Partien sangen Colette Lorand, Erika Schmidt und Anny Schlemm.
Im 3. Museums-Konzert vom 27. Oktober 1952 bekam dann das in der Hauptsache repräsentativ-konservative Publikum von Solti und Géza Anda – sie hatten miteinander schon in Zürich und Berlin musiziert – authentischen Bartók zu hören: das Zweite Klavierkonzert von 1930/31, das mit tosendem Beifall quittiert wurde. Ein erstaunliches Vorkommnis, wenn man bedenkt, daß die einst geächtete Musik des ungarischen Meisters dem Großteil der Hörer noch fremd und ungewohnt vorkommen mußte. Dem Dirigenten und seinem großartigen Solisten gelang es jedoch, das Eis zu brechen, zumal man sich der packenden rhythmischen Macht dieser Klänge schwerlich entziehen konnte. Den Abend hatte die D-Dur-Suite von Johann Sebastian Bach eingeleitet, und beschlossen wurde er durch Tschaikowskys Fünfte Symphonie in e-Moll op. 64. Stichtenoth am folgenden Tag: «Auch da ist Solti zu Hause. (...) Er läßt jede dynamische und agogische [tempomodifizierende] Vorschrift auf

das genaueste erfüllen und bringt es doch fertig, die große Klanggebärde vor Hohlheit zu bewahren und die Süßlichkeit, die mancher melodischen Wendung anhaftet, auch für herbere Naturen erträglich zu machen.»

Beim 6. Museums-Konzert, das Solti am 8. Dezember 1952 dirigierte, wirkte als Solist wiederum ein gebürtiger Ungare mit, und zwar in der Person von Louis Kentner, der schon seit Jahren in London lebte. Er trug Beethovens populärstes Klavierkonzert, das Fünfte in Es-Dur op. 73, vor, doch applaudierte das Publikum, an Darstellungen von stärkerer persönlicher Potenz gewöhnt, mit deutlicher Zurückhaltung. Eigentlich wollte Solti das Konzert mit Beethovens *Coriolan*-Ouvertüre eröffnen, doch zog er schließlich Mozarts Serenade *Eine kleine Nachtmusik* (K.-V. 525) vor – auch dies ein überaus beliebtes Musikstück. Auf das Klavierkonzert folgten Paul Hindemiths *Symphonische Metamorphosen über Themen von C.M.v. Weber,* die sicher schwerer verdaulich waren, und zuletzt *Till Eulenspiegels lustige Streiche* op. 28 von Richard Strauss, womit der Abend heiter-schalkhaft ausklang.

Ein kleines Zwischenspiel: In der zweiten Januarhälfte des neuen Jahres flog Solti in Begleitung seiner Gattin vom Frankfurter Rhein-Main-Flughafen nach London, wo er bis zum 31. Januar 1953 drei Konzerte mit dem London Philharmonic Orchestra gab. Gleichzeitig meldete die Presse, daß er anläßlich der Chicagoer Sommerfestwochen vom 6. bis 20. Juli 1953 nach Chicago (oder vielmehr Ravinia) reisen werde, um dort vier Konzerte des Chicago Symphony Orchestra zu dirigieren. Gleich vorweg: Im Frühjahr 1953 weilte er ein zweites Mal in England und gab bei den angesehenen und exklusiven Festspielen in Glyndebourne mit Mozarts *Don Giovanni* sein englisches Operndebüt. Er wurde von der Kritik wohlwollend aufgenommen. Seine Dynamik, männliche Festigkeit und Zielstrebigkeit bei der Interpretation seien ein Vergnügen gewesen, hieß es in der Zeitschrift Opera, doch habe einen das Geschehen auf der Bühne weniger glücklich gestimmt, denn mit Ausnahme der Darstellerinnen von Donna Anna und Donna Elvira habe niemand so recht seine Rolle auszufüllen vermocht.

Auf den Plakaten, die zum 8. Museums-Konzert vom 9. Februar 1953 einluden, klebten lange vor diesem Datum «Ausverkauft»-Zettel. Der Grund dafür war ein attraktives Programm mit beschwingter Musik, das zur Karnevalszeit ebenso wie zum allmählich nahenden Frühling paßte. Dieses «Kurkonzert» wurde von Solti nicht weniger sorgfältig als andere vorbereitet und bis ins letzte ausgefeilt und bereitete ihm und seinen Musikern, vor allem aber den Zuhörern, viel Spaß und Vergnügen. Als erstes kamen Gioacchino Rossinis Ouvertüre zur *Italienerin in Algier* und Joseph Lanners

Hofballtänze op. 161 zu Gehör. Darauf sang Rita Streich von der Städtischen Oper Berlin (anstelle der ursprünglich vorgesehenen Wilma Lipp) das Sopransolo zu den Walzern *Dorfschwalben aus Österreich* und *Frühlingsstimmen* von Johann Strauß (Sohn), dessen Ouvertüre zur Operette *Die Fledermaus* gleich anschloß. Franz von Suppés *Leichte Kavallerie* wurde durch den *Kaiserwalzer* und die *Pizzikato-Polka* des jungen Johann Strauß abgelöst, wonach Rita Streich mit ihrer wohlgebildeten schlanken Sopranstimme die Arie der Zerbinetta aus *Ariadne auf Naxos* von Richard Strauss vortrug. Zum Schluß der schmetternd-rassige *Rakoczi*-Marsch aus *Fausts Verdammnis* von Hector Berlioz – und ein Rausch der Begeisterung im Großen Haus, weshalb der Marsch wie schon zuvor die Polka wiederholt werden mußte.
Der dreiundzwanzig Jahre alte und schon weitherum bekannte Friedrich Gulda, ein Wiener Pianist, der in den sechziger Jahren das Eurojazz Orchester gründete, sollte Soltis nächster Gast im 9. Museums-Konzert vom 9. März 1953 werden. Statt seiner erschien aber schon am 3. März jemand anderer: «Eine Dame gesetzten Alters, ein eher zerbrechlicher als zu Taten gestraffter Körper, betrat ohne jede Aufmachung, ohne Appell an das Auge unauffällig die Bühne des Großen Hauses, setzte sich bescheiden an den Flügel und spielte Beethovens G-Dur-Konzert mit einer inneren Kraft, mit einer Vergeistigung des Vortrags, dazu mit einer Akkuratesse, wie man das seit Jahren nicht erleben durfte. Die Skala ihres Anschlages läßt sich mit Worten nicht abstecken. Ebenso unermeßlich sind die Spannungen, die von dieser Musikerin ausgingen und sich auf die überzeugendste Weise lösten.» Genau so haben die Zürcher Musikfreunde und die Konzertbesucher in zahlreichen Städten Europas ihre verehrte und geliebte Clara Haskil in Erinnerung, und man darf Friedrich Stichtenoth deshalb dankbar für seine einfühlsame Schilderung ihres Wesens und ihres Klavierspiels sein. Solti hat sie, die vor allem als Mozart-Spielerin sowie als Interpretin der Klavierwerke von Schubert und Schumann besonders geschätzt wurde, während seiner Zürcher Jahre wahrscheinlich persönlich kennengelernt oder zumindest an Sonaten- oder Klavierabenden gehört. Jedenfalls vergaß er die in Rumänien geborene Schweizer Pianistin so wenig wie viele andere Künstlerpersönlichkeiten, denen er in Zürich begegnete. Für Frankfurt wurde Clara Haskil zu einer örtlichen Entdeckung; dennoch trat die über sechzigjährige Künstlerin, die mit ihren Kräften sparsam umgehen mußte, zu Soltis Zeiten nur noch einmal im Großen Haus auf. Sie spielte am 16. Dezember 1956 Mozarts letztes Klavierkonzert (in B-Dur, K.-V. 595) und hinterließ aufs neue tiefen Eindruck. Am folgenden Tag wurde das Konzert wiederholt: «Letzter Mozart, mit vollendeter Würde geboten.»

Das Beethoven-Klavierkonzert vom 3. März 1953 war einerseits von Mozarts *Jupiter*-Symphonie in C-Dur (K.-V. 551) und andererseits von Strawinskys Ballettsuite *Jeu de cartes* sowie Brahms' Variationen über ein Thema von J. Haydn B-Dur op. 56a umrahmt. Da Solti mit dem letztgenannten Werk auch in Berlin konzertierte, muß sein dortiger Auftritt an der Spitze der Philharmoniker ebenfalls zu Beginn des Jahres 1953 – wahrscheinlich im Januar – stattgefunden haben. Zum großen Leidwesen der Berliner Musikfreunde waren seine Gastspiele, seit er in Frankfurt seßhaft war, rarer geworden. Um so mehr bewunderten sie wieder seine faszinierenden «direktoralen» Eigenschaften und das ungewöhnliche Maß spannungsreichen Musikertums, das sich an stilistisch so verschiedenen Werken wie Brahms' Haydn-Variationen und Strawinskys *Petruschka*-Suite (die Solti schon im November 1951 in Frankfurt dargeboten hatte) manifestierte. Höhepunkt in Berlin war wie anno 1949 ein Mozartsches Klavierkonzert, das er am Flügel spielte und dirigierte. Hatte es sich vordem, im Februar 1949, um das c-Moll-Konzert (K.-V. 491) gehandelt, so interpretierte er nun das d-Moll-Konzert (K.-V. 466): «Man hatte das Gefühl, einem der selbstverständlichsten Experimente beizuwohnen, das nicht nur fehlerlos glückte, sondern auch durch seine ideale Lösung restlos überzeugte.»
Als wichtigstes Opernereignis dieser Spielzeit kündigten die Frankfurter Zeitungen Paul Hindemiths *Cardillac* an. Der Komponist hatte die erste Fassung des Bühnenwerks, das 1927 in Dresden uraufgeführt worden war, in vielen Partien grundlegend umgearbeitet. Inhaltlich dreht sich ja die Oper in drei Akten um den berühmten Pariser Goldschmied Cardillac (aus der Novelle «Das Fräulein von Scuderi» von E.T.A. Hoffmann), der die Käufer der von ihm geschaffenen Schmuckstücke ermordet und sie ihnen wieder abnimmt, weil er sie nicht preiszugeben, sich von seinen Kreationen nicht zu trennen vermag. Mit diesen kriminalistischen Vorgängen kommen zugleich die Probleme des Künstlers zum Ausdruck, der sich auf Grund seiner Kreativität über die Masse erhebt. In der Neufassung wird der Gegensatz zwischen der menschlichen Gemeinschaft und der Überheblichkeit des Einzelnen noch greifbarer. Da aber Hindemith in seine Oper als Neuerung eine Szene aus Jean-Baptiste Lullys Oper *Phaëton* hineinstellt, um die Parallelität der inneren Entwicklung und des äußeren Geschehens zu verstärken, ergeben sich daraus manche zusätzlichen szenischen und musikalischen Schwierigkeiten. Sie waren bei der Erstaufführung vom 20. Juni 1952 am Stadttheater Zürich aufs beste bewältigt worden. Solti, der am 12. Februar 1952 in Zürich das Tonhalle-Orchester dirigierte, hat damals gewiß vom Vorhaben der Zürcher gehört und

vielleicht auch im Juni einer Aufführung des neuen *Cardillac* beigewohnt, denn vom 13. Juni bis zum 26. Juli jenes Jahres dirigierte er am Münchner Prinzregententheater keine Oper. Dort hatte am 13. März 1948 die Erstaufführung der Hindemith-Oper *Mathis der Maler* unter seiner Leitung gestanden, und von da her wie auch von Erfahrungen bei anderen Erstaufführungen zeitgenössischer Werke wußte er, wie entscheidend es für den Erfolg war, die Widerspenstigkeit des Publikums gegenüber allem Modernen und Unvertrauten zu besiegen. Das geschah wohl am besten, wenn man es vermied, die Theaterbesucher einfach vor vollendete Tatsachen zu stellen, und indem man – um Widerstände gar nicht erst aufkommen zu lassen – zum voraus schon die Neugier auf das kommende unerhörte Ereignis weckte. Appellierte man gleichzeitig an den Unternehmer- und Fortschrittsgeist jener gesellschaftlichen Repräsentanten, die allein in der Repräsentanz des Überlieferten und Altbewährten einen zureichenden Grund für Opernbesuche sahen und deren Gier auf Neues in der Kunst deshalb kaum existent war, konnte damit gerechnet werden, mit solchen Argumenten einem größtmöglichen Teil des Publikums beizukommen. Mit einem bloß künstlerischen Erfolg war Operndirektor Solti und dem Hamburger Intendanten Dr. Günther Rennert, der den *Cardillac* inszenierte, nicht gedient. Blieben die Kassen infolge des mangelnden Besucherandrangs halb leer, ließen sich die enormen Kosten der deutschen Erstaufführung (die Proben hatten bereits kurz nach Weihnachten angefangen) nicht wieder einbringen, so daß weitere Experimente in dieser Richtung gefährdet gewesen wären oder sich völlig verboten hätten.
Für Solti stand daher in wörtlichem wie in übertragenem Sinne viel auf dem Spiel. Und weil er solchen Nöten bei der Gestaltung eines lebendigen, zeitgemäßen Spielplans noch lange Jahre in Frankfurt und später in London ausgesetzt blieb, lohnt es sich, von seiner programmatischen Erklärung, die er in einem Gespräch mit Heinz Enke abgab, Kenntnis zu nehmen. Soltis Versuch, die Operngäste psychologisch geschickt für das Bühnenstück Hindemiths einzunehmen und einem mehr oder minder gelinden Aufführungsschock vorzubeugen, zeigt auch, daß er im Umgang mit Publikum und Kritik einiges gelernt hat, denn an sich waren derartige Erklärungen für den in der Öffentlichkeit recht Verschlossenen, der sich einzig durch die Musik mitzuteilen pflegte, nicht seine Sache. Zu Anfang seiner Unterhaltung mit Enke betonte der Dirigent die Notwendigkeit, mit der *Cardillac*-Aufführung der Stagnation, der reinen Routine im Opernbetrieb entgegenzuwirken. Man könne es – sagte er – nicht dabei bewenden lassen, daß Zeitgenossen erst von späteren Generationen verstanden würden. Und weiter:

Geistige Lebendigkeit manifestiert sich in den Beziehungen eines Theaters und seines Publikums zu den hervorragenden künstlerischen Äußerungen von Menschen, die in der gleichen Welt leben wie wir. Freilich geht solchen Werken die Ehrwürdigkeit des Alters ab, und sie können sich nicht auf erprobte Anerkennung berufen. Darin gerade liegt aber nicht nur ihr interessantes, sondern vor allem ihr befruchtendes Moment. – Mit halben Maßnahmen ist weder dem Werk noch dem Interpreten gedient. Die Erfahrung hat gezeigt, daß ein modernes Werk, das die Auffassungskräfte mehr als ein gewohntes Repertoirestück in Anspruch nimmt, ohne viel Schwierigkeiten beim Publikum «ankommt», wenn die Interpreten es selbst ernst nehmen und die Probleme und den Gehalt klar und deutlich darstellen. («Frankfurter Rundschau», 14. März 1953)

«Wenn die Interpreten es selbst ernst nehmen ...» Eine vielsagende Einschränkung und ein Wink an die Sänger und Musiker, deren Wille zur Mitarbeit bei der Einstudierung moderner Werke tatsächlich oft zu wünschen übrig läßt. Besonders die Sänger und Sängerinnen fürchten, bei schwierigen zeitgenössischen Musik- und Bühnenstücken ihre Stimme zu ruinieren, ganz abgesehen davon, daß es ihnen wie den Theaterbesuchern manchmal schwer fällt, sowohl den Sinn des Stücks als auch den Sinn der ihnen zugemuteten stimmlichen Strapazen zu begreifen. Vielleicht hat ihr Widerwille aber auch mit der Ausbildung zu tun. Wie Rolf Liebermann in seinem Buch «Opernjahre» (Seite 185 ff.) behauptet, sind nämlich unsere europäischen Konservatorien, egal ob in Frankreich, Italien, Deutschland oder in der Schweiz, veraltet und können ihren Aufgaben nicht mehr genügen. Die Schüler lernten zwar perfekte Stimmbeherrschung, nähmen Schauspielunterricht und büffelten nebenbei noch Musikgeschichte, doch höre in Europa die Gesangsausbildung meistens am Tag des ersten Engagements auf, während in den Vereinigten Staaten noch weit darüber hinaus fleißig weiterstudiert werde. Wenn dem wirklich so ist, dann ist auch verständlich, daß hiesigen Sängern, die weniger Partien einstudieren und sich mit weniger Stilrichtungen vertraut machen konnten, Unübliches noch mehr Mühe und Arbeit bereitet, als es ohnedies der Fall ist. Das hat zudem finanzielle Konsequenzen, hauptsächlich für Stars, die viel mehr Zeit für das Einstudieren ihrer Rolle brauchen, die Zahl ihrer Auftritte deswegen vermindern und erst noch eine größere Leistung vollbringen müssen. Dazu kommt, daß die Aussichten auf eine gewinnbringende Verwertung dieser Rolle an anderen Bühnen nur ganz gering sind und daß die Kosten für den Korrepetitor und andere Leute, die sie zu bezahlen haben, auf gleicher Höhe bleiben. Solti gelang es augenscheinlich, die Mitwirkenden zu tadelloser, ja begeisterter Zusammenarbeit zu bewegen, denn die *Cardillac*-Erstaufführung vom 18. März 1953 galt neben der *Lulu*-Premiere in Essen als das bedeutendste Ereignis des deutschen Musiktheaters jener Spielzeit. In der Rheinischen Post schrieb Karl Heinz Ruppel: «Wenige Opernbühnen vermögen der großartigen Geschlossenheit des Eindrucks, der vom Musikalischen, Szenischen und Bildlichen ausging, etwas gleichermaßen Imponierendes gegenüberzustellen.» Willi Wolff gab dem Cardillac «als ein Sängerdarsteller von hoher persönlicher Eigenart alle Züge des Genialen wie des Satanischen». Rosl Zapf und Anny Schlemm zeichneten sich in den Partien der Sängerin und der Tochter Cardillacs aus. Die erste Zusammenarbeit von Solti und Günther Rennert, die im Gespräch mit Enke zuhanden der Presse erläutert worden war, verhalf dem musikalischen Ideen-Drama zu exemplarischer Wirkung. Großen Anteil daran hatte auch der deutsche Bühnenbildner Teo Otto, der 1933 in die Schweiz emigriert war und Ausstattungsleiter am Zürcher Schauspielhaus wurde; er schuf als Gast die vier höchst eindrücklichen Bilder zur Hindemith-Oper. Er stattete in der Folge eine Reihe weiterer Opernaufführungen unter Solti aus, so in der Spielzeit 1953/54 die drei Strawinsky-Einakter *Oedipus Rex, Mavra* und *Renard,* 1954/55 *Hoffmanns Erzählungen* von Jacques Offenbach, 1955/56 *Die Hochzeit des Figaro* von Mozart, bei der Leopold Lindtberg – ebenfalls vom Zürcher Schauspielhaus – die Regie führte, 1958/59 *Don Giovanni* von Mozart, wiederum mit Lindtberg, und 1959/60 schließlich *Lulu* von Alban Berg, deren Fragment am 2. Juni 1937 in Zürich zur Uraufführung gekommen war. Auch nach Soltis Weggang blieb er als gelegentlicher Mitarbeiter der Frankfurter Oper tätig. Von 1959 an lehrte er als Professor für Bühnenkunst an der Kunstakademie in Düsseldorf; 1968 starb er im Alter von vierundsechzig Jahren in Zürich.

Blickt man kurz auf die bisherigen musikalischen Ereignisse während Soltis erster Frankfurter Spielzeit zurück, fällt auf, daß sich die Verbindungen zu Zürich und die Erfahrungen in München jetzt positiv auszuwirken begannen und in vielerlei Beziehung in Soltis Tätigkeit hineinspielten. Und wieder überkreuzen sich da manche Schicksalsfäden zu einem Gewebe, zu einer Lebenstextur, in die auch Solti immer eingeschlossen war und ist. Darauf einmal mehr hinzuweisen, weil man sich bedeutende Männer gern auf einsamen Höhen wandelnd vorstellt, kommt freilich weniger den Bedürfnissen bestimmter Publikumskreise entgegen, die an solchen und ähnlichen Bildern und Legenden Gefallen finden, als vielmehr dem Bestreben, die Geschehnisse von jener menschlichen Mitte aus zu schildern, von der schon einmal die Rede war. Zurück zu *Cardillac:* Als die Aufführung im November 1953 im Rahmen der Berliner

Festspiele gezeigt wurde, rief sie eine Sensation hervor und trug dem Frankfurter Opernhaus ebenso wie dessen Direktor höchstes Lob ein. Man hob wieder die stilistische Geschlossenheit, das Gefühl für musikalische Spannung und die rhythmische Lebendigkeit als wesentlichste Elemente hervor, die den Berliner Aufführungen abgingen:

Dies ist in erster Linie auf die hervorragende Leistung des Dirigenten Georg Solti zurückzuführen. Hindemiths herrliche Partitur ist vielschichtig – besonders bei den großangelegten kontrapunktischen Chören, mit denen das Werk beginnt und endet –, aber er hatte offensichtlich jede Einzelheit im Griff und verstand es, seine meisterliche Beherrschung der Partitur auf seine Sänger und Musiker zu übertragen, so daß die gesamte Aufführung von etwas erfüllt war, das ich nur unzulänglich als eine intensive geistige und musikalische Lichtfülle beschreiben kann, vergleichbar der Wirkung Brahmsscher Symphonien unter der Leitung Toscaninis. (Peter Heyworth, «Opera», November 1953)

Über die restlichen zwei Museums-Konzerte der Saison 1952/53, in der wir Soltis Aktivitäten noch immer Schritt für Schritt verfolgen, läßt sich bedauerlicherweise wenig sagen, da hierzu keine Pressekommentare vorliegen. Immerhin, beim 11. Museums-Konzert vom 13. April 1953 wurden zwei Komponisten berücksichtigt, die in Soltis Konzert-Repertoire bis anhin nicht zu verzeichnen waren: Benjamin Britten und Alexandr Glasunow. Vom Engländer Britten, einem der bekanntesten Komponisten seines Landes in diesem Jahrhundert, waren die 1937 entstandenen *Variationen über ein Thema von Frank Bridge* für Streichorchester op. 10 zu hören. Wolfgang Stavonhagen spielte danach Glasunows Violinkonzert in a-Moll op. 82, und zum Abschluß erklang Beethovens Siebente Symphonie in A-Dur op. 92.
Am 11. Mai 1953 dirigierte Solti in einem Sonderkonzert der Museums-Gesellschaft Beethovens Neunte in d-Moll op. 125 mit dem Schlußchor aus Schillers Ode «An die Freude». Die Solisten waren Maud Kunitz (Sopran), Rosl Zapf (Alt), Lorenz Fehenberger (Tenor) und Otto von Rohr (Baß). Diese Symphonie hatte der Dirigent erstmals im August 1948 in München geleitet. Daß er sie auch in Frankfurt auswendig dirigierte, erregte die Bewunderung der Hörer und Musikkritiker. An den vielen Winken, die er auch den Nebenstimmen gab, habe man gespürt, wie genau er die Partitur im Gedächtnis habe, berichtete Stichtenoth. «Aus Temperament, Klugheit und souverän beherrschter Technik ergab sich eine ungewöhnlich packende Aufführung. Wer das Erlebnis suchte, wurde

überwältigt; wer es fertigbrachte, sich in Distanz zu halten, wurde sich schnell seiner uneingeschränkten Anerkennung bewußt.» Zur Vollkommenheit der feierlichen Handlung, «einer der gewaltigsten Anrufungen höherer Kräfte», trugen der Caecilienverein Frankfurt, der Sängerverein Offenbach und der Opernhaus-Chor bei. «Nach dem letzten Fortissimoschlag brauchte das Publikum im Großen Haus etwa eine Minute, um wieder zu sich selber zu finden. Diese kurze Stille bedeutet mehr als der tobende Sturm des Beifalls.»
In denselben Tagen war den Frankfurter Zeitungen zu entnehmen, Georg Solti sei eingeladen worden, in San Francisco während der Opernspielzeit vom 17. September bis zum 1. November 1953 mit Sängern der Metropolitan Opera und dem San Francisco Symphony Orchestra je dreimal *Elektra* von Richard Strauss, *Die Walküre* und *Tristan und Isolde* von Richard Wagner zu dirigieren. Das war bereits die zweite Einladung aus den USA, und sie dürfte den noch immer jungen Magier des Taktstocks mit freudiger Genugtuung erfüllt haben, war damit doch bewiesen, daß sich sein Ruf als Operndirigent bis an die amerikanische Westküste, bis an den Pazifik verbreitet hatte! Zwei Monate später sollte sein strahlender Zukunftsoptimismus allerdings einen argen Dämpfer erhalten; es gab da Leute, für die er noch keineswegs eine unangefochtene Größe war, und überdies auch solche, die es verhindern wollten, daß er jemals eine werden würde …
Die letzten zwei Premieren der Spielzeit 1952/53 bedeuteten für Solti, der mit großer Spannung und Ungeduld seinem ersten Amerika-Aufenthalt und dem Musizieren mit dem Chicago Symphony Orchestra entgegensah, weitgehend Routinearbeit. Er hatte sowohl die *Salome* von Richard Strauss, die am 29. Mai 1953 aufgeführt wurde, als auch das Musikdrama *Tristan und Isolde* von Wagner, das am 24. Juni 1953 über die Bühne ging, schon viele Male in München dirigiert, und so wird man annehmen dürfen, daß auch diese Aufführungen vom Frankfurter Opernpublikum mit viel Beifall bedacht worden sind. Zieht man eine Bilanz dieses ersten Halbjahrs in der Main-Metropole, zeigt sich, daß Solti fünf Opern dirigierte, von denen freilich nur zwei – *Othello* und *Cardillac* – echte Neueinstudierungen waren; die übrigen drei – *Don Giovanni, Salome* und *Tristan* – hatte er am Prinzregententheater erstmals einstudiert. Im Vergleich zur ersten Spielzeit in München, wo er nur zwei Opernpremieren dirigierte, hatte er also dank der erworbenen Routine die Zahl der Produktionen beträchtlich erhöhen können. Während der nächsten vier Spielzeiten standen je vier Bühnenwerke unter seiner Leitung und in den folgenden noch je zwei oder drei. Die gleiche Entwicklung ist bei den Museums-Konzerten festzustellen. In der ersten Spielzeit trat er mit sieben verschiedenen Konzert-

programmen vor sein Publikum; in München waren es sechs. In den späteren Spielzeiten sank die Zahl auf sechs oder fünf, meistens aber vier Programme. Das heißt aber nicht, daß Soltis Fleiß als Opern- und Konzertdirigent entsprechend abnahm; er hatte vielmehr in der Folgezeit weitaus häufiger Wiederholungen zu dirigieren, wie dies ein ständig wachsendes Repertoire eben mit sich bringt. Alles in allem war der Anfang ausgezeichnet verlaufen, und Solti hatte sein Versprechen, Frankfurt wieder zu einer führenden Opernstadt zu machen, mindestens zu einem verheißungsvollen Teil bereits wahrgemacht.
Doch dann platzte in den ersten Julitagen 1953 völlig unerwartet eine Bombe. Das amerikanische Generalkonsulat verweigerte dem Frankfurter Generalmusikdirektor die Erteilung eines Einreisevisums, so daß dieser die vorgesehene Konzertreise nach Chicago absagen mußte! Als Begründung gaben die amerikanischen Beamten an, Soltis Name sei auf einer in München aufgefundenen Liste der «Gesellschaft für deutsch-sowjetische Freundschaft» verzeichnet. Obwohl der Dirigent dem Konsulat eidesstattlich versicherte, daß diese Liste gefälscht und er niemals weder Mitglied noch Anhänger der Gesellschaft gewesen sei, bestanden die Amerikaner darauf, daß die Sache erst geklärt werden müsse, bevor ein Visum ausgestellt werden könne. Und so gab es plötzlich einen «Fall Solti», der in der Presse Schlagzeilen machte. Schon einen Tag nach den ersten Zeitungsberichten konnte Solti jedoch befreit aufatmen, sah er sich doch von Bayerns Innenminister Dr. Wilhelm Högner sogleich unterstützt. Solti selbst war eilends nach München geflogen und erklärte vor der Presse den wahren Sachverhalt. Bei der Beschlagnahmung von Mitgliederlisten bei einem Funktionär der erwähnten Gesellschaft – die als kommunistische Tarnorganisation galt – hatte man im Jahre 1951 ein einzelnes Blatt gefunden, auf dem, durchgestrichen und ohne Mitgliedsnummer, unter anderem auch sein Name stand. Högner teilte Soltis Auffassung, man habe beabsichtigt, seinen Namen zu Werbezwecken zu verwenden, und stellte ihm eine Bescheinigung aus, die bestätigte, daß Solti weder Anwärter noch Mitglied der Gesellschaft gewesen war. Trotz des ministerialen Beistands muß man sich aufgrund der Vorkommnisse, die Soltis Wegzug aus München zum Ergebnis hatten, mit einiger Skepsis fragen, ob nicht ein amtlicher oder privater Ränkeschmied es durch eigene Machenschaft oder eine gezielte Indiskretion versuchte, den Dirigenten doch noch zu Fall zu bringen oder wenigstens seine Karriere empfindlich zu behindern. Diese Rechnung hätte in jener Zeit des Kalten Krieges zwischen den Vereinigten Staaten und der Sowjetunion und der an Hysterie grenzenden Hexenjagden nach wirklich oder vermeintlich kommunistisch Ge-

sinnten in der ganzen westlichen Welt durchaus aufgehen können; auf alle Fälle war die gegenüber Solti erhobene Bezichtigung niederträchtiger und gefährlicher, als es heute vielleicht den Anschein macht. Das Visum wurde ihm denn auch erst im August gewährt, als die Sommerfestwochen in Ravinia bereits der Vergangenheit angehörten.

Sein Debüt in Nordamerika fand deshalb erst im Frühherbst statt. Am 13. September 1953 flog er mit seiner Gattin nach San Francisco, wo ihm gleich am ersten Opernabend ein außerordentlicher Erfolg beschieden war. Das Programm bestand aus der *Elektra* von Richard Strauss und dem Beethoven-Ballett *Die Geschöpfe des Prometheus* op. 43. Außerdem dirigierte er je dreimal *Die Walküre* und *Tristan und Isolde,* wobei neben den amerikanischen Sängern auch Inge Borkh, Margarete Klose, Paul Schöffler und Ludwig Sudhaus mitwirkten. Alfred Frankenstein, der damals als einer der strengsten Kritiker der Vereinigten Staaten galt, sprach von historischen Daten in den Annalen der Oper von San Francisco und rühmte vor allem die erste Aufführung: «An diesem Tage erreichten deutendes Geschick, Phantasie und Einsicht alles, was man bei der so unendlich komplexen Aufgabe, Oper und Ballett darzubieten, nur erwarten konnte.» Inge Borkh wurde als die bedeutendste Nachfolgerin Kirsten Flagstads bezeichnet, und ein anderer Kritiker nannte Solti gar den «wahrscheinlich größten lebenden Operndirigenten Deutschlands». In einem Resümee faßte Frankenstein seine Eindrücke folgendermaßen zusammen:

Der Höhepunkt des deutschen Repertoires war bis jetzt die unglaublich spannungsgeladene, um nicht zu sagen überwältigende Aufführung der Elektra *mit Inge Borkh in der Titelpartie, Margarete Klose als einer in unvergleichlicher Weise von Alpträumen gequälten Klytämnestra und Georg Solti am Dirigentenpult. Solti ist der erste Gastdirigent, der sowohl von der San Francisco Opera und dem San Francisco Symphony Orchestra engagiert wurde, und seine Interpretationen von* Elektra *und* Tristan und Isolde *rechtfertigen diese Neuerung voll und ganz. («Opera», Dezember 1953)*

Solti dirigierte das amerikanische Orchester drei Wochen lang und begann mit einem Programm, auf dem Haydns *Symphonie mit dem Paukenwirbel* (Es-Dur, Hob. I: 103), die Tondichtung *Don Juan* von Richard Strauss und Beethovens Fünfte Symphonie in c-Moll op. 67 standen. Angeblich kandidierte er bei dieser Gelegenheit für den Posten eines ständigen Dirigenten als Nachfolger von Pierre Monteux, der Ende des vorigen Jahres nach siebzehnjähriger Tätigkeit seinen Posten in San Francisco aufgegeben hatte und später, von 1961 an, die Leitung des London Symphony Orchestra übernahm. Ob diese Kandidatur nur amerikanischem Wunschdenken entsprang oder ob von seiten Soltis konkrete Schritte unternommen wurden, ist nicht eindeutig geklärt. Letzteres scheint indes recht unwahrscheinlich, denn sein Vertrag mit Frankfurt lief ja erst in drei Jahren aus. Zudem antwortete er bei seiner Rückkehr am Vormittag des 4. November 1953 auf die Frage eines Pressevertreters, ob er die Absicht habe, nach Amerika zu übersiedeln, mit einem klaren Nein. Er und seine Frau waren auf dem Frankfurter Flughafen von Frau Buckwitz (mit einem Rosenstrauß) und von Dr. Hallasch begrüßt worden. Über die musikalischen Verhältnisse in den Staaten äußerte sich Solti anerkennend. Das amerikanische Publikum sei – was das Niveau von Opern- und Konzertaufführungen angehe – sehr anspruchsvoll, besonders wenn ein europäischer Dirigent auf dem Podium stehe. Seine amerikanische Gastspieltätigkeit werde er übrigens im Januar mit Konzerten weiterführen. Und für Solti typisch: Am nächsten Abend schon dirigierte er im Großen Haus *Tristan und Isolde*!

Wie dem Leser angekündigt, sollen nun wichtige Konzerte aus den späteren Frankfurter Jahren besprochen werden. Eine Auswahl zu treffen, ist allerdings schwierig, besonders weil man dabei nach den verschiedensten Gesichtspunkten vorgehen kann. Fragt man indes, von welchem Gesichtspunkt Solti selbst sich leiten ließ, läßt sich das Problem zumindest teilweise lösen: «Als ich 1952 von München nach Frankfurt ging», erzählte er Wolfgang Schreiber in einem Gespräch, «da hatte ich noch nie Bruckner und Mahler dirigiert, und ich habe sie auch nicht gemocht. In Frankfurt besuchte Theodor Adorno meine Konzerte, und er kam oft zu mir, und sagte: Sie müssen Mahler dirigieren! Das müßte Ihnen besonders liegen. Und törichterweise habe ich dann zuerst die Neunte Symphonie dirigiert. Das ist die ‹mahlerischste› Mahler-Symphonie, aber ich habe sie damals wohl nicht verstanden. Dann bin ich weitergegangen zu Bruckner. Adorno und ich haben einmal die Siebte von Bruckner vierhändig am Klavier gespielt, bei ihm zu Hause» («Süddeutsche Zeitung», 19. Februar 1981). Adorno, erläuterte Solti, habe alles zuerst vom Intellekt her begriffen. Seine große Liebe habe natürlich Alban Berg und Arnold Schönberg gegolten, die aus demselben Kreis gekommen seien und dieselbe harmonische Entwicklung bis hin zur Zwölftontechnik mitgemacht hätten. Von ihm habe er auch den Anstoß zu Bruckner bekommen. Die (Zweite) Wiener Schule habe er ebenfalls durch Adorno kennengelernt. «Zuerst habe ich Schönbergs *Variationen* op. 31 dirigiert. Das war natürlich für ein Provinzorchester und für einen Provinzdirigenten, der ich damals war, ein viel zu schweres Stück. Dann kam die *Lulu,* dann Schönbergs *Moses* – ich habe ihn zweimal szenisch und zweimal konzertant aufgeführt.» Auf die Frage Schreibers, warum es auf Platten keine Schönberg- und Berg-Aufnahmen mit Georg Solti gebe, erwiderte dieser: «Weil die Plattenfirmen Angst haben, daß es kein Mensch kauft.»

Eine wahrlich aufschlußreiche Unterhaltung! Sie darf allerdings nicht zum vollen Nennwert genommen werden, denn aus großer zeitlicher Ferne nehmen sich die Dinge anders als aus der Nähe aus. Unter solchen Umständen ist durchaus auch verständlich, daß sich Solti nicht mehr genau daran erinnert, was er in Frankfurt von Mahler und den Vertretern der Wiener Schule alles aufführte und in welcher Reihenfolge, zumal er sich hier, in einem aperçuhaften, lockeren Gespräch mit einem Musikjournalisten, absichtlich überpointiert ausdrückt und sich überdies des britischen «understatement» bedient. Er übertreibt untertreibend – und auch das ist für Solti einigermaßen typisch. Wenn er sich selbst als damaligen «Provinzdirigenten» und das Frankfurter Städtische Orchester als «Provinzorchester» bezeichnet, dann urteilt er im nachhinein übertrieben streng und karikierend, seinem schärfer gewordenen Wertmaßstab und seinem persönlichen Reifeprozeß entsprechend. Mit dem gleichsam geschichtlichen Urteil nimmt er sich das Recht heraus, in erster Linie sich, aber auch andere ins Unrecht zu versetzen und einer gewissen Lächerlichkeit oder Komik preiszugeben: das Gefälle von heute zu damals wird auf diese Weise sehr deutlich, wobei das Schmerzliche und Verletzende der Feststellung durch das Komische aufgehoben werden soll. Soltis stark ausgeprägter selbstkritischer Sinn und sein entschiedener Wille, nie stillzustehen, sondern sich ständig weiterzuentwickeln, verlangten bei der Rückschau von 1981 aus auf die fünfziger Jahre ein Zurechtrücken oder Verrücken der Dinge, was für den Betrachter, der im geschichtlichen Kontinuum steht und den allmählichen Ablauf der Ereignisse verfolgt, recht unerwartet kommt und ihn vielleicht gar schockiert – ihn «verrückt» dünken will. Das ist es im Grunde auch, sofern man das Wort richtig versteht. Frankfurts Publikum und die Musiker aus jener Zeit sollten sich also nicht an Soltis übersteigerter Relativierung stoßen, denn sie bezieht sich wie gesagt eher auf seine eigene Person und seinen eigenen Standpunkt.

Um gleich klarzustellen, was für Werke von Gustav Mahler und den Vertretern der Wiener Schule unter Solti aufgeführt wurden, folgt jetzt eine chronologische Übersicht mit kurzen Zitaten aus Musikkritiken, die zeigen werden, inwieweit der Dirigent selbst diese Komponisten verstand und inwieweit Kritik und Publikum seine Absichten honorierten.

Gustav Mahler (1860–1911)

1953, 23. November: *Das Lied von der Erde* (zuvor Debussys *La mer*) im 4. Museums-Konzert. Solisten: Hertha Töpper, Alt, und Lorenz Fehenberger, Tenor. – 1960, ca. 15. Mai erneut, im letzten Museums-Konzert der Saison (zuvor Schubert: Siebente Symphonie h-Moll D 759, «Die Unvollendete») mit Grace Hoffmann und Julius Patzak.
1955, 14. Februar: *Lieder eines fahrenden Gesellen* (zuvor C.M. von Weber: Ouvertüre zu *Oberon*; danach Debussy: *La mer*; Maurice Ravel: *Boléro*) im 8. Montags-Konzert. Solist: Dietrich Fischer-Dieskau, Berlin.
«Die schlichte Geste in diesem Frühwerk Mahlers verkehrte sich nicht ins Schale und Naive, sondern stellte die Polarität zwischen einfach tönendem Ausdruck und leidvollem Verstummen als erfüllten Klang dar. – Was der junge Bariton hier an musikalischer Deklamation gab (...), berechtigt, von einer Interpretation zu sprechen, die ihresgleichen sucht. Der Beifall erzwang eine Wiederholung» (Heinz Enke).
1956, 6. und 7. Mai: *Erste Symphonie* D-Dur (danach J. Brahms: Klavierkonzert B-Dur op. 83 mit Wilhelm Backhaus) im 6. Sonntags-Konzert bzw. 12. Konzert.
«Zwischen der törichten Verfemung, die dieser reine und große Idealist zwölf Jahre lang in Deutschland erfuhr, und der Vergötzung durch die Anhänger der ‹Wiener Schule› (...) scheint es heute nicht leicht, die Bedeutung dieser zutiefst problematischen Schöpferpersönlichkeit gerecht zu würdigen» («Neue Presse», 9.5.56).
«Dirigent und Orchester haben eine Schlacht für Mahler geschlagen» (Fr. Stichtenoth).
1957, 5. und 6. Mai: *Neunte Symphonie* D-Dur (zuvor Mozart: Violinkonzert D-Dur Nr. 4, K.-V. 218, mit Sandor Károlyi, dem neuen Konzertmeister des Museumsorchesters) im 8. Sonntags-Konzert bzw. 12. Konzert, anstelle der üblicherweise die Saison beschließenden Neunten von Beethoven.
«Gustav Mahler hat seine Neunte Symphonie nicht mehr hören können. Erst ein Jahr nach seinem Tode, 1912, hat Bruno Walter das 1909 entstandene Werk uraufgeführt. (...) Die Aufführung durch Georg Solti ist hoch zu loben. Solti hat unmittelbaren Zugang zu Mahler. Mit der Ersten Symphonie, mit dem ‹Lied von der Erde› hatte er es früher schon bewiesen. (...) Danach [nach dem Violinkonzert] verließen etliche Hörer, wohlgemerkt erst nach der Pause, vor dem unbequemen Mahler das Konzert» (Hildegard Weber, «Frankfurter Allgemeine»).
1958, 18. und 19. Mai: *Vierte Symphonie* G-Dur mit Sopran-Solo «Wir genießen die himmlischen Freuden» von Irene Salemka (zuvor

K. Hessenberg: Kompositionsauftrag für Orchesterwerk, Uraufführung; Hessenberg, der seit 1933 in Frankfurt unterrichtete, war 1953 Professor für Komposition an der Musikhochschule geworden) im 8. Sonntags-Konzert bzw. 12. Konzert.
«Noch unvergessen ist die Aufführung von Mahlers Vierter, die Bruno Walter vor acht Jahren in einem Frankfurter Museums-Konzert dirigierte. (...) Die Wiedergabe des schwierigen Stückes stand jener vor acht Jahren an Glanz und Bedeutung nicht nach. Ja es schien uns ein Mehr an dynamischer Spannung darin, das Glanz und Bedeutung als eigentlich polare Kräfte noch deutlicher werden ließ» (Heinz Enke).
1961, 14. und 15. Mai: *Kindertotenlieder* und *Sechste Symphonie* a-Moll («Die Tragische») im 8. Sonntags-Konzert bzw. 12. Montags-Konzert. Solisten: Nada Puttar/Dietrich Fischer-Dieskau. Soltis Abschiedskonzert und gleichzeitig Gedächtniskonzert zu Gustav Mahlers Tod am 18. Mai 1911.
«In vielen langen Konzertwintern glaube ich nichts so Ergreifendes erlebt zu haben wie den Vortrag von Gustav Mahlers *Kindertotenliedern* durch Dietrich Fischer-Dieskau. (...) Er vertraut allein der Kraft und Innigkeit des Melos in diesen Mahler-Liedern, um mit seiner sammetweichen Stimme die Herzen aller anzurühren» (Alfred Baresel, «Neue Presse»).
«Nach dem Krieg hatte man innerhalb einer dankenswerten ‹musikalischen Wiedergutmachung› manche Gelegenheit zur Auseinandersetzung mit Mahler. (...) Der Versuch, die befremdenden Züge in Mahlers Schaffen wegzudiskutieren und ihn als Bahnbrecher neuer Musik zu deklarieren, geht wohl an der historischen Situation des spätromantisch gebundenen Meisters (Mahler über Schönbergs Werke: ‹Wozu schreibe ich noch Symphonien, wenn das die Musik der Zukunft sein soll?›) und an seiner für das künstlerische Vollbringen ausschlaggebenden Sonderveranlagung vorbei (der Freund Bruno Walter über Mahler: ‹Die Atmosphäre seiner Seele war stürmisch und unberechenbar›)» (Hermann Hessler, «Frankfurter Rundschau»).
«Es folgten die Abschieds- und Dankesworte des Vorsitzenden der Museumsgesellschaft, Adolf Melber, an den scheidenden Dirigenten, und sodann mit der Interpretation von Mahlers Sechster sogleich der klingende Beweis für die rühmenden Worte: ein von Geist, Intelligenz und Herz bewegte Aufführung, die alle Charakteristika von Soltis Kunst enthielt. Vorab jene anfeuernde und belebende Intensität, die die Spieler nach kurzer Einstimmung sogleich stimuliert und sich auf den Hörer überträgt» (Hildegard Weber, «Frankfurter Allgemeine»).

Alban Berg (1885–1935)

1955, 2. und 3. Oktober: *Violinkonzert,* zum Gedächtnis an den Todestag, 24. Dezember 1935 (zuvor Mozart: Symphonie in Es-Dur, K.-V. 543; danach R. Schumann: Vierte Symphonie d-Moll op. 120), im 1. Sonntags-Konzert bzw. 2. Konzert. Solist: Tibor Varga.

«Der stürmische Beifall blieb ohne negative Einwürfe und dürfte nicht nur der wohl kaum zu überbietenden Leistung Tibor Vargas, Georg Soltis und des Orchesters gegolten haben. Man spürte vielmehr (...), daß Alban Berg, zwanzig Jahre nach seinem Tode, einen Sieg errungen hatte über Gleichgültigkeit, Vorurteil und Intoleranz. Und damit auch einen Sieg für die von ihm nobilitierte, von manchem anderen zu Tode gerittene zwölftönige Kompositionspraxis» (Fr. Stichtenoth).

Arnold Schönberg (1874–1951)

1955, 2. Mai: *2. Kammersymphonie für 18 Soloinstrumente* op. 38 (danach Mozart: Violinkonzert A-Dur K.-V. 219 mit Saschko Gawriloff, Frankfurt am Main, und Tschaikowsky: Vierte Symphonie f-Moll op. 36) im 12. Montags-Konzert.

1956, 16. und 17. Dezember: *Variationen für Orchester* op. 31 (danach Mozart: Klavierkonzert B-Dur K.-V. 595 mit Clara Haskil und J. Brahms: Zweite Symphonie D-Dur op. 73) im 3. Sonntags-Konzert bzw. 5. Konzert.

«Es scheint, daß ihm [Solti] in seinem gegenwärtigen künstlerischen Stadium beispielsweise Mozart näher am Herzen liegt als Beethoven, Bartók und Strawinsky mehr als die extremen Komponisten der Wiener Schule. Aber wie ein Furtwängler, der sich (...) grundsätzlich von der atonalen zwölftönigen Komponierdoktrin der letzteren aufs schärfste distanzierte, trotzdem seine Autorität für die Uraufführung der Orchestervariationen op. 31 von Arnold Schönberg in die Waagschale warf, so tat es jetzt für das Werk auch Solti. (...) Nur ein dünner, kurzer Achtungsbeifall kam auf» (Hugo Puetter, «Neue Presse»).

«Bei einem solchen ganz aus der Theorie entwickelten Werk (...) muß bei der Wiedergabe eine unwahrscheinlich klare Transparenz des Orchesterklangs erreicht werden. Das geht nur, wenn für die Vorbereitung die unbedingt erforderliche Probezeit und Probenanzahl zur Verfügung steht. Ist das nicht der Fall (...), dann sollte man lieber von der Aufführung eines solchen Werkes absehen. Mit solchen Aufführungen tut man einem Meister wie Arnold Schönberg wahrhaftig keinen Gefallen» (Willy Werner Göttig, «Abendpost»).

Anton von Webern (1883–1945)

1960, 24. und 25. Januar: *Passacaglia für Orchester* op. 1 (danach Beethoven: Violinkonzert D-Dur op. 61 mit Wolfgang Schneiderhan; César Franck: Symphonie d-Moll) im 5. Sonntags-Konzert bzw. 6. Montags-Konzert.

Solti hat sich, nun im Rückblick betrachtet, also doch gründlicher und erfolgreicher mit der Musik Mahlers auseinandergesetzt, als es im Gespräch mit Wolfgang Schreiber den Anschein machte. Vielleicht war er dafür tatsächlich noch zu jung und unreif, vielleicht hat er Mahler wirklich noch nicht ganz verstanden, aber er hatte zu dessen musikalischer Empfindungswelt doch eine ausgeprägte Disposition, ganz im Gegensatz etwa zu Herbert von Karajan, der sich Mahlers Werk erst sehr spät zuwandte. Mit den Komponisten der Wiener Schule, vor allem mit Schönberg, verband Solti von seiner Schulung und seinem Musiziertemperament her freilich wenig Gemeinsames, und die Beschäftigung mit ihnen war für einen Mann, der immer noch zu Mozart die echteste und engste Beziehung hatte, unzweifelhaft verfrüht und daher wenig glücklich. Der so «ungemein gescheite» Adorno bestärkte zwar Solti in seiner Auffassung, daß es zu den Pflichten eines Dirigenten und eines repräsentativen Konzertinstituts gehöre, ein Bild vom Schaffen der gesamten großen Komponisten zu vermitteln, doch wirkte sich sein Einfluß auf den wesentlich jüngeren Dirigenten nur zum Teil günstig aus. Der Anstoß zu Bruckner blieb zunächst vergeblich; Solti hat sich den Werken des österreichischen Komponisten erst in den sechziger Jahren zugewandt, nach seiner Frankfurter Zeit. Es scheint, daß Bruckner und Mahler zu anspruchsvoll und schwierig waren, um selbst von einem so energischen und fleißigen Dirigenten wie Solti zu gleicher Zeit bewältigt zu werden. Wer indessen war Theodor W. Adorno, der dem Frankfurter Generalmusikdirektor einerseits zu einer Erweiterung seines musikalischen Horizontes verhalf, ihm andererseits jedoch auch Ungemäßes aufdrängte?
Adorno, 1903 in Frankfurt geboren, studierte bei Bernhard Sekles – der ebenfalls Frankfurter war – und Alban Berg Komposition sowie Klavier bei Eduard Steuermann. Darauf redigierte er eine Zeitlang die Musikzeitschrift «Anbruch» in Wien, emigrierte 1933 in die Vereinigten Staaten und kehrte 1949 nach Deutschland zurück, wo er 1956 Ordinarius für Philosophie an der Frankfurter Universität wurde. Er war auch ein hochangesehener Musikwissenschafter und Musikkritiker und gehörte zur philosophischen Avantgarde des Landes, neben Max Horkheimer und Ernst Bloch. Als Rolf Liebermann im Jahre 1955 Leiter der Hauptabteilung Musik beim Norddeutschen Rundfunk in Hamburg wurde, arbeiteten diese Männer

und Adorno mit ihm zusammen, um das Dritte Programm zu gestalten. Das Ziel war, auf allen Gebieten Vorzügliches zu bieten. Neben Verdi-Opern und Bachs Gesamtwerk wurden auch traditionellere Darbietungen gesendet, etwa volkstümliche Blasmusik, die man ebenso wie den Jazz förderte. Im Zusammenhang mit Solti ist es besonders interessant, daß Adorno 1962 ein Buch mit dem Titel «Einleitung in die Musiksoziologie» (siehe auch Bibliographie) veröffentlichte. Im siebenten Kapitel befaßte er sich mit den sozialpsychologischen Aspekten zwischen «Dirigent und Orchester» – so die Kapitelüberschrift –, wobei anzunehmen ist, daß der darin beschriebene Dirigententypus unter anderen auch Solti einbezieht, denn der Frankfurter Philosophieprofessor hatte ja oft genug Gelegenheit, ihn und seine Musiker kritisch zu beobachten. Erwägungen über den Dirigenten, das Orchester und die Relation zwischen beiden rechtfertigten sich nach Adorno nicht nur wegen der gesellschaftlichen Relevanz ihrer Rolle im Musikleben, sondern vor allem darum, weil sie in sich etwas wie einen Mikrokosmos bildeten, in dem Spannungen der Gesellschaft wiederkehrten und sich konkret studieren ließen. Die Ergebnisse, zu denen der Professor dabei gelangt, muten heutzutage recht seltsam an; dennoch ist es lohnenswert, einige Teilaspekte der Betrachtung herauszugreifen.
Der Dirigent, schreibt Adorno zum Beispiel, «ist eine imago, die von Macht, die er sichtbar als herausgehobene Figur und durch schlagende Gestik verkörpert». Er demonstriere seine Führerrolle dadurch, daß das Orchester wirklich spiele, was er befehle. Weil jedoch der Zwang, den er ausübe, auf Absprache beruhe, entstehe ein Widerspruch zwischen realer Gebärde und unrealem Zweck:

Davon wird alles, was er sachlich leistet, vergiftet. Während der Gestus des Medizinmannes den Zuhörern imponiert, die glauben, es bedürfe einer solchen Attitüde, um künstlerisch das Beste aus den Spielern herauszuholen, das mit körperlicher Höchstleistung verwechselt wird, ist die Qualität der Aufführungen, der dem Orchester zugewandte Aspekt des Dirigierens, weithin unabhängig von dem, was er dem Publikum vorgaukelt. Diesem gegenüber hat er a priori etwas Propagandistisch-Demagogisches. (Seite 129)

Und weiter: «Während der Dirigent als Bändiger des Orchesters agiert, meint er das Publikum, nach einem Verschiebungsmechanismus, der auch der politischen Demagogie nicht fremd ist. Stellvertretend befriedigt er das sadomasochistische Bedürfnis, wenn und solange keine anderen Führer zum Bejubeln verfügbar sind» (Seite 130). Er symbolisiere Herrschaft aber auch durch seine Tracht, die in eins an die der Herrenschicht, des peitschenschwingenden Stallmeisters im Zirkus und die der Oberkellner gemahne. Das sei für die Zuhörer schmeichelhaft: «Solch ein Herr und unser Diener, mag ihr Unbewußtes registrieren.» Die Verlegung des herrschaftlichen Wesens in die Distanz des ästhetischen Raums, fährt der Verfasser fort, erlaube den Kapellmeister mit magischen Qualitäten auszustaffieren, mit der medizinmannhaften Fähigkeit zur Faszination, die einer Überprüfung auf ihre Realität freilich nicht standzuhalten vermöchte. Das Übertreibende im suggestiven Gehabe eines Dirigenten, der Fanatismus nach Bedarf, die Exhibition einer angeblich bloß ins Innere gewandten Leidenschaft ähnele dem Gehabe von Führern, die nichts für sich zu wollen ausposaunten.

Halten wir einen Augenblick inne. Beim ersten Anhören und Überdenken der professoralen Ausführungen wird man sich nach einigem Zögern vielleicht verblüfft oder beunruhigt eingestehen, daß man die Dinge auch auf diese Weise sehen kann, wobei das «auch» darauf hindeutet, daß wir sie derart zu sehen nicht gewohnt sind. Obschon manches Einleuchtende in diesen Thesen vorkommt und Staunen erregt, möglicherweise auch Kopfschütteln und Stirnrunzeln provoziert, braucht dies noch lange nicht zu bedeuten, daß diese ganz andersartige Sicht der Dinge eine reale Möglichkeit darstellt, sich ihrer einfach zu bedienen. Wer dies zu tun die Absicht hat, wird vielmehr eine Reihe von Fragen bejahen oder verneinen müssen, die für seine Haltung von entscheidender Wichtigkeit sind. Und noch vorher müßte er darüber beschließen, ob er dem in sein Sinnen und Denken Eingang gewähren will, was ihn der Einheit seiner Anschauung beraubt und dem Fragwürdigen aussetzt. Ein solcher Verlust an Integrität ist nie leicht zu nehmen, weil damit die Hingabe von Vertrautem und Bewährtem verknüpft ist und die Zuwendung an Fremdes, Unbewahrtes und Ungewahrtes, verlangt wird. Die Entschlossenheit dazu kann zu einer neuen Offenheit der Fragestellung und zu einem Gewinn an Verantwortung führen, so daß daraus eine veränderte Haltung oder auch nur eine Verhaltensänderung resultiert, die dem Betreffenden eine entsprechend neue Sicht der Dinge ermöglicht oder aufnötigt. Hingabe und Zuwendung sind in diesem schwierigen und lange dauernden Prozeß der Wandlung also Voraussetzung und bleibender Beweggrund, und sie bestimmen dessen Tragweite. Hingabe und Zuwendung bedeuten im besten Fall Opfermut und Liebesbereitschaft, im schlechtesten Fall aber Ansprüchlichkeit und Abneigung oder Haß. Adorno, der wegen des Faschismus nach Amerika übersiedeln mußte, wird man gewiß zubilligen, daß das erstere überwog, als er sich seine Sicht der Dinge erwarb. Als Außenstehender stellt man indes fest, daß ihn die geistige Auseinandersetzung mit dem Nationalsozialismus oder eher wohl mit dem Phänomen des Faschismus so stark gezeichnet hat, daß er selbst da Fragwürdiges und geradezu Faschistoides wittert, wo für solche, die jene totalitäre Schreckenszeit in Freiheit und relativer Gelassenheit durchlebten, von ihr nicht unmittelbar betroffen waren oder nach ihr geboren wurden, dazu kaum Anlaß besteht. Seiner Sicht der Dinge läßt sich darum eine durch Zeit und Person bedingte Gültigkeit zuerkennen, die durch den Beizug der Freudschen Lehren und der Tiefenpsychologie C.G. Jungs nicht zunimmt, hingegen im Lauf der Jahre an Aktualität eingebüßt hat. Wer seine Einsichten gelassen und ohne Versehrung zur Kenntnis zu nehmen vermag, wird dies seinerseits als Privileg anerkennen müssen, als das Vorrecht, Adornos Versehrtheit mitzufühlen und im übrigen dafür einzutreten, daß sich gleiche oder ähnliche Geschehnisse nicht unversehens wiederholen. Dann besteht aber auch kein zureichender Grund mehr, auch das mitzutragen, was sich als unzuträglich für den Einzelnen wie für die Allgemeinheit erwiesen hat und noch erweist: gesellschaftliche oder zwischenmenschliche Relationen in einer Perspektive darzustellen, die stets auf denselben Fluchtpunkt hinweist – entweder auf den Faschismus selbst oder auf faschistoide Tendenzen und Hintergründe. Diese Haltung verrät sich schon in der Wortwahl, ferner auch durch die inhaltliche Inkongruenz, die bis ins Absurde reicht, wenn es etwa wie hier darum geht, Dirigenten eine Führerrolle zu unterstellen, die sie in die Nähe des braunen Faschisten-Führers rückt: «Man traut dem Histrionen auf dem Pult zu, daß er wie der Diktator nach Belieben Schaum vor dem Mund produziert. Erstaunlich, daß die Nationalsozialisten nicht die Dirigenten, wie die Hellseher, als Konkurrenten ihres eigenen Charismas verfolgten» (Seite 131). Adornos Aufgabe mag seinerzeit darin bestanden haben, uns auf die versteckten und offenen Formen eines Alltags-Faschismus oder eines Faschismus überlieferter Konventionen aufmerksam zu machen, und für deren Erfüllung gebührt ihm Dank. Seither sind wir etwas scharfsichtiger und hellhöriger geworden – wir hoffen und glauben es zumindest –, und deshalb haben wir keine Ursache mehr, uns Adornos oft recht spitzfindige intellektuelle Argumentationen unbesehen zu eigen zu machen.

Vermutlich hat sich der Philosophieprofessor auch mit Georg Solti über die ihm verdächtig oder gar dämonisch erscheinende Rolle des Dirigenten unterhalten, doch war dieser wohl kaum geneigt, über solche Angelegenheiten zu diskutieren. Er war sich seiner Empfindung, zum Dirigenten berufen zu sein, immer sicher, und ein Zwiespalt, der ihn dazu bewogen hätte, als Mensch von seiner Dirigententätigkeit kritisch oder schuldbewußt Abstand zu nehmen, hat sich bei ihm in der Manier Adornos gewiß nie aufgetan. In sprachlicher und terminologischer, wahrscheinlich auch bildungsmäßiger Hinsicht konnte er es mit dem Professor nicht aufnehmen;

dennoch hat er sich ihm nicht unterlegen gefühlt: «Er hat alles zuerst vom Intellekt her begriffen», sagte Solti über ihn, «er war doch so ein ungemein gescheiter Mann.» Sein verhaltener Vorwurf an Adorno, nicht gleich auch mit dem Herzen zu begreifen, und die leise Ironie gegenüber einer Art von Gescheitheit, die sich dem eigenen Selbst entfremdet hat, werden nun, nachdem wir mit dem Professor ein wenig bekannt geworden sind, verständlicher. Was dieser zum Verhältnis zwischen Dirigent und Orchester zu bemerken wußte, konnte der Solidität von Soltis so geschlossener und manchmal vielleicht zu verschlossener Persönlichkeit als Mensch und Musiker ebenfalls nichts anhaben. «Zum Dirigenten», schrieb Adorno (Seite 135), «steht das Orchester ambivalent. Während es, bereit zur glanzvollen Leistung, begehrt, von ihm an die Kandare genommen zu werden, ist er zugleich verdächtig als Parasit, der nicht selbst zu geigen oder zu blasen hat und sich aufspielt auf Kosten derer, die spielen.» Hält man sich dazu vor Augen, auf welche Weise Solti zum Dirigenten geworden ist – in langjähriger enger Zusammenarbeit mit Sängern und als hervorragender Pianist, dem es das größte Vergnügen bereitete, mitzumusizieren und vom Flügel aus zu dirigieren, sich somit so weit wie nur möglich ins Orchester zu integrieren –, dann wird schon zum vornherein klar, daß seine Musiker wenig Grund hatten, ihm gegenüber zwiespältige Gefühle zu entwickeln. Und erinnert man sich erst daran, wie er Opern einstudieren pflegt oder wie er mit wachen Augen und ermunterndem Lächeln voller Musizierfreude am Pult steht, sieht man ihn eher in verschworener Gemeinschaft mit den Orchestermitgliedern denn als parasitären Nutznießer sklavischer Ergebenheit. Es versteht sich doch von selbst, daß die Aufführung eines Musikwerks gar nicht anders denkbar und praktikabel ist, als durch gemeinschaftliches Zusammenwirken und durch eine Gleichsinnigkeit und Gleichstimmigkeit, die weder verordnet noch befohlen oder erzwungen werden kann. Nicht anders ist ja jedes größere Musikstück entstanden: aus umgebrochenen, bestellten und fruchtbringenden Feldern des Erlebens von Gemeinschaft, aus Kulturen, in denen das Einzelne im Ganzen aufgehoben ist und daher wieder zu sich findet, übereingekommen mit sich und allem anderen und also aus jedem Herzen sprechend. Ohne Responsion in höherem Sinne kann Musik gar nicht sein, nicht ohne die Spannung zum Gegenpart hin, welche die Stimmung aus ihrer Selbstbezogenheit löst, und nicht ohne die Resonanz einer gesamtheitlichen Betroffenheit, die ihr Klang und Ausdruck, Fülle und Gehalt verleiht. Musik vermag nicht allein aus sich zu bestehen; sie bedarf, um zu sich zu gelangen, der verhältnismäßigen Geschlossenheit eines Raumes, bedarf folglich der Körperlichkeit ebensosehr wie der umschlossenen Geistigkeit. Drückt sich in solcher Geistigkeit Maß und Ordnung einer Kultur aus, so stellt die begrenzende Körperlichkeit deren Sinn und Form dar. In dem, was wir Musik nennen, vollzieht sich demnach maßvoller Sinn und geordnete Formalität – ein Vorgang, wie er zum Beispiel im Schauspiel von Sprache und Handlung übernommen wird.

Im Spiel schlechthin, also auch im Zusammenspiel von Musikinstrumenten, ereignet sich sowohl das Vorbestimmte als auch das Unbestimmte gemäß allgemeingültigen Regeln: sein Ende und Ziel ist im Teilhaben begründet, im Anteil an seinem Ablauf zwischen Spannung und Erwartung. Und wie sich im Schau-Spiel die Akteure von den Zuschauern scheiden, so trennen sich im Musik-Spiel die Ausübenden von den Zuhörern. Hatte das Spiel an sich noch alle Teilnehmer unter dem Zeichen spielerisch-freiwilliger Entzweiung und der gleichzeitigen Regelkonformität unterschiedslos vereint, spaltete nun die Kunst als Vermögen zu gesteigerter Einzel- und Gruppenleistung die einen entschiedener von den anderen ab. Handlung und Sprache sind im Schau-Spiel völlig den Akteuren übereignet, während dem Publikum teilnahmsvolles Schauen verbleibt. Ebenso sind die Instrumentbehandlung und die Tonsprache im Musik-Spiel gänzlich den Ausübenden überlassen, und die übrigen haben sich mit dem Hören zu begnügen, das ihnen freilich dieselbe Steigerung ihrer Leistungsfähigkeit abfordert wie den Instrumentalisten. Die spielerische Entzweiung und die Regelkonformität bleiben indes für alle auf die gleiche Art, aber nicht mehr in derselben Weise erhalten: die Musiker haben dem formal und sinnentsprechend bei ihrer Darbietung nachzukommen, die Zuhörer maßvoll und ordentlich bei ihrer Anerbietung. Musik ist demzufolge weder allein das, was die Instrumentalisten hervorbringen, noch einzig das, was die Hörer wahrnehmen. Sie ist weit mehr als bloße Gestaltung und Veranstaltung einer Aufführung: sie ist in Wirklichkeit gemeinsame Anstalt, ein Ort kultureller Bestimmung und Erfüllung. Dank seiner verhallen Klangerscheinungen nicht einfach in der Leere oder wirbeln chaotisch durcheinander, sondern geben bei ihrer Erzeugung durch die Musiker und ihrer Bezeugung durch die Zuhörer jenen Formsinn und jenes Ordnungsmaß wieder, der allem und allen in einem bestimmten Kulturkreis innewohnt. Musik vermag so den Säulenbau eines Tempels zu bedeuten, den Filigran einer gotischen Kathedrale oder die Majestät eines Gebirges, eine Gemüts- und Naturstimmung, denn stets bleibt sie eingespannt in ein Netz vielfältiger Beziehungen. Sie lediglich als Vollzugs- oder Erziehungsanstalt zu verstehen, wäre verfehlt, obwohl solche Momente natürlich mitspielen. Als Anstalt meint sie neben dem Verharren stets auch den Aufbruch, neben dem Bemühen auch

Ausgelassenheit, und so ist sie denn letzten Endes als ein Ort gleichsinniger Freiheit und Disziplinierung, der Ungebundenheit und Zucht zu bezeichnen. Als Anstalt auf Zeit erlaubt sie im Reich der Töne die künstlerische Ausformung und Überwindung des grundlegend Paradoxen in der menschlichen Existenz. Indem die Musik es gleichsam zu ihrem Lebensprinzip erhebt, strömt ihr die triumphale Macht zu, das Innere des Menschen zu durchwittern, ihn zu erschüttern und zu erbauen, all seine Empfindungen anzusprechen, denen sonst der Intellekt oft abwehrend entgegensteht. Nicht als Widerspruch, sondern als gestalterische Kraft ist er jedoch in das Klingen und Tönen einbezogen, und eben deshalb weiß ein Solti, daß das ihn Bewegende fraglos richtig und gut ist, von der musikalisch-intellektuellen Gestalt wie von der damit unlöslich verbundenen Empfindung her. Bei solch ganzheitlichem Erleben der Musik erübrigt sich ein Zergliedern des Eindrucks, die Rückbesinnung auf das rein Verstandes- und rein Gefühlsgemäße. Adorno dagegen, der alles zuerst vom Intellekt her begriff, schien seinen Gefühlen um so weniger zu trauen, als er offenbar versuchte, ihnen durch Klügelei und Tüftelei auf die Spur zu kommen. Jedenfalls bleibt bei ihm ein Mangel an Empfindsamkeit festzustellen, während es im Hinblick auf die dargelegte Wesentlichkeit der Musik schwer hält, Dirigenten als schmarotzerische Zuchtmeister und Musiker als widerspenstige Untergebene hinstellen zu wollen.
Adorno hat es auf Grund der ihm eigenen Optik trotzdem versucht. Was er über Orchestermusiker zu sagen hat, kann man im erwähnten Kapitel über «Dirigent und Orchester» nachlesen. Hier sollen nur einige Bemerkungen herausgehoben werden, die einmal mehr zeigen, wie er die Dinge sieht. Durch die Heraushebung erlangen sie natürlich ein größeres Gewicht, als ihnen eigentlich zukommt, so daß sich die Kategorik seiner Aussagen noch verschärft, aber auch im fortlaufenden Text bleibt eben dieses Merkmal unmißverständlich erhalten. Der Zweck unserer Darlegung besteht jetzt allerdings nicht mehr darin, auf die Möglichkeit oder sogar Notwendigkeit eines ganz anderen Standpunkts hinzuweisen, sondern einfach zu registrieren, wie ein Mann aus Soltis Nähe Verhältnisse beleuchtet und durchleuchtet, die uns bislang ganz anders erschienen sind. «Die Verhaltensweise der Orchestermusiker zu beschreiben», stellt Adorno fest (Seite 136 ff.), «liefe auf eine Phänomenologie der Renitenz hinaus. Primär ist der Widerwille dagegen, sich zu unterwerfen. Er muß besonders heftig sein bei solchen, die durchs Material und die Gestalt ihrer Arbeit sich als Künstler und damit als Frei fühlen.» Und: «Die Sozialpsychologie des Orchestermusikers ist die des ödipalen Charakters, schwankend zwischen Aufmucken und sich Ducken.» Der Ödipale, fährt der Autor etwas später fort,

neige zur Feindschaft gegen die Moderne und wolle, daß die Väter gegen die Söhne recht behielten. Der Sabotageakt, das absichtliche Falschspielen, suche sich deshalb sein Objekt dort aus, wo er vorweg die stärkere Autorität, die der öffentlichen Meinung hinter sich habe. Mit ihr wende sich der Musiker gegen die moderne Musik und werfe den Komponisten vor, sie seien Nichtskönner. An sich gehe es ihnen einzig darum, Autoritäten am Zeug zu flicken, aber nur solchen ohne bestätigte Autorität, wie dies besonders bei Komponisten moderner Musik zutreffe. (Auch Adorno war ein derartiger Komponist.) Die kollektive Mentalität der Orchestermusiker – erfährt man weiter – habe in der Sphäre der Ichpsychologie die Enttäuschung am eigenen Beruf als Ursache. Sie hätten etwas vom Kafkaschen Hungerkünstler oder von jenen Artisten, die bei kümmerlichem Lohn die halsbrecherischsten Kunststücke um ihrer selbst willen erlernten. Schließlich: Die musikalische Resultante aus dem Verhältnis zwischen Dirigent und Orchester sei ein widermusikalischer Kompromiß; selbst mit der vielgerühmten Präzision sei es selten weit her.

Soviel also zu Adornos sozialpsychologischen Aspekten. Entspricht es jedoch wirklich nur einer «Ideologie des offiziellen Musiklebens», wenn Solti, der wohlgemerkt mit Adorno nie ernstliche Differenzen hatte, von sich sagt, er liebe seine Musiker; man müsse mit dem Orchester verheiratet sein? Es wird sich auch in einem der folgenden Kapitel (siehe Seite 250ff.) erweisen, daß dies keine naiven Lippenbekenntnisse des Dirigenten waren. Die Musiker seiner Orchester, des Chicago Symphony und speziell des London Philharmonic Orchestra, haben ihm im Gegenteil viel zu verdanken. Daß Solti gelegentlich einmal bei diesem Orchestermitglied oder jenem Solisten aneckte, läßt sich nicht bestreiten; davon wird gleichfalls noch die Rede sein. Ein Beispiel dafür, daß Frankfurts Generalmusikdirektor auch den Musikern des Städtischen Orchesters herzlich zugetan war, sei aber schon jetzt angeführt. Zu Anfang Oktober 1957 starb der Bratschist Hans Hahn infolge eines Unfalls; ein elektrischer Stromschlag hatte ihn getroffen. Er war einer der vielen, die Abend für Abend und morgens bei den Proben ihre Noten gewissenhaft in Klang umsetzten und ihr Leben lang der Kunst dienten, ohne jemals persönlichen Ruhm davonzutragen. Als Einzelwesen ging er im Kollektiv des Orchesters unter, und selbst sein persönlicher Lebensweg war zwangsläufig durch das gemeinsame Schicksal der Deutschen zur Zeit der Hitler-Diktatur gekennzeichnet. Er stammte aus Riesa, spielte in Bunzlau, in Dresden, im Landestheater Neustrelitz und mußte in den Krieg. Aus der Gefangenschaft war er dann nach Frankfurt gefahren, wo er sich seine letzte Position errang. «Ein guter Musiker und ein stiller Mensch»,

sagten seine Kollegen von ihm. Wie Friedrich Stichtenoth in der Frankfurter Rundschau (4. Oktober 1957) berichtete, wurde er an seinem dreiundvierzigsten Geburtstag auf dem Hauptfriedhof beigesetzt: «Streicher des Städtischen Orchesters spielen ihm als letzten Gruß ein Adagio Mozarts und das ‹Air› aus Bachs D-Dur-Suite. Georg Solti dirigiert und ehrt damit den toten Bratscher.» Mit dieser sicherlich nicht vereinzelten Geste anteilnehmender Verbundenheit hat Solti wie schon als mitmusizierender Dirigent den eher ideologisch konstruierten Gegensatz zwischen Kollektiv und Individuum zugunsten einer höher anzusetzenden und zu wertenden Gemeinschaftlichkeit aufgehoben. Und nur so konnte es ihm damals wie in den folgenden Jahren gelingen, mit den Musikern all der vielen von ihm geleiteten Orchester so rasche und eklatante Erfolge zu erzielen: in gegenseitigem Einvernehmen und voll ansteckender Musizierlust – und gewiß nicht in der von Adorno generell behaupteten Diskrepanz.
Solti erreichte unzweifelhaft weit mehr als «widermusikalische Kompromisse» in seinem Verhältnis zum Städtischen Orchester. Überschaut man die Museums-Konzerte seiner späteren Frankfurter Jahre, gerät man im Gegenteil ob der großen Anzahl bedeutsamer Aufführungen in einige Verlegenheit. Beschränken wir uns daher auf ein paar wenige Konzerte, die etwas ausführlicher besprochen werden sollen; danach folgt ein notgedrungen summarischer Rückblick, wiederum wie bei Mahler und der Wiener Schule nach Komponisten und nicht nach den einzelnen Konzertabenden geordnet.
Einen Tag nach Allerheiligen, am 2. November 1954 und wahrscheinlich schon an Allerheiligen selbst, dirigierte Solti *Ein deutsches Requiem nach Worten der Heiligen Schrift,* wobei nicht feststeht, ob dies seine erste Aufführung des Werkes war. Als Gesangssolisten wirkten die Stuttgarterin Lore Wissmann und Theodor Adam von der Frankfurter Oper mit. Die inneren Notwendigkeiten der ergreifenden Komposition, notierte die Kritik, seien geradezu vollkommen erfüllt worden. Das Zügige und dennoch niemals Nervöse oder Hastende in Soltis Vorgehen habe zur Geschlossenheit des Eindrucks wesentlich beigetragen. Und da wir schon bei Brahms sind: Nach der Dritten Symphonie und den Variationen über ein Thema von J. Haydn von 1952/53 führte Solti in Frankfurt auch die übrigen drei Symphonien auf sowie beide Klavierkonzerte (1959 das in d-Moll op. 15 mit Claudio Arrau, 1956 das B-Dur-Konzert op. 83 mit Wilhelm Backhaus) und 1957 das einzige Violinkonzert in D-Dur op. 77. Solist war der vierundzwanzig Jahre alte Christian Ferras, ein Franzose, der zwei Jahre darauf auch Mendelssohns e-Moll-Konzert op. 64 spielte.

Seiner Landsleute Bartók und Kodály gedachte Solti bei zwei Gelegenheiten. Im 1. Konzert der Museumsgesellschaft vom 19. September 1955 brachte er zu Bartóks Todestag – es war der 26. September 1945 – dessen *Tanz-Suite* für Orchester zur Aufführung, nachdem er 1952 die *Musik für Saiteninstrumente* und das Klavierkonzert Nr. 2 und 1953 das *Konzert für Orchester* geleitet hatte. Und um alle Bartók-Werke beieinander zu haben, sei gleich hinzugefügt, daß 1957 das *Divertimento für Streichorchester,* das der Komponist 1939 in der Schweiz für Paul Sacher geschrieben hatte, auf dem Programm stand. 1958 trug Tibor Varga das Violinkonzert vor; drei Jahre später spielte das Museumsorchester unter Solti ein weiteres Musikstück von Bartók (siehe Seite 130).
Zu Ehren von Kodálys fünfundsiebzigstem Geburtstag erklang im 5. Museums-Konzert vom 16. Dezember 1957 der *Psalmus Hungaricus,* den dieser vor mehr als dreißig Jahren zum Gedächtnis an die Vereinigung von Buda und Pest verfaßt hatte. 1959 dirigierte Kodálys einstiger Schüler dessen *Tänze aus Galánta.* Neu zu diesen beiden Ungaren stieß 1955 Miklós Rózsa mit seinem *Thema mit Variationen* und 1958 mit dem Violinkonzert, dem Jascha Heifetz vor zwei Jahren bei der Uraufführung in den Vereinigten Staaten zum Erfolg verholfen hatte. Die deutsche Erstaufführung hatte, ebenfalls 1956, in Baden-Baden stattgefunden, so daß Frankfurt nur den Ruhm einer lokalen Erstaufführung für sich in Anspruch nehmen konnte. Dank Dieter Hebekers vorzüglicher Interpretation gewann das dreisätzige, blutvolle und rhythmisch eigenwillige Virtuosenkonzert viele neue Freunde.
Eine Schumann-Gedenkfeier, die am 16. und 17. September 1956 durchgeführt wurde, eröffnete gleichzeitig im Großen Haus eine neue Konzertsaison. Obwohl das festliche Programm von neutönerischen Werken frei war und ausschließlich solche von Robert Schumann präsentierte – die Erste oder *Frühlingssymphonie* B-Dur op. 38, das Cellokonzert a-Moll op. 129 und die Dritte oder *Rheinische Symphonie* Es-Dur op. 97 –, schien es nicht nach dem Geschmack der Hörer, deren Beifall mehr temperiert-achtungsvoll als spontan ausfiel. Der Todestag des Komponisten hatte sich am 27. Juli zum hundertsten Male gejährt, und als Ergebnis der historischen Wertauslese stand für die meisten Musikfreunde fest, daß er wohl ein begnadeter Meister des lyrischen Liedes und der Klaviermusik war, aber kein großer und wirklich überzeugender Symphoniker. Seine vier Symphonien bleiben trotz vieler Detailschönheiten hinter jenen seiner Vorgänger Beethoven und Schubert deutlich zurück und können sich hinsichtlich der großen orchestralen Gestik und der monumentalen Strukturierung schon gar nicht mit Bruckner- und auch nicht mit Brahms-Werken messen. Hugo Puetters

Konzertbesprechung ist für manche andere Solti-Auftritte in Frankfurt und selbst in München und Zürich durchaus typisch:

Unter Georg Soltis Dirigentenhänden klangen die Werke – nicht zu ihrem Nachteil, für manche ältere Schumannfreunde freilich vielleicht anfechtbar – merklich anders als gewohnt: gewissermaßen schärfer belichtet, zugespitzter in der Rhythmik, härter konturiert. Ein moderner Aspekt, der manchen sonst verborgenen, reizvollen Einzelzug hervorkehren ließ, ohne auf Kosten der klanglichen Wärme in den empfindsamen Werkteilen zu gehen. Eine liebevoll vorbereitete Wiedergabe. Das Städtische Orchester folgte Soltis Intentionen glänzend. («Neue Presse», 19. September 1956)

Diese Kritik erinnert wieder an die Gedanken, die an Stichtenoths Besprechung von Soltis Konzert am Frankfurter Rundfunk (November 1949) geknüpft worden sind. Damals ergab sich, daß das Zeitgefühl des Interpreten in der Musik in psychologischer Sicht einer Zeitgestalt entspricht und daß darunter der Rhythmus zu verstehen ist. Er verfügt innerhalb des Taktsystems über neue Eigenschaften und dynamische Qualitäten, und all dies wird durch Puetters Worte erneut bestätigt. Den stärksten Eindruck bei der Schumann-Gedenkfeier hinterließ das Cellokonzert, dargeboten von dem Ungaren Janos (James) Starker, Konzertmeister an der Metropolitan Opera in New York. War es für Solti die gegebene Pflicht, diese Feier in einer Stadt durchzuführen, wo Clara Schumann als Pianistin und Erste Klavierlehrerin am Dr. Hoch'schen Konservatorium wirkte und kürzlich eine neue Robert-Schumann-Gesellschaft gegründet worden war, so kam die Aufführung der *Messa da Requiem* von Giuseppe Verdi in memoriam Arturo Toscanini (er war am 16. Januar 1957 im Alter von fast neunzig Jahren in New York gestorben) bestimmt einem echten inneren Bedürfnis entgegen. Das Solistenquartett setzte sich am 24. und 25. Februar 1957 aus Claire Watson (Sopran), Annie Delorie (Alt), Lorenz Fehenberger (Tenor) von der Staatsoper München und Walter Kreppel (Baß) zusammen. Die Chöre wurden vom Caecilienverein und vom Hessischen Rundfunk gestellt, der die Aufführung vom Sonntag im Ersten Programm übertrug. Für eine Feierstunde zu Ehren des größten Dirigenten unserer Zeit sei unter den vielen Totenmessen von Palestrina über Cherubini und Mozart bis zu Berlioz und Brahms keine so geeignet wie das *Requiem* seines Landsmannes Verdi, schrieb der Kritiker des Hanauer Anzeigers ebenso nichtsahnend wie zutreffend; er konnte ja von Toscaninis «Bene» gegenüber Solti und von den Luzerner *Requiem*-Aufführungen unter dem Maestro im August 1939 nichts wissen. Zum Frankfurter *Requiem*

meinte Willy Werner Göttig unter anderem: «Solti, selbst ein Theatermensch von unheimlicher Vehemenz des Gestaltungswillens und der Gestaltungskraft, packte alles von der dramatischen Seite her an. Nicht zuletzt durch dieses bewußte Exponieren des Werkes in einer Dramatik, die von der tiefen Religiosität Verdis zu erschütternder Gläubigkeit sublimiert wird, kam die ungeheure Faszination dieser Aufführung zustande» («Abendpost», 26./27. Februar 1957).
Auf Soltis Jahre in der Schweiz verwies auch das Erste Klavierkonzert in Es-Dur von Franz Liszt zurück: Mitte Oktober 1942 hatte er es als Preisträger in Genf mit dem Orchestre de la Suisse Romande unter Ernest Ansermet gespielt, in einem Schlußkonzert, das ihm sicherlich unvergeßlich blieb. Im 2. Sonntags- und Montagskonzert vom 2. und 3. Oktober 1960 nun übernahm der in New York lebende Chilene Claudio Arrau den Solopart, der schon 1927 in Genf den «Grand prix international des pianistes» gewonnen und am 1. April 1954 unter Soltis Leitung das d-Moll-Konzert von Brahms gespielt hatte. Als Frankfurter Generalmusikdirektor, der seit 1956 nicht mehr selber als Pianist aufgetreten war, dürfte es Solti nicht wenig Spaß gemacht haben, den Vortrag seines älteren Kollegen zu verfolgen und im stillen Vergleiche mit seiner eigenen Interpretationsweise anzustellen. Hildegard Weber von der Frankfurter Allgemeinen (FAZ), der diese Zusammenhänge verschlossen blieben, hätte dem Meisterpianisten allerdings ein wichtigeres Werk gewünscht: «Man hat dies erste Klavierkonzert in Es lange nicht mehr gehört, und die Begierde, es wieder zu hören, ist auch mit dieser Aufführung nicht gerade gewachsen.» Hingegen fiel die Wiedergabe von Haydns *Salomon*-Symphonie in D-Dur (Hob. I: 104), der letzten des Komponisten, zur vollen Zufriedenheit der Referentin aus: «Solti bot das Werk, wie es sein soll: in klarem Aufriß, geschmeidig, mit Ernst und Gelöstheit, dazu mit wunderschön ausziselierten Übergängen. Daß Haydn zu dirigieren eine Kunst ist, der besten Dirigenten würdig, hier war es wieder eindringlich zu erfahren.» Schließlich bleibt noch nachzutragen, daß der Dirigent in diesem Konzert auch die Konzertsuite aus der Tanzpantomime *Der wunderbare Mandarin* von Béla Bartók aufführte. Solti, bemerkte Hildegard Weber dazu, habe die schneidenden, grellen, atemberaubenden Klänge mit soviel Glanz und Bravour entfesselt, daß man bedauert habe, das vollständige Werk nicht abermals, wie 1953 in Frankfurt, auf der Bühne sehen zu können.
Wenn eben vorhin gesagt wurde, Solti sei seit 1956 nicht mehr als Pianist aufgetreten, so heißt dies aber auch, daß er bis zum genannten Zeitpunkt doch dann und wann noch am Flügel saß. Allerdings vollzogen sich diese Auftritte im intimeren Rahmen der Kammermusikabende der Museumsgesellschaft; offenbar konnte oder wollte

sich Solti einem Vergleich mit Konzertpianisten, über deren hohes und in ständiger Übung verfeinertes Können er kaum mehr verfügte, klugerweise nicht aussetzen. Wie häufig er an solchen Kammermusikabenden oder andern musikalischen Veranstaltungen außerhalb des Großen Hauses – etwa an öffentlichen Konzerten des Rundfunk-Symphonieorchesters – beteiligt war, entzieht sich leider unserer Kenntnis. Wir können hier einzig auf den vierten Kammermusikabend verweisen, der gegen Ende März 1955 stattfand. Nach Hindemiths Sechstem Streichquartett war mit Solti, dem das gemeinsame Musizieren bestimmt viel Vergnügen bereitete, das g-Moll-Quartett (K.-V. 478) von Mozart gespielt worden, und es läßt sich denken, daß ein derartiges Mittun gleichsam an der Basis auch seinen so hervorragenden Mozart-Interpretationen als Dirigent zugute gekommen ist. Der zweite Teil jenes Abends war Beethovens Septett in Es-Dur op. 20 gewidmet.
Ein weiterer Bezug zum Schlußkonzert des Nationalschweizerischen Musikwettbewerbs von 1942 in Genf stellte sich zumindest für Solti in der Person von Aurèle Nicolet her. Der damals erst sechzehnjährige Flötist aus Neuchâtel hatte ebenfalls den Ersten Preis errungen und vor Soltis Liszt-Konzert das D-Dur-Konzert (K.-V. 314) von Mozart zu Gehör gebracht, «mit so leichter, präziser Technik und so farbig, frisch und natürlich, daß sein Musizieren ungetrübte Freude auslöste». Am 12. und 13. März 1961, also fast zwanzig Jahre danach, trat er nun in Soltis vorletztem Museums-Konzert als bewährter Meister im Konzert für Flöte und Orchester des Parisers Jacques Ibert auf. Das feingliedrig gearbeitete und farbenreich wirkende impressionistische Werk des französischen Komponisten und Nicolets geistreich lockeres, virtuoses Musizieren mit der Querflöte zeitigten einen Riesenerfolg. Nicht einhellig gefiel die *Sinfonietta* von Leoš Janáček, die äußerlich durch ihre starke Blechbesetzung (darunter zwölf Trompeten, je vier Posaunen und Hörner, einige Tuben und Baßtrompeten) hervorstach und instrumental geschickt verwendete mährische Lied- und Tanzfolklore zum Inhalt hat. Zum Abschluß dann Schuberts Neunte Symphonie in C-Dur D 944, bei der Solti gemäß Hanauer Anzeiger (14. 3. 1961) «wieder eine hinreißende und bis in die unscheinbarsten Klangfiguren durchfeilte Wiedergabe bot, großartig im Aufbau, in der Musizierfreudigkeit und in den zahlreichen Feinheiten der Interpretation – hier wurde durch einen gleichgestimmten, nachschaffenden Künstler interpretiert, daß es eine Freude war». Lassen wir Hildegard Weber die Summe aus Soltis neunjähriger Konzerttätigkeit in Frankfurt ziehen:

Die absolute Souveränität, mit der Solti jetzt dirigiert, kann sich in ganz knappen, pointierten Gesten äußern, die ihren musikalischen

Zweck mit dem geringsten Aufwand erreichen. Zeichen auch dafür, daß er nun vorwiegend mit den hervorragendsten internationalen Orchestern umgeht. Es ist, wie stets, vom ersten Augenblick an faszinierend, diese genaue, von der Intelligenz diktierte Zeichengebung zu verfolgen, deren Konzentration kaum jemals nachläßt und die wie spielend bindet, was, wie etwa in Schuberts großer C-Dur-Sinfonie, so schwer ohne Ermattung zu bewältigen ist. Das Museumsorchester hat an diesem Abend gerade hier bei den Streichern eine Transparenz des Klanges, bei den Bläsern, besonders dem Holz, eine Prägnanz und Süße erreicht, wie man das nicht häufig bei ihm gehört hat. («FAZ», 16. September 1961)

Vom Umgang Soltis mit anderen Orchestern wird noch zu berichten sein. Im eher quantitativen denn qualitativen Überblick auf seine Museums-Konzerte, der hier deshalb erstattet werden soll, weil so manches unerwähnt bleiben mußte, können allerdings – von einigen Ausnahmen abgesehen – keine genauen Werkangaben mehr erfolgen. Mit je zwölf von Solti aufgeführten Orchesterwerken stehen Mozart und Beethoven weit im Vordergrund. Vielleicht überrascht es, daß von Mozart lediglich vier Symphonien (darunter die *Jupiter, Linzer* und *Prager*) gespielt wurden und ebensoviele Klavierkonzerte: da hat die Vorliebe des Pianisten Solti für die Werke des Salzburger Meisters einen deutlichen Einfluß ausgeübt. Solisten waren die Berlinerin Gerty Herzog, die Frau des Komponisten Boris Blacher, dessen Paganini-Variationen für Orchester im Jahre 1957 unter Soltis Leitung standen, sowie der Frankfurter Günter Ludwig und der Wiener Friedrich Gulda, beides noch junge Talente. Und natürlich auch die Schweizerin Clara Haskil, die bereits vorgestellt wurde. Bei den drei Mozart-Violinkonzerten wirkten die Französin Michèle Auclair, der Frankfurter Saschko Gawriloff und Soltis Konzertmeister Sandor Károlyi solistisch mit – auch sie alle noch recht jung an Jahren. Als zwölftes Mozart-Werk wurde die B-Dur-Serenade (K.-V. 361) gegeben.

Das Beethoven-Programm teilt sich in sechs Symphonien, drei Instrumentalkonzerte, die *Missa solemnis,* die *Coriolan*-Ouvertüre und die *Phantasie für Klavier, Chor und Orchester* op. 80 auf. Bei den Symphonien handelt es sich um die Nummern drei *(Sinfonia eroica),* vier, fünf («Schicksals-Symphonie»), sechs *(Sinfonia pastorale),* sieben und neun (mit Schlußchor). An Instrumentalkonzerten wurden das Dritte Klavierkonzert mit dem siebzigjährigen Wilhelm Backhaus, das Fünfte Klavierkonzert je einmal mit Louis Kentner und dem mit achtundsechzig Jahren ebenfalls schon betagten Edwin Fischer aus Zürich und schließlich das Violinkonzert mit Wolfgang Schneiderhan aufgeführt.

Neben Mozart und Beethoven spielte Brahms mit acht Werken – sie wurden an anderer Stelle schon erwähnt – die zweitwichtigste Rolle. Mit je sieben Kompositionen sind Mahler und Bartók vertreten; auch von ihnen ist bereits die Rede gewesen. Daß die Aufführung von vier Mahler-Symphonien und weiteren Mahler-Werken sowie von Musikstücken Bergs, Schönbergs und Anton von Weberns vorwiegend Adornos Einfluß zuzuschreiben war, wissen wir gleichfalls. Sozusagen den vierten Rang nehmen mit je sechs Werken gemeinsam Schumann und Strawinsky ein. Von Schumann wurden unter Solti alle vier Symphonien, das Cello- und das Klavierkonzert (beide in a-Moll) gespielt, während von Strawinsky der Reihe nach die Ballettsuite *Jeu de cartes,* die *Symphonie in drei Sätzen* (Symphony in Three Movements), *Le sacre du printemps,* die *Psalmensymphonie* (Symphonie de psaumes), die *Russische Bauernhochzeit* (Les noces) und *Apollon musagète* zu Gehör kamen. An fünfter Stelle wäre Joseph Haydn mit fünf Werken zu nennen: der *Oxford-, Militär-* und *Salomon*-Symphonie, dem D-Dur-Cellokonzert, gespielt von dem sechzigjährigen italienischen Meister Enrico Mainardi, und dem Oratorium *Die Schöpfung.* Peter Iljitsch Tschaikowsky fand mit der Vierten, Fünften und Sechsten Symphonie *(Pathétique)* sowie dem Ersten Klavierkonzert in b-Moll, vorgetragen von Géza Anda, Berücksichtigung. Je drei Werke standen von Maurice Ravel, Claude Debussy, Felix Mendelssohn Bartholdy und Richard Strauss auf dem Programm. Die französische Pianistin Monique Haas interpretierte Ravels G-Dur-Konzert für Klavier und Orchester; außerdem wurden der *Boléro* und *Ma mère l'oye* aufgeführt. Debussy kam mit den drei symphonischen Skizzen *La mer,* den *Trois Nocturnes* und der *Ibéria-Suite* zum Zug, Mendelssohn mit dem d-Moll- und e-Moll-Violinkonzert (Solisten: Saschko Gawriloff und Christian Ferras) und dem g-Moll-Klavierkonzert (mit Rudolf Firkusny) und Strauss schließlich mit den Tondichtungen *Don Juan, Macbeth* – im September 1959 zu seinem zehnten Todestag aufgeführt – und *Till Eulenspiegel.* Unter den französischen Komponisten rangieren mit je einem Werk auch Berlioz, Bizet, César Franck und Jacques Ibert.

Ebenfalls mit nur einem Werk waren J.S. Bach, Chopin, Glasunow, Händel (mit dem Oratoirum *Jephta*), Janáček, Rossini und Carl Maria von Weber vertreten. Zu den zeitgenössischen Komponisten gehörten Gottfried von Einem, Hans Werner Henze, Arthur Honegger, Rolf Liebermann und andere, die schon erwähnt wurden. Wie aus dem Vorangegangenen und dieser Übersicht zu ersehen ist, war Soltis Konzerttätigkeit zu einem Teil auf den öffentlichen Kalender ausgerichtet, wobei unter anderem Gedächtniskonzerte, Messen und Oratorien zur Aufführung gelangten, zu einem anderen

Teil auf einen persönlichen Kalender, bei dem seine Neigungen gegenüber bedeutenden Komponisten und Dirigenten zum Ausdruck kamen. Das treue Gedenken an Persönlichkeiten, die er verehrte und denen er Dank schuldete, ist für Solti seit jeher charakteristisch gewesen und entsprach wohl auch dem Bedürfnis, dem reißenden Strom der Zeit und der ununterbrochenen Abfolge von musikalischen Ereignissen gelegentlich entgegenzustehen oder wenigstens ein Moment der Besinnung damit zu verknüpfen. An diesen Menschen, den Toten wie Lebenden, hatte er sich immer wieder orientiert, an ihnen sein Tun und Lassen gemessen, und wenn er ihr Andenken hochhielt und über den geschäftigen Konzertbetrieb hinaushob, so geschah dies nicht zuletzt auch deswegen, um einem verhängnisvollen Verlust seiner selbst vorzubeugen und sich selber treu bleiben zu können. Das war um so notwendiger, als ihm seine sich ausweitende Tätigkeit als Gastdirigent viel Zeit und Kraft abverlangte und enorme Anforderungen an seine Beweglichkeit und Anpassungsfähigkeit stellte. Zudem hatte er sich stets aufs neue als Operndirigent zu bewähren und auch auf diesem Gebiet Neues und Unerhörtes zu bieten, so daß er – um all diesen Belastungen gewachsen zu sein – von 1959 an die Zahl der Museums-Konzerte auf drei bis vier verringern mußte. Die Gesamtleitung behielt er indes bei. Das letzte, das bekanntlich mit den *Kindertotenliedern* und der Sechsten Symphonie an den 1911 verstorbenen Gustav Mahler erinnerte, fand am 15. Mai 1961 statt, doch schon am 25. und 26. November 1962 trat er als Gast aus London im 2. Sonntags- und 4. Montagskonzert der Museumsgesellschaft auf. Beide Konzerte waren seit Wochen ausverkauft, und das Publikum feierte stürmisch den Wiederkehrer, der Mozarts Symphonie Nr. 39 in Es-Dur (K.-V. 543), Bartóks *Tanz-Suite* für Orchester und Brahms' Erste Symphonie in c-Moll op. 68 dirigierte. Den Kritikern fiel vor allem bei der Mozart-Symphonie Soltis Selbstdisziplin auf, mit der er seine dirigentische Gestik ohne auffallende Schautechnik handhabe. Einigermaßen bestürzt mußten aber auch die weniger kritischen Besucher der Konzertreihe erkennen, daß die Niveauunterschiede zwischen den Abenden mit Solti und jenen ohne ihn sehr beträchtlich geworden waren. Obwohl anzunehmen ist, daß den Museums-Konzerten wenigstens einige der unter Soltis Leitung berufenen Gastdirigenten, zu denen André Cluytens, Christoph von Dohnányi, István Kertész, Hans Rosbaud, Paul Sacher und andere zählten, erhalten blieben, hielt es offenbar schwer, den vordem hohen Stand der Aufführungen durchweg zu bewahren. Und ob es sich Soltis Nachfolger angelegen sein ließen, wie er hauptsächlich vielversprechenden jungen Solisten Auftrittsmöglichkeiten zu bieten und sie auf diese Weise zu fördern, ist keineswegs selbstverständlich, denn nicht jeder Dirigent sieht darin eine schöne und dankbare Aufgabe. Mit hochkarätigen und in aller Welt schon erfolgreichen Stars läßt es sich leichter glänzen. Solti dagegen kannte die Schwierigkeiten, auf die junge Talente zu stoßen pflegen, und er hatte für die richtige Auswahl meist auch das nötige Gespür, weshalb seine Nachwuchsleute höchst selten unter seinen Erwartungen abschnitten.

Damit sind wir am Ende dieses Frankfurter Teilkapitels angelangt und befassen uns anschließend nun mit den Erfolgen, die Solti als Konzert- und Operndirigent im Ausland errang. Danach werden weitere bedeutende Opernereignisse in Frankfurt zur Darstellung kommen, denen zum Teil ebenfalls internationale Anerkennung zuteil wurde.

4 Frankfurt II: ... und internationale Erfolge

Wenn wir uns jetzt der Gastdirigenten-Tätigkeit zuwenden, die Solti während seiner Frankfurter Jahre entfaltete, muß gleich zum vornherein festgehalten werden, daß wir darüber nur unzulänglich informiert sind. Doch selbst unsere unvollständige Aufreihung vermag zumindest einen Begriff davon zu vermitteln, wo überall der Generalmusikdirektor aus Deutschland sich tummelte, welche Erfahrungen und Eindrücke er dabei sammelte und welche Kritiken er erntete. Und da wir über seine Auslandengagements während der ersten Saison 1952/53 unterrichtet sind und bereits von seinem Debüt in den Vereinigten Staaten (im September 1953) vernommen haben, setzen wir mit der Übersicht in der zweiten Hälfte des Jahres 1953 wieder ein. Nachdem er schon im Januar Gast der Berliner Philharmoniker gewesen war, musizierte er ungefähr am 20. November 1953 neuerdings mit diesem Orchester. Von den Berliner Musikfreunden wie stets lebhaft begrüßt, zeigte er an drei völlig verschiedenen Werken, daß er in allen Stilarten zuhause ist. Bei seiner Interpretation der klassischen *Jupiter*-Symphonie (C-Dur, K.–V. 551) rühmte man besonders das Finale, das noch selten mit solchem Elan dargeboten worden sei. Als Solist bei Hindemiths Bratschenkonzert op. 36/4 zeichnete sich der Philharmoniker Walter Müller aus. «Höhepunkt war natürlich die 5. Symphonie [e-Moll op. 64] von Tschaikowsky, die Solti so empfindungsstark musizierte, daß am Ende des Jubels kein Ende war.»
Im Januar 1954 flog Solti ein zweites Mal nach San Francisco. Er dirigierte das Symphonieorchester der Stadt in dreimal drei Konzertprogrammen. Das zweite bestand aus der Ouvertüre zur *Macht des Schicksals,* aus Hindemiths Symphonie in Es und Tschaikowskys Fünfter, das vorhergehende aus Bartóks *Tanz-Suite,* Mozarts *Jupiter*-Symphonie und der Vierten in e-Moll op. 98 von Brahms. Marie Hicks Davidson, eine bekannte Kritikerin, hob in einer Besprechung hervor, daß vor allem die Art, wie Solti die Symphonie von Hindemith dirigiert habe, als «ein großartiger Triumph» bezeichnet werden könne. Marjory Fisher, eine andere Kritikerin, fragte sich im Hinblick auf die Verdi-Ouvertüre, ob jemals ein Opernauditorium eine bessere Wiedergabe zu hören bekommen habe. Sie bezeichnete Solti als einen «ausgezeichneten und gewissenhaften Musiker». Auch das bekannte Nachrichtenmagazin Newsweek widmete dem Dirigenten einen Aufsatz, in dem es die Tatsache beleuchtete, das zufällig zwei hervorragende europäische Dirigenten gleichzeitig

in den Vereinigten Staaten dirigiert hätten: in Philadelphia der Niederländer Eduard van Beinum, der Chefdirigent des Amsterdamer Concertgebouworkest, und Solti in San Francisco. Alle Zeitungen wünschten am Ende seines Gastspiels, er möge bald wieder zurückkommen, denn er habe hier einen guten Eindruck gemacht und sich sehr viele Freunde gewonnen. Ebenso gefeiert wurde Solti, als er nach dem amerikanischen Gastspiel in der Oper zu Lissabon die *Zauberflöte* und den *Rosenkavalier* dirigierte. Mitte Februar etwa traf der Frankfurter Opernchef wieder zu Hause ein, auch diesmal auf dem Flughafen von Frau Buckwitz und Mitarbeitern begrüßt.

Noch im selben Jahr, etwas vor der Julimitte 1954, begab sich Solti auf eine dreimonatige Konzertreise, die ihn zuerst nach London führte. Dort leitete er einen auf anderthalb Stunden gekürzten *Don Giovanni,* den der Fernsehfunk der BBC am 29. Juli im Rahmen der Glyndebourne-Opernfestspiele ausstrahlte. Anny Schlemm von der Frankfurter Oper sang den Part der Zerlina. Hierauf dirigierte er in Amerika erstmals das Chicago Symphony Orchestra, mit dem er eigentlich schon im vorigen Jahr debütieren wollte. Wegen seiner angeblichen Mitgliedschaft bei der «Gesellschaft für deutsch-sowjetische Freundschaft» war ihm damals jedoch das Einreisevisum verweigert worden. In der «Hollywood Bowl» sodann, einer riesigen, zwanzigtausend Zuhörer fassenden Freiluftarena, führte er vorwiegend Werke deutscher Komponisten der Klassik, der Romantik und Moderne auf, und wie schon in Chicago wurden ihm enthusiastischer Applaus und Lobeshymnen der Presse zuteil. In Los Angeles hatte Solti eine Zusammenkunft mit der Witwe Arnold Schönbergs, die ihm die nachgelassene Oper ihres Mannes, *Moses und Aron,* zur Uraufführung in Frankfurt anbot. In oratorischer Form war das Werk bereits im Frühjahr in Hamburg erklungen. Er werde die Möglichkeiten zu einer szenischen Aufführung, an der ihm sehr gelegen sei, genau prüfen, sagte Solti, aber nur zustimmen, wenn er dieses bedeutende Werk auch seiner Bedeutung entsprechend herausbringen könne. Daß Solti diese einmalige, ja geradezu historische Chance, sich mit der Aufführung der Schönberg-Oper einen ganz großen Namen zu schaffen, nicht sofort ergriff, ist höchst erstaunlich und bedauerlich, und später wird er sein Zögern sicher bereut haben. Es gab indes zahlreiche Gründe dafür. Erstens einmal hatte er sich bis zu diesem Zeitpunkt noch kaum mit Schönbergs Musik, die ihm als hauptsächlichem Interpreten von Haydn und Mozart, Beethoven und Brahms wenig verlockend erscheinen mußte, befaßt und auch noch nichts von diesem Neutöner aufgeführt. Zweitens hatte er im April dieses Jahres mit drei Strawinsky-Einaktern bereits moderne Bühnenstücke im Programm gehabt, die er nach seiner Rückkehr wiederaufzunehmen im Sinn hatte, und drittens war auch schon auf den Dezember *Penelope* geplant, eine Opera semiseria seines Freundes Rolf Liebermann, die in diesem Sommer bei den Salzburger Festspielen ihre Uraufführung erlebte. Genügend Zeit für die Einstudierung eines so schwierigen und für Solti fremdartigen Werks blieb also kaum, zumal der Spielplan für längere Frist festgelegt war. Natürlich wäre technisch und finanziell eine Aufführung in Frankfurt durchaus möglich gewesen, wenn nicht schon 1954, dann eben im nächsten oder übernächsten Jahr, und auch in künstlerischen Belangen fehlten die Voraussetzungen dazu nicht; dennoch fiel schließlich die Ehre der Uraufführung dem mit weitaus bescheideneren Mitteln operierenden Stadttheater Zürich zu, wo *Moses und Aron* am 6. Juni 1957 zum allerersten Male über die Bühne ging. Mochte von Berlin und München, Wien und Mailand, ja selbst von Frankfurt aus gesehen das Zürcher Opernhaus im Geruch der Provinzialität stehen, so hat es doch immer wieder verblüffende und wegweisende Aufführungen zustande gebracht, die selbst für ungleich größere Theater vorbildlich waren und außerdem bewiesen, daß Provinzialität zu der Einwohnerzahl einer Stadt in keiner festen Relation steht: sogar in Weltstädten und in Hochburgen des Opern- und Konzertbetriebes ist man dagegen keineswegs gefeit. Daß sich neben Zürich auch manch andere europäische Stadt mit verhältnismäßig geringer Bevölkerungszahl zu Außerordentlichem auf dem Gebiet von Kunst und Kultur aufzuschwingen vermag, widerlegt unter anderem die von Stars vertretene Ansicht, Ensemblebetriebe seien altmodisch und längst überholt. Solche Leute vergessen, daß auch sie einst aus Ensembles und kleinen Gemeinschaften oder Gemeinwesen hervorwuchsen und daß sie in erster Linie ihnen ihr Können zu verdanken haben. Um auf Solti zurückzukommen: Ob er in Los Angeles wirklich eine einzigartige Chance verpaßte, ist angesichts der inneren und äußeren Hemmnisse doch wieder fraglich, selbst wenn er ihr später nachgetrauert haben sollte. Er vermochte wohl das Angebot von Schönbergs Witwe gar nicht als eigentliche Chance, wie wir sie im nachhinein zu erblicken vermeinen, zu begreifen. Erst elf Jahre danach war dies der Fall, und da hat er sie dann entschlossen genutzt. Von Kalifornien flog Solti gegen Ende September nach Mexico-City, wo er und Walter Gieseking mit großem Erfolg konzertierten. Am 13. Oktober 1954 landeten er und seine Gattin wieder in Frankfurt, wo sie vom üblichen Begrüßungskomitee, aber auch von ihrem schwarzen Cocker-Spaniel namens Mixie freudig empfangen wurden. Gerüchte, daß er nach Amerika übersiedeln wolle, bezeichnete der Opern- und Generalmusikdirektor in Personalunion als falsch. Er werde seinen bis 1956 laufenden Vertrag

einhalten und freue sich auf die Arbeit mit seinem Orchester. Ein umfangreiches Programm erwartete ihn. Die Wiederaufnahmen von *Don Giovanni, Così fan tutte, Othello* und der Strawinsky-Einakter standen darauf, ferner das *Deutsche Requiem* von Brahms und die Vorbereitung der *Penelope.*
Das angehende neue Jahr sah Georg Solti bereits wieder auf Reisen. Am 15. Januar 1955 flog er mit dem Münchner Kammersänger Kurt Böhme, der vor zwei Wochen nach einem neunwöchigen Gastspiel an der New Yorker Metropolitan Opera ins Bundesgebiet zurückgekehrt war, zu Konzerten in Lissabon. Etwa zehn Tage vorher hatte Solti von der Leitung der Salzburger Festspiele die ehrenvolle Einladung erhalten, anstelle des Ende November 1954 verstorbenen Wilhelm Furtwängler die Neueinstudierung der *Zauberflöte* in diesem Jahr und im Mozartjahr 1956 zu übernehmen. Seit dem Debüt mit Mozarts *Idonomeo* im Sommer 1951 waren über drei Jahre verstrichen, ehe man sich in Salzburg wieder seiner erinnerte. Offenkundig war die Frankfurter Premiere der *Zauberflöte,* die am Neujahrstag unter Soltis Leitung stattgefunden hatte, so erfolgreich verlaufen, daß man sich in Salzburg wenige Tage danach zu seiner Einladung entschloß.
Noch vor den Salzburger Aufführungen reiste der Dirigent ein weiteres Mal nach Amerika. Am 7. Juli 1955 eröffnete er mit dem Los Angeles Philharmonic Orchestra in der Hollywood Bowl die Sommersaison. Sie ist schon einmal erwähnt worden, doch lohnt es sich, sie und die Umstände, unter denen sich die musikalische Darbietung abwickelte, noch etwas genauer zu beschreiben. Das in einer Bergmulde oberhalb der Filmstadt gelegene Amphitheater mit zwanzigtausend Sitzplätzen zeichnet sich nämlich durch eine natürliche Akustik aus, die von einem verborgenen Verstärker-System gestützt wird. Selbst weit entfernt Sitzende können hier leise Gesangs- und Orchestertöne ohne Anstrengung wahrnehmen. Das Orchester spielt in einer Muschel von zweiundfünfzig Meter Breite. Wenn die Lichter im Zuschauerraum gelöscht sind, liegt das Innere der Muschel in strahlender Helle, die der davorliegende Teich widerspiegelt. Hoch über der Bowl, von den Bergspitzen her, halten Scheinwerfer mit purpurnem Strahl als Warnzeichen lästige Flugzeuge fern. Der Abend begann mit dem Aufstellen des Sternenbanners, das von Gardisten auf die Bühne gebracht wurde, während die Anwesenden sich erhoben und das Orchester die Nationalhymne spielte. Nach kurzer Pause erschien dann Solti, mit stürmischen Zurufen begrüßt, denn er war noch vom vorigen Jahr allen in bester Erinnerung. Er dirigierte Tschaikowskys Sechste Symphonie in h-Moll op. 74, die *Pathétique,* und Strawinskys *Feuervogel*-Suite; dazwischen und zum Schluß sang die Sopranistin Dorothy Kirsten

von der New Yorker Met Arien aus Opern von Carpentier, Massenet und Puccini. «Bei Strawinskys *Feuervogel* begann der kalifornische Vollmond mitzuwirken. Bedächtig näherte er sich von unten aus der Stadt kommend der Bergmulde. Weder ihn noch den Kapellmeister schien es zu stören, daß die Sängerin das etwas abseits liegende Vilja-Lied aus der *Lustigen Witwe* zugab, denn er ließ sein Licht ebenso mild weiterleuchten wie Herr Solti die Dirigierkunst» (Arthur Joseph, «FAZ», 14. Juli 1955). Die amerikanischen Zeitungen lobten die «feinfühlig empfundenen Tempi» und die «dynamische Ausdeutungskunst» der Orchesterwerke. Unter Solti, hieß es, habe das Orchester wie ein einziges Instrument gewirkt: «Die Geigen klangen süß und rein, die Bleche voll und die Bläser sorgfältig moduliert.» Nach seiner vierten Reise in die USA und seinem ersten Flug über den Nordpol traf der Generalmusikdirektor am 15. Juli wieder in Frankfurt ein. In seinem Gepäck befand sich für die zu Hause gebliebene Gattin eine hübsche Abendtasche von «Magnine» in Los Angeles. Er plauderte mit den Pressevertretern über seine jüngsten Amerika-Eindrücke und allerlei Sonstiges und verriet auch schon, daß er im Dezember für drei Wochen nach den Staaten gehe, um in Los Angeles, St. Louis und in New York – in der Carnegie Hall! – zu dirigieren. Am nächsten Tag ging es mit Frau und Hund Mixie nach Salzburg, wo Solti mit der *Zauberflöte* gleichsam einen Teil von Furtwänglers Hinterlassenschaft übernehmen sollte.
Wiederum spielte sich das Bühnengeschehen bei den fünf Vorstellungen vom 25. Juli und 2., 8., 16. und 26. August in der nächtlichen Felsenreitschule ab, mit Gottlob Frick als idealem Sarastro, Anton Dermota als brillantem Tamino und dem Sprecher in Gestalt von Paul Schöffler. Erich Kunz gab einen salontirolerischen Papageno, während Hannelore Steffek seine anmutige Papagena verkörperte. Erika Köth glänzte als Königin der Nacht, und Elisabeth Grümmer spielte und sang großartig deren Tochter Pamina. Der Inszenierungsarbeit Herbert Grafs ward kluges Maßhalten und besonderer Sinn für die Darlegung des Einweihungsmysteriums nachgerühmt, und auch die auf Anregung von Furtwängler erfolgte Heranziehung von Oskar Kokoschka, der die Bühnenbilder und Kostüme schuf, erwies sich als überaus glücklich. Dr. Willi Reich in seiner «kritischen Reportage»:

Schon mit den ersten Takten der Ouvertüre wurde das ausgezeichnete Verhältnis fühlbar, das sich zwischen Generalmusikdirektor Georg Solti und den Wiener Philharmonikern herausgebildet hat. Prachtvoll das bei voller Durchsichtigkeit der Polyphonie durchgehaltene straffe Tempo des Allegro-Teils! (...) Die musikalische Interpretation war von vollendeter Transparenz, innerer Beschwingtheit und dramatischer Lebendigkeit. Alle Gesangs- und Instrumentalkräfte trugen höchst verdienstlich dazu bei, den musikalischen Beginn der Salzburger Festspiele 1955 in dem geliebten Opernwerk Mozarts als das erscheinen zu lassen, was allein seinem Geiste angemessen ist: als ein Fest der Farben und Klänge. («Salzburger Nachrichten», 26. Juli 1955)

Auf Soltis weitere Salzburger Auftritte wird später noch einzugehen sein. Vorweg sei jedoch festgehalten, daß die fünf Aufführungen im August 1956 mit Solti und Graf eine weitgehend unveränderte *Zauberflöte* brachten. Die wesentlichsten Umbesetzungen ergaben sich bei der Königin der Nacht, wo Rita Streich nach einigen Aufführungen Erika Köth ablöste, und bei Papagena, die 1956 von Anfang an von der bezaubernden Anneliese Rothenberger gesungen wurde. Im März dieses Jahres unterzeichnete Karajan einen Vierjahresvertrag als Künstlerischer Leiter der Salzburger Festspiele und dirigierte beeindruckende Aufführungen von *Fidelio, Elektra, Falstaff* und *Don Carlos.* Als Operndirigent war Solti von da an scheinbar nicht mehr erwünscht, denn er dirigierte in Salzburg nur noch Orchesterkonzerte. Am 1. August 1959 spielte das Orchestre National de la Radiodiffusion-Télévision Française unter seiner Leitung im Großen Saal des Mozarteums die B-Dur-Symphonie (Hob.I: 102) von Haydn, Mozarts Konzert für Klavier in A-Dur (K.–V. 488) mit dem Engländer Clifford Curzon als Solisten und nach der Pause, ebenfalls von Mozart, die Symphonie in Es-Dur (K.–V. 543). Im Neuen oder Großen Festspielhaus, das im Sommer 1960 eingeweiht worden war, führte Solti am 26. August 1962 mit den Wiener Philharmonikern die *Sinfonietta* von Leoš Janáček auf, das Violinkonzert op. 61 von Beethoven, interpretiert vom französischen Geiger Zino Francescatti, sowie die Vierte Symphonie e-Moll op. 98 von Brahms. Zwei Jahre darauf, am 16. August 1964, musizierte der Maestro erneut mit den Wiener Philharmonikern im Großen Festspielhaus, wobei *Till Eulenspiegels lustige Streiche* op. 68 von Richard Strauss, Bartóks Konzert für Klavier und Orchester Nr. 3 (1945) und Mahlers Erste Symphonie in D-Dur erklangen. Solistin war die ungarische Pianistin Annie Fischer, eine Schülerin von Ernst von Dohnányi und Arnold Székely. Die um zwei Jahre jüngere und gleichfalls aus Budapest stammende Musikerin hatte mit Solti also vieles gemein. Sie war 1941 nach Schweden emigriert und nach Kriegsende wieder in ihre Heimat zurückgekehrt, hatte aber eben letztes Jahr, das heißt 1961, mit Gastauftritten in den Vereinigten Staaten und Kanada begonnen. Dort, in den USA, war Solti möglicherweise auf sie aufmerksam geworden. Nach 1964

entstand in seiner Salzburger Konzerttätigkeit eine lange Zäsur; erst im Januar 1977, während der Mozartwoche, weilte er wieder in der Salzach-Stadt, und bis zu seinem Wiederauftreten bei den Festspielen dauerte es sogar bis zum August 1978. Da werden wir dann mit der Besprechung der Salzburger Orchesterkonzerte fortfahren (siehe Seite 269ff.).
Ob im Dezember 1955 die geplante Amerikareise und das Debüt in der New Yorker Carnegie Hall zustande kamen, war nicht eruierbar. Gemäß der Broschüre zur Solti-Edition erfolgte sein erstes Auftreten in der berühmten New Yorker Konzerthalle erst im Jahre 1957; es ist jedoch nicht völlig auszuschließen, daß dies – wie angedeutet – schon 1955 geschah. Anfangs März 1956 gastierte Solti mit der Frankfurter Oper in Paris; von diesem Ereignis wie auch von späteren Opern-Gastspielen wird zu sprechen sein, wenn Soltis spätere Arbeit als Operndirigent behandelt wird. In den ersten Maitagen desselben Jahres kehrte er nach einer mehr als sechswöchigen Reise aus Israel zurück. Er dirigierte in dieser Zeit insgesamt fünfundzwanzig Konzerte, zum größten Teil in Tel Aviv, Haifa und Jerusalem. Die mit dem israelischen Symphonieorchester einstudierten vier Programme umfaßten Werke von Haydn, Mozart, Beethoven, Brahms, Bartók, Goffredo Petrassi, Ravel und Tschaikowsky. Wie Solti nach seiner Rückkehr betonte, genoß das israelische Orchester internationales Ansehen und hatte auch schon in Europa (freilich nicht in Deutschland) gastiert. Die nächsten Gastspiel-Verpflichtungen führten ihn in diesem Jahr zudem für eine Woche nach London, für eine weitere Woche nach Paris und im Juni zu einem Festwochen-Konzert nach Zürich. In der zweiten Juli-Hälfte gab er in Chicago mit dem dortigen Symphonieorchester mehrere Konzerte. Der Musikkritiker des Chicago American verglich ihn mit Arturo Toscanini und wies auf Soltis «einzigartige elektrisierende Stabführung» hin. Von der «gewaltigen Eindringlichkeit und hervorragenden künstlerischen Qualität» der Leitung Soltis und seiner «lebendigen und schöpferischen» Dirigierweise berichteten auch die anderen Zeitungen. Im August folgten weitere *Zauberflöte*-Aufführungen an den Salzburger Festspielen, und ungefähr Mitte Oktober flog Solti erneut nach Chicago, in Begleitung seiner Gattin sowie des Baritons Alexander Welitsch und der mit ihm verehelichten Sopranistin Inge Borkh.
Während des sechswöchigen Gastaufenthalts an der Lyric Opera leitete er Aufführungen der Opern *Salome* mit Inge Borkh, der *Walküre* mit Birgit Nilsson, Paul Schöffler und Christa Ludwig, von Verdis *Macht des Schicksals* mit Renata Tebaldi, Giulietta Simionato, Richard Tucker und Ettore Bastiani und von Mozarts *Don Giovanni* mit Nicola Rossi-Lemeni in der Titelpartie und Leopold

Simoneau als Don Ottavio. Der Chicago American schrieb: «Georg Solti, der vielleicht größte junge Dirigent der Welt, vereint Impetus und Autorität und orchestrale Kraft in sich.» Ganz anderer Meinung war nach einer Aufführung des *Don Giovanni* die einflußreiche Kritikerin der Chicago Tribune, Claudia Cassidy. Sie fällte das blutrünstige Verdikt, Solti habe das Sextett schlecht, aber mit lächelndem Gesicht dirigiert – es wäre indessen besser gewesen, er hätte sich die Kehle durchschnitten. Dadurch wurden die Verhandlungen des Dirigenten wegen eines leitenden Postens zunichte gemacht. Solti war sehr verletzt, erkannte indes später, daß die böse Zunge der Kritikerin letztlich doch etwas Gutes bewirkte. Wäre er nämlich damals engagiert worden, hätte er nie Chefdirigent des Chicago Symphony Orchestra werden können. Auf Kritik stieß er übrigens auch wegen seiner schnellen Tempi und wegen der langen Streichungen in der *Walküre*. Seinen größten Erfolg errang er mit der Verdi-Oper:

Dies war eine Aufführung, die man in der Erinnerung wie einen Schatz hüten sollte. Solti entschädigte einen für manches durch seine klug gewählten Tempi und seine Fähigkeit, die gewaltigen Chorensembles zusammenzuhalten. (Howard Talley, «Opera», Januar 1957)

Bis dahin hatte Solti im Rahmen seiner Karriere als Operndirigent noch nie Gelegenheit gehabt, mit einer so auserlesenen Schar erstklassiger Sänger zusammenzuarbeiten, und vielleicht hatte er sich eben deshalb um einen Posten beworben. Der Grund für diese Ansammlung von Spitzenkräften, zu der sich neben Solti auch der griechische Dirigent Dimitri Mitropoulos gesellte, lag paradoxerweise in der katastrophalen Finanzsituation des Opernhauses. Um das Publikum zu bewegen, es wieder häufiger und in großer Zahl aufzusuchen, damit die Einnahmen stiegen, hatte die Managerin Carol Fox zu dem verzweifelten und riskanten Mittel gegriffen, große Stars zu verpflichten. Ob sich dies auf lange Sicht auszahlte, ist eher fraglich. Im Anschluß an seine Chicagoer Tätigkeit dirigierte Solti vor seiner Heimkehr vier Konzerte mit dem Saint Louis Symphony Orchestra, während sich Alexander Welitsch und Inge Borkh auf eine Konzerttournee durch die Staaten begaben.
Genau wie sein Nordamerika-Debüt fand auch Soltis langerwartetes New Yorker Debüt nicht wie ursprünglich vorgesehen statt. Eigentlich hatte er die Absicht, einer Einladung des NBC-Nachfolgeorchesters «Symphony of the Air» zu folgen, das durch die Verpflichtung eines international bekannten Dirigenten sein gesunkenes Ansehen wieder zu heben und gegen das rivalisierende New York Philharmonic Orchestra besser zu bestehen hoffte. Da das ehemalige NBC-

Ensemble einst unter Toscaninis Stabführung gestanden hatte, muß für Solti der Gedanke, dieses Orchester nun selbst dirigieren zu können, besonders verlockend gewesen sein. Doch als das New York Philharmonic, das weit reputierter war, für den im November 1956 bei einem Flugzeugabsturz ums Leben gekommenen Guido Cantelli einen andern Gastdirigenten suchte und Solti bat, anstelle des italienischen Maestro für zwei Wochen im März 1957 die Leitung des Orchesters zu übernehmen, entschied sich dieser für das vorteilhaftere Angebot. Das «Symphony of the Air» war wütend, daß ihm Soltis Debüt in New York entgehen sollte, und äußerte sich entsprechend gegenüber der Presse, so daß es nicht überrascht, daß die «Air»-Konzerte schließlich abgesagt wurden.
Eine Maschine der Pan American brachte den Frankfurter Generalmusikdirektor und dessen Gattin am 10. April 1957 nach New York, wo unter Solti acht Konzerte mit dem Philharmonischen Orchester gegeben werden sollten. Auf den vier Programmen standen Werke von Mozart, Beethoven, Brahms, Hindemith, Bartók, Kodály und Gottfried von Einem, darunter zwei Klavierkonzerte und ein Violinkonzert. Eines der Klavierkonzerte spielte Clifford Curzon. Als das Ehepaar sich im eleganten Sheraton-Hotel in Manhattan einlogierte, waren drei Konzerte in der riesigen Carnegie Hall ausverkauft und für die folgenden nur noch einige Stehplätze zu haben. Das kritische New Yorker Musikpublikum belohnte den Dirigenten nach dem ersten Konzert durch anhaltenden Beifall und laute Bravo-Rufe. Einige Hundert Zuhörer blockierten danach Soltis Garderobe, um zu gratulieren oder ein Autogramm zu bekommen. «Wissen Sie auch, daß ich der erste deutsche Dirigent bin, der nach dem Krieg in New York ein Konzert gab?» sagte der Dirigent überglücklich zu dem deutschen Musikkritiker Günter Hett, der dem musikalischen Ereignis beigewohnt hatte. Die amerikanischen Kritiker bedachten Solti mit Lob und Anerkennung für seine Interpretationskunst. Howard Taubman von der New York Times sprach von einer «eindrucksvollen, ausgereiften musikalischen Leistung» und fügte hinzu, der ungarische Orchesterleiter habe «Charisma und eine reife musikalische Auffassung». Den herzlichen Beifall des Publikums habe sich Solti nicht mit Kunstgriffen, sondern mit schlichtem, ehrlichem Musikertum verdient. In der New York Herold Tribune erklärte Paul Henry Lang, es sei interessant, Solti zu beobachten und dabei festzustellen, daß er auf dramatische Gesten weitgehend verzichte. Dagegen sorgten seine umherwandernden Augen dafür, «daß jeder für die ihm zugewiesene Aufgabe schon vor dem Einsatz bereit ist». Harold C. Schonberg äußerte nach einem Konzert in der darauffolgenden Woche, Solti habe eine sehr direkte Vorstellung davon, wie Musik klingen solle, vor allem

vollblütige Musik, zu der es ihn am meisten hinzuziehen scheine. «Weder ist er allzu subtil, noch ist er um übertriebene Effekte bemüht. Sein Musizieren hat eine klare, gerade Linie.» In einem Interview mit diesem Referenten sprach sich Solti seinerseits sehr lobend über die New Yorker Philharmoniker und über sein erstes Zusammentreffen mit einem großen amerikanischen Orchester aus:

Die Technik ist hier bemerkenswert gut. Bei manchen europäischen Orchestern muß man viele Passagen erst proben, ehe sie richtig gespielt werden. Hier kennen die Musiker diese Stellen bestens. So kann man also mit sehr wenig Arbeit die gleichen musikalischen Ergebnisse erzielen wie mit europäischen Orchestern; überdies ist das technische Können hier im allgemeinen höher. («New York Times», 24. März 1957)

In einem zweiten Interview, für das sich Solti einem Vertreter der Nachrichtenagentur United Press zur Verfügung stellte, urteilte er noch bedeutend schärfer, doch kaum so einseitig, wie es der Interviewer zu hören beliebte. Ausschnitte aus dieser Unterhaltung mit dem Journalisten wurden jedoch in der Frankfurter Allgemeinen (FAZ) veröffentlicht und lösten in der Musikwelt recht heftige Diskussionen aus. Solti war inzwischen von Amerika nach Tel Aviv geflogen, wo er einige Tage lang Schallplattenaufnahmen dirigierte. Als er Ende März oder Anfang April wieder in Frankfurt eintraf, geriet er mitten in den Wirbel hinein, den der FAZ-Artikel ausgelöst hatte, und sah sich genötigt, im selben Blatt eine Stellungnahme zu publizieren, weil seine Äußerungen «in ihrem Kern wesentlich entstellt» wiedergegeben worden seien. Hier eine der entstellten oder willkürlich zugespitzten Bemerkungen Soltis:

Es gibt kein vergleichbares deutsches Orchester, soweit es die Güte aller seiner Klanggruppen als Ganzes betrifft. Die Berliner Philharmoniker haben einige Klanggruppen, die ebensogut, wenn nicht etwas besser sind. Aber das Ensemble der New Yorker Philharmoniker ist zweifellos dem Berliner Ensemble weit überlegen. («FAZ», 3. April 1957)

Dazu schrieb Solti in seiner Berichtigung unter Punkt 3:

Ich habe niemals über die Berliner Philharmoniker die mir untergeschobenen Äußerungen getan. Der UP-Korrespondent hat mich gefragt, ob es in Europa Orchester gebe, die sich mit den New Yorker Philharmonikern vergleichen ließen. Meine Antwort war, es gebe in Europa nur vier bis fünf Orchester von der Qualität der New Yorker

Philharmoniker. Dazu gehören die Berliner Philharmoniker, ferner die Wiener Philharmoniker, das Concertgebouworchester, die Londoner Philharmonia und das Orchestre National Paris. («FAZ», 4. April 1957)

In New York hatte Solti junge Sängerinnen und Sänger zum Vorsingen eingeladen, denn als Opernchef wollte er sich davon überzeugen, wie begabt und wie gut geschult der amerikanische Nachwuchs war. Der UP-Journalist, dabei auch zugegen, wunderte sich über die Tatsache, daß ein europäischer Dirigent in den Staaten Talenten nachspüre. Bisher sei es doch die Regel gewesen, daß amerikanische Konzertagenten und Operndirektoren nach Europa reisen mußten, um neue Musiktalente zu entdecken. Solti sagte dazu: «Die jungen amerikanischen Sängerinnen und Sänger haben eine bessere Ausbildung genossen als ihre deutschen Kollegen.» Doch auch damit – kommentierte ein Frankfurter Musikjournalist – legte er den Finger an eine Wunde, die in der Tat seit Jahren schwärte: an das Ausbildungswesen der deutschen Musikhochschulen. Die Kunsthochschulen seien im Vergleich zu den wissenschaftlichen und erst recht den technischen Instituten hoffnungslos ins Hintertreffen geraten, führte der Musikjournalist weiter aus. Abgesehen von den unzureichenden Etats seien die meisten Musikhochschulen ihrer Organisation nach veraltet und personell noch nicht auf «Friedensstand» gebracht worden. Mittlerweile hätten viele große Pädagogen – Dirigenten, Sänger und Instrumentalisten – die Tradition des musikalisch ruhmreichen neunzehnten Jahrhunderts in Amerika fortgeführt und drüben eine Pionierarbeit geleistet, die jetzt ihre Früchte trage. «Da hat es nichts zu bedeuten, wenn wir den Hang zum Perfektionismus der Amerikaner naserümpfend abtun; ihr jahrelanges Bemühen, die europäische Musizierpraxis nachzuahmen, hat jetzt dazu geführt, sie einzuholen und – wie Solti, der es wissen muß, sagt – zu überflügeln» («Wirtschaftszeitung», 6. April 1957).

«Amerika gibt jetzt den Ton an»: diese Überschrift zum Zeitungsartikel, dem das obige Zitat entnommen wurde, entspricht genau dem, was Solti in den USA beobachtete, und ebenso den uns bereits bekannten Ausführungen Rolf Liebermanns, der die Verhältnisse in den Staaten in späteren Jahren ebenfalls gründlich kennenlernte und zu denselben Schlüssen wie sein Freund Solti kam. Als er sein 1976 erschienenes Buch «Opernjahre» schrieb, war die von Solti vorweggenommene Umkehr schon längst vollzogen: die Amerikaner reisten zur Entdeckung neuer Talente nicht mehr nach Europa, sondern die Europäer nach Amerika. Und wenn Solti in seiner Stellungnahme darauf hingewiesen hatte, daß Deutschland sehr

viele Opernbühnen habe, wo sich die jungen amerikanischen Sänger enorm entwickeln und ihre Begabung entfalten könnten, so hatte er auch in dieser Beziehung den künftigen Ablauf der Dinge richtig vorausgeahnt. Nach abgeschlossener Ausbildung kamen in den folgenden Jahren viele Amerikaner, oft mit einem Stipendium, nach Europa, wo sie gegenüber den einheimischen Absolventen der Musikhochschulen und Konservatorien so vorteilhaft abschnitten, daß sie meist auf der Stelle engagiert wurden. «Dabei sind sie eigentlich weder begabter noch schöner als die anderen, und billiger erst recht nicht. Ihre Überlegenheit ist nichts als die Folge einer viel konsequenter aufs Ziel gerichteten Ausbildung. Resultat: Über sechshundert Amerikaner singen heute allein auf deutschen Bühnen die Hauptrollen, und die Festspiele von Salzburg und Bayreuth wären ohne sie gar nicht mehr vorstellbar» («Opernjahre», Seite 191).
Obschon also Solti mit seinen Prognosen in jeder Hinsicht recht behielt, erregten sie in Frankfurt zunächst Befremden und Entrüstung. Man konnte und wollte seine überraschenden, im Grunde jedoch lediglich den wirklichen Gegebenheiten entsprechenden Wertungen nicht akzeptieren und fühlte sich desto eher gekränkt, je weniger man über seine Nase hinwegzublicken vermochte. Manchenorts mochte man sie als die Kehrtwendung eines Undankbaren empfinden, der ohnehin im Begriff zu sein schien, früher oder später dem alten Kontinent endgültig den Rücken zuzukehren und gleichsam Fahnenflucht zu begehen. Und als dies einige Jahre darauf tatsächlich geschah, galt Solti in den Augen einiger Kritiker und enttäuschter Musikfreunde gar als Abtrünniger, dem man vorwarf, sein Publikum im Stich gelassen zu haben, und dem man dies lange nicht verzeihen konnte. Dabei gab es eigentlich gar nichts zu verzeihen, denn jedem Künstler muß es selbstverständlich unbenommen bleiben, in Freiheit seinem inneren Drang zu folgen und seinen Weg in der Weise zu gehen, wie er mit seinen Überzeugungen und den Möglichkeiten der Weiterentwicklung übereinstimmt. Aber so verhält es sich ja immer: Wer in die Fremde geht und sich Fremdes aneignet, weil er es als Bereicherung seiner selbst sieht und weil ihm andere Perspektiven einen weiteren Horizont erschließen, muß immer darauf gefaßt sein, einerseits bei jenen, die der Dichter Gottfried Keller «Stillständer» genannt hat, ein gewisses Befremden hervorzurufen und andererseits bei sich ein Gefühl der Entfremdung zu verspüren. Beides aber beeinträchtigt die Fähigkeiten zur Kommunikation mit weniger Erfahrenen, zur Verständigung mit Zurückgebliebenen, denen ihr Status besonders dann verstört oder ärgerlich bewußt wird, wenn sie sich plötzlich mit Unerhörtem konfrontiert finden. Die zum Teil unwillige Reaktion in Frankfurt

auf Soltis vielleicht allzu freimütige Äußerungen war deshalb nicht geeignet, sein in Deutschland ohnedies schon unsicheres Heimatgefühl – man erinnere sich an die Vorgänge in München – zu stärken und seine innere Verschlossenheit, in der sich stumm auch seine Einsamkeit ausdrückte, zu lockern. Zwar brachten ihm Sachverständige und seine Freunde und Förderer durchaus Verständnis entgegen, und man liebte es auch, ihn in der Presse als «Frankfurts Botschafter der Musik» zu bezeichnen, doch blieb dem überaus feinfühligen Dirigenten eine unterschwellige Animosität ihm gegenüber sicherlich nicht verborgen. Für so manche, die ihr unausgesprochenes, aber dennoch merkliches Mißtrauen gegenüber Fremden nicht zu besiegen vermochten, war einmal mehr erwiesen, daß er nicht wirklich einer der Ihren war und daß sich daran auch in Zukunft nichts ändern würde.

In den ersten Augusttagen des Jahres 1957 kehrte Solti von einem neuerlichen Amerikaaufenthalt nach Frankfurt zurück. Er hatte drei Wochen gedauert; die Reise war also kurz nach Unterzeichnung des neuen Vertrages unternommen worden. In Chicago hatte er mehrere Konzerte mit dem Symphonieorchester gegeben und war dann nach Los Angeles weitergeflogen, wo er wiederum mit dem Philharmonic Orchestra in der Hollywood Bowl musizierte. Bevor er sich aufs neue seinen Aufgaben in Frankfurt zuwandte, ging er für drei Wochen in die Schweiz auf Urlaub – in die Heimat seiner Frau Hedi. Ein Vergnügen waren ja die Amerikafahrten nur zum kleinsten Teil, denn meist war die Zeit für Proben äußerst knapp bemessen, so daß es jeweilen eines strapaziösen Efforts bedurfte, um die programmierten Werke einzuüben und die Musiker zu jenen glanzvollen Leistungen anzuspornen, auf denen sein Ruf als Dirigent beruhte. Im November leitete er in Chicago die Verdi-Opern *Don Carlos* und *Ein Maskenball,* beide mit Jussi Björling, sowie *Die Hochzeit des Figaro* von Mozart, jenes Bühnenwerk also, mit dem 1938 in Budapest seine Dirigentenlaufbahn begonnen hatte und das er in seinem Leben am häufigsten aufführte. Anfangs Dezember war er wieder in Frankfurt, wo er Pressevertretern mitteilte, er werde im Laufe seiner nächsten Amerikabesuche sämtliche neun Symphonien Beethovens dirigieren.

Aus dem Jahr 1958 ist an Gastauftritten nicht viel zu vermelden. Sie waren ja nachgerade zur Routine geworden, und die Berichte darüber fielen immer lakonischer aus. Ob sie deswegen auch spärlicher wurden, weil ihr Neuigkeitswert ständig geringer wurde oder weil Solti weniger häufig unterwegs war, läßt sich infolge mangelnder Unterlagen nicht sagen. Im Frühling hielt sich Solti ein weiteres Mal in Amerika auf: nichts Neues. Der Herbst dagegen konnte mit einem echten Novum aufwarten, beteiligte sich doch der Frankfurter GMD (= Generalmusikdirektor) am 12. September 1958 erstmals am Musikfestival von Montreux am Genfersee, das unter der Bezeichnung «Septembre musical» durchgeführt wird. Direktor dieser Veranstaltung ist heute der 1927 im nahen Lausanne geborene René Klopfenstein, der an der Universität Basel Philosophie, Musik und Kunstgeschichte studierte und als Dirigent einen Ersten Preis des Mozarteums Salzburg errang. Nach blendenden Erfolgen wurde der noch junge Orchesterchef schließlich Künstlerischer Leiter einer Schallplattenfirma. 1967 nahm er seine Dirigentenkarriere wieder auf und gab in Europa, den Vereinigten Staaten, der Sowjetunion und in Japan Konzerte. Er hat auch eigene Schallplatten eingespielt und in Paris einen Schallplatten-Preis erhalten. Was Solti damals nach Montreux zog, ist unklar. War es der junge Klopfenstein, dem er vielleicht in Salzburg oder sonstwo begegnete? Oder gefiel ihm einfach die zauberhafte Landschaft am Léman, gefielen ihm die Zacken und Firne der Waadtländer und Walliser Alpen und das idyllische Rhonetal mit den vielen Weinbergen? Weckte all dies Erinnerungen an die Zeit der Erholung, die er im August 1941 in Champex oberhalb Martigny verbracht hatte? Er fühle sich nach den Ereignissen des vergangenen Jahres weniger nervös und arbeite wieder, hatte er damals seinem Vater geschrieben ... Nun, falls es nicht Klopfenstein und schöne Erinnerungen waren, die ihn nach Montreux brachten – sicher ist auf jeden Fall, daß er diese Gegend liebte und noch immer liebt, besitzt er doch in einem hübschen Ort auf den sonnigen Hängen der rechten Rhonetalseite – in der Luftlinie kaum dreißig Kilometer von Champex entfernt – ein Chalet, in das er sich mit seiner Familie sommers wie winters gerne zurückzieht, um sich von den Mühen der Arbeit, den gesellschaftlichen und übrigen Erfordernissen und all den ständigen Reisen auszuruhen. Vielleicht besaß er das Chalet schon damals und verband die Konzerte in Montreux mit einem Urlaub in den Bergen; denkt man allerdings an sein nicht eben fürstliches Gehalt in Frankfurt, erscheint dies als wenig wahrscheinlich. Lassen wir also die Spekulationen und verlassen wir auch Montreux, von dem später noch einmal zu hören sein wird. Mitte September begannen unter Soltis Leitung die Aufnahmen aller Beethoven-Symphonien mit den Wiener Philharmonikern, und am 2. Dezember machte Stadtrat Dr. Karl vom Rath, der verdienstvolle Frankfurter Kulturdezernent, der Öffentlichkeit bekannt, daß der Magistrat den Vertrag mit Generalintendant Buckwitz bis zum Jahre 1963 und jenen mit GMD Solti bis 1961 verlängert habe. Im Zusammenhang mit dem Beschluß der Stadtverordnetenversammlung, ein neues Schauspielhaus zu bauen, erklärte er, ein derart glückliches Zusammentreffen von wichtigen Ereignissen sei in der Theatergeschichte Frankfurts einmalig, um so mehr, als auch begründete Hoffnung bestehe, daß alle übrigen künstlerischen Vorstände und Solisten durch mehrjährige Verträge an Frankfurt gebunden werden könnten. Dadurch seien die Kontinuität und das Niveau der Theaterarbeit für die nächsten Jahre gesichert. Es sollte sich indes unverhofft bald herausstellen, daß der Optimismus des Kulturdezernenten nicht in allen Teilen berechtigt war und daß selbst auf Verträge nicht zu bauen ist, wenn Geist und Buchstabe aus bestimmten Gründen nicht mehr in Einklang zu bringen sind.

Ende Januar 1959 wurde Solti eine erste bedeutende Ehrung zuteil, indem ihn Bundespräsident Theodor Heuss anläßlich seines fünfundsiebzigsten Geburtstages mit dem Großen Verdienstkreuz des Verdienstordens der Bundesrepublik Deutschland auszeichnete, in Anerkennung seiner bedeutenden künstlerischen Leistungen. Schon bei der Darlegung seiner Tätigkeit in der Schweiz ist darauf hingewiesen worden, daß er am 2. und 4. Februar 1959 das Orchestre de la Suisse Romande in Lausanne und Genf leitete und am 5. Februar sein Konzert vom schweizerischen Landessender Sottens übertragen wurde. Im März/April unternahm er seine zwölfte Konzertreise nach den Vereinigten Staaten (ob diese Zählung eines Journalisten stimmt, muß hier offen bleiben) und dirigierte bei einem vierwöchigen Aufenthalt in Los Angeles mit den dortigen Philharmonikern dreizehn Konzerte, denen drei Programme zu Grunde lagen. Den Sommer über blieb Solti in Europa. Am 1. August stand bei den Salzburger Festspielen das Zweite Orchesterkonzert unter seiner Leitung, und ungefähr in der Monatsmitte dirigierte er in München als erste Festspiel-Premiere Wagners *Tannhäuser;* von beiden Ereignissen ist ebenfalls bereits die Rede gewesen. Es folgte ein Konzert bei den Wiener Festwochen, bei dem das im Vorjahr entstandene *Requiem* für Sopran, Bariton, gemischten Chor und Orchester op. 58 von Boris Blacher und die ebenso im Jahr zuvor komponierte Siebente Symphonie des Münchners Karl Amadeus Hartmann zur Uraufführung kamen. Nebenbei vermerkt: Nach Studien an der Münchner Akademie der Tonkunst war der 1905 geborene Hartmann Schüler von Hermann Scherchen und später von Anton von Webern geworden. In Paris dirigierte Solti zwei Konzerte zum fünfundzwanzigjährigen Jubiläum des Orchestre National, und Anfang Dezember debütierte er mit dem *Rosenkavalier* von Richard Strauss an der Covent Garden Opera in London. Während dieser Abwesenheit kamen in Frankfurt Gerüchte auf, wonach sich Solti für die Nachfolge Eugen Jochums interessiere, der eben seine Absicht bekanntgegeben hatte, auf den 31. Dezember von seinem Posten als Chefdirigent des Bayerischen Rundfunks zurückzutreten. Auf Anfrage habe Solti mitgeteilt, daß er die

Chance gerne wahrnehmen würde, Dirigent eines vom Opernbetrieb freien, großen Orchesters zu werden und sich der Oper nur noch als Gastdirigent zu verbinden. Da er sich bis zum September des nächsten Jahres über die Verlängerung seines Vertrages entscheiden müsse, komme ihm die Möglichkeit, Verhandlungen mit dem Bayerischen Rundfunk aufzunehmen, sicher nicht ungelegen. Wie die Geschehnisse in den folgenden Monaten zeigen sollten, trug sich Frankfurts GMD tatsächlich mit dem Gedanken einer Abkehr von der Oper, um sich vermehrt der symphonischen Musik zuwenden zu können.

Im März und April des Jahres 1960 befand sich Solti neuerdings auf einer Tournee in Nordamerika. In Montreal und Philadelphia leitete der Unermüdliche und Vielbegehrte Konzerte der dortigen symphonischen Orchester, worauf er an die Westküste weiterreiste und in Los Angeles mit triumphalem Erfolg einmal mehr das Philharmonische Orchester dirigerte. Höhepunkt in Kalifornien war die Aufführung von Haydns Oratorium *Die Schöpfung* mit der Sopranistin Maria Gibson, dem Tenor Leopold Simoneau und dem Baßbariton Donald Gramm als Solisten und dem Robert-Wagner-Chor. Unterdessen rätselte man in Frankfurt, ob Solti wohl das Amt des Chefdirigenten des Hamburger Philharmonischen Orchesters übernehmen werde, nachdem Joseph Keilberth 1959 nach München übergewechselt war. Der Senat hatte zuerst den Kölner Generalmusikdirektor Wolfgang Sawallisch zu gewinnen versucht, und als dieser verzichtete, war man an Solti herangetreten. Die Verhandlungen mit ihm, erklärte man in der Hansestadt, stünden so aussichtsreich, daß mit einem Vertragsabschluß nach dessen Rückkehr aus den USA im Mai gerechnet werden könne. In Los Angeles ließ Solti indes wissen, da Verhandlungen im Gang und Entscheidungen in der Schwebe seien, wolle er nicht, daß drüben Neuigkeiten hinausposaunt würden, für die es noch keine Grundlage gebe; er könne im Augenblick nicht mehr sagen, als daß er nach dem einwöchigen Gastspiel in San Francisco um den 25. April nach Frankfurt zurückkehren werde. Einige Tage vor diesem Termin teilte Solti jedoch in einem Telegramm Stadtrat vom Rath mit, er werde ab Herbst 1961 das Los Angeles Philharmonic Orchestra leiten, daneben aber weiterhin das Frankfurter Opernhausorchester führen. Der Wechsel zu einer vorwiegenden Tätigkeit als Konzertdirigent schien also geglückt zu sein. Am 2. Juni dirigierte Solti bei den Juni-Festwochen in Zürich ein Konzert des Tonhalle-Orchesters, bei dem Claudio Arrau als Solist mitwirkte, doch einen Monat später verkündeten fette Lettern in der Frankfurter Presse: «Solti geht nach London.» Er werde im Einvernehmen mit Generalintendant Harry Buckwitz und der Stadtverwaltung am 1. September

1961 das Amt des Generalmusikdirektors am Royal Opera House Covent Garden, London, antreten; als Gastdirigent bleibe er aber in künftigen Spielzeiten der Frankfurter Oper verbunden und übernehme mehrere Neuinszenierungen. Weshalb es zu diesem überraschenden Abrücken von den ursprünglichen Zielen kam, erfuhr die Öffentlichkeit aus einem Gespräch Soltis mit einem Musikkritiker der Frankfurter Allgemeinen, das nach seiner Rückkehr aus der Schweiz – er hatte am 25. September in Montreux ein Konzert im Rahmen des «Septembre musical» dirigiert – stattfand. Einzig Gründe der eigenen künstlerischen Entwicklung, führte Solti aus, hätten ihn dazu bewogen, den «in neun Jahren liebgewonnenen Posten in Frankfurt» aufzugeben. Er fühle, daß er nach so langer Zeit nunmehr einen Wechsel vornehmen müsse. Eigentlich habe er keine Stellung als Operndirektor mehr annehmen und Opern nur gelegentlich noch als Gast dirigieren wollen. Bruno Walter habe ihn jedoch davon überzeugt, daß er angesichts des Mangels an Ersten Kapellmeistern seine Stellung als Opernleiter nicht aufgeben dürfe, und so habe er der ehrenvollen Berufung nach London zugestimmt. Der Einfluß des damals vierundachtzig Jahre alten Bruno Walter auf Solti muß demnach sehr beträchtlich gewesen sein. Die beiden Dirigenten kannten sich ja schon seit vielen Jahren, und da Walter seinen Wohnsitz in Beverly Hills hatte (wo er am 17. Februar 1962 starb), ist es durchaus denkbar, daß Solti ihn bei seinen Gastauftritten in Los Angeles besuchte und daß sich die Beziehung zwischen ihnen so sehr vertiefte, daß er den Rat des Altmeisters ohne weiteres befolgte. In seiner lebenslangen Operntätigkeit ist Bruno Walter natürlich manches aufgegangen, das den Eindruck auf seinen viel jüngeren Kollegen nicht verfehlte, und weil Walter diese Gedanken schriftlich festhielt, sind wir in der Lage, ihnen zu folgen.

Die Voraussetzung für den Beruf des Operndirigenten ist ein angeborenes Gefühl für das Theater, die dramatische Natur. *Zu einem umfassenden und durchgebildeten Musikertum muß sich tiefe Erschlossenheit für das lebendige Geschehen auf der Bühne gesellen. Der Dirigent muß sich mit Iphigenie und Agamemnon, Orpheus, Eurydike und Eros, mit Cherubino und dem Grafen, mit Leporello und Elvira, mit Wotan wie mit Brünnhilde und Fricka, mit Tristan und Marke, Elektra und Klytämnestra identifizieren, muß die Erhabenheit des Karfreitagmorgens, die Wildheit der Szene am Walkürenfelsen, die Feierlichkeit in Hans Sachs' Werkstatt am Beginn des dritten Aktes der Meistersinger, Amfortas' Schmerzensschicksal usw. zutiefst im Herzen erleben – wie wollte er sonst der Musik ihrer Szenen der überzeugende Interpret sein. («Von der Musik und vom Musizieren», Seiten 172/73; siehe auch Bibliographie)*

Aus dieser Anteilnahme, fuhr Walter fort, erwachse dem Orchesterleiter das Verständnis für die individuellen Aufgaben der Sänger. Auf welche Weise er deren Talent in seine Auffassung einordne und so die Einheitlichkeit der Aufführungen zustande bringe, hänge ebenso von seinem Künstlertum wie von seiner Fähigkeit zur Menschenbehandlung ab. Nun weiß man ja schon, daß es gerade zu Soltis besonderen Stärken gehört, sowohl bei symphonischen wie bei Bühnenwerken die Einheit des Ganzen deutlich zu machen und die eigenen musikalischen Impulse unmittelbar auf das Orchester zu übertragen – nicht zuletzt dank ununterbrochener Augenverbindung mit den Musikern, wie dies Bruno Walter gleichfalls empfiehlt. Und auch an der Fähigkeit, sich den Musikern verständlich zu machen und mit seinen Impulsen nicht nur bis zur Rampe, sondern darüber hinaus bis zu den Darstellern zu reichen, fehlte es ihm nie. Ein tieferer Grund der Kompliziertheit in der Aufgabe des Operndirigenten liegt nach Walter darin, daß die Oper keinen so reinen Typus als Kunstwerk darstellt wie zum Beispiel die Symphonie. Die Verbindung von Sichtbarkeit mit Hörbarkeit, von Wort mit Musik, Darstellung, Bühnenbild, Licht und Farbe – dieses Ineinander und Miteinander verwandter, aber doch heterogener Elemente wolle sich nicht zu vollkommener organischer Einheit fügen. Vielleicht sei es eben das schwankend Vieldeutige an dieser Kunstgattung, das seine Jahrhunderte überdauernde Faszination auf breiteste Massen ausübe. Auf jeden Fall lasse sich ihre Problematik stets als eine großartige Herausforderung an die menschlichen Geisteskräfte begreifen. Just dieses Argument mußte bei Solti um so eher verfangen, als er bei seinen Interpretationen dem Intellekt den Vorzug gab, dem sich das musikalische Temperament zu unterordnen hatte, im Gegensatz zu Bruno Walter, der trotz solch theoretischer Überlegungen mehr dem Seelenhaften oder Gefühlsbetonten zuneigte. Dennoch dürfte dieser kurze Einblick in die Musizierkriterien des betagten Meisters klargemacht haben, daß er dank seiner reichen Erfahrung und seines hohen Ansehens, das er überall in der Musikwelt genoß, sehr wohl imstande war, Solti in seinen Entscheidungen zu beeinflussen. Mitbeteiligt waren möglicherweise auch die Schallplatten-Leute, denen es in Anbetracht der kleinen Zahl großer Operndirigenten nur recht sein konnte, daß Solti der Bühne erhalten blieb.

Sieben Jahre nach seinem amerikanischen Debüt in San Francisco, am 17. Dezember 1960, kam es endlich zu Soltis erstem Auftreten an der Metropolitan Opera in New York. Er dirigierte die erste der vier Aufführungen von Wagners *Tannhäuser,* wobei zu dem Ensemble unter anderen Jerome Hines, Leonie Rysanek und Hermann Prey gehörten, der ebenfalls sein Debüt an der Met gab – dem

Höchsten, was Opernsänger wie Dirigenten erreichen können. In jenen Jahren war das Opernhaus allerdings häufig Gegenstand scharfer Kritik, weil es an erstklassigen Dirigenten fehlte. Die Reaktion auf Soltis Darbietung war daher ausgesprochen günstig. Richard Repass schrieb in der Zeitschrift Opera: «Soltis Konzeption der Partitur war, wie zu erwarten, großzügig angelegt, einfallsreich und von eindringlicher Kraft, und unter seiner Leitung spielte das Orchester durchgehend hervorragend» (April 1961). In den folgenden Spielzeiten brachte Solti, durchweg mit ausgezeichneter Besetzung, Opern wie *Tristan und Isolde, Aïda, Othello, Don Carlos* und *Boris Godunov* heraus. Auch später dirigierte er noch einige Male an der Met, doch mißfiel ihm, daß sowohl die Orchestermitglieder wie auch die Besetzungen ständig wechselten und deshalb der Zusammenhalt der Aufführungen darunter litt. Als Rudolf Bing, der Direktor der Met, in Benjamin Brittens Oper *Peter Grimes* den Tenor Jon Vickers singen lassen wollte, mit dem sich Solti ebensowenig verstand wie dieser sich mit ihm, entwickelte sich ein Streit, der zur Folge hatte, daß Solti seine Tätigkeit am New Yorker Opernhaus aufgab. Vor dem Debüt an der Met hatte er ein weiteres Mal in Los Angeles dirigiert. Nun flog er von New York nach London, wo er am 2. Februar 1961 in Covent Garden erstmals die neue Britten-Oper *A Midsummer Night's Dream* (nach Shakespeare) leitete. Die insgesamt sechs Aufführungen verliefen glanzvoll und erfolgreich. Irene Salemka von der Frankfurter Oper sang die Helena; Regisseur war John Gielgud. Anschließend konzertierte Solti in Amsterdam und kehrte etwa am 22. Februar 1961 nach vierzehnwöchiger Abwesenheit wieder nach Frankfurt zurück. Kein Glück war ihm dagegen mit dem Philharmonischen Orchester von Los Angeles beschieden. Bevor seine erste Spielzeit dort begann, brach eine Krise aus, die seinen Rücktritt erzwang. Die Pressestelle der Städtischen Bühnen gab dazu am 30. März 1961 die folgende Erklärung von Generalmusikdirektor Solti bekannt: «Ich bin heute von meinem Vertrag als Künstlerischer Leiter des Los Angeles Philharmonischen Orchesters, der am 1. September 1961 wirksam geworden wäre, zurückgetreten. Dieser Schritt wurde notwendig, da die administrative Leitung dieser Organisation während der letzten Monate meine vertraglichen Rechte wiederholt verletzt hat und damit jede Grundlage für eine vertrauensvolle und fruchtbare Zusammenarbeit zerstört wurde.»

Die Verletzung von Soltis Rechten bestand darin, daß die Vorsitzende des Orchestervorstandes, Mrs. Norman B. Chandler, den jungen indischen Dirigenten Zubin Mehta eigenmächtig zum «Assistant Conductor» ernannte. Solti erhob sofort mit der Begründung Einspruch, die Regelung derartiger Angelegenheiten sei das alleinige Vorrecht des Chefdirigenten. Er verlangte Zusicherungen, daß so etwas in Zukunft nicht noch einmal vorkomme, und forderte, daß Mehta in den beiden folgenden Spielzeiten sieben und nicht acht Wochen als Gastdirigent zugeteilt würden. Als diese Zusicherungen ausblieben, sagte er seine für den April 1961 mit dem Orchester angesetzten Konzerte ab und legte seinen Posten als Chefdirigent nieder. Solti betonte, er habe in dieser Auseinandersetzung nichts gegen Mehta gehabt, sondern schlicht und einfach den Affront gegen seine künstlerische Autorität nicht dulden können:

Ich war in London und erhielt ein Telegramm, in dem es hieß: «Ich hoffe, Sie stimmen dem [der Ernennung Mehtas zum Assistant Conductor] zu. Ich sagte nein. Und das war das Ende, denn Mrs. Chandler mußte ihr Gesicht wahren und ich das meine. Der Chefdirigent hat Entscheidungen zu treffen. Wird eine Entscheidung über seinen Kopf hinweg getroffen, muß er der Sache unverzüglich Einhalt gebieten. Es ging hier nicht um bestimmte Persönlichkeiten – um diesen Kapellmeister oder jenen –, sondern um eine Grundsatzfrage. Ich trat also zurück, bevor ich überhaupt angefangen hatte. («High Fidelity», Oktober 1969)

Soltis Verzicht auf seine Chefdirigenten-Tätigkeit in Los Angeles führte freilich nicht dazu, daß er dem Königlichen Opernhaus Covent Garden mehr Zeit zur Verfügung stellte. Er füllte die Lücken in seinem Zeitplan einfach mit Gastspielauftritten an anderen Orten. 1962 übernahm er sogar die musikalische Leitung eines anderen amerikanischen Orchesters: des Dallas Symphony Orchestra. Er dirigierte mit ihm einige Konzerte, aber die «Heirat» hielt nur eine Spielzeit.

Damit sind wir am Ende der Schilderung von Soltis Auftritten als Gastdirigent während seiner Frankfurter Zeit angelangt. Sie kann, wie eingangs schon erwähnt, auf Vollständigkeit keinen Anspruch erheben; überdies fehlen die Gastspiele mit dem eigenen Opernensemble im Ausland. Dies soll nun im letzten Abschnitt, der weitere wichtige Opernereignisse in Frankfurt behandeln wird, nachgeholt werden. Dazu müssen wir ein letztes Mal an die Spielzeit 1952/53 anknüpfen, während der Soltis gesamte Tätigkeit als Opern- und Konzertdirigent in Frankfurt wie an anderen Orten dargestellt worden ist. In jenem Halbjahr fanden die Premieren von Verdis *Othello,* Mozarts *Don Giovanni,* Hindemiths *Cardillac,* Straussens *Salome* und Wagners *Tristan und Isolde* statt, alle mit großem, ja zum Teil enthusiastischem Erfolg bei Publikum und Presse.

Als erste Solti-Premiere der Spielzeit 1953/54 stand am 2. September 1953 Mozarts *Così fan tutte* auf dem Programm. Diese sublime

Sittenkomödie des achtzehnten Jahrhunderts war in die vierziger Jahre des neunzehnten Jahrhunderts verlegt worden, sehr zum Kummer vieler Beobachter, und als Solti beschloß, diese modernisierte Fassung zu dirigieren, kam er nicht ungeschoren davon: «Die sachkundige, wenn auch ziemlich starre musikalische Leitung durch Georg Solti konnte diese in leichtsinniger Manier vorgenommene Mißhandlung eines Meisterwerkes nicht retten», kritisierte Ernst Thomas in der Dezember-Ausgabe von Opera. Beinahe fünf Jahre später, am 16. März 1958, gelang es dem Dirigenten, diese Scharte mit einer Neuinszenierung der Oper auszuwetzen, und derselbe Rezensent wie von 1953 meinte nun, Solti habe jetzt eine innere Ruhe erreicht, die zuvor in allzu nervöse Stimmungs- und Ausdrucksschwankungen umgeschlagen sei. Daß Solti im Januar des folgenden Jahres die *Zauberflöte* und den *Rosenkavalier* in Lissabon dirigierte, ist bereits erwähnt worden.
Einem Großereignis, das weitum lebhafte Beachtung fand, kam dann die Aufführung vom 7. April 1954 mit den drei Strawinsky-Einaktern *Oedipus Rex, Mavra* und *Renard* gleich. Das Libretto zu dem ersten Stück, zu dem in lateinischer Sprache sich präsentierenden «Szenischen Oratorium in zwei Akten nach Sophokles», hatte Jean Cocteau geschrieben. Das in grauenhafter Folgerichtigkeit sich vollziehende Schicksal des Ödipus setzt dabei etwa im letzten Drittel der griechischen Tragödie an und wird in stark vereinfachten Zügen nachgezeichnet. Für die szenische Wiedergabe hatten Igor Strawinsky und sein ältester Sohn Theodor eine Bühnenfassung ausgearbeitet, die sowohl dem Chor als auch den Solisten statuarische Unbeweglichkeit und nach dem Vorbild des antiken Theaters das Tragen von Masken vorschreibt. Günther Rennert, der Intendant der Hamburger Staatsoper, hielt sich als Gastregisseur zwar nicht ganz an dieses Szenarium – die Masken fehlten –, aber sein bis aufs äußerste stilisierte Spiel überzeugte trotzdem durch seine tief beeindruckende Geschlossenheit, zu der mit hervorragenden stimmlichen Leistungen Bernd Aldenhoff (Ödipus), Rosl Zapf (Jocaste), Theo Adam (Kreon), Otto von Rohr (Tiresias) und andere beitrugen. Das Lehrreichste für einen der auswärtigen Kritiker bestand in dem Erlebnis, daß ein für die alte gesellschaftliche Oper optierendes Abonnementspublikum ein so strenges Werk wie *Oedipus Rex* mit ungeteilter ehrlicher Begeisterung aufnahm. Nicht weniger Beifall errang die kleine Opera buffa *Mavra,* ein geistreiches Kabinettstück von einer halben Stunde Dauer, das auf Puschkins Verserzählung «Das kleine Haus in Kolomna» basiert. Die Geschichte des Husaren, den seine Liebste als Köchin verkleidet und ins mütterliche Haus einschmuggelt, ertappt jedoch eilends durchs offene Fenster springt, erwies sich in Rennerts Inszenierung

(mit Erika Schmidt, Rosl Zapf, Ingeborg Lasser und Heinrich Bensing als Darstellern) als ein ausgelassenes Spiel voll harmloser Fröhlichkeit. Ähnlich ging es im *Renard* zu, in der burlesken Geschichte vom Hahn, der zweimal vom listigen Fuchs übertölpelt, aber auch zweimal von Ziegenbock und Kater im letzten Augenblick gerettet wird. Den Text zu dieser Ballett-Pantomime hatte der Komponist nach russischen Volkerzählungen verfaßt. In schalkafter Manier, die Solti sehr behagte, wurde auch der Dirigent in das Spiel einbezogen: er war nämlich mit einem Kammerorchesterchen und den vier die Tierstimmen singenden Darstellern im Frack (Hans-Bert Dick, Kurt Wolinski, Günther Ambrosius und Theo Adam) auf der Bühne postiert. Als die Ovationen der Theaterbesucher kein Ende nehmen wollten, wandte sich Solti mit der Frage an das Publikum, ob das letzte Stück noch einmal gespielt werden solle. Sie wurde stürmisch bejaht, worauf der *Renard* wiederholt wurde – ein, wie die Presse feststellte, «bemerkenswertes Unikum in der Geschichte der modernen Oper». Viel Anerkennung wurde auch den Bühnenbildern des Schweizers Teo Otto gezollt: das Triumvirat Solti, Rennert und Otto konnte für sich einen frappierenden Theatererfolg verbuchen. In erster Linie war es jedoch ein Triumph für das zeitgenössische Musiktheater, das Strawinsky in seiner mittleren Schaffensperiode grundlegend geprägt hat. Durch systematische Arbeit unter Georg Soltis Leitung, schrieb die Rheinische Post, habe die Frankfurter Oper in zwei Jahren den Anschluß an die Münchner und Hamburger Oper gefunden und den Beweis erbracht, daß bei richtiger Verwendung der Mittel das Musiktheater noch immer eine Chance habe. «Daß die Chance in den modernen und zeitgenössischen Werken liegt, verblüfft nur die unbelehrbaren Traditionalisten, welche jedoch die Tradition nicht im Sinne Strawinskys als lebendige Kraft und Anregerin der Gegenwart verstehen.» Diese Ausführungen des Düsseldorfer Blattes stellten Solti zugleich das Zeugnis aus, daß er sein Versprechen, Frankfurt wieder zu einer führenden Opernstadt zu machen, wirklich einlöste.
Tosenden Applaus spendete im Mozartjahr 1956 das Opernpublikum der *Hochzeit des Figaro,* die am 27. Januar zur Feier von Mozarts zweihundertstem Geburtstag aufgeführt wurde – nach Friedrich Stichtenoth «ein Glanzpunkt in der Geschichte der Frankfurter Oper». Der Rundschau-Kritiker kam erst auf die Böen des Beifalls zu sprechen, die schon nach der Ouvertüre losgebrochen seien und sich am Schluß gar zu Orkanen verdichtet hätten; dann fuhr er fort:

Das war zunächst ein hinreißender Erfolg von Georg Soltis Dirigierenergie, die im Motorischen wie im gespannten Verhalten des Tempos

Wunder wirkte – eben die Wunder dieser Partitur. Nur bei solch besonderer Begabung für den Stil und mit Unerbittlichkeit gegen jede Note ist das möglich. Hinzu kommt, daß Solti mit dem brillanten Orchester – es mußte sich mehrmals zum Dank für den Applaus erheben – nicht nur vollendet musiziert, sondern einen innervierenden Einfluß auf die Handlung ausübt. («Frankfurter Rundschau», 30. Januar 1956)

Von diesem «innervierenden Einfluß auf die Handlung» schrieb auch Bruno Walter in seinem Buch, als er sich über den Beruf des Operndirigenten ausließ. Er gebrauchte allerdings andere Worte. Die Rücksichtnahme auf die Stimmen in der Oper, mahnte Walter, müsse einen über das Musikalisch-Dynamische weit hinausgehenden Sinn erfüllen, der auf die dramatische Bedeutung ausgerichtet sei. «Blosse *Diskretion* ist hier nicht am Platz, es handelt sich um weit Bedeutenderes, eine mitfühlende Unterstützung des Gesanges durch lebendige Dynamik und dramatische Ausdrucksintensität im Orchester.»
Daß Solti über dieses eher seltene Talent verfügte, fiel nicht nur Stichtenoth auf; auch Bruno Walter muß davon Kenntnis gehabt oder es selbst beobachtet haben, und darum riet er ja seinem jungen Kollegen mit Recht, das Opernhandwerk nicht aufzugeben. Dies jedoch nur am Rande. Wieder waren Gäste aus Zürich mit am Werk: für die Bilder und Kostüme hatte Teo Otto wiederum eine sehr glückliche Hand, während Regisseur Leopold Lindtberg sich durch seine gewohnt subtile Führung der Darsteller auszeichnete. Die Titelpartie sang Theo Adam neben Anny Schlemm als Susanna, Graf und Gräfin Almaviva wurden durch Willi Wolff und Colette Lorand gegeben, und Hanny Steffek spielte einen überaus bezaubernden Cherubino.
Ende Februar bis Anfang März 1956 gastierte die Frankfurter Oper mit dem *Rosenkavalier* von Richard Strauss und *Orpheus und Eurydike* von Christoph Willibald Gluck in Paris, um die etwas brüchig gewordenen Kulturbeziehungen zwischen Frankreich und Deutschland zu festigen. Die Strauss-Oper, die seit rund fünfundzwanzig Jahren in Paris nicht mehr zu hören war, reizte die Kritik zu Vergleichen, die für die stark subventionierte Pariser Oper, der vorgeworfen wurde, trotz enormer Mittel wenig zu leisten, nicht gerade schmeichelhaft ausfielen. Die Aufführungen beider Opern wurden mit viel Lob bedacht, das Maria Reining, Christa Ludwig, Hanny Steffek, Annie Delorie, Kurt Böhme und Ernst Kozub ebenso einschloß wie die Regisseure Josef Gielen und Hans Hartleb. Auch Georg Soltis Stabführung fand größte Anerkennung.
Mit der Neuinszenierung der Oper *Die Macht des Schicksals,* die in

Frankfurt am 3. Oktober 1956 Premiere hatte, und von *Don Carlos,* der am 9. Oktober 1957 erstmals über die Bühne ging, festigte der Operndirektor seinen beneidenswert guten Ruf als Verdi-Dirigent. In seiner Kritik zur Aufführung des erstgenannten Bühnenwerks vermerkte Ralf Steyer im Dezemberheft von Opera folgendes: «Das zarte Kantabile von Verdis Melodienstrom, das dramatische Vorwärtsdrängen der Musik, die kräftigen Akzente – all dies wurde durch Soltis Verständnis der Grundstrukturen und Zusammenhänge des Werkes erkennbar, und zwar in so idealer Weise, wie man es sonst nur von Toscanini oder Victor de Sabata kennt. Leider ließ ihn die Bühne total im Stich.» Der gleiche Kritiker war aber auch in der Lage, Soltis Schwächen zu sehen, die seiner Meinung nach in einer Aufführung der *Fledermaus* von Johann Strauß besonders kraß zutage traten:

Solti trieb die Musik im Düsenflugzeugtempo vor sich her, so daß Einzelheiten der Partitur nicht betont und klar herausstachen, ja überhaupt nicht wahrgenommen werden konnten. Das Orchester spielte zudem ohne Feingefühl, und die Koordination zwischen Bühne und Orchestergraben ließ zu wünschen übrig. (...) Das große Ereignis, das wir erwartet hatten, trat nicht ein. Wie schade! Es gab freundlichen Applaus, aber nicht von der Stärke, wie Solti ihn sonst zu erhalten pflegt. («Opera», März 1957)

Die Premiere der *Fledermaus* hatte am 30. Dezember 1956 stattgefunden. Für den Anfang dieses Monats war die Oper der Städtischen Bühnen Frankfurt aufgrund des außergewöhnlichen Erfolges des Vorjahres erneut zu einem Gastspiel in das Théâtre des Champs-Elysées eingeladen worden. Unter der musikalischen Leitung von Solti waren fünf Vorstellungen mit dem *Fliegenden Holländer* von Wagner, *Arabella* von Richard Strauss und der *Hochzeit des Figaro* von Mozart vorgesehen. Da aber Solti erst gegen Ende November von seinen Gastauftritten an der Chicagoer Lyric Opera nach Frankfurt zurückkehrte, kam das Pariser Gastspiel offenbar nicht zustande; jedenfalls sind zwei der drei aufgezählten Bühnenwerke erst im Juni 1959 in der Seine-Metropole aufgeführt worden. Dies geschah im Rahmen der Festwochen «Théâtre des Nations». Mit der Premiere des *Fliegenden Holländers* konnte die Frankfurter Oper gleich einen großen Erfolg verzeichnen. Das Publikum rief die Künstler schon nach dem ersten Akt durch stürmische Beifallskundgebungen heraus. Der Applaus galt vor allem Kurt Böhme als Kapitän und Leonardo Wolovsky in der Titelrolle. Für die Inszenierung war Hans Hartleb verantwortlich. Der Kritiker der Zeitung Aurore lobte die Aufführung vorbehaltlos: «Das Gastspiel der

Frankfurter Oper wurde von der mächtigen Persönlichkeit Georg Soltis, eines der größten deutschen Dirigenten, beherrscht. Die Besetzung war ausgezeichnet. Die Chöre haben sehr viel zu dem begeisterten Erfolg beigetragen.» Zurückhaltend und kühl reagierte indessen der Kritiker des Figaro, der das Orchester als zweitrangig bezeichnete, «trotz der intelligenten und festen Stabführung Georg Soltis». Man habe gute Künstler, doch keine sehr großen Sänger gehört, und die Inszenierung sei korrekt, aber farblos gewesen. Mehrheitlich äußerte man sich jedoch sehr anerkennend, und dies auch zu den Aufführungen von *Figaros Hochzeit*. Sofort nach dem Abschluß der Festwochen wurde die Frankfurter Oper eingeladen, im nächsten Jahr wieder mit zwei Inszenierungen in Paris zu gastieren. An Solti erging von seiten der Pariser Großen Oper der Wunsch, im Juli 1960 dort eine vollständige Neuinszenierung des *Rosenkavaliers* von Richard Strauss einzustudieren und Vorstellungen zu dirigieren. Und schließlich bat auch der neue Direktor der Belgischen Nationaloper die Frankfurter in sein Haus, um die Spielzeit 1959/60 mit *Figaro* und dem *Fliegenden Holländer* würdig zu eröffnen. Die erste der drei Vorstellungen der Mozart-Oper wurde Ende September/Anfang Oktober in Szene gesetzt und vom belgischen Rundfunk übertragen. Darauf folgte ein Gala-Abend mit Vertretern des Königshauses und des diplomatischen Korps, und beim dritten Mal ging am Schluß der Vorhang nicht mehr zu, weil sich der Motor heißgelaufen hatte. Aufs neue wurden die Frankfurter Gäste mit Lob überschüttet, wobei man das Große Haus gar mit der Wiener Staatsoper verglich und von einer «brillanten Ouvertüre» der neuen Brüsseler Opernsaison sprach.

Daß der vielbeschäftigte Solti, der außer in Frankfurt auch in San Francisco, Lissabon, Chicago, London, Salzburg, München, Paris und Brüssel Opern dirigierte und in noch zahlreicheren Städten des In- und Auslandes konzertierte; daß ausgerechnet er neben seinen vielen Verpflichtungen und Zusatzengagements die Zeit fand, sich der Oper auf einer weiteren Ebene anzunehmen und Schallplattenaufnahmen zu machen, verwundert wohl um so mehr, als man sich aufgrund der bisherigen Darstellung einen Begriff von den Ausmaßen seiner anscheinend rastlosen Tätigkeit bilden kann. Und verwunderlich ist auch, daß er hier wie anderswo gleich obenausschwang und sich für die Einspielung der Wagner-Opern *Das Rheingold* und *Die Walküre* (der ersten zwei Teile der *Ring*-Tetralogie) die höchste und begehrteste Auszeichnung holte: den «Grand-Prix National du Disque» des Jahres 1959. Der Preis wurde ihm vor oder während des Pariser Gastspiels vom Juni mit der Frankfurter Oper verliehen, ein halbes Jahr etwa nach der Zuerkennung des Großen Verdienstkreuzes durch die Bundesrepublik. Die Wahl des Preisträ-

«Ich bin fest davon überzeugt, daß die wesentlichste Gabe eines Dirigenten darin besteht, anderen Leuten seine Vorstellungen zu vermitteln.» — Solti

Solti dirigiert das Chicago Symphony Orchestra und dessen Chor bei einem Konzert in der Orchestra Hall.

Solti probt mit Carlo Bergonzi und Cornell MacNeil eine Passage aus Verdis Maskenball. *Ungefähr 1960. (Foto: Eleanor Morrison)*

Studio-Probe mit dem Orchester der Accademia di Santa Cecilia, Rom, bei der Einspielung von Ein Maskenball. *Um 1960. (Foto: Eleanor Morrison)*

Solti während einer Probe von Wagners Tristan und Isolde *im Jahr 1960 mit den Streichern der Wiener Philharmoniker. (Foto: London Records)*

Carlo Maria Giulini, damals noch Hauptgastdirigent des Chicago Symphony Orchestra, und Solti im Frühling 1971

Triumphale Rückkehr des Chicago Symphony Orchestra nach seiner ersten Europa-Tournee von 1971

Ein in sich gekehrter, nachdenklicher Solti erhält den Titel eines Ehrendoktors der Universität Oxford, 21. Juni 1972

Spielen (und Singen) für die unvergleichliche Birgit Nilsson, 8. Nov. 1973

Sir Michael Tippett und Solti während der Proben für die Uraufführung von Tippetts Vierter Symphonie, Oktober 1977

«Seine Augen und sein Gesichtsausdruck sind voll ansteckender Wachsamkeit.»

gers traf seit 1948 alljährlich ein Gremium prominenter französischer Musikschriftsteller, so daß Solti auf diesen ersten Schallplatten-Preis, dem später vor allem aus europäischen Ländern und den Vereinigten Staaten eine Menge anderer folgen sollten, mit Recht stolz sein durfte. Den guten Ruf als Wagner-Dirigent hatte er sich freilich schon in München erworben, und von dort her hatte das Unternehmen, das in der Einspielung des gesamten Bühnenfestspiels gipfeln sollte, seinen Ausgang genommen. 1950 sah Decca-Produzent John Culshaw (wie dies bereits im Münchner-Kapitel erwähnt worden ist) den damals beim Schallplatten-Publikum noch wenig bekannten Solti im Prinzregententheater die *Walküre* dirigieren, und er zeigte sich von dieser Aufführung so stark berührt, daß er 1957 mit ihm eine Teilaufnahme dieses Werks und 1958 dann *Das Rheingold* als Gesamtaufnahme einspielte. Während der fast sieben Jahre, die Solti schon in Frankfurt verbracht hatte, waren bislang nur drei Wagner-Opern unter seiner Leitung zur Aufführung gekommen: 1953 *Tristan und Isolde,* 1957 *Der fliegende Holländer* und 1959 *Parsifal.* 1960 schloß sich dann *Die Walküre* an.

Zwischen den Gastspielen mit der Frankfurter Oper in Paris und Brüssel hatte am 8. Juli 1959 im Großen Haus *Elektra* ihre Premiere, die einaktige Oper von Richard Strauss. Sie war 1909 in Dresden uraufgeführt und somit fünfzig Jahre alt geworden, aber deswegen nicht minder beeindruckend. Wie Strawinskys *Oedipus Rex* fußt dieses Bühnenstück auf einer Tragödie von Sophokles. Strauss hatte mit einigen Kürzungen die Fassung Hugos von Hofmannsthal übernommen, und damit begann zwischen dem Dichter und dem Komponisten eine lange fruchtbare Zusammenarbeit, die bis zu Hofmannsthals Tod im Jahre 1929 andauerte. Die schon in der *Salome* wild erregte Musik hatte Strauss hier dissonantisch bis an die Grenzen des Tonalen weitergetrieben, und mit hundertfünfzehn Spielern erreichte das Instrumentalaufgebot ein Höchstmaß. Zur Aufführung bedurfte es also eines bedeutenden Aufwandes an musikalischen Mitteln, an Stimmkraft, aber auch an Präzision und Konzentration. Rundschau-Kritiker Heinz Enke: «Dies alles wird von der beispielhaften Frankfurter Aufführung unter Georg Solti geboten. Das Riesenorchester mit seinen jähen, zerspaltenen, massierten, dumpfen, grellen, aufgebrochenen Klängen nimmt sich wie ein einziges virtuos gehandhabtes Instrument aus» (10.7.1959). Die Titelpartie gestaltete Inge Borkh mit furioser Leidenschaft, und mit Elisabeth Höngen als Klytämnestra, Gladys Kuchta als Chrysothemis und Leonardo Wolovsky als Orest waren auch die übrigen tragenden Rollen hervorragend besetzt. Gegen Ende Oktober konnte man Christel Goltz als Elektra erleben, während Leonore Glückmann die Chrysothemis sang. Hatte die eruptive Inge Borkh

ihre großartigste Szene in der Auseinandersetzung mit Klytämnestra, so wirkte die etwas nuanciertere Christel Goltz am eindrücklichsten im Moment der Erkennung von Orest, des langerwarteten Bruders. Das von Solti sorgsam einstudierte Werk bewies nicht zuletzt auch sein immer noch lebendiges Gedenken an den Komponisten, der ihm seinerzeit in München als väterlicher Berater zur Seite gestanden hatte.
Ein weiteres aufregendes Theaterspektakel veranstalteten die Städtischen Bühnen zum Gedenken an einen Komponisten, der die Grenzen der Tonalität endgültig überschritten und sich im Bereich des Atonalen angesiedelt hatte. Es handelte sich um den Schönbergschüler Alban Berg, der am 9. Februar 1960 fünfundsiebzig Jahre alt geworden wäre, aber schon vor fünfundzwanzig Jahren in Wien einer Blutvergiftung erlag. Mit Frankfurt hatte ihn noch zu Lebzeiten ein höchst bedeutsames Ereignis verbunden. Auf Anregung von Hermann Scherchen hatte Berg nämlich einige Stücke seiner Oper *Wozzeck,* die auf dem Dramenfragment von Georg Büchner basiert, zu einem im Konzertsaal aufführbaren Zyklus zusammengefaßt, den der Dirigent 1924 auf dem Musikfest des Allgemeinen Deutschen Musikvereins in der Main-Stadt mit sensationellem Erfolg aufführte, so daß der Komponist mit einem Schlag zu Berühmtheit gelangte. Am 8. Januar 1960 kam nun unter Solti, der 1955 mit Tibor Varga dessen Violinkonzert zu Gehör gebracht hatte, das Opernfragment *Lulu* zur Aufführung. Es war 1937 in Zürich uraufgeführt und nach dem Krieg zuerst in Venedig, Essen und Hamburg eingerichtet worden; hinsichtlich des Zeitpunktes waren also für Frankfurt keine Lorbeeren mehr zu erringen. Trotzdem konnte man in den folgenden Wochen von einer Art Renaissance der Oper aus der Zeit zwischen den beiden Kriegen reden, denn in der Darmstädter Orangerie war gleichzeitig Bert Brechts und Kurt Weills Oper *Aufstieg und Fall der Stadt Mahagonny* zu sehen. Zudem wurden in Frankfurt die drei Weill-Einakter nach den Brecht-Stücken *Die sieben Todsünden, Der Protagonist* und *Der Zar läßt sich photographieren* vorbereitet, wobei zweifellos auch Harry Buckwitz die Hand im Spiel hatte. Bei *Lulu* dagegen trat buchstäblich Soltis Mentor in Sachen Mahler und Wiener Schule, Theodor W. Adorno, in den Vordergrund. Er erläuterte dem Premierenpublikum in einem schwierig formulierten Einleitungsvortrag, was es mit den Exzentrizitäten des Kommenden auf sich habe, und erteilte in gespannter Diktion den Rat, man solle vor dem Bühnengeschehen zum Kinde werden und sich Phantasie erlauben. Es sei wichtig, «das Unwahrscheinliche des Stoffes als Kunstmittel zu erkennen». Die Opernbesucher brachten den Bemühungen des Professors wenig Verständnis entgegen, husteten, lachten und murrten; ein peinlicher,

Adorno Unrecht tuender und doch begreiflicher Skandal war beklemmend nahe, konnte aber mit knapper Not vermieden werden. In seinem Text hat Alban Berg die Stücke «Erdgeist» und «Die Büchse der Pandora», in deren beider Mittelpunkt die Gestalt der Lulu steht, zu einem Ganzen zusammengefaßt und aus den sieben Aufzügen der Originale drei Opernakte gemacht. Die Dramen Frank Wedekinds um Lulu – eine geschundene Kreatur, die errettet und mißbraucht von der Herren der Gesellschaft zum wilden, schönen Tier heranwächst, vernichtend bis zur Selbstvernichtung – bedurften aber nicht nur der von Berg geschickt gelösten dramaturgischen Zusammenfügung, nicht nur der Befreiung vom Wortballast, sondern auch der Konzentration auf das Generalthema. Bergs Komposition hat hier eine ganz entscheidende Transformation geleistet:

Das uns Erregende an dieser genialen Musik aber ist, daß die Zukunft, die man ihr voraussagte, heute eingetreten scheint, daß sie «neu» wirkt in einem eigentlichen Sinn und obgleich ihre differenzierte Vielfalt durch strenge traditionelle Formen gebunden wird. (...) Soltis ingeniöses Musizieren verband klare, bewußte Gliederung der Formkomplexe mit dramatischer Verve, gab Kontur und Farbe, ließ das Bergsche Espressivo nervös züngeln, sich verdichten, verlöschen, kannte den sinnlichen Rausch des Klangkolorits wie die drohenden Einschläge unerbittlicher Rhythmen. Die Präzision, mit der die von Franz Hans Hasl musikalisch vorbereitete Aufführung ablief, war erstaunlich. (Ernst Thomas in «Das Musikleben», Januar 1960)

Völlig anders empfand Joachim Kaiser von der Süddeutschen Zeitung die Interpretation Soltis. Zwar gestand er zu, daß die Musik, wann immer der Dirigent seine freiwillige Zurückhaltung aufgegeben habe, triumphierte. Oft aber habe dieser die Musik aus Rücksicht auf den Text unzulässig gedämpft, weshalb sie «zum untermalenden Grau in Grau» verkümmert sei. Ähnlich kontrovers lauteten die Meinungen zu Günther Rennerts Regieführung. Deren Einheitlichkeit gründete sich auf die Idee, sämtliche Szenen (und nicht bloß den Prolog) in der Zirkusarena spielen zu lassen und die wechselnden Schauplätze lediglich durch einige Versatzstücke und Requisiten anzudeuten. Der Rezensent der Neuen Zürcher Zeitung beanstandete allerdings, daß bei den durch tragische Akkorde markierten Aktschlüssen zwei uniformierte Zirkusangestellte jeweils den Vorhang zuzogen: «Die Diskrepanz von Bühne und Musik ist in solchen Momenten fast unerträglich.» Auch könne nicht einmal als Notbehelf akzeptiert werden, daß der von Berg ausdrücklich vorgesehene Film zum «Ostinato» im zweiten Akt (Verurteilung und Haft

Lulus) durch Plakate ersetzt werde, weil sich dies mit der Dynamik der Musik in diesen Teilen nicht vertrage. Gerhard Schön wiederum, der Kritiker der Kölnischen Rundschau, fand die Moritat-Bebilderung Rennerts die einzig richtige Lösung, und Hugo Puetter von der Neuen Presse lobte die in zahllosen Einzelheiten an den Tag tretende lebendige dramatische Aktion und Personencharakteristik des unvergleichlich geistvollen Spielleiters. Der bereits zitierte Ernst Thomas schließlich hielt es für geboten, doch einmal darauf hinzuweisen, daß sich auch in diesem Fall – Rennert hatte schon die Hamburger Inszenierung von 1957 geschaffen – «die Praxis des Reiseregisseurs mit Werk und genormter Wiedergabe im Koffer nicht gerade zum Segen der deutschen Theaterprovinzen auszuwirken beginnt». Im übrigen sei es auch fragwürdig, daß Rennert im Plüsch der Jahrhundertwende agieren lasse; Berg habe gewollt, daß seine *Lulu* in der Gegenwart spiele. An den Bühnenbildern und Kostümen Teo Ottos, der neben Solti und Rennert erneut der Dritte im Bunde war, gab es kaum etwas auszusetzen. Höchste Bewunderung verdiente sich einhellig Helga Pilarczyk, die als Lulu dank ihrer Intelligenz und unfehlbaren Musikalität die Szene souverän beherrschte, und ebenso das sie umgebende Ensemble mit Ernst Gutstein, Ratko Delorko, Herbert Schachtschneider, Eva-Maria Görgen, Rosl Zapf und anderen. Bei der mit langem, begeistertem Beifall endenden Premiere sah man unter den auswärtigen Gästen auch Alban Bergs Witwe – was uns wieder an Soltis Begegnung mit der Witwe eines anderen Neuntöners erinnert. Das war 1954 in Los Angeles gewesen, wo ihm Arnold Schönbergs Frau die Oper *Moses und Aron* zur Uraufführung angeboten hatte. Wie schade, daß er diese einmalige Chance nicht nutzen konnte; er hätte sich damit nicht nur um die Tradierung von Schönbergs Werk bleibende Verdienste erworben, sondern auch sein Ansehen in der ganzen Musikwelt noch beträchtlich gesteigert. Nun war es, wenigstens was die Uraufführung betraf, zu spät, denn die hatte bereits 1957 in Zürich stattgefunden. Immerhin: die *Lulu* war bis anhin erst in drei Städten aufgeführt worden, in Frankfurt noch vor Wien, München, Berlin und anderen bedeutenden Musikzentren, und so war denn pflichtgetreu der musikalische Ruhm der Main-Metropole wieder einmal gemehrt worden.

Auch sonst ergab sich für Solti in bezug auf die Pflege des zeitgenössischen Musiktheaters ein recht erfreuliches Fazit. Mit Hindemiths *Cardillac* hatte es 1953 angefangen, und mit Rolf Liebermanns *Penelope* war man 1954 weitergefahren. Dann allerdings kam nach diesen beiden deutschen Erstaufführungen ein Intervall von mehr als drei Jahren, ehe 1958 *Der Prozeß* Gottfrieds von Einem über die Bretter ging und 1960 Alban Bergs *Lulu* den Schlußpunkt setzte. Im

Vergleich zum gesamten Konzertprogramm war das der Oper deutlich konservativer, nicht unbedingt deshalb, weil dies Soltis Neigungen entsprach, sondern weil es an modernen Bühnenwerken mangelte, die sich ohne Schwierigkeiten und großen Aufwand an Kräften, Zeit und Geld in Szene setzen ließen. Hauptsächlich wurde dieser Kontrast aber dadurch hervorgerufen, daß Solti es als seine Aufgabe betrachtete, die Orchesterwerke seiner ungarischen Landsleute bekannt zu machen, und daß ihn Adorno dazu zu bewegen vermochte, sich der Kompositionen Mahlers und der Vertreter der Wiener Schule anzunehmen. Nicht ganz unwesentlich war wohl auch die allgemein etwas größere Aufgeschlossenheit der Konzertbesucher gegenüber der Neuen Musik.

Anläßlich des Festivals «Théâtre des Nations» gastierte die Frankfurter Oper vom 18. bis 21. Mai 1960 ein drittes Mal unter Soltis Leitung in Paris. Aufgeführt wurden – diesmal im Théâtre Sara Bernhardt – Alban Bergs *Lulu* und *Elektra* von Richard Strauss, mit Helga Pilarczyk und Inge Borkh in den Titelpartien. Regisseure der beiden Opern waren Günther Rennert und Georg Hartmann, Bühnenbildner Teo Otto und Franz Mertz. Es waren zweifellos die zwei zugkräftigsten und eindrücklichsten Stücke des Großen Hauses, die im Wettbewerb der Nationen mitkonkurrierten, und wie sie schon in Frankfurt aufsehenerregende Erfolge erzielten, so gelang nun in Paris der Durchbruch an die Spitze der europäischen Bühnen. Das stellte sich freilich erst im Juli heraus. Vor dem Pariser Gastspiel hatte Generalintendant Harry Buckwitz besorgten Pressevertretern beruhigend mitgeteilt, man werde mit Solti, dessen weiterer Verbleib an den Städtischen Bühnen recht fraglich geworden war, in Verhandlungen eintreten, sobald er aus Paris zurückkomme. Sein Vertrag laufe bis zum 31. August 1961, und da er nicht gekündigt worden sei, verlängere sich die Dauer seiner Gültigkeit automatisch bis Ende 1963. Auch sei von Solti noch kein Antrag beim Magistrat eingegangen, ihn von seinem Vertrag zu entbinden oder den Vertrag zu ändern. Nachdem aber schon im April bekannt geworden war, daß Solti trotz des noch ungekündigten Vertrages ab Herbst 1961 das Los Angeles Philharmonic Orchestra leiten werde, dürfte die Erklärung des Generalintendanten nicht sehr überzeugend gewirkt haben. Buckwitz wußte damals schon, daß es bei Solti kein Halten mehr gab und daß alle Bitten und Beschwörungen, seine Tätigkeit in Frankfurt fortzusetzen, nichts gefruchtet hätten. Er wußte, daß sowohl Soltis künstlerischer Instinkt als auch dessen künstlerische Intelligenz ihm befahlen, sich eine neue Stätte zu suchen, wo sein gereiftes Können den Gegebenheiten angemessen und die Chance zu freier Entfaltung und weiterer Entwicklung geboten war. Gegen diesen inneren Drang, gegen diese feste Ent-

schlossenheit ernstlich anzukämpfen, war aussichtslos und fiel Buckwitz auch gar nicht ein. Er hatte den jungen, hochbegabten Dirigenten nicht nach Frankfurt berufen, um ihn an sich zu fesseln, sondern um ihm die Gelegenheit zu verschaffen, hier in Ruhe zu arbeiten und weiterzukommen, wobei im vornherein feststand, daß ein solches Engagement nur auf Zeit sinnvoll war und früher oder später der Augenblick kommen würde, in welchem sich dieser Sinn als ausgeschöpft erwiese. Einfach weiterzumachen, nachdem diese Grenze einmal erreicht war, hätte eine Verkehrung alles Bisherigen bedeutet, eine Sinnentleerung des Aufgegebenen, so daß Buckwitz' letzter Freundesdienst konsequenterweise nur darin bestehen konnte, Solti, der das in ihn gesetzte Vertrauen reich gelohnt hatte, ebenso vorbehaltlos in die opferwillige Freiheit neuer Verpflichtungen zu entlassen, wie er ihn vordem in Pflicht genommen hatte. Und da der Frankfurter Kulturdezernent, Stadtrat Karl vom Rath, ein nicht minder großmütiges Verständnis bewies, erstaunt es nicht, daß Ende Juni 1960 in der Presse die Mitteilung erschien, Georg Solti werde «im Einvernehmen mit Generalintendant Harry Buckwitz und der Frankfurter Stadtverwaltung» ab 1. September 1961 das Amt des Generalmusikdirektors am Royal Opera House Covent Garden in London übernehmen. Einige Tage vor der Julimitte wurde die siebente «Theaterolympiade» im Theater der Nationen, an der zweiundzwanzig Theatergruppen aus achtzehn Ländern teilnahmen, mit der Preisverteilung abgeschlossen. Den «Challenge» (Wanderpreis) und den Großen Preis der Vereinigung französischer Theater- und Opernkritiker erhielten Helene Weigel und ihr «Berliner Ensemble» aus Ost-Berlin für alle im Laufe der Saison in Paris gezeigten Aufführungen von Brecht-Stücken («Der aufhaltsame Aufstieg des Arturo Ui», «Die Mutter», «Leben des Galilei», «Mutter Courage und ihre Kinder»). Für die Aufführungen von *Lulu* und *Elektra* wurde der Frankfurter Oper der Opernpreis der Vereinigung französischer Theater- und Opernkritiker zugesprochen, den Generalintendant Buckwitz entgegennahm. Der Internationale Kreis junger Kritiker verlieh Georg Solti den Preis für die beste musikalische Leitung, und die Lulu-Darstellerin Helga Pilarczyk wurde als beste Sängerin preisgekrönt. Eine schöne Bescherung, werden sich die Frankfurter mit gemischten Gefühlen gesagt haben, denn einerseits durften sie nun ihr Opernhaus voller Genugtuung in die Elite europäischer Musiktheater einreihen, andererseits aber ließ sich unschwer voraussehen, daß diese Spitzenstellung auf die Dauer kaum zu halten sein würde, lief ihnen doch justament der Mann weg, dem sie zu einem großen Teil zu danken war.
Im Oktober 1960 meldeten die Frankfurter Blätter, daß Generalmusikdirektor Lovro von Matacic vom 1. September 1961 an die Lei-

tung der Frankfurter Oper und voraussichtlich auch die der Museums-Konzerte übernehme. Es sei dem Generalintendanten gelungen, ihn für einen längeren Zeitraum zu verpflichten. Matacic, der in den letzten Jahren mit den Staatsopern Berlin, Wien, München und mit der Mailänder Scala verbunden gewesen sei, werde künftig das Schwergewicht seiner künstlerischen Arbeit auf Frankfurt konzentrieren, jedoch an der Wiener Staatsoper weiterhin als Gast tätig sein. Solti indessen debütierte bekanntlich im Dezember 1960 an der New Yorker Metropolitan Opera und dirigierte im Februar 1961 im Covent Garden Opernhaus zu London. Ende März erklärte er den Rücktritt von seinem nie angetretenen Posten in Los Angeles. Warum aber, wird man sich fragen, entschied er sich für London und nicht beispielsweise für Wien, Berlin oder Mailand? Die Antwort darauf ist leicht zu geben. Überall da beherrschte direkt oder indirekt Herbert von Karajan die Musikszene. Von 1957 bis 1964 bekleidete dieser oft geschmähte und doch stets hochbewunderte Star unter den Orchesterleitern, der schon 1955 von den Berliner Philharmonikern zum Chefdirigenten auf Lebenszeit erkoren worden war, das beschwerliche Amt eines Direktors der Wiener Staatsoper und arbeitete zumindest anfänglich eng mit der Scala Mailand zusammen. Überdies war er von 1956 bis 1960 Künstlerischer Leiter der Salzburger Festspiele. In den Jahren bis 1964 war er in Salzburg nur noch als geladener Dirigent tätig, doch von jenem Zeitpunkt an wurde er Mitglied des Festspiel-Direktoriums und übte dort den stärksten Einfluß aus. Als er 1956 seinen Posten in Salzburg antrat, dirigierte dort Solti ein zweites und zugleich letztes Mal nach Furtwänglers Tod die *Zauberflöte* und danach in den Jahren 1959, 1962 und 1964 Orchesterkonzerte, worauf bis zur Mozartwoche im Januar 1977 und bis zu den Festspielkonzerten von 1978 und 1981 eine lange Stille eintrat. Seit 1956 also und bis auf den heutigen Tag hat Solti, der in Deutschland, Amerika, Frankreich und England gefeierte Operndirigent, in der österreichischen Festspielstadt kein Bühnenwerk mehr dirigiert und dazu offenbar auch keine Einladungen erhalten. Natürlich läßt sich die Verantwortung für diesen Umstand nicht einfach Karajan zuschieben – und wenn überhaupt, dann nicht ihm allein –, denn es ist durchaus denkbar, daß die Ursachen dafür zum Teil auch bei Solti selber lagen und daß er zum Beispiel seine Wünsche zu wenig deutlich erkennen ließ. Ein sicheres Indiz dafür, daß ihn das Ausbleiben von Offerten, in Salzburg Opern zu dirigieren, ein bißchen ärgerte, lieferte 1979 die Münchner AZ. Sie fragte den Dirigenten, ob er 1981 in Salzburg vielleicht doch die *Elektra* mit Hildegard Behrens aufführe. Solti: «Salzburg 81 – das ist so: um in Salzburg zu dirigieren, muß man eingeladen werden. Und ich bin nicht eingeladen worden. Ist das klar?» Diese

unwirsche Antwort des sonst so diplomatischen Orchesterchefs ist doch recht vielsagend, und man begreift nun, daß Solti so oder anders wenig Lust verspürte, sich innerhalb des «Imperium Karajani» niederzulassen. Selbst wenn dies möglich gewesen wäre, hätte er dort immer im Schatten eines Mannes gestanden, der über alle Vorteile und Mittel verfügte, die seine zahlreichen Positionen mit sich brachten. Zieht man ferner in Betracht, daß sich mit seinen vielfältigen Erfolgen und Erfahrungen die Ansprüche an sich selbst und die künftige Wirkungsstätte erheblich gesteigert hatten, daß er hohen Erwartungen gerecht werden mußte und seinem Ruf nichts schuldig bleiben durfte, dann ist auch klar, daß jetzt nach München und Frankfurt, nach vierzehn und bald schon fünfzehn Jahren intensiven Bemühens in einem Land, das ihm aus verständlichen Gründen stets etwas unbehaglich geblieben war, für ihn eigentlich nur eine große Kapitale des Westens in Frage kam. Und da kam nun London, das ihn gleichzeitig dem tonangebenden Amerika näher rückte, wirklich gelegen!
Mit der Frage, was Solti wohl dazu bewog, die Berufung nach Covent Garden anzunehmen, hat sich auch Ernst Thomas, der Musikrezensent der Frankfurter Allgemeinen beschäftigt. In einem vorzüglich geschriebenen Artikel mit dem Titel «Der Weg eines Dirigenten» würdigte er ausführlich Soltis Persönlichkeit und Interpretationskunst. Es sei, meinte er, vielleicht kein Zufall gewesen, daß Solti in Frankfurt mit einem späten Verdi begonnen habe. Denn wer so sensibel, gespannt und klar zugleich zu musizieren wisse, dem erschlössen sich die weiteren Dimensionen in beiden Stilrichtungen: Mozart und Strauss. Die letzten Zeilen seines Resümees, auf das wir mit Ausnahme von zwei Punkten nicht eingehen können, galten dann Soltis bevorstehendem Wegzug. Zu diesem ersten Punkt bemerkte Thomas, man müsse sich fragen, warum es nicht möglich gewesen sei, Solti an eines der großen deutschen Opernhäuser zu binden. Zum einen sei dies eine Frage des Zeitpunktes; eine Solti gemäße Position lasse sich anscheinend im Augenblick nicht finden. Zum andern aber habe man bei der Planung offenbar manches versäumt. Sein Entschluß jedoch, nach England zu übersiedeln, habe mit der besonderen Struktur von Covent Garden zu tun:

Solti ist der festen Überzeugung, daß es keine Repertoiretheater im deutschen Sinne mehr geben kann. Die Sänger und der Sängernachwuchs sind zu knapp, als daß sie für ein Jahr oder gar mehrere Jahre zu einem Ensemble zusammenfinden und zusammenwachsen könnten. Dies drängt zur Form des Stagione-Betriebes, wie er auch in Covent Garden herrscht. Die fünf bis sechs Neueinstudierungen, die dort pro Saison herauskommen, werden (...) en suite gespielt, das heißt, die sechs Aufführungen jedes Werkes laufen in einem Zeitraum von etwa drei Wochen ab. So steht für jede Aufführung das gleiche Ensemble zur Verfügung, die Vorstellungen verlieren nicht, sondern gewinnen an Qualität. Nur das aber kann letzten Endes einen Dirigenten befriedigen, denn auch er will mit den Wiederholungen wachsen und dem Inkommensurablen eines Theaterabends nicht mehr ausgesetzt sein, als es das Zusammenwirken so vieler Menschen und Maschinerien ohnedies bedingt. («FAZ», 25. Mai 1961)

Pikanterweise hat Karajan dieselbe Überzeugung vertreten. Es ist die von Dirigenten, die dank ihres gereiften Könnens und ihrer strengeren Vergleichsmaßstäbe, zu denen sie bei ihrer Tätigkeit an großen Bühnen verschiedener Länder gelangt sind, sich mit dem Mittelmaß und gelegentlichen Höhepunkten nicht mehr abfinden wollen und können, weil sie Besseres zu leisten imstande sind und sich nicht bei der mühsamen Wahrung eines erreichten Standards verschleißen, sondern – wie von Thomas festgestellt – an Wiederholungen und neuen Aufgaben noch wachsen möchten. So viele Vorzüge auch Ensembles von Orchester- und Gesangskräften aufweisen: gerade weil sie gut aufeinander eingespielt sind und infolge ihrer Homogenität schwächere Leistungen durch stärkere ausgleichen können, ist ihnen ein Beharrungsvermögen (um nicht zu sagen: eine Trägheit) zu eigen, die einem allgemeinen Aufschwung, einer Hebung des Niveaus entgegenwirkt. Es bedarf deshalb viel größerer Anstrengungen, dieses Trägheitsmoment des Klangapparates zu überwinden, als wenn mit lauter Spitzenkräften gearbeitet werden kann, die selbst auf leiseste Andeutungen willig und in optimaler Weise reagieren und weder Antrieb noch Umtrieb benötigen, um das gemeinsam angestrebte Ziel – die in jeder Hinsicht perfekte Wiedergabe des Vorgegebenen – zu erreichen. Ein erstes Mal hat Solti ja das Glück, mit Weltstars Opernaufführungen zu gestalten, 1956 an der Lyric Opera in Chicago erlebt, und da er inzwischen selbst zu einer internationalen Größe geworden war, begreift man, daß er im Stagione-Betrieb die Möglichkeit zur Verwirklichung seiner Ideale sah. Diese seinem nunmehrigen Status entsprechende Sicht in der Weise auszuweiten, daß ein Repertoire- oder Ensembletheater nun als gänzlich überholt und untauglich erschien, hieß allerdings die Dinge in höchst subjektiver Manier auf den Kopf zu stellen. Denn wo wäre er selber ohne das Repertoiretheater hingekommen? Und wo bliebe der Nachwuchs, wenn er sich nicht an einem solchen Theater in sein Metier einarbeiten und sich dort seine Sporen abverdienen könnte? Auch die von Freund Liebermann erwähnten amerikanischen Sänger, die sich zu Hunderten an deutschen Repertoire-Opernhäuser etablierten, wären trotz ihrer ausgezeichneten Ausbildung aller Chancen beraubt gewesen, sich zu profilieren und zu namhaften Kräften zu entwickeln, wenn Soltis Voraussage sich wirklich erfüllt hätte. Nein, bei seinem Versuch, seinen persönlichen Fort-Schritt zu rechtfertigen, hat er weit übers Ziel hinausgeschossen. Ohne Repertoiretheater, aus dem erst die Stars hervorgehen, ist der Stagione-Betrieb weder denkbar noch durchführbar; er kann ebensowenig aus sich selbst heraus existieren, wie Solti gleich als ein Meister seines Fachs das Dirigentenpodium betrat. Seine Äußerungen sind deshalb, wie Ernst Thomas betonte, nur «unter dem Aspekt des Internationalen» zu verstehen. Er ist, wie sich bereits bei der Darstellung von Soltis Tätigkeit als Gastdirigent zeigte, sehr wichtig und für die kommenden Jahre und Jahrzehnte von entscheidender Bedeutung, doch hat man sich der Tatsache bewußt zu bleiben, daß dieser Sicht der Dinge beschränkte Geltung zukommt.

Der zweite Punkt in Thomas' «Weg eines Dirigenten», auf den hier kurz eingegangen werden soll, bezieht sich auf Soltis Bedeutung als Wagner-Dirigent. Mit *Parsifal,* schrieb der Musikkritiker, sei Solti die Synthese zwischen klarem, unendlich differenziertem Musizieren und dem Gegenstand angemessener ruhiger Ausgeglichenheit in Bayreuther Zeitmaßen gelungen, eine Wiedergabe großen Stils und zugleich tonlich detaillierter Durchformung. Seltsamerweise aber sei Solti als wahrhaft berufener Wagner-Interpret noch nicht am Bayreuther Pult erschienen. Auch seine vielgerühmte Schallplattenaufnahme des *Rheingolds* legitimiere ihn hierzu; im Juni (1961) werde in Deutschland der inzwischen aufgenommene *Tristan* herauskommen. Damit warf Thomas wahrscheinlich als erster eine Frage auf, die von anderen Musikjournalisten bis in die späten siebziger Jahre hinein immer wieder an den Dirigenten herangetragen wurde und die ihm einigermaßen peinlich gewesen sein muß. Welche Gründe auch immer von der einen wie der anderen Seite vorlagen: es versteht sich, daß Soltis Wegzug aus Deutschland und die spätere Übernahme eines amerikanischen Orchesters für ein Engagement in Bayreuth nicht unbedingt förderlich waren. Und wie man in gewissen Kreisen seinen Weggang aus München als Niederlage und die Fortsetzung seiner Tätigkeit in Frankfurt am Main als Abstieg hinzustellen trachtete, so gab es jetzt vor und nach der Übersiedlung nach London nicht wenige, die diesen Schritt nicht einmal immer aus Böswilligkeit, sondern auch aus Unkenntnis, gekränkter Eitelkeit oder chauvinistischem Empfinden für Verrat hielten. Schuldete er denn im Grunde nicht seine ganze Karriere und seine glänzenden Erfolge dem deutschen Musikpublikum, ja Deutschland schlechthin? Und war es die Art des feinen Mannes, ihm nun, da er auf der Höhe seines Könnens stand, einfach den Rücken zuzukehren und Valet zu sagen? Ein bißchen läßt sich die Enttäuschung und Verbitterung dieser kleinen Minderheit, die doch über einigen Einfluß zu verfügen schien, nachfühlen, obwohl demgegenüber festzuhalten bleibt, daß eine solch einäugige Art des Rechtens auf keinen Fall statthaft ist. Und sicher haben auch nicht die eigentlichen Musikfreunde an Soltis Plänen Anstoß genommen; viel eher werden es Leute gewesen sein, die in anderen Kategorien denken und selbst da Personen und Sachen für sich zu Eigentum reklamieren, wo sie gar nichts verloren haben.

Aber noch weilte Solti in Frankfurt, dessen Opernbesuchern er am 28. Mai 1961 mit Verdis *Falstaff* ein Abschiedgeschenk präsentierte. Auf der von Caspar Neher ausgestatteten Bühne hatte Erich Witte die Inszenierung besorgt. Mit Ernst Gutstein in der virtuos gestalteten Titelpartie bildeten die Damen Christa Emde, Maria Kouba, Nada Puttar, Sylvia Stahlman, die Herren Leonard Delany, Manfred Jungwirth, Willy Müller, David Thaw und Kurt Wolinski ein musikalisch äußerst präzises Ensemble. Im Juli-Heft der Zeitschrift Opernwelt lobte Willy Werner Göttig noch einmal Soltis berserkerhafte Arbeitsbesessenheit auf den unerbittlich exakten Proben und seinen wachen Klangsinn für jede noch so feine Nuance im Hörbarmachen einer Partitur. Die gewissenhafte Vorbereitung eines Werkes erreiche zusammen mit seiner enormen Musikalität, seiner Stilsicherheit, seiner Fähigkeit, die willensmäßige Vorstellung vom Klangbild auf die Sänger, den Chor und das Orchester zu übertragen, höchste Vollkommenheit. «Allein die geniale, nie wieder erreichte Schlußfuge ‹Alles ist Spaß auf Erden› ist ein Interpretationswunder von Genauigkeit bis ins letzte Sechzehntel, voller Klangpracht in den alles zusammenfassenden Stimmen der Menschen und der Instrumente.» In der Zeitung Die Welt (4.6.1961) merkte Wolf-Eberhard von Lewinski versöhnlich an, im Rückblick auf die neun Jahre, die Solti sich an Frankfurt habe binden lassen, nehme man ihm die häufige Abwesenheit nicht mehr übel. «Solti hat hier auch neuerlich bewiesen, daß er ein Ensemble aufzubauen verstand, das ohne große Namen auskommen kann.» Das traf zwar tatsächlich zu, doch wissen wir, daß der Dirigent nach insgesamt fünfzehnjähriger Aufbauarbeit an deutschen Opernhäusern nun auch die Früchte seiner Anstrengungen ernten wollte, was man ihm sicherlich nicht verdenken kann. Der Verdi-Abend, konstatierte Lewinski elegisch, habe aber auch schmerzlich deutlich gemacht, was Frankfurt und das deutsche Musikleben mit Solti verlören. Am Schluß der Abschiedsvorstellung vom 19. Juni 1961 ließ Generalintendant Harry Buckwitz vom Schnürboden neun riesige Tafeln auf die Bühne herabschweben, auf denen sämtliche von Solti während seiner

Frankfurter Jahre einstudierte Opern aufgezeichnet waren. Das Ensemble überreichte seinem scheidenden Chef ein Bandgerät, auf dem gewissermaßen urkundlich seine Worte festgehalten waren, daß er gern wieder einmal nach Frankfurt käme. Damit ist auch hier der Zeitpunkt für die Zusammenstellung der Opern-Premieren Soltis gekommen, wobei alle jene mit einem Sternchen (*) bezeichnet sind, die nicht schon in München einstudiert wurden. Für Erstaufführungen steht die Abkürzung «EA», für Neuinszenierungen «NI». Die Zahl der jeweiligen Aufführungen kann leider nicht angegeben werden.

Spielzeit 1951/52

1952, 7. März:	*Carmen* von Georges Bizet (mit Solti als Gast)

Spielzeit 1952/53

1952, 25. September:	* *Othello* von Giuseppe Verdi, NI
1952, 22. Oktober:	*Don Giovanni* von W. A. Mozart
1953, 18. März:	* *Cardillac* von Paul Hindemith, Dt. EA
1953, 29. Mai:	*Salome* von Richard Strauss
1953, 24. Juni:	*Tristan und Isolde* von Richard Wagner

Insgesamt: 5 Operneinstudierungen (sowie 7 Museums-Konzerte)

Spielzeit 1953/54

1953, 2. September:	*Così fan tutte* von W. A. Mozart
1953, 25. Dezember:	* *Arabella* von Richard Strauss
1954, 7. April:	* *Oedipus Rex*, * *Mavra*, * *Renard* von Igor Strawinsky, Frankfurter EA
1954, 15. Juni:	* *Ein Maskenball* von Giuseppe Verdi, NI

Insgesamt: 6 Operneinstudierungen (sowie 5 Museums-Konzerte)

Spielzeit 1954/55

1954, 2. Dezember:	* *Penelope* von Rolf Liebermann, Dt. EA
1955, 1. Januar:	* *Die Zauberflöte* von W. A. Mozart
1955, 20. April:	*Der Rosenkavalier* von Richard Strauss
1955, 21. Juni:	* *Hoffmanns Erzählungen* von Jacques Offenbach

Insgesamt: 4 Operneinstudierungen (sowie 5 Museums-Konzerte)

Spielzeit 1955/56

1955, 26. Oktober:	* *Orpheus und Eurydike* von Chr. W. Gluck
1956, 27. Januar:	* *Die Hochzeit des Figaro* von W. A. Mozart

1956, 20. Juni: * *Der Mantel* und **Gianni Schicchi* von G. Puccini, NI

Insgesamt: 4 Operneinstudierungen (sowie 7 Museums-Konzerte mit 4 Programmen)

Spielzeit 1956/57

1956, 3. Oktober: *Die Macht des Schicksals* von Giuseppe Verdi

1956, 30. Dezember: * *Die Fledermaus* von Johann Strauß

1957, 28. April: *Der fliegende Holländer* von Richard Wagner

1957, 10. Juli: * *Eugen Onegin* von Peter I. Tschaikowsky, NI

Insgesamt: 4 Operneinstudierungen (sowie 10 Museums-Konzerte mit 6 Programmen)

Spielzeit 1957/58

1957, 9. Oktober: *Don Carlos* von Giuseppe Verdi, NI

1958, 16. März: *Così fan tutte* von W.A. Mozart, NI

1958, 8. April: * *Der Prozeß* von Gottfried von Einem, ev. deutsche oder Frkt. EA

Insgesamt: 3 Operneinstudierungen (sowie 11 Museums-Konzerte mit 6 Programmen)

Spielzeit 1958/59

1959, 27. Januar: *Don Giovanni* von W.A. Mozart, NI

1959, 27. März: * *Parsifal* von Richard Wagner, NI

1959, 8. Juli: *Elektra* von Richard Strauss, NI

Insgesamt 3 Operneinstudierungen (sowie 8 Museums-Konzerte mit 5 Programmen)

Spielzeit 1959/60

1959, 1. November: *Fidelio* von Ludwig van Beethoven

1960, 8. Januar: * *Lulu* von Alban Berg, Frankfurter EA

1960, 23. Juni: *Boris Godunov* von M. Mussorgskij, NI

Insgesamt: 3 Operneinstudierungen (sowie 6 Museums-Konzerte mit 5 Programmen)

Spielzeit 1960/61

1960, 23. Oktober: *Die Walküre* von Richard Wagner, NI

1961, 25. März: *Salome* von Richard Strauss, NI

1961, 28. Mai: * *Falstaff* von Giuseppe Verdi, NI

Insgesamt: 3 Operneinstudierungen (sowie 8 Museums-Konzerte mit 4 Programmen)

Quelle: «Frankfurt und sein Theater»; Seiten 276–277, siehe Bibliographie)

In seiner launigen Ansprache an das auf der Bühne versammelte Ensemble, an Oberbürgermeister Werner Bockelmann, Bürgermeister Rudolf Menzer, Dr. Karl vom Rath und andere Honoratioren und an die ganze «jubelnde Trauergemeinde» sagte Generalintendant Harry Buckwitz zu Solti gewandt: «Wenn es wahr sein sollte, was einige Spaßvögel behaupten, daß Sie nämlich während Ihrer neunjährigen Frankfurter Tätigkeit nur ganze neunzig Tage in Frankfurt anwesend waren, dann haben Sie ein einmaliges Wunderwerk an Produktivität vollbracht!» Das schreiende Unrecht solcher Verleumdung verlange Genugtuung, und deshalb rufe er den «Deus ex machina» an und beschwöre ihn, die volle, gigantische Wahrheit zu offenbaren – worauf dann die bereits erwähnten neun Tafeln mit Soltis Frankfurter Opern vom Schnürboden herabsanken. «Erkennst du nun», fuhr Buckwitz mit spaßigem Pathos fort, «erkennst du, in Ehrfurcht erschauerndes Publikum, welch eine Leistung dieser Georg Solti vollbracht hat? Fünfunddreißig Opern hat er mit inbrünstiger Hingabe einstudiert und zu triumphalen Premieren geführt!» Was bei dieser Abschiedsfeier wohl nur wenige merkten: Auf der Schrifttafel der Spielzeit 1957/58 fehlte *Der Prozeß* des österreichischen Komponisten Gottfried von Einem, weswegen in Tat und Wahrheit auf Soltis Premierenkonto sechs- und nicht fünfunddreißig Opern zu verbuchen sind *(Carmen* und die je zweimal einstudierten Bühnenwerke *Don Giovanni, Così fan tutte* und *Salome* eingerechnet). Da war Buckwitz oder seinen Mitarbeitern im Abschiedstrubel ein Lapsus unterlaufen, der auch im Erinnerungsband «Frankfurt und sein Theater» unbemerkt geblieben ist. Daß der unterschlagene *Prozeß* wirklich stattfand, beweist die Szenen-Aufnahme mit Erika Schmidt und Erich Witte auf Seite 215 des besagten Bandes. Ein Passus in Buckwitzens Ansprache deutete übrigens darauf hin, daß die Frankfurter Oper außer in Paris und Brüssel auch in Florenz und Berlin gastierte, und eine andere Stelle verrät, daß Solti das Tonbandgerät auf Empfehlung seiner «zauberhaften Frau Hedi» beschert wurde. Seine Rede schloß der Generalintendant mit einer Liebeserklärung ab: «Sie stammt nicht von mir, sondern von unserem Stadtheiligen Goethe, der sie in Vorahnung Ihrer Existenz geprägt haben muß. In seinen Maximen sagt er: ‹Wenn er wäre, wie er sein sollte, hätte ich ihn nicht so lieb!› Ja, lieber Gyuri, wenn Sie wären, wie Sie sein sollten, dann hätten wir alle Sie nicht so lieb!» («Frankfurt und sein Theater», Seite 209)
Bevor wir auf die Ehrungen Soltis zu sprechen kommen, die dem Abschiedssermon von Harry Buckwitz vorausgingen, sei noch darauf hingewiesen, daß es sich bei den allermeisten Solti-Premieren um Neuinszenierungen handelte, zumal ja das Große Haus erst Ende 1951 in Betrieb genommen worden war. Trotzdem sind in

unserer Übersicht nur die Opern als Neuinszenierungen gekennzeichnet, wo dies mit ziemlicher Sicherheit feststeht. Während es an der Zahl von 36 Operneinstudierungen nichts mehr zu rütteln gibt, ist jene für sämtliche Museums-Konzerte (zusammengezählt sind es 67) eher zweifelhaft; es ist durchaus möglich, daß Solti erstens mehr solcher Konzerte und zweitens noch welche außerhalb dieses Rahmens dirigierte. Bekannt ist auch, daß er zusätzlich auch Kammermusikabende der Museumsgesellschaft bestritt, doch wissen wir darüber, von einer im Text angeführten Ausnahme abgesehen, nichts Näheres. Da die wichtigsten Opernaufführungen laufend kommentiert wurden, begnügen wir uns jetzt mit der Feststellung, daß Verdi mit fünf Werken *(Othello, Ein Maskenball, Die Macht des Schicksals, Don Carlos, Falstaff)* an der Spitze von Soltis persönlichem Spielplan stand, gefolgt vom Mozart *(Don Giovanni, Così fan tutte, Die Zauberflöte, Die Hochzeit des Figaro)* und Richard Strauss *(Salome, Arabella, Der Rosenkavalier, Elektra)* mit je vier Bühnenstücken. Berücksichtigt man allerdings die doppelte Einstudierung von zwei Mozart-Opern und einer Strauss-Oper, kommt Mozart mit sechs Premieren die größte Bedeutung zu, wogegen Verdi und Richard Strauss mit je fünf Premieren an zweiter Stelle stünden. Mit vier Einstudierungen *(Tristan und Isolde, Der fliegende Holländer, Parsifal, Die Walküre)* belegte Richard Wagner dann den dritten Rang. Im ganzen gesehen nahmen diese vier Komponisten ohne große Unterschiede eine dominierende Stellung ein, denn bei Wagner ist noch an die Schallplattenaufnahmen zu erinnern.
Und nun also zu den Ehrungen Soltis bei der Abschiedsfeier im Großen Haus. Oberbürgermeister Bockelmann verlieh dem ins Angelsächsische entschwebenden Georg Solti im Namen des Magistrats die Ehrenplakette der Stadt Frankfurt am Main sowie die Ehrenmitgliedschaft der Städtischen Bühnen für die hervorragenden Leistungen, die er in neunjähriger Tätigkeit für die Frankfurter Oper vollbrachte. Die Laudatio auf der vom 19. Juni 1961 datierten Urkunde soll indes nicht nur die offizielle Verabschiedung des Opern- und Generalmusikdirektors und Leiters der Museums-Konzerte besiegeln, sondern auch unsere Ausführungen zu Soltis Frankfurter Zeit beschließen. Der Text lautete also:

Der schöpferischen Künstler-Persönlichkeit Georg Soltis ist es zu danken, daß sich die Frankfurter Oper im Laufe der letzten Jahre internationalen Ruf erringen konnte. Die ungewöhnlich starken Erfolge bei den Festspielen in Florenz, Berlin und zuletzt in Paris fanden ihre Krönung im Jahr 1960 durch den 1. Preis für die beste Opernaufführung innerhalb des Festivals des «Théâtre des Nations». Die Solisten, das Orchester und der Chor der Frankfurter Oper erreichten unter seiner Leitung Höchstleistungen, die in die Frankfurter Theatergeschichte eingehen werden. Mit dem Namen Georg Solti wird die neue Blütezeit der Frankfurter Oper untrennbar verbunden bleiben.

Als Solti, der auf Ende August 1961 bei den Städtischen Bühnen Frankfurt ausschied, schon mehr als einen Monat am Lexham Walk im Londoner Stadtteil Kensington wohnte, wurde er im Amsterdamer Concertgebouw mit einem der sieben Edison-Preise für die besten Schallplattenaufnahmen von klassischer Musik ausgezeichnet. Seinen Preis erhielt er für die Gesamtaufnahme von Wagners *Tristan und Isolde,* während der für Bernard Haitink, den Dirigenten des Concertgebouw-Orchesters, der Aufführung von Bartóks *Konzert für Orchester* galt. Weitere Preise wurden unter anderem Elisabeth Schwarzkopf, Joan Sutherland und Robert Casadesus zuerkannt. Was aber Solti betraf, so konnte man aufgrund dieser Ereignisse die Prophezeiung wagen, daß seine künftige Tätigkeit am Königlichen Opernhaus wohl stark unter dem Zeichen Richard Wagners stehen würde.
Ob dem wirklich so war, erfährt der Leser im folgenden Kapitel. Es beginnt jedoch mit einer Schilderung der historischen ersten Einspielung von Wagners *Ring* auf Schallplatten, die in der Frankfurter Zeit begann und während der Jahre in London fortgesetzt wurde. Daß Solti 1959 für die Aufnahmen des *Rheingold* und der *Walküre* mit dem Grand Prix du Disque ausgezeichnet wurde, ist bereits erwähnt worden; wie Deccas Ring geschmiedet wurde, von Anfang bis Ende, ist jedoch ein Abenteuer, das eine ausführlichere Beschreibung lohnt, schon allein deshalb, weil es Soltis internationales Ansehen erheblich steigerte und weil es auch für die englische Schallplattenfirma eine Ruhmestat bedeutete.

5 London und Paris: Königlicher Operndirigent

Heute kann man sich nur schwer vorstellen, daß es einmal eine Zeit gab, in der es keine vollständige Aufnahme des *Ring*-Zyklus gab. Die vier Opern oder Musikdramen, wie Wagner sie lieber nennt, stellen eines der unbestrittenen Meisterwerke in der Musikgeschichte dar. Und doch verging ein halbes Jahrhundert, bevor eine Schallplattenfirma auf sie aufmerksam wurde und etwas unternahm. Während man heute zwischen fünf oder sechs vollständigen *Ring*-Aufnahmen wählen kann, gab es 1958 nicht einmal eine einzige. Das Werk sprengt die üblichen Dimensionen, sowohl was die Instrumentierung betrifft (zu einem bereits ungeheuren Orchester im *Rheingold* kommen noch sechzehn Harfen und Amboßbatterien) und was die Aufführungsdauer angeht (eine Aufnahme des gesamten *Ring* ergibt vier Kassetten mit jeweils drei bis sechs Langspielplatten). Bis dahin hatte sich keine Firma an ein Vorhaben dieser Größenordnung herangewagt, und das Zögern war insofern begreiflich, als es keine hieb- und stichfesten Beweise gab, daß sich dafür überhaupt Käufer finden lassen würden. Ein weiteres Problem war die Besetzung. Die Kritiker klagten schon seit Jahren über den Mangel an echten Wagner-Stimmen. Woher also die Heldentenöre, die Heldenbaritone und die stimmgewaltigen Brünnhilden nehmen? Dennoch beschloß Decca 1957 auf Drängen des Produzenten John Culshaw, den Sprung in das kalte Wasser zu wagen. Oder besser gesagt, die Firma beschloß zumindest, den ersten Schritt zu tun. Die *Walküre* war das bekannteste der Musikdramen des *Ring* und war bereits vorher einmal von einer anderen Firma auf Platte eingespielt worden. Decca nahm sich jetzt vor, ihre eigene *Walküre* zu produzieren und im Fall eines ermutigenden Verkaufsergebnisses die übrigen drei Teile des *Ring* folgen zu lassen. Als Gewähr für den Erfolg der Aufnahme plante Decca, die international gefeierte Königin der Wagner-Soprane, die aus Norwegen stammende Kirsten Flagstad, unter Vertrag zu nehmen. Leider war die Flagstad nicht bereit, in diesem späten Stadium ihrer Karriere die gesamte Partie der Brünnhilde zu übernehmen, und im übrigen wollte sie auch die Sieglinde singen. Nach monatelangen Verhandlungen sah sich die Firma gezwungen, sich entweder mit ihren Bedingungen einverstanden zu erklären oder ohne sie auszukommen. Da Decca sich entschlossen hatte, den *Ring* in welcher Weise auch immer zu starten, und da sie glaubte, ohne die Flagstad sei das Unternehmen zum Scheitern verurteilt, entschloß sie sich für eine ungewöhnliche

Mischung: Akt I der *Walküre* mit der Flagstad als Sieglinde und Hans Knappertsbusch am Dirigentenpult; Szenen aus Akt II mit der Flagstad als Brünnhilde und wiederum Hans Knappertsbusch am Dirigentenpult; den gesamten Akt III mit der Flagstad als Brünnhilde und Solti als Dirigent. Nur der Produzent John Culshaw und die Wiener Philharmoniker wirkten an allen drei Teilen mit. Hält man sich dieses Mischmasch vor Augen und bedenkt man, daß das Ergebnis eine unvollständige *Walküre* sein würde, so konnte die Vorstellung einer Gesamtaufnahme des *Ring*-Zyklus in der Tat nicht allzu aussichtsreich erscheinen.
Culshaw und seine Vorgesetzten bei Decca ließen sich jedoch nicht beirren. Bei der *Walküre* hatten sie viel darüber gelernt, wie man mit Vorhaben dieser Art umzugehen hat. Und vor allem reichte der Verkaufserfolg aus, um auf ein weitverbreitetes Interesse an größeren Abschnitten von Wagners Musik auf Platten zu schließen. Culshaw schlug deshalb vor, sich als nächstes *Das Rheingold* vorzunehmen, das es im Gegensatz zur *Walküre* noch nicht auf Platte gab. Für *Das Rheingold* sprach auch, daß es dabei weder ein Sopran- noch ein Heldentenorproblem gab und daß es das kürzeste der *Ring*-Musikdramen war. Die Leitung des Unternehmens glaubte nach wie vor, daß der Name Flagstad mit seiner magischen Zugkraft ein ganz wesentlicher Bestandteil der Produktion sei, und da es im *Rheingold* keine große Partie für sie gab, überredete Culshaw sie dazu, die Fricka zu singen. 1962 starb die Flagstad, kurz nach der Fertigstellung von Deccas *Siegfried,* der ersten *Ring*-Aufnahme der Firma, an der sie nicht beteiligt gewesen war. Inzwischen war die Mitwirkung der Flagstad nach dem außerordentlichen Erfolg des *Rheingold* jedoch nicht mehr von ausschlaggebender Bedeutung.
Wie kam es nun zur Mitwirkung Soltis an einem so historischen Vorhaben? Decca, der ja vor allem am Verkaufserfolg gelegen sein mußte, konnte doch eigentlich nur an einem Dirigenten interessiert sein, der sowohl einen internationalen Namen wie auch ein anerkanntes Talent und Gespür für Wagner besaß. 1958 aber war Solti dem Schallplatten kaufenden Publikum so gut wie unbekannt. Culshaw hatte Solti jedoch gesehen, wie er 1950 *Die Walküre* in München dirigierte:

Es berührte mich mehr als alle anderen Wagner-Aufführungen, die ich je gehört hatte. Es war nicht die beste Aufführung, die ich erlebt hatte, aber es war die einheitlichste; es gab eine Konzeption, und es war Theater. (John Culshaw: «Ring Resounding», siehe auch Bibliographie)

Und Culshaw war nicht der einzige bei Decca, auf den Solti Eindruck gemacht hatte. In der Mitte der vierziger Jahre hatte Maurice Rosengarten, der Chef des Unternehmens, Solti auf Veranlassung von Max Lichtegg unter Vertrag genommen. Bis zur Mitte der fünfziger Jahre hatte Solti eine beträchtliche Anzahl von Aufnahmen symphonischer Werke eingespielt, wenn er auch für seine Opernarbeit am bekanntesten war. Es schien also nur eine Frage der Zeit zu sein, wann er auch eine Oper für Decca aufnehmen würde. Zudem würde es sich, angesichts von Soltis wachsendem Ruf als Interpret der Werke dieses Komponisten, wahrscheinlich um eine Wagner-Oper handeln. Die Wiener Philharmoniker standen ebenfalls bei Decca unter Vertrag, und es gab von vornherein keinen Zweifel, daß der *Ring* mit diesem weltberühmten Orchester gemacht werden würde, das auch das Orchester der Wiener Staatsoper war und noch immer ist. Es schien also unvermeidlich, Solti und die Wiener Philharmoniker zusammenzuspannen. Der Dirigent jedoch, den Decca für das *Ring*-Vorhaben zunächst im Sinn hatte, war Hans Knappertsbusch. Mit seinen Bayreuther *Parsifal*-Aufführungen hatte er sich legendären Ruhm erworben, und er genoß gleiches Ansehen für seine Interpretationen der anderen Musikdramen Wagners. Wie so viele andere Dirigenten war Knappertsbusch, der im Opernhaus und im Konzertsaal wahre Wunder vollbringen konnte, im Studio sozusagen nur ein einfacher Kapellmeister. Zudem wollte Knappertsbusch wirklich keine Schallplattenaufnahmen machen. Er haßte Proben, und er haßte Wiederholungen. Im Gegensatz dazu hatten Solti und Culshaw bei Akt III der *Walküre* in ausgesprochen befriedigender Weise zusammengearbeitet. Solti ist genau der Typ, der die Möglichkeiten des Aufnahmeverfahrens auszuschöpfen versteht. Als Mann von nie erlahmender Energie und als Perfektionist arbeitet er rasch und kommt bereitwillig der Aufforderung nach, eine Stelle noch einmal zu wiederholen. Wie oft er eine Passage auch spielte, nie klang es nach Routine oder Langeweile. Culshaw wünschte sich einen *Ring* mit all der elektrisierenden Spannung einer erstklassigen Live-Aufführung; er wollte die Atmosphäre des Theaters auch auf der Platte spürbar werden lassen. Mit Solti am Dirigentenpult konnte er der Verwirklichung seiner Ideale gewiß sein.
Der künstlerische und kommerzielle Erfolg von Deccas *Ring*-Vorhaben bestätigte zwar, daß man damals mit der Wahl Soltis zum Dirigenten eine kluge Entscheidung traf, aber 1958 handelte es sich dennoch um ein bewußt eingegangenes Risiko. Wohl hatte dieser 1947 und 1952 in München zwei Neuinszenierungen der *Walküre* und 1952, ebenfalls am Prinzregententheater, auch *Das Rheingold* dirigiert; was jedoch *Siegfried* und die *Götterdämmerung* betraf, so

standen Aufführungen dieser beiden Werke unter seiner musikalischen Leitung im Opernhaus noch bevor. Es ist bei weitem sinnvoller, eine Platte unmittelbar nach einer Reihe öffentlicher Aufführungen einzuspielen. Auf diese Weise läßt sich kostbare Probenzeit einsparen und sicherstellen, daß der Dirigent, wenn er das Studio betritt, eine feste Konzeption von dem Werk in seiner Ganzheit hat. Wenn man bedenkt, daß Herbert von Karajan damals an der Wiener Staatsoper die Teile des *Ring* aufführte, die Decca ursprünglich auf Platte hatte einspielen wollen, und daß das gleiche Orchester, die Wiener Philharmoniker, und viele der Sänger, die auch bei Decca unter Vertrag standen, an den Aufführungen Karajans mitwirkten, erscheint es seltsam, daß man für das *Ring*-Vorhaben nicht den österreichischen Dirigenten auswählte. Während Solti noch am Anfang seiner internationalen Karriere stand, war Karajans Position als «Superstar» bereits fest begründet. Er hatte den *Ring* in Bayreuth mit ungeheurem Erfolg dirigiert, und er dirigierte und inszenierte das Werk eben damals an der Wiener Staatsoper, deren Künstlerischer Leiter er seit 1956/57 war. Sowohl aus künstlerischer wie aus kommerzieller Sicht hätte die Wahl für einen *Ring*-Zyklus, der Anfang 1958 in Wien entstehen sollte, also ganz selbstverständlich auf ihn fallen sollen. In einem Brief an den Verfasser gab Culshaw folgende Erklärung:

Die Entscheidung für den Ring *fiel nach dem riesigen Erfolg der 1957 entstandenen Aufnahme des II. Aktes der* Walküre *mit Solti und der Flagstad. Zu der Zeit war Karajan durch einen Exklusivvertrag an EMI gebunden, und er kam erst 1958 oder 1959 zu Decca. (Seine erste Aufnahme für Decca war* Zarathustra.) *Solti lag in dem Rennen jedoch ohnehin an der Spitze, weil er sich allmählich – von künstlerischen Überlegungen einmal ganz abgesehen – einen wirklich internationalen Namen machte. (20. November 1978)*

Karajan spielte den *Ring* dann später für die Deutsche Grammophon ein, und zwar in Verbindung mit entsprechenden Aufführungen bei den Salzburger Osterfestspielen.
Selbst noch am Vorabend der Aufnahme von *Rheingold* hielten einige die ganze Idee für lächerlich. Zu diesen Skeptikern gehörte auch Walter Legge, Culshaws Kollege bei der EMI. Culshaw und Solti haben beide mit viel Vergnügen die Geschichte von Legges ernsten Zweifeln erzählt, wobei Culshaw allerdings von Legge nur als von einem «sehr angesehenen Kollegen» spricht. Hier Soltis Version:

Ich erinnere mich, daß ich ihn am Vorabend der Aufnahme des Rheingold *in der Bar des Hotel Imperial in Wien traf. «Nun, was machst du hier?» fragte er. – «Wir fangen morgen mit der Aufnahme des* Rheingold *an.» – «Des* Rheingold *...?» Er war erstaunt. «Das ist eine sehr schöne Oper, aber ihr werdet nicht eine einzige Platte verkaufen!» Seit 1958 haben wir mehr als 300000 Kassetten verkauft! Für ihn war dies unvorstellbar. Dieser große Talententdecker hatte Furtwängler und die Flagstad unter Vertrag, und doch kam er nie auf den Gedanken, die Tetralogie mit ihnen aufzunehmen. Er war überzeugt, daß sich solche Platten nicht verkaufen ließen. Die* Walküre *oder* Tristan *vielleicht (diese Opern nahm er in der Tat auch auf), aber* Das Rheingold, Siegfried *und die* Götterdämmerung *waren für ihn mit einer finanziellen Katastrophe gleichbedeutend. («Le Point», Nr. 133, 7. April 1975)*

Als die Decca-Aufnahme des *Rheingold* schließlich erschien, rief sie eine Sensation hervor. Ihr kommerzieller und künstlerischer Erfolg bewies, daß es für Wagner-Opern auf Schallplatte einen Markt gab. Die Zuhörer waren von dem unglaublich schönen Klang begeistert. Es waren die Anfänge der Stereophonie, als die Firmen sich beeilten, mit den spektakulärsten Effekten, die sich erzielen ließen, auf den Markt zu kommen. Die dynamische Spannweite, der unmittelbare Klang, die genaue Wiedergabe der Klangfarbe eines jeden Instruments und die Wirklichkeitsnähe dieser *Rheingold*-Aufnahme überhaupt sprachen nicht nur Wagnerianer und Opernfans an, sondern auch eine ganz neue Sorte Mensch, die gerade anfing, Einfluß auf die Schallplattenindustrie zu gewinnen: die Audiophilen oder Hifi-Fans. Das *Rheingold* wurde das beliebteste Demonstrationsobjekt für die Vorführung teurer Verstärker und Lautsprecher.
Die Walküre ist das zweite der vier Musikdramen des *Ring,* und es wäre zu erwarten gewesen, daß Decca sich als nächstes an dieses Werk begeben würde. Da die Firma jedoch bereits einen umfassenden Querschnitt auf den Markt gebracht hatte, beschloß sie, sich dieses Werk für einen späteren Zeitpunkt aufzuheben und statt dessen mit *Siegfried* weiterzumachen. Es sollten jedoch noch vier Jahre vergehen, bevor die Oper schließlich im Jahre 1962 aufgenommen wurde. Anderen, bereits weitergediehenen Opernvorhaben mußte Vorrang eingeräumt werden, und Decca stand vor einem nahezu unüberwindlichen Problem, was die Besetzung der Titelpartie anging. Schließlich sollte Wolfgang Windgassen dann die Aufnahme machen, doch Culshaw war anfänglich gegen ihn und erforschte jede nur denkbare andere Möglichkeit. Die Versuche mit einem vielversprechenden, aber noch unerfahrenen jungen Tenor scheiterten indessen. Die Aufnahme des *Siegfried* erreichte das

gleiche hohe künstlerische Niveau wie von *Rheingold.* Windgassen ist vielleicht nicht der Siegfried, den man sich erträumt – auf diesen Siegfried wartet die Oper noch –, aber er versteht seine Sache, und das Duett mit Birgit Nilsson im dritten Akt ist unglaublich fesselnd. Die Besetzung ist überhaupt hervorragend, mit Hans Hotter als Wotan, Gustav Neidlinger als Alberich und Gerhard Stolze als Mime. Stolze war viele Jahre lang einer der größten singenden Darsteller auf der Opernbühne. Seine Stimme war zwar nicht in einem herkömmlichen Sinn schön zu nennen, aber er verfügte über ein erstaunliches darstellerisches Talent. Noch erstaunlicher ist die Tatsache, daß er die Partie des Zwergen aufnahm, während er sich nach einem schrecklichen Polioanfall noch in ärztlicher Behandlung befand. 1964, zwei Jahre nach *Siegfried,* kehrten Culshaw und sein Team in die Wiener Sophiensäle zurück, um dort die *Götterdämmerung* aufzunehmen. Zuvor beschloß Decca, für optimale Arbeitsbedingungen zu sorgen, und installierte in einem neugebauten Kontrollraum zahlreiche neue Aufnahmeeinrichtungen. Wie merkwürdig, daß sich im alten Wien, einer Stadt, die sich einiger der besten Konzertsäle der Welt rühmen kann, schließlich ein Tanzsaal als der ideale Aufnahmeort erwies! Es ist wirklich so, daß die Tontechniker hier den Klang der Wiener Philharmoniker weitaus besser einfangen können als irgendwo sonst. Die zahlreichen Aufnahmen von außergewöhnlicher Qualität, die in diesem Saal entstanden sind, sind dafür sicherlich ein Beleg. Die Besetzung des Siegfried wurde für die *Götterdämmerung* übernommen, mit Wolfgang Windgassen als Siegfried, der Nilsson als Brünnhilde, Neidlinger als Alberich und natürlich Solti als Dirigent. Zu diesem Ensemble kamen so hervorragende Kräfte wie Dietrich Fischer-Dieskau als ein ungewöhnlich sympathischer Gunther und Gottlob Frick mit einer Baßstimme, wie man sie sich schwärzer und drohender nicht wünschen kann, als der böse Hagen hinzu. Zu dieser Zeit hatte sich die Nilsson bereits so unentbehrlich gemacht, wie es die Flagstad einmal gewesen war, als das *Ring*-Vorhaben zum ersten Mal besprochen wurde. Als Brünnhilde und als Isolde war sie mit ihrer kraftvollen, schönen und ausdauernden Stimme nicht zu übertreffen. Niemand verstand es wie sie, sich mit der ganzen Macht ihrer Stimme frei und gelöst über ein großes Wagnerorchester zu erheben. Einer der großen Nachteile des nur wenige Jahre später unter Karajans musikalischer Leitung entstandenen *Ring*-Zyklus für die Deutsche Grammophon besteht darin, daß hier der Versuch unternommen wurde, ohne sie auszukommen. Die Sängerinnen, die man als Ersatz für sie gefunden hat, Régine Crespin in der *Walküre* und Helga Dernesch in *Siegfried* und *Götterdämmerung,* klingen im Vergleich zur Nilsson trotz all der Feinheiten ihrer Interpretation doch recht überfordert.

Nachdem die erste Einspielung der *Götterdämmerung* fertiggestellt war, brauchte Decca nur auf ihren eigenen Spuren zurückzuwandeln und die gesamte *Walküre* aufzunehmen. Nun, da das Ende des Zyklus in greifbare Nähe gelangt war, verlor die Firma keine Zeit und kehrte nur ein knappes Jahr nach den Aufnahmen der *Götterdämmerung,* also 1965, wieder nach Wien zurück. Birgit Nilsson sang wiederum die Brünnhilde, und einmal mehr bot sie eine ganz vorzügliche Leistung. Hans Hotter jedoch, der den Wotan sang, näherte sich dem Ende seiner Karriere, und das spannungsreiche, großangelegte Aufführungskonzept stellte eine erhebliche Belastung für ihn dar. Auch die Wahl von James King als Siegmund war nicht eben glücklich. King sang nicht schlecht, vermochte sich stimmlich aber nicht besonders hervorzuheben. 1965 war Jon Vikkers der beste Siegmund, und er sollte diese Partie bald unter Karajans Leitung auf Platte aufnehmen. Mit seiner Mischung aus musikalischem Verständnis und dramatischem Talent steht er wirklich einzigartig da.

Die Vollendung der ersten Einspielung des *Ring*-Zyklus war ein berechtigter Anlaß zum Feiern. Alle, die daran mitgewirkt hatten, empfanden dies als das Ende einer wichtigen Etappe. Und das war es auch wirklich. Die Platten wurden mit den entsprechenden Ehrungen bedacht, wie dies aus den Rezensionen, Auszeichnungen und Verkaufsziffern ersichtlich ist, und sie stellen auch heute noch einen der größten Erfolge des Grammophons dar. Dies ist zu einem großen Teil Solti und den Wiener Philharmonikern sowie so bedeutenden Gesangssolisten wie Birgit Nilsson, George London und Hans Hotter zuzuschreiben. Die erstaunliche Klangqualität der Aufnahmen indes ist John Culshaw zu verdanken. Er ermutigte alle Beteiligten, ihr Bestes zu geben und die vielen schwierigen Stellen in diesen Werken zu meistern. So kann das berühmt-berüchtigte Vorspiel zum *Rheingold* schon im Opernhaus schrecklich genug klingen, obwohl es eine ruhige Musik ist und Katastrophen bei der Aufführung häufig durch die anfängliche Unruhe des Publikums und den Lärm der Zuspätkommenden überdeckt werden. Culshaws Problem bestand darin, alle acht Hornisten dazu zu bringen, ihre aufeinanderfolgenden Soloeinsätze in ein und demselben langen Aufnahmeabschnitt ohne Fehler zu spielen. Die sich überschneidenden Einsätze machten spätere Retuschen unmöglich.

Da sich das *Ring*-Vorhaben über einen Zeitraum von sieben Jahren erstreckte, läßt der Beitrag einiger Mitwirkender eine künstlerische und stilistische Weiterentwicklung erkennen. Dies gilt, wie viele Kritiker rasch bemerkten, in besonders hohem Maße für Solti, denn er war als einziger an jedem Stadium des Zyklus beteiligt. Da *Die Walküre* zuletzt aufgenommen wurde, wird dies durch einen Vergleich dieser späten Aufnahme mit dem im Jahre 1957 entstandenen Querschnitt am deutlichsten. Conrad L. Osborne zum Beispiel machte in seiner in High Fidelity erschienenen Besprechung der Gesamtaufnahme einige kritische Anmerkungen zu Culshaws raffinierten Spezialeffekten, äußerte sich aber auch ausführlich über die Fortschritte Soltis als Wagner-Dirigent. Wie er meinte, sei Solti entspannter und habe sich besser in der Gewalt. Sein Wagner klinge engagiert und dramatisch bewußt, was bei Verdi nicht zutreffe. Andere Kritiker zeigten sich von Soltis Leistungen weniger beeindruckt. Bei einem Vergleich zwischen allen vollständigen *Ring*-Aufnahmen von Solti über Karajan und Böhm bis zu Furtwängler und Goodall kritisierte Samuel Lipman 1978 «die Überbetonung von kurzfristigen Effekten». Trotz der hervorragenden Wiedergabe vieler Passagen fehle es an einer Gesamtkonzeption, die über die einzelnen Charaktere und ihre verschiedenen Auftritte auf der Bühne hinaus zur Frage des Gesamtzusammenhangs führe. Im Märzheft 1971 der Zeitschrift Music and Musicians stellte John Greenhalgh ähnliche Überlegungen an, wobei er sich nicht auf die Decca-Aufnahme des *Ring,* sondern auf Soltis Aufführungen am Opernhaus Covent Garden bezog. Seiner Ansicht nach gab Soltis musikalische Leistung zu entschiedenster Kritik Anlaß. Betrachte man das Werk als Ganzes und lasse die außergewöhnliche Leistung einzelner Künstler beiseite, so sei der *Ring* «im Grunde eine Enttäuschung». Die kürzlichen Aufführungen am Covent Garden hätten sich teilweise durch einen Orchesterklang von einmaliger Leuchtkraft und von ungeheurer Spannung erfüllte Höhepunkte ausgezeichnet, doch habe es der Dirigent unterlassen, die Einheit des ganzen Bühnenfestspiels hervorzuheben. Die Vorzüge von Soltis Dirigierkunst seien «kein Ausgleich für das Versäumnis, einen Spannungsbogen aufzubauen und ihn das gesamte Werk hindurch durchzuhalten». Unter Solti habe die Musik eher einer Reihe von bruchstückhaften Episoden geähnelt. Die Schwierigkeiten mit dem *Ring* im Opernhaus gingen vermutlich auf seine früheren Erfahrungen mit der Aufnahme im Studio zurück. Das mit der Studioarbeit verbundene ständige Unterbrechen und Wiederanfangen hindere ihn daran, das Werk in der Oper als zusammenhängendes Ganzes auf die Bühne zu bringen. Allerdings könnte es auch sein, daß Lipman und Greenhalgh einen bestimmten Aspekt von Soltis Interpretation aufzeigten, ihn aber nicht richtig deuteten. Aus Soltis offenkundig besessenem Bemühen um Details zogen sie den verallgemeinernden Schluß, er habe keine Gesamtkonzeption des Zyklus. Als weiteren Beleg für ihre Meinung verwiesen sie darauf, daß die Kassette, da sich die Aufnahmesitzungen über mehrere Jahre hinzogen, keine einheitliche Werkauffassung widerspiegeln könne. Aber

welche Gesamtschau des Werkes kann man denn zu finden erwarten? Auch Wagner arbeitete über viele Jahre an den verschiedenen Teilen des *Ring,* und die Musik weist eine Vielzahl stilistischer Uneinheitlichkeiten auf, die seine kompositorische Entwicklung belegen. Außerdem gibt es Unterschiede im Orchesterklang, die den einzelnen Musikdramen des *Ring* entsprechen.
Es handelt sich um ein vielschichtiges, bisweilen verworrenes und schwer zu deutendes Drama, und Soltis Problem besteht nicht darin, daß er die innere Einheit dieses komplexen Werkes nicht begriffen hat; es besteht vielmehr darin, daß seine Konzeption häufig mit einer Unterbrechung der großen Linie der Musik verbunden ist, und dies ist eine kritische Äußerung ganz anderer Art. Solti scheint eine sehr klare und feste Vorstellung davon zu haben, wie diese Musik seinem Empfinden entsprechend gespielt werden muß. Er hat sein Orchester und die Sänger vom ersten Takt des *Rheingold* bis zum letzten Takt der *Götterdämmerung* unter vollkommener Kontrolle. Er besteht auf Genauigkeit, was den Rhythmus und die Intonation betrifft, aber er hält sich mit seiner Interpretation keineswegs sklavisch an den Buchstaben der Partitur. Es handelt sich ganz im Gegenteil um eine höchst dramatische Wiedergabe. Mit ihrer Kritik unterstellen Lipman und Greenhalgh, Solti habe das Werk nicht nur für die Aufnahmezwecke in verschiedene Abschnitte unterteilt, sondern auch seine Interpretation sei bruchstückhaft. Daraus müßte man schließen, daß es häufig zu einem Verlust an Spannung kommt. Aber wo ist dies der Fall? Es lassen sich sicherlich eine Reihe von Beispielen finden, wo man den Eindruck zu großer Lautstärke, zu schneller Tempi und einer vergleichsweise oberflächlichen Phrasierung haben könnte; dies heißt jedoch nicht, daß es dem Dirigenten an einer Gesamtkonzeption fehlt. Äußert man Kritik dieser Art, so bedeutet dies nur, daß man mit dieser Konzeption nicht einverstanden ist. Solti selbst bemühte sich, in einem am 7. April 1975 für die Zeitschrift «Le Point» gegebenen Interview seine Vorstellungen zu verdeutlichen:

Meine Konzeption der Tetralogie war nicht «germanisch» in des Wortes damaliger Bedeutung. Man empfand den Ring *damals als eine ungeheure düstere Klangwoge – als etwas Dunkles, Verschwommenes und Uferloses. Dem entsprechend, was man seinerzeit «Tradition» nannte, hätte er wolkig, neblig sein müssen. Ich vertrete jedoch die genau entgegengesetzte Auffassung. Ich liebe Klarheit, Rhythmus und Präzision. In diesem Geist habe ich den* Ring *aufgenommen, und ich habe keineswegs das Gefühl, die Musik mißhandelt zu haben. Wagners Werke stecken voller Rhythmus! Es versteht sich von selbst, daß andere Interpretationen ebenso akzeptabel sind. Nehmen Sie beispielsweise die vier Aufnahmen der* Walküre *– die von Karajan, die von Furtwängler, die von Böhm und meine eigene. Es ist fast nicht zu glauben, daß ein Werk jedesmal so verschieden klingen und dabei gleichzeitig so schön und bewegend bleiben kann!*

Dies ist eine faire, wenn auch etwas irreführende Aussage. Solti lehnte die «germanische Tradition» ausdrücklich ab; er ist jedoch keineswegs ein radikaler Neuerer – er ist einfach genauer in der Ausführung als die meisten. Die Mitwirkung der Wiener Philharmoniker gewährleistete einen authentischen Wagner-Klang, mit außerordentlichem Gewicht, wo es nötig ist, und wunderschöner Farbgebung, vor allem bei den Streichern. Das Orchester ist zudem dazu in der Lage, den Stimmungsgehalt der Musik zum Ausdruck zu bringen, was unter Solti freilich nicht häufig geschieht. Indem er das Düstere vertreibt, beseitigt er vielfach auch das Romantisch-Gefühlvolle. Dies wird besonders deutlich, wenn man seine Aufnahmen mit denen von Karajan und Furtwängler vergleicht. Außerdem verstehen diese beiden Dirigenten es besser als Solti, die große Linie der Musik zu wahren. Anders als Solti spielen sie «über die Taktstriche hinweg». Der Verzicht auf Wagners mystische Seite ist der Preis, den Solti bereitwillig bezahlte, um den *Ring* nach seinen eigenen Vorstellungen zu gestalten; es ist ein gültiger Ansatz, der sich in Fragen der Präzision auszahlt.
Würde der reifere Solti den Ring heute anders dirigieren,wenn er ihn noch einmal auf Schallplatten aufnähme? Natürlich würde er das, und er tut dies auch im Opernhaus, aber das gilt natürlich für jeden Dirigenten, der zwanzig Jahre älter geworden ist. Er hat zugegeben, daß er den Zyklus einst wegen der damit verbundenen Erinnerungen an den Nationalsozialismus verabscheute, später jedoch seine Meinung änderte. Trotz möglicher Änderungen und Verbesserungen, die Solti heutzutage vielleicht für angebracht hielte, bleibt sein *Ring*-Zyklus für Decca ein Meilenstein in der Geschichte der Schallplatte und gehört zu seinen großen Leistungen als Dirigent. Er spiegelt getreulich seine musikalische Auffassung zu einem bestimmten Zeitpunkt in seiner Laufbahn wider, und es ist eine Auffassung, die Achtung verdient. Neue Vergleichsmöglichkeiten böten sich, wenn 1983 oder in einem der beiden folgenden Jahre in Bayreuth Live-Aufnahmen zustande kämen. Auch die Schallplattenkäufer und nicht allein das distinguierte Festspielhaus-Publikum vermöchten sich dann von den Wandlungen in Soltis Wagner-Auffassung zu überzeugen. Wie zu vernehmen war, dirigierte Solti auch die Musik zu einem Richard-Wagner-Film, der zum hundertsten Todesjahr des Komponisten von Alan Wright produziert und von Tony Palmer gedreht worden ist. Sollte dies zutreffen,

kämen die Musikfreunde zumindest ausschnittweise in den Genuß einer neuen Solti-Version von Wagner-Werken. Vorerst wird eine achtteilige Fernsehserie der BBC gesendet, aus der dann ein Kinofilm von fünf Stunden Dauer entstehen soll. Richard Wagner wird dabei von Richard Burton dargestellt. In weiteren Rollen sind Peter Ustinov, Franco Nero und Sir Laurence Olivier zu sehen, während Vanessa Redgrave die Ehefrau und Marthe Keller als Mathilde Wesendonck die Geliebte des Meisters spielen. Solti als Film- und Fernsehdirigent? Das erscheint zunächst etwas befremdlich, doch darf man nicht vergessen, daß er schon 1977 die Wiener Philharmoniker bei der Verfilmung der Oper *Arabella* von Richard Strauss dirigierte, ein Jahr später bei jener von Verdis *Falstaff* und 1980 bei *Hänsel und Gretel* von Engelbert Humperdinck. Es wäre beim Wagner-Film freilich das erste Mal, daß er sich damit zufrieden gäbe, gleichsam das Handeln der Akteure musikalisch zu untermalen.

Verfolgen wir nun aber seine Tätigkeit in England. Sie kann nicht mit derselben Ausführlichkeit der vorigen Kapitel dargestellt werden; immerhin vermitteln die nachstehenden Abschnitte einen ausreichenden Überblick über die damaligen Ereignisse. Wer sich schon im voraus über Soltis gesamte Tätigkeit als Direktor am Königlichen Opernhaus Covent Garden während seiner Amtszeit vom September 1961 bis August 1971 orientieren möchte, findet auf den Seiten 202 bis 205 eine entsprechende Zusammenstellung. Beginnen wir nun mit einer kurzen Rekapitulation. Wie erinnerlich hat Soltis erster Auftritt am Königlichen Opernhaus Covent Garden am 4. Dezember 1959 stattgefunden, und zwar mit dem *Rosenkavalier.* Er fand damit eine ausgesprochen freundliche Aufnahme:

Georg Solti gab ein willkommenes Debüt am Covent Garden und ließ das Orchester teilweise herrlich spielen. Es gab einige Passagen von wunderbarer Klangfülle, was die Strauss-Aufführungen der neueren Zeit hier weitgehend vermissen ließen, und streckenweise ausgesprochen sinnliches Musizieren. Woran es fehlte, war Innigkeit – aber daran mangelte es der Aufführung insgesamt, außer wenn die göttliche Jurinac auf der Bühne stand. (Harold Rosenthal, «Opera», Januar 1960)

Als Rafael Kubelik von seinem Posten als Direktor des Königlichen Opernhauses zurücktrat, wurde Solti als einem der erstklassigen damals zur Verfügung stehenden Dirigenten, der zudem bereits einen guten Eindruck in dem Opernhaus hinterlassen hatte, von Lord Drogheda, dem Vorsitzenden des Vorstandes des Königlichen

Opernhauses, der Posten angeboten. Solti lehnte zunächst mit der Begründung ab, er habe für eine Weile genug von der Oper. Sir David Webster, der geschäftsführende Direktor des Covent Garden, reiste ihm jedoch zu weiteren Verhandlungen nach Luxemburg nach. Zu dem Zeitpunkt war das Interesse Soltis bereits gewachsen, aber bevor er eine endgültige Entscheidung traf, bat er Bruno Walter um Rat. Als dieser ihm riet, das Angebot unbedingt anzunehmen, gab Solti nach und unterzeichnete einen Dreijahresvertrag.

Das nächste Mal stand Solti am 2. Februar 1961 im Orchestergraben des Königlichen Opernhauses, und zwar dirigierte er ein im Vorjahr beendetes Werk des britischen Komponisten Benjamin Britten, dic Oper *Ein Sommernachtstraum* (A Midsummer Night's Dream), bei der John Gielgud die Regie führte. Zu diesem Zeitpunkt war die Ernennung Soltis zum Generalmusikdirektor von Covent Garden bereits bekannt gegeben worden, doch trat er seinen Posten erst im Herbst des gleichen Jahres an. Zuvor leitete er aber den *Sommernachtstraum* am 22. und 29. August 1961 bei einem Gastspiel des Covent Garden Opernhauses am Edinburgh Festival, wo am 21., 23., 26. und 30. August unter ihm auch Aufführungen der *Iphigenie auf Tauris* stattfanden. Es war ein geschickter Schachzug, ihn in einem Opernhaus, das immer empfindlicher auf die Frage des übergroßen Einflusses von musikalischen Werken, Künstlern und Dirigenten aus dem Ausland reagierte, eine englische Oper dirigieren zu lassen. Der Vorstand des Königlichen Opernhauses machte es Solti überdies klar, daß englische Komponisten zu fördern und nach Möglichkeit englische Künstler einzusetzen seien.

Im Verlauf seiner ersten Pressekonferenz im Juli 1961, bei der er seine Pläne für die kommenden Spielzeiten darlegte, gab Solti in all diesen Punkten beruhigende Zusicherungen ab. Er erklärte, er beabsichtige, das Opernhaus zum «besten der Welt» zu machen. Außerdem versprach er, englische Künstler einzusetzen und zu fördern, und berichtete, er plane eine Wiederaufnahme von Benjamin Brittens *Billy Budd* sowie eine Neuproduktion von Michael Tippetts *King Priam* und William Waltons *Troilus and Cressida.* Er sprach sich dafür aus, bestimmte Werke – komische Opern, slawische Opern und zeitgenössische Werke – vorzugsweise in Englisch und nicht in der Originalsprache aufzuführen. Was das nicht-britische Repertoire betraf, so nannte er ausdrücklich Opern wie Schönbergs *Erwartung* und *Moses und Aron.* Ein vollständiger Mozart-Zyklus und ein *Ring*-Zyklus gehörten ebenfalls zu seinen Plänen. Im Laufe seiner zehnjährigen Herrschaft am Covent Garden kamen nur zwei Opern, die auf seiner ursprünglichen Liste gestanden hatten, nicht zur Aufführung – *Faust* und *Lulu.*

Die erste Aufführung in der Ära Solti, die am 1. September 1961 anfing, war eine etwas ungewöhnliche Wahl: Glucks *Iphigenie auf Tauris* wird nur selten aufgeführt und gehört keineswegs zu den gängigen Werken der Opernliteratur. Solti hatte es wie erwähnt bei den Edinburgher Festspielen im August 1961 dirigiert und brachte die Produktion anschließend im September nach London, wo sie von der Kritik unterschiedlich aufgenommen wurde. Ein weitaus bedeutsameres Ereignis fand einige Wochen später – am 29. September – statt, als Solti seine erste Wagner-Oper am Covent Garden dirigierte: *Die Walküre.* Durch seine Schallplattenaufnahmen des *Ring*-Zyklus, der erst zum Teil fertiggestellt war, aber dennoch bereits weithin gerühmt wurde, sowie aufgrund seiner Tätigkeit in München und Frankfurt genoß Solti als Wagner-Dirigent bereits hohes Ansehen, so daß man von dieser neuen *Walküre* viel erwartete. Regisseur war der erfahrene und berühmte Wagner-Bariton Hans Hotter, der in der Aufführung den Wotan sang. Wie sich zeigen sollte, leistete er über weite Strecken einen wenig originellen und farblosen Beitrag. Noch unvorteilhafter wirkten die Bühnenbilder des Berliners Herbert Kern; die Reaktion des Publikums war so ablehnend, daß Kern entlassen und für den übrigen *Ring*-Zyklus Günther Schneider-Siemssen als Bühnenbildner engagiert wurde. So blieb es also Solti und den Sängern überlassen, der Aufführung dennoch zum Erfolg zu verhelfen. Mit einem Ensemble, zu dem Jon Vickers, Hans Hotter, Rita Gorr, Claire Watson und Michael Langdon sowie die hervorragende Josephine Veasey unter den Walküren gehörten, gab es nur wenig auszusetzen, und Solti selbst wurde für die Intensität und Dynamik seiner Werkkonzeption und das herrliche Orchesterspiel gelobt. Wenigstens musikalisch war es für den neuen *Ring*-Zyklus ein vielversprechender Auftakt.

Weniger erfreulich war, daß diese Serie von *Walküre*-Aufführungen das Ende der Zusammenarbeit zwischen Vickers und Solti am Covent Garden bedeutete. Bei den Proben kam es zu so erheblichen Spannungen zwischen ihnen, daß Jon Vickers sich weigerte, künftig bei Produktionen unter der musikalischen Leitung Soltis zu singen. Der kanadische Tenor war der Meinung, Solti tyrannisiere ihn. Der Dirigent seinerseits beklagte sich über die mangelnde Bereitschaft zur Zusammenarbeit des Sängers. Solti und Covent Garden hatten gehofft, Vickers auch für die in naher Zukunft geplanten Aufführungen von Verdis *Macht des Schicksals* und *Othello* verpflichten zu können, aber der Sänger wollte nur auftreten, sofern Solti nicht im Orchestergraben stünde. Solti selbst ergriff die Initiative und bemühte sich, Vickers zurückzuholen, vor allem für eine Wiederaufnahme der *Walküre* als Teil eines vollständigen *Ring*-Zyklus im Jahre 1964; der Tenor ließ sich jedoch nicht umstimmen. Soltis *Ring*

mußte also ohne den größten Siegmund der damaligen Zeit vonstatten gehen. Vickers hat seither nie mehr unter Soltis Leitung gesungen, und die Auseinandersetzung mit ihm gehört für Solti zu den größten Frustrationen während seiner Tätigkeit am Covent Garden. Zu einem späteren Zeitpunkt in dieser ersten Saison, erstmals am 16. Juni 1962, hatte Solti die musikalische Leitung bei einem ungewöhnlichen, aus drei Werken bestehenden Programm, für das der Regisseur Peter Ustinov verantwortlich war – Schönbergs *Erwartung,* Ravels *L'heure Espagnole* und Puccinis *Gianni Schicchi:* «Alle drei Aufführungen zeichneten sich durch das aus, was wir für Soltis Aufführungen als typisch kennengelernt haben: Aufregung, Spannung, herrlicher Orchesterklang und die Offenbarung von bis dahin nicht gehörten Einzelheiten in der Partitur» (Harold Rosenthal, «Opera», August 1962).
Am Ende der Spielzeit 1961/62 waren die Kritiker mit Soltis Leistungen im allgemeinen zufrieden und in den Bereichen, wo Verbesserungen möglich waren, zur Nachsicht geneigt. In der zweiten Saison faßte man Solti allerdings nicht mehr mit Samthandschuhen an. Selbst seine Wagner-Aufführungen wurden nicht mehr als über jede Kritik erhaben angesehen. So startete der Herausgeber der Zeitschrift Opera, Harold Rosenthal, eine Serie hartnäckiger Angriffe auf Soltis Wagner-Interpretationen, die er während Soltis gesamter ‹Amtszeit› am Covent Garden hindurch fortsetzte. In seiner Kritik des *Siegfried,* der am 7. September 1962 Premiere hatte, feuerte Rosenthal den ersten Schuß ab: «Außerdem ist eine Tendenz zu großer Lautstärke festzustellen, und so sehr mich die gewaltigen Klangwogen des Orchesters in freudige Erregung versetzten, so fühlte ich mich von dem Anfang des dritten Aktes doch leicht erschlagen. Meiner Auffassung nach ließ die Aufführung Innigkeit und Poesie vermissen» (Oktober 1962). Als reine Katastrophe in Soltis zweiter Spielzeit 1962/63 erwies sich ohne Zweifel eine Neuinszenierung von Verdis *Macht des Schicksals,* die am 28. September 1962 zum ersten Mal gegeben und immerhin sechsmal wiederholt wurde. Die Schwierigkeiten begannen damit, daß sich der Regisseur Sam Wanamaker mit dem Bühnenbildner Guttoso zerstritt. Guttoso schied aus, und Wanamaker entwarf die Bühnenbilder schließlich selbst, allerdings nicht zur Zufriedenheit von Sir David Webster, dem sie für eine so großangelegte und dramatische Oper als zu karg erschienen. Wanamaker beschloß außerdem, das Werk im Stil von Brecht zu inszenieren, was nur auf Kosten von Verdis Intentionen gehen konnte und die Sänger in vollkommene Verwirrung stürzte. Carlo Bergonzi, ein hervorragender italienischer Tenor, dessen Stimme freilich weitaus größer ist als sein schauspielerisches Talent, sang die Hauptrolle, und seine Partnerin

war nicht wie vorgesehen Leontyne Price, sondern die stimmlich unsichere Floriana Cavalli. Montague Haltrecht hat das Ergebnis in recht anschaulicher Weise beschrieben:

Bei der Premiere erinnerte die Duellszene bisweilen eher an Chaplin denn an Brecht, denn Bergonzi verlor erst sein Schwert und geriet dann in eine weitere peinliche Lage, als sein Visier herunterfiel ... Die Cavalli sang katastrophal flach und mehr oder minder ohne Stimme. Die große Arie des Schlußaktes wurde mit Schrecken erwartet, und als die armselige, dünne Stimme Töne hervorbrachte, die in etwa den letzten Noten der Partitur glichen, zischte eine andere, giftgeladene Stimme von der Galerie herab: «Das ist ja einfach abscheulich! Wo ist Shuard?» Am Ende des Abends trat die unglückliche Cavalli vor den Vorhang, und als sie sich verbeugte, schien es, als breche sie buchstäblich unter dem Gewicht der Buhrufe zusammen. («The Quiet Showman»)

Bei seinen letzten Aufführungen dieser Spielzeit – Solti dirigierte im Mai und Juni 1963 siebenmal Mozarts *Hochzeit des Figaro* – ging es dem Dirigenten nicht besser. Die Times warf ihm vor, er «rase im Tempo eines Schlittschuhläufers durch die Partitur». Unglücklicherweise stand am Ende dieser alptraumartigen Saison die Frage der Verlängerung von Soltis Vertrag an, und seine Entscheidung stand von vornherein fest. Er hatte sich ohnehin nur nach erheblichem Zögern zur Annahme des Postens an der Königlichen Oper bewegen lassen und nun, angesichts all der Schmähungen der Presse, war sein erster Impuls, einen Schlußstrich zu ziehen, solange sich sein Ausscheiden noch ohne Schwierigkeiten bewerkstelligen ließ. Kritik dieser Art war ihm in seiner gesamten Laufbahn noch nie begegnet, und sie hatte ihn verletzt. Sir David Webster und der Vorstand des Königlichen Opernhauses waren jedoch zu überzeugten Anhängern Soltis geworden und taten ihr Möglichstes, um ihn zum Bleiben zu bewegen. Solti ist ein Mann, der nicht so schnell aufgibt, und er beschloß deshalb, seinen Platz zu behaupten und weiterzumachen. Großen Einfluß auf seine Entscheidung hatte es außerdem, daß er noch nie einen vollständigen *Ring*-Zyklus an einem Opernhaus dirigiert hatte, und es war ihm sehr daran gelegen, lange genug zu bleiben, um ihn vollenden zu können.

In seiner dritten Spielzeit 1963/64 dirigierte Solti im Januar 1964 drei Aufführungen des verschobenen *Billy Budd* und vorher schon, im September 1963, die *Götterdämmerung,* den letzten Teil des *Ring,* obwohl der gesamte Zyklus erst in der darauffolgenden Spielzeit aufgeführt werden sollte. Mit *Billy Budd* errang Solti einen großen persönlichen Erfolg und bewies erneut sein Gespür für die Musik

Benjamin Brittens: «Wie Georg Solti die Partitur handhabte, gehört zu seinen größten Leistungen. Bisweilen trieb er die Musik zu stürmisch voran; das gravierendste Beispiel dafür war der Akkordbogen in F-Dur, der sich in Brittens eigener Interpretation, die zurückhaltender, aber farblich differenzierter war, durch eine fast unerträgliche Intensität auszeichnete. Solti schien jedoch die Partitur in all ihrer dahinstürmenden Brillanz und ihrem mächtig aufwogenden Grundgefühl zu erfassen und steuerte die ihm unterstellten vielfältigen Kräfte mit sicherer Hand» (John Warrack, «Opera», März 1964). Obwohl kein Engländer von Geburt, hatte sich der Direktor des Covent Garden tatkräftig für den führenden Opernkomponisten des Landes eingesetzt, genau wie sein Nachfolger Colin Davis es für Michael Tippett tun sollte. Soltis Glaube an Britten war eine weitere Bestätigung dafür, daß britische Komponisten am Königlichen Opernhaus willkommen waren, auch wenn das Repertoire im übrigen eher alten Traditionen entsprach. Als Britten am 4. Dezember 1967 starb, fand Solti Worte freundschaftlicher Zuneigung für ihn und beschrieb in diesem Zusammenhang auch ihre Zusammenarbeit bei *Billy Budd*:

Ich war der Meinung, daß die Angabe piano *bei einer* espressivo-*Stelle nicht genügend Klang ergebe, und fragte Ben also, ob man statt dessen ein* forte *setzen könnte. Wir spielten die Stelle mit einem* forte *anstelle des* piano *durch, woraufhin er sagte: «Es gefällt mir, bleiben wir bei der Solti-Version.» Schließlich bedauerte ich jedoch, diesen Vorschlag gemacht zu haben, da mir die ursprüngliche* piano-*Angabe doch besser gefiel. Er war stets äußerst ermutigend und gleichzeitig ausgesprochen kritisch, aber eher auf eine aufbauende als eine zerstörerische Weise. Ich habe unglaublich gerne mit ihm zusammengearbeitet. Britten war ein Operngenie. Sein Weggang hat eine ungeheure Leere in der Musikwelt und im Leben seiner Freunde hinterlassen. («Opera», Februar 1977)*

Seinen größten Erfolg in dieser Spielzeit errang Solti jedoch nicht mit Britten oder Wagner, sondern mit Verdi. Selbst Harold Rosenthal äußerte sich in Tönen des höchsten Lobes über Soltis Stabführung in *Othello,* der im April 1964 viermal aufgeführt wurde: «Ich bin fest überzeugt, daß dieser *Othello* Soltis bisher beste Leistung am Covent Garden ist. Es ist ohne jeden Zweifel seine Oper, und ich frage mich, ob es irgendwo auf der Welt einen ausgezeichneteren Dirigenten von *Othello* geben mag. Solti verbindet die nervöse Gespanntheit eines Beecham mit der feurigen Glut eines de Sabata und fügt dem seine eigenen besonderen Gaben hinzu, das heißt männliche Festigkeit und die Fähigkeit, den Orchesterklang genau

zu beurteilen und zu berechnen. Man würde sich vielleicht wünschen, daß er über einigen Passagen etwas länger verweilte, vor allem bei den stimmungsvolleren Stellen der Partitur» («Opera», Juni 1964).
Als jedoch in der darauffolgenden Saison 1964/65 Soltis mit Spannung erwarteter *Ring*-Zyklus zur Aufführung kam, ärgerte sich Rosenthal über Soltis Wagner-Interpretation noch mehr als schon vor zwei Jahren über den *Siegfried*: «Ich wünsche nur, ich hätte dabei eine musikalische und dramatische Grundkonzeption erkennen können (...). Soltis Höhepunkte scheinen nicht in einem Zusammenhang miteinander zu stehen, und die Themen oder Leitmotive, oder wie immer man sie nennen will, werden häufig auf ganz unterschiedliche Weise gespielt (...). Dem Waldweben fehlte es fast gänzlich an Stimmung (...). Siegfrieds Rheinfahrt war bei weitem zu schnell, und der Trauermarsch wurde so laut gespielt, daß es schon beinahe geschmacklos wirkte» («Opera», November 1964).
John Greenhalgh äußerte sich ebenso kritisch, aber trotz der ablehnenden Reaktion einiger Kritiker auf Soltis *Ring* stellte die Produktion des gesamten Bühnenfestspiels für Covent Garden doch einen großen Erfolg dar. Und während sich Soltis Gesamtaufnahme des Zyklus, begleitet von einem immer lauter werdenden Chor lobpreisender Stimmen, ihrer Vollendung näherte, war es für dieses Opernhaus ein bemerkenswertes Ereignis, daß ein so gefeierter Wagner-Dirigent dort seinen ersten *Ring* aufführte.
Wenn Soltis neuer *Ring* in dieser Spielzeit eine unterschiedliche Aufnahme fand, so gilt dies in noch weit höherem Maße für *Moses und Aron* von Arnold Schönberg. Das Werk bietet sängerisch und schauspielerisch so enorme Schwierigkeiten und stellt den Regisseur vor so vielschichtige Probleme, daß es bis dahin nur zweimal aufgeführt worden war. Am 6. Juni 1957 hatte am Stadttheater Zürich die Uraufführung stattgefunden, und 1959 war es bezeichnenderweise der wagemutige Hermann Scherchen gewesen, der in Berlin eine Aufführung leitete, die in einen wilden Radau des Publikums ausartete und zu tätlichen Bedrohungen des Dirigenten führte. Solti setzte sich entschieden für dieses Vorhaben am Covent Garden ein, obwohl ihm seine Freunde davon abrieten, da sie dessen Verwirklichung für unmöglich hielten. Er fand das Werk jedoch großartig und ließ sich nicht beirren, denn jetzt war für ihn der Zeitpunkt gekommen, sein Versprechen einzulösen, das er 1954 Schönbergs Witwe in Los Angeles gegeben hatte: die Oper dann auf die Bühne zu bringen, sobald er die Zeit und die Mittel aufbringen könne, um eine würdige Aufführung zu gewährleisten. Regie führte Peter Hall, damals noch geschäftsführender Direktor der Royal Shakespeare Company, der am Königlichen Opernhaus ein neues

Gesicht war. Solti hatte schon gleich nach seinem Amtsantritt in London versucht, ihn und Peter Brook für Regiearbeiten zu gewinnen, und als Hall wegen Arbeitsüberlastung ablehnte, habe Solti – wie Hall später einmal erzählte – ihm einen «wunderbaren ungarischen Temperamentsausbruch» vorgespielt und zu ihm gesagt, wie zum Teufel er eigentlich diesen Laden schmeißen solle, wenn Leute wie er zu beschäftigt seien, die britische Oper tatkräftig zu unterstützen. Soltis Wutausbruch habe ihn, obwohl er nur vorgetäuscht gewesen sei, schrecklich beeindruckt, und nachdem ihn Solti noch mehrere Male um seine Mitarbeit gebeten habe, sei man schließlich übereingekommen, daß er 1965 bei der Schönberg-Oper die Regie führen werde. «Welcher Regisseur ließe sich nicht gern durch Unmögliches herausfordern?» kommentierte Hall diesen Schritt trocken. Für ihn stellte die Inszenierung der Oper einen Wendepunkt in seiner Karriere dar. Für gewöhnlich sei die Arbeit an einem Bühnenstück in England eine recht lässige Angelegenheit, berichtete Hall weiter, aber weil alles so schwierig gewesen sei und niemand die Oper kannte, hätten alle Angst gehabt und sich mächtig ins Zeug gelegt. Sieben Wochen lang habe er mit etwa zweihundertfünfzig Leuten auf der Bühne geschuftet und dabei um zwanzig Pfund abgenommen, doch sei es ein herrliches Erlebnis gewesen, gemeinsam etwas zu schaffen. Von Solti sagte der Regisseur, daß sich nur wenige andere Dirigenten gegenüber den Ideen bei dieser Produktion so aufgeschlossen und empfänglich gezeigt hätten wie gerade er. In der Presse habe man über die Einstudierung viel Unsinniges lesen können, doch sei Solti ruhig und gelassen geblieben, und obwohl er vielleicht dennoch besorgt gewesen sei, habe der Dirigent ihm volles Vertrauen entgegengebracht und ihn in jeder Beziehung gedeckt. Solti selber betrachtete die Produktion als die schwierigste und lohnendste Aufgabe seines Lebens; sie habe ihn «Tränen und Schweiß» gekostet, sei es jedoch wert gewesen.
Moses und Aron wird von manchen Leuten wegen seiner dissonanten und melodienarmen Musik, die sich aus einer einzigen Zwölftonreihe entwickelt, abgelehnt und wegen seines biblischen Textes und seines Mangels an Handlung als szenisches Oratorium bezeichnet. Schönberg schrieb das Libretto selbst, und seine Bühnenanweisungen scheinen häufig für ein «nur in der Vorstellung bestehendes Opernhaus» bestimmt zu sein, wie Peter Hall sich ausdrückte, und weniger für eine so irdische Einrichtung, wie es das Covent Garden-Theater nun einmal ist. Hier ein Beispiel aus einer Szene im zweiten Akt: «Die Priester umarmen und küssen die Jungfrauen. Hinter jedem Paar steht ein Mädchen, das ein langes Schlachtmesser und ein Gefäß zum Auffangen des Blutes in Händen hält (...). Die Mädchen reichen den Priestern die Messer. Die Priester fassen

die Jungfrauen an der Gurgel und stoßen ihnen das Messer ins Herz.» In der Oper geht es um das Problem der Glaubensfindung und die Frage, wie man den Massen Religion vermitteln kann, ohne dabei die religiöse Botschaft zu korrumpieren. Die größte Aufmerksamkeit in der Presse erregte nach den Londoner Aufführungen vom Juni und Juli 1965 (Wiederaufnahme im Juli 1966) die mit «Das goldene Kalb und der Altar» überschriebene Szene, eine in einem verschwenderischen Rahmen angelegte Orgie. Bei früheren Aufführungen hatte man weitgehend davon abgesehen, diese Ausschweifungen auf der Bühne darzustellen, aber Hall bestand auf möglichst drastischer Realistik: «Stellt man die Orgie in stilisierter Form dar, läßt sich meiner Meinung nach der dieser Szene innewohnende Schrecken nicht vermitteln» (BBC-Interview). Zu diesem Zweck bedeckte Hall die ganze Bühne mit sich umarmenden nackten Paaren. Die Reaktion der Zuschauer reichte von «schockierend» und «geschmacklos» bis zu «langweilig», aber sie kamen. Alle Aufführungen waren ausverkauft, und jene, die ihre Karten weiterverkauften, erhielten bis zu 25 Guineas pro Stück. Abgesehen von der Orgie wurde dem Publikum ein Spektakel vorgeführt, zu dem ein Chor aus hundertdreißig Mitgliedern, fünfundvierzig Schauspieler, zwanzig Kinder, fünfzehn Tänzer, dreißig Statisten und ein wahrer Zoo gehörten, nämlich sechs Ziegen, ein Ochse, ein Pferd und zwei Esel sowie, in Peter Halls Worten, «ein sehr großes [von dem Geschehen auf der Bühne] blutbespritztes Orchester».
Der Aufführung gingen wie gesagt intensive Proben voraus, und die harte Arbeit zahlte sich aus. Solti und Hall erhielten das meiste Lob. Solti, weil er die sich nur schwer dem allgemeinen Verständnis erschließende Partitur so durchsichtig und spannungsreich wie irgend möglich gestaltet hatte, und Hall wegen seiner ungewöhnlichen Konzeption. Seine Mitwirkung war ohne Zweifel von entscheidender Bedeutung für das gesamte Vorhaben und trug dazu bei, die weniger günstigen Erinnerungen an Verdis *Macht des Schicksals* auszulöschen. Besonders unvergeßlich waren die bis in alle Einzelheiten ausgeschmückten Massenszenen. Der Erfolg von *Moses und Aron* war jedoch in hohem Maße auch der Leistung eines Teams zu verdanken, das mit seiner Arbeit beträchtlich zur Steigerung des Ansehens von Covent Garden beitrug. Das Opernhaus hatte gezeigt, daß es einige der begabtesten Kräfte des Landes gewinnen und auf sehr hoher Ebene kreativ sein konnte. Solti war so sehr vom Wert der Musik von Schönbergs Oper überzeugt, daß er sie auch an der Pariser Oper und in einer konzertanten Fassung in der Albert Hall und mit dem Chicago Symphony Orchestra aufführte. Solti ist wahrscheinlich der erfahrenste lebende Dirigent dieser Opernmusik, aber leider hat er das Werk noch nicht auf Platte eingespielt,

weil die Kosten für die Aufführung eines Werkes mit so vielen Mitwirkenden astronomisch wären. In dem schon oft genannten Buch «Opernjahre» (Seite 272) berichtet Rolf Liebermann, daß er schon lange davon geträumt hatte, *Moses und Aron* in der Naturkulisse des Heiligen Landes aufzuführen. Als Solti die Oper in London dirigierte, war Liebermann Komiteemitglied des Israel-Festivals und beschwor den British Council, das Ensemble der Covent Garden Opera mit Schönbergs Werk nach Israel zu schicken. «Der Plan zerschlug sich wegen Geldmangels, und als er endlich von der Hamburger Oper 1973 ausgeführt wurde, war ich nicht mehr dabei. Mein Nachfolger, August Everding, hat mir aber erzählt, daß die Aufnahme überwältigend herzlich gewesen sei.»

In der gleichen Spielzeit, in der *Moses und Aron* sowie ein kompletter *Ring* zur Aufführung kamen, wurde unter Solti im Januar und Februar 1965 erstmals auch eine Oper von Richard Strauss gegeben. Der Dirigent hatte sich für *Arabella* entschieden, eine Oper, die er einige Jahre zuvor in Wien auf Platte eingespielt hatte. Wiederum war das künstlerische Niveau sehr hoch; die Regie führte Rudolf Hartmann, die Bühnenbilder stammten von Peter Rice. Die Titelpartien waren mit Dietrich Fischer-Dieskau und Lisa Della Casa besetzt. Für diejenigen, die *Arabella* unter Soltis Leitung gehört und gesehen haben, ist keine schönere Aufführung vorstellbar.

Solti war also auf dem besten Weg, sich auch in England durchzusetzen und allmählich zu einem Mann zu werden, den die Öffentlichkeit sozusagen als britische Institution ansah. Die ersten Jahre im Covent Garden Opernhaus waren freilich nicht leicht und reibungslos verlaufen, denn er hatte sich an die kontinentale Generalmusikdirektoren-Tradition gewöhnt, das heißt an eine autokratische Art des Umgangs mit den Musikern und Sängern, und es kostete ihn deshalb nicht geringe Mühe, sich dem entspannteren, weitaus unbesorgteren Lebens- und Arbeitsstil der Engländer anzupassen und deren Vorliebe für Teamwork, für Gemeinschaftsarbeit, zu begreifen. Er nahm alle recht hart an die Kandare und achtete dabei wenig auf die Regeln und Vorschriften der Gewerkschaften. Die nahmen ihm ihrerseits seine zuweilen etwas hochfahrende Weise, mit der er ihnen begegnete, übel, und auch das Opernorchester spaltete sich in fanatische Pro-Solti- und Anti-Solti-Gruppen. Doch selbst seine Gegner mußten zugeben, daß er einen hohen Standard des Orchesterspiels anstrebte, und sie respektierten sein Können und seine Autorität. Nach Kenneth Good, dem Kontrabassisten des London Philharmonic Orchestra, probt Solti sehr gründlich und überläßt nichts dem Zufall. «Er prüft alles und jedes genau, und obwohl er viel herumspringt, eine Menge komischer Geräusche von sich gibt und wir oft über sein Englisch lachen müssen, gelingt es ihm, in der zur Verfügung stehenden Zeit das Beste herauszuholen. Ich fand das bei einer konzertanten Aufführung des *Rheingold* besonders eindrücklich: innerhalb der kurzen Frist, die man ihm einräumte, bewältigte er mühelos sämtliche Schwierigkeiten der Partitur.» Und der Paukist Alan Cumberland meinte:

Solti bringt es fertig, daß man haargenau so spielt, wie er es wünscht. Ich glaube nicht, daß viele Dirigenten dies zu erreichen imstande sind. Aber er beharrt darauf und erhält seinen Willen. Seine Ausstrahlung und Dynamik sind so stark, daß man wirklich sehen kann, wie er alles, was von uns kommt, gleichsam kanalisiert zu sich herlenkt und durch sich hindurch zum Publikum. Vom musikalischen Standpunkt aus ist ihm, wie ich annehme, die Rhythmik am wichtigsten. (Helena Matheopoulos: «Maestro», Seite 414, siehe Bibliographie)

Trotz solch anerkennender Stimmen gab es mit den Orchestermitgliedern immer wieder einmal ein bißchen Ärger, und rechnet man den mit den unverblümten Kritiken zusammen, die Solti in den ersten Spielzeiten zu lesen und zu hören bekam, wird verständlich, daß er hie und da recht niedergeschlagen war. «Die Leute wissen nicht, wie schwierig es ist, sich in einem Land mit völlig andersartiger Mentalität zurechtzufinden», seufzte er. Grund zu Spötteleien, die sicherlich harmlos waren, aber einen empfindsamen Mann wie Solti dennoch kränkten, gaben vor allem seine mangelhaften Kenntnisse der Landessprache. Bei der Probenarbeit pflegte der Dirigent in seinem Eifer wohl exakt auf den richtigen musikalischen Ausdruck zu achten, um so weniger jedoch auf den sprachlichen, und da ihm die richtige Redewendung in der zweiten, neuen Fremdsprache desto seltener zu Gebot stand, je intensiver er sich seinen Musikern oder Mitarbeitern mitzuteilen versuchte, behalf er sich oft mit einem improvisierten Stegreif-Englisch oder gar mit deutschen Brocken. Auf Leute, die sich in beinah ängstlicher Spannung plagten, den Anforderungen der geachteten oder gar gefürchteten Autoritätsperson nachzukommen, wirkte solche Unbeholfenheit in formal sprachlicher Hinsicht fast zwangsläufig lächerlich: Die Diskrepanz zwischen ernstlichem Anspruch und komischem Ausspruch rief erlösende Heiterkeit hervor, welche den «Rangunterschied» zwischen dem Dirigenten und den Orchestermitgliedern wieder einebnete. Das mochte für Solti zuweilen frustrierend sein, doch hatten derartige Heiterkeitsausbrüche auf der anderen Seite den Vorteil, daß danach ein gelösteres und zugleich konzentrierteres Musizieren möglich war. Eine zu Soltis siebzigstem Geburtstag erschienene Informations-Kassette der Teldec («Telefunken-Decca» Schallplat-

ten GmbH, Hamburg), die neben Auszügen aus Neuproduktionen ein Interview mit dem Dirigenten enthält, zeigt in einem kurzen Probenmitschnitt Soltis unbekümmerte Vermengung von Englisch und Deutsch, wenn es darum geht, seine Absichten entschieden deutlich zu machen. Auf grammatische Korrektheit scheint es ihm weder in der einen noch anderen Sprache anzukommen, wie das bei Dirigenten internationalen Formats häufig zu beobachten ist. «C'est le ton qui fait la musique», pflegen die Franzosen zu sagen, und bei Musikern spielen Ton und Ausdruck im Sprachlichen offenbar eine besonders große Rolle, während die formale Richtigkeit, da ja alles gleich in Musik umgesetzt wird, beim Hilfsmittel Sprache weniger entscheidend ist.
Wie der Regisseur John Copley im bereits erwähnten Buch «Maestro» von Helena Matheopoulos erzählt (Seite 413), wirkte er bei der Inszenierung von *Così fan tutte* unter Solti im Juli 1968 mit. «Wir neckten ihn schrecklich», erinnert sich Copley, wegen seiner Generalmusikdirektor-Allüren, hauptsächlich aber wegen seines mangelhaften Englisch und weil er solch lustige Aussprüche tat. Seine pittoresken Bemerkungen seien als Solti'ismen bekannt geworden und könnten ein ganzes Buch füllen. Nach einigen Jahren habe sich der Direktor des Königlichen Opernhauses den britischen Gepflogenheiten angepaßt; er sei hier überaus glücklich gewesen, und sie alle seien ebenso glücklich mit ihm gewesen. «Er ist ein sehr, sehr freundlicher und liebenswerter Mann. Als wir für die Produktion von *Così* erstmals zusammenarbeiteten, fürchtete ich ihn mächtig. Aber er bemühte sich ungemein, mich von meinen Gefühlen der Unsicherheit zu befreien, und nahm sich viel Zeit, mir die verschiedenen Arten der Phrasierung und die strukturellen Einzelheiten in der Musik zu erklären, die man richtig verstehen müsse, bevor man dirigieren könne. Ich hatte mir bis dahin nie Rechenschaft darüber abgelegt, wieviele Stufen der Vorbereitung für Dirigenten notwendig sind. Ich entsinne mich auch, daß er während der Proben zu *Così* die Partitur der *Meistersänger* studierte und darauf Stunden und Stunden verwandte, jedenfalls mehr Zeit, als ich es für möglich gehalten hätte.» Das Resultat, meinte Copley, sei auch dementsprechend ausgefallen und habe aus einem glänzenden, ausgefeilten, hellen Klang bestanden, wobei alle strukturellen Details sorgsam ausgearbeitet worden seien.
In der darauffolgenden Spielzeit 1965/66 wiederholte Solti *Moses und Aron,* brachte eine weitere Wagner-Oper – den *Fliegenden Holländer* – zur Aufführung, nahm den *Rosenkavalier* wieder ins Programm auf, mit dem er bei seinem Debüt am Covent Garden so großen Erfolg gehabt hatte, und setzte den geplanten Mozartzyklus mit der *Zauberflöte* fort. Es war seine fünfte Spielzeit als Operndi-

rektor, und er hatte sich inzwischen in seine Rolle eingelebt. Man achtete ihn wegen seiner kürzlichen Erfolge mit Wagner, Strauss und Schönberg, und es entstand allmählich der allgemeine Eindruck, daß Solti ein ausgesprochener Glücksfall für Covent Garden sei. London konnte sich jetzt einer größeren Anzahl von Aufführungen auf einem durchgehend hohen musikalischen, dramatischen und visuellen Niveau rühmen als die Opernhäuser in Mailand, Wien, München und New York. In der Spielzeit 1966/67 fand auch eine Wiederholung des ganzen *Ring*-Zyklus statt, und selbst Rosenthal gab zu, Solti habe möglicherweise das Ziel erreicht, das er sich bei seiner ersten Pressekonferenz gesetzt hatte, nämlich Covent Garden «zum besten Opernhaus der Welt» zu machen. Auf dem Höhepunkt seiner Beliebtheit traf Solti die unumstößliche und öffentlich verkündete Entscheidung, am Ende seiner zehnten Spielzeit, das heißt 1970/71, auszuscheiden. Er wolle, wie er sagte, die Oper für eine Weile beiseite lassen und sich wieder mehr dem Konzertsaal zuzuwenden: «Ich habe dann hier insgesamt zehn Jahre verbracht – das ist eine hübsche, runde Zahl – und insgesamt etwa fünfundzwanzig Jahre an der Oper. Es ist Zeit für einen Wechsel. Ich möchte den Anschluß an meine Konzertkarriere wiedergewinnen. Das bedeutet natürlich nicht, daß ich keine Opern mehr dirigieren werde, und ich hoffe, daß man mich wieder an das Covent Garden-Theater einlädt» («Opera», Juni 1968). In seinem letzten Londoner Jahr warteten weitere Triumphe auf Solti, vor allem mit den Opern *Die Frau ohne Schatten* (Juni 1967 und Oktober/November 1969) und *Salome* (Juni 1970) von Richard Strauss. Das letztere einaktige Bühnenstück nach Oscar Wildes Dichtung wurde von Andrzej Majewski inszeniert, und in der Titelrolle trat Grace Bumbry auf. Gemäß Hildegard Weber von der Frankfurter Allgemeinen ging die Faszination zur Hauptsache von der musikalischen Seite der Wiedergabe aus. Das gleißende Geschmeide der Strauss'schen Musik habe, in tausend Klangfacetten gebrochen, aus dem Orchester gefunkelt und geglüht. Die obligaten Orchesterstimmen (Flöten, Klarinetten, Harfen) seien wie Lichter in diesen Klanghimmel gestiegen, wie denn überhaupt Soltis musikalische Regie des großartig spielenden Covent-Garden-Orchesters unübertrefflich gewesen sei. Ein Jahr später, im Juni 1971, verabschiedete sich Solti mit einer umjubelten Neuinszenierung von Wagners *Tristan und Isolde* von seinem Posten als Music Director des Covent Garden Opernhauses. Jess Thomas sang den Tristan, Birgit Nilsson und Ludmilla Dvořáková wechselten sich in der Rolle der Isolde ab. Die Regie führte Peter Hall. Was das Bemühen anging, die Mitwirkenden auf der Bühne und im Orchestergraben zu einem einheitlichen hohen Leistungsniveau anzuspornen, so erinnerte die Zusammenarbeit zwischen dem Dirigenten und dem Regisseur an den einige Spielzeiten zurückliegenden Erfolg von *Moses und Aron*:

Wenn es eine wirklich große Leistung bei dieser Neuinszenierung des Tristan *zu verzeichnen gibt, so die, daß Peter Hall bei einem weitgehend hauseigenen Ensemble und internationalen Gesangssolisten einen einheitlichen darstellerischen Stil durchgesetzt hat, und zwar in einem höheren Maße, als ich es je gesehen habe (...). Solti ließ das Orchester so herrlich musizieren, daß man ganz außer sich war vor Begeisterung – ein trauriger Abschied von einem Wagner-Dirigenten, der wirklich Reife und Größe erreicht hat. (Tom Sutcliffe, «Opera», August 1971)*

Dessen ungeachtet äußerte Harold Rosenthal seine üblichen Vorbehalte gegenüber Solti als Wagner-Dirigent:

Solti zeigte sich bei Premieren nie von seiner besten Seite, und wie schon so häufig in der Vergangenheit hat er mich als Interpret der Musik von Richard Wagner ziemlich enttäuscht. Das Vorspiel, das er in sehr langsamem Tempo nahm, fiel beinahe auseinander, und jeder Akt schien eher als eine selbständige Einheit mit eigener dynamischer Palette denn als ein Teil eines großen Ganzen behandelt zu werden. (...) Am letzten Abend klappte es wesentlich besser. («Opera», August 1971).

Am Abend seiner letzten Aufführung wurden Solti die unterschiedlichsten Ehrungen zuteil; unter anderem verlieh ihm Premierminister Edward Heath, ein großer Musikfreund, der früher selbst gelegentlich am Dirigentenpult gestanden hatte, die Auszeichnung eines «KBE» (Knight Commander of the British Empire). Als Solti etwa ein Jahr später die britische Staatsbürgerschaft erhielt, wurde er von Königin Elizabeth in den Adelsstand erhoben. Es erfüllte ihn mit Stolz, sich auf diese Weise vom britischen Volk geehrt und angenommen zu sehen.

Während seiner zehn Jahre am Covent Garden verstärkte Solti seine Beziehungen zu England auch insofern, als er sich von seiner ersten Frau Hedi, die er während des Krieges in der Schweiz kennengelernt hatte, trennte und Valerie Pitts heiratete, eine junge Reporterin, die ihn für das BBC-Fernsehen interviewen sollte. Die Beziehung hatte 1963 oder 1964 ihren Anfang genommen, und nachdem beide Parteien geschieden worden waren, fand 1966 die Trauung statt. Leuten zufolge, die das Ehepaar gut kennen, ist es Valerie zu verdanken, daß Solti sich von einem bisweilen zu Temperamentausbrüchen neigenden Maestro in einen entspannteren und umgänglicheren Mann verwandelt hat. Im Verlauf der sechziger Jahre nahm sein Dirigierstil jedenfalls weichere Züge an, und man konnte sehen, wie er viel Zeit mit seinem ersten Kind, der im Frühling 1970 geborenen Gabrielle verbrachte. 1973 kam Claudia, die zweite Tochter, zur Welt. In einer zusammenfassenden Darstellung von Soltis zehnjährigem Wirken am Covent Garden äußert Harold Rosenthal anerkennend, er habe das allgemeine Aufführungsniveau des Hauses wesentlich gesteigert und «seine eigene, höchst persönliche Spannung in das Theater hineingetragen, eine Art Glanz, wie es ihn früher bei nur wenigen Gelegenheiten gab» («Opera», Oktober 1971). Der Kritiker stieß sich jedoch an Soltis eigener Beurteilung seines Tuns:

Als ich nach London kam, fand ich ein wunderbar instand gehaltenes, halb amateurhaftes Opernhaus vor. Inzwischen ist es ein ganz und gar professionelles Haus geworden. (Interview mit John Higgins, «Times», 12. Juni 1971)

Mit dieser Äußerung, meinte Rosenthal, habe Solti eine bemerkenswerte Ahnungslosigkeit offenbart, denn schon vor seiner Zeit habe man dort viele ungewöhnlich anregende Abende erleben können. Die musikalische Leitung habe damals in den Händen von Persönlichkeiten wie Erich Kleiber, Thomas Beecham, Carlo Maria Giulini, Rudolf Kempe, Rafael Kubelik usw. gelegen, von Dirigenten also, die nicht dafür bekannt gewesen seien, daß sie gerne mit «halben Amateuren» zusammenarbeiteten. Rosenthal bedauerte es außerdem, daß Solti es versäumt habe, mit Hilfe britischer Sänger den Kern eines echten, hauseigenen Ensembles aufzubauen. Wie wir wissen, hat dies Solti, als er Frankfurt verließ, auch gar nicht beabsichtigt; er war damals im Gegenteil sehr froh, vom Ensemble-Betrieb des Großen Hauses loszukommen und am Covent Garden dank des Stagione-Betriebs mit Spitzenkräften aus aller Welt arbeiten zu können. Ferner ist anzumerken, daß es heute kein einziges großes Opernhaus auf der Welt gibt, das allein mit einem festen Ensemble auskäme. Was sich an den europäischen Opernhäusern der zwanziger Jahre und dreißiger Jahre hatte praktizieren lassen, kam in den sechziger Jahren nicht mehr in Frage. Die Kosten waren zu hoch, und das Publikum kannte die großen internationalen Stimmen nur allzu gut von Schallplattenaufnahmen; es bestand darauf, die Stars und nicht unbekannte lokale Größen zu hören. Rosenthal kritisierte Solti, weil ihm nichts weiter gelungen sei, als einige «hervorragende, festspielähnliche Produktionen mit ausgesuchter Besetzung» zu bewerkstelligen, wo doch kein Operndirektor, wo immer er sich befand, mehr hätte tun können. Rosenthal hätte gerne eine größere Zahl englischer Sänger in führenden Rollen, mehr neue englische Opern und mehr englische Regisseure und Bühnenbildner als Mitarbeiter des Hauses gesehen. Bedenkt man jedoch, daß Solti in diesen Fragen nicht die alleinige Zuständigkeit besaß, so lassen sich seine Bemühung um die Förderung der nationalen Belange durchaus sehen. Sängerinnen und Sänger aus England und dem Commonwealth wie Gwyneth Jones, Kiri te Kanawa, Yvonne Minton, Peter Glossop, Donald MacIntyre und David Ward wurden so oft wie möglich eingesetzt; ferner wurden drei Opern von Benjamin Britten und zwei von Michael Tippett aufgeführt sowie *Troilus and Cressida* von William Walton, *Victory* von Richard Rodney Bennett und *Hamlet* von Humphrey Searle. Diese Werke sind allerdings mit Ausnahme von Brittens *Billy Budd* auf der folgenden Zusammenstellung sämtlicher Opern, die Solti während seiner Londoner Zeit von 1961 bis 1971 dirigierte, nicht enthalten. Wenn sie also wirklich unter seiner Stabführung gespielt wurden, dann geschah dies nicht am Opernhaus Covent Garden, sondern an einem anderen Londoner Theater, wahrscheinlich an der English National Opera (der früheren Sadler's Wells Opera). Hier werden alle Werke nur in englischer Sprache aufgeführt und nur von Künstlern aus Commonwealth-Ländern. Die English National Opera verfügt übrigens über zwei fest engagierte Truppen, die abwechselnd je sechs Monate in der Provinz und im Londoner Stammhaus auftreten, so daß für junge Künstler viele Chancen bestehen, sich hervorzutun. Dieses Institut scheint der gegebene Ort zu sein, um noch wenig bekannte Bühnenstücke englischer Komponisten vorzustellen oder ihnen zu einer ersten Aufführung zu verhelfen. Die Liste der von Solti dirigierten Opern hat uns dankenswerterweise Francesca Franchi von der Archiv-Abteilung des Königlichen Opernhauses zur Verfügung gestellt. Es sind darauf die Daten der Premieren und Wiederaufnahmen angegeben, doch sind diese Solti-Aufführungen nicht wie zum Abschluß der Münchner und Frankfurter Kapitel nach Spielzeiten, sondern nach Jahren gegliedert. Mit einem Sternchen (*) sind diejenigen Werke versehen, die nicht schon am Prinzregententheater in München oder am Großen Haus in Frankfurt einstudiert worden sind. Das heißt jedoch nicht in jedem Fall, daß Solti die betreffende Oper vorher noch nie dirigiert hätte. Für Wiederholungen wird die Abkürzung «W» verwendet, für Neuinszenierungen steht «NI», für Erstaufführungen «EA» und für Wiederaufnahme «WA».

1961 Royal Opera House Covent Garden

14. September:	**Iphigenie auf Tauris* von Christoph Willibald Gluck (1 W)

29. September: *Die Walküre* von R. Wagner (3 W), NI
Insgesamt: 6 Opernaufführungen

1962
9. Februar: *Don Giovanni* von W.A. Mozart (5 W), NI
16. Juni: *Gianni Schicchi* von G. Puccini, NI;
* *L'heure Espagnole* von M. Ravel, NI;
* *Erwartung* von A. Schönberg, EA Covent Garden (5 W)
30. Juni: *Othello* von G. Verdi (3 W)
7. September: * *Siegfried* von R. Wagner (3 W), NI
28. September: *Die Macht des Schicksals* von G. Verdi (6 W), NI
7. Dezember: *Die Walküre* von R. Wagner (2 W), WA
Insgesamt: 30 Opernaufführungen

1963
16. Januar: *Falstaff* von G. Verdi (2 W)
29. Mai: *Die Hochzeit des Figaro* von W.A. Mozart (6 W)
11. September: *Götterdämmerung* von R. Wagner (3 W)
Insgesamt: 14 Opernaufführungen

1964
9. Januar: * *Billy Budd* von B. Britten (2 W)
7. Februar: *Rigoletto* von G. Verdi (3 W), NI
11. April: *Othello* von G. Verdi (3 W) WA
16. Mai: *Die Hochzeit des Figaro* von W.A. Mozart (1 W), WA
3. September: *Das Rheingold* von R. Wagner (1 W) NI
5. September: *Die Walküre* von R. Wagner (1 W), NI
19. September: * *Siegfried* von R. Wagner (1 W) WA
23. Dezember: *Hoffmanns Erzählungen* von J. Offenbach (2 W)
Insgesamt: 22 Opernaufführungen

1965
1. Januar: *Hoffmanns Erzählungen* von J. Offenbach (W)
29. Januar: *Arabella* von R. Strauss (6 W), NI
28. Juni: * *Moses und Aron* von A. Schönberg (5 W), Brit. EA
23. September: *Die Walküre* von R. Wagner (1 W), WA

29. September:	* *Siegfried* von R. Wagner, WA
8. Oktober:	* *Götterdämmerung* von R. Wagner (1 W), WA

Insgesamt: 19 Opernaufführungen

1966

28. Januar:	*Der fliegende Holländer* von R. Wagner (5 W), NI
21. April:	*Der Rosenkavalier* von R. Strauss (4 W), NI
5. Juli:	*Die Zauberflöte* von W.A. Mozart (3 W), NI
23. Juli:	* *Moses und Aron* von A. Schönberg (2 W), WA
22. September:	*Das Rheingold* von R. Wagner (1 W), WA
13. Oktober:	*Die Walküre* von R. Wagner (1 W), WA
21. Oktober:	* *Siegfried* von R. Wagner (1 W), WA
28. Oktober:	* *Götterdämmerung* von R. Wagner, WA

Insgesamt: 25 Opernaufführungen

1967

18. Januar:	*Arabella* von R. Strauss (2 W), WA
1. Februar:	*Fidelio* von L. van Beethoven (5 W)
14. Juni:	* *Die Frau ohne Schatten* von R. Strauss (5 W), NI
14. September:	*Die Walküre* von R. Wagner, WA
22. September:	* *Siegfried* von R. Wagner, WA
29. September:	* *Götterdämmerung* von R. Wagner, WA
12. Oktober:	*Das Rheingold* von R. Wagner (1 W), WA
11. Dezember:	*Othello* von G. Verdi (3 W), WA

Insgesamt: 24 Opernaufführungen

1968

13. März:	*Der Rosenkavalier* von R. Strauss (4 W), WA
3. Mai:	*Othello* von G. Verdi (3 W), WA
4. Juli:	*Così fan tutte* von W.A. Mozart (3 W), NI
19. Juli:	* *Billy Budd* von B. Britten (2 W), WA
12. September:	*Die Walküre* von R. Wagner, WA
13. September:	*Das Rheingold* von R. Wagner, WA
20. September:	* *Siegfried* von R. Wagner, WA
28. September:	* *Götterdämmerung* von R. Wagner, WA

Insgesamt: 20 Opernaufführungen

1969

24. Januar:	* *Die Meistersinger von Nürnberg* von Wagner (5 W), NI
9. Mai:	*Elektra* von R. Strauss (3 W)
12. Juni:	*Orpheus und Eurydike* von Chr.W. Gluck (5 W), NI
11. September:	*Das Rheingold* von R. Wagner, WA
29. Oktober:	* *Die Frau ohne Schatten* von R. Strauss (5 W), WA

Insgesamt: 23 Opernaufführungen

1970

4. Februar:	*Don Carlos* von G. Verdi (5 W)
(22.u.28. April:	*Don Carlos* als Gastspiel in Berlin)
(24.,27.,30. April:	*Falstaff* von G. Verdi in Berlin, 5. u. 7. Mai in München)
21. Mai:	*Falstaff* von G. Verdi (2 W)
12. Juni:	*Salome* von R. Strauss (4 W), NI
10. September:	*Die Walküre* von R. Wagner, WA
18. September:	* *Siegfried* von R. Wagner, WA
26. September:	* *Götterdämmerung* von R. Wagner, WA

Insgesamt: 17 Opernaufführungen (24 mit Gastspielaufführungen)

1971

10. Februar:	*Eugen Onegin* von P. Tschaikowsky (4 W), NI
14. Juni:	*Tristan und Isolde* von R. Wagner (5 W), NI

Insgesamt: 11 Opernaufführungen

Auf dieser Liste sind wie gesagt nicht alle Opern verzeichnet, die Solti in London dirigierte. Außer den bereits genannten von englischen Komponisten sollen auch die beiden Mussorgskij-Opern *Boris Godunov* und *Chowanschtschina* zu seinem Repertoire gehört haben, außerdem von Britten *The Knot Garden* und von Rimskij-Korsakow *Der goldene Hahn*. Die gewichtigste Rolle bei den im Covent Garden aufgeführten Opern spielte Richard Wagner mit sieben seiner Musikdramen, den *Ring*-Teilen *Das Rheingold, Die Walküre, Siegfried* und *Götterdämmerung* sowie mit dem *Fliegenden Holländer,* den *Meistersingern* und *Tristan.* Das stand natürlich mit der Einspielung der Tetralogie auf Schallplatten in Zusammenhang, die sich bis 1965 hinzog. Mit je fünf Opern sind Verdi *(Othello, Die*

Macht des Schicksals, Falstaff, Rigoletto, Don Carlos) und Richard Strauss *(Arabella, Der Rosenkavalier, Die Frau ohne Schatten, Elektra, Salome)* vertreten; gleich danach folgt Mozart mit vier Werken *(Don Giovanni, Die Hochzeit des Figaro, Die Zauberflöte, Così fan tutte),* so daß sich gesamthaft betrachtet fast das gleiche Bild wie in München ergibt. Was die Regie angeht, so gelang es Solti, Peter Hall für die Mitarbeit bei *Moses und Aron, Tristan* und *The Knot Garden* zu gewinnen; ausgezeichnete Arbeit leisteten überdies Luchino Visconti, Franco Zeffirelli, der als zweites Werk von Puccini die *Tosca* mit Maria Callas in der Titelpartie und Tito Gobbi als Polizeichef Scarpia inszenierte, ferner Peter Ustinov, John Copley, Václav Kašlík und Rudolf Hartmann. Während seiner Zeit am Covent Garden dirigierte Solti nie mehr als etwa dreißig Aufführungen jährlich, bisweilen sogar erheblich weniger. Der Gerechtigkeit halber muß dazu aber bemerkt werden, daß Colin Davis, Soltis Nachfolger am Königlichen Opernhaus, es durchschnittlich auf etwa die gleiche Anzahl Aufführungen bringt. Auch hier besteht das Problem darin, einen Dirigenten auf einen Posten festzunageln. Den schwierigsten und belastendsten Teil seiner Aufgaben während der Londoner Dekade sah Georg Solti weder in der Arbeit mit dem Orchester noch in anderen künstlerischen Tätigkeiten. Es war vielmehr die Administration, die ihn am meisten hernahm, und das Schwierigste dabei stellte die Festsetzung von Aufführungsdaten dar. Die Sänger müssen nämlich oft drei oder sogar fünf Jahre im voraus verpflichtet werden, und das kann sehr tückisch sein, weil sie zu dem Zeitpunkt, da sie zur vereinbarten Produktion erscheinen, manchmal nicht mehr bei guter Stimme sind. «Diese langfristige Planung», sagte Solti zu Helena Matheopoulos, «ohne die das Repertoire nicht festgelegt werden kann, verursacht dem Operndirektor die heftigsten Kopfschmerzen. Dazu kommt noch die kurzfristige Planung, bei der sich in Opernhäusern Notlösungen häufen, weil die menschlichen Stimmbänder ein äußerst heikles Instrument sind: eben dies macht ja das Singen zu einem solch schrecklichen Beruf. Morgens aufzuwachen und sich ob des geringsten Anzeichens von Heiserkeit zu ängstigen, muß jemanden zu einem nervlichen Wrack machen, weshalb Sänger oft unbeständig und überspannt sind. Aber ich liebe sie. Meine Schwester war auch Sängerin, und so kann ich ihnen ihre Probleme durchaus nachfühlen – einige meiner besten Freunde sind in der Tat Sänger» («Maestro», Seite 416). Kiri te Kanawa zum Beispiel, die Solti sehr verehrt, war gerührt und dankbar, als sie der Dirigent nach einer Aufnahme für *Carmen,* in der sie die Micaëla unter ihrem wahren Können gesungen hatte, anrief und ihr mitteilte, es sei ihm gelungen, zwei Tage für die nochmalige Aufnahme ihrer Arien zu reservieren: «Nur ganz weni-

ge Dirigenten würden so etwas jemals aus eigenem Antrieb vorschlagen», versicherte die reizende Neuseeländerin. Aber auch Lucia Popp freut sich über die Maßen, wenn sie mit Solti arbeiten kann. «Er ist der eine meiner beiden Lieblingsdirigenten», berichtete sie. (Der andere ist Carlos Kleiber.) «Sie sind zwar völlig voneinander verschieden, aber beide sind schlechthin wunderbar. Ich verdanke ihnen die größten Sternstunden meiner Laufbahn. Wie ich unter Georgs Leitung ‹Vier letzte Lieder› von Richard Strauss in Chicago vortrug, werde ich niemals vergessen. Am Ende rannen uns beiden die Tränen herunter.» Strauss hatte diese vier Lieder nach Gedichten von Hermann Hesse und Eichendorff im Jahre 1948 – also kurz vor seinem Tod – geschrieben, und die bewegende kleine Anekdote beweist, daß Soltis Gedenken an die Freundschaft, die ihm der große alte Mann vor etwa zwanzig Jahren in München und Garmisch entgegengebracht hatte, immer noch lebendig war. Wir hatten schon verschiedentlich Anlaß, auf diesen Charakterzug, der sich in der Treue des Bewahrens kundtat, aufmerksam zu machen. Er zeigt die nachdenkliche Seite seiner Musikleidenschaft auf, seines üblicherweise temperamentvoll intelligenten Wesens, das auch um die Nachtseiten des Lebens weiß und sich von noch sovielen Erfolgen nicht blenden läßt. Und wie man ihn um des einen willen bewundert und verehrt, so wird er um des anderen – der Treue – willen erst recht menschlich und liebenswert. Auf die Frage eines Musikrezensenten, weshalb er seiner Schallplattenfirma so lange treu geblieben sei, antwortete Solti: «Wenn Sie meinen Lebenslauf einmal genau betrachten, bemerken Sie, daß ich überhaupt ein ‹treuer› Mensch bin. Ich hasse den ständigen Wechsel.» Er haßt ihn deshalb, weil er auch sich selber treu ist, und vollzieht ihn daher einzig dann, wenn ihn seine Treue gleichsam dazu zwingt: das Beständige im Wechsel – das ist eigentliche Treue.
Zu Soltis Aufgaben als Londoner Operndirektor zählte neben der lang- und kurzfristigen Planung des Repertoires auch die Zusammenarbeit mit Spielleitern und Bühnenbildnern, die Sorge um die Angelegenheiten von Chor und Orchester, das Verhandeln mit den Gewerkschaften, die Budgetierung jeder einzelnen Produktion und vieles Zeitraubende mehr, so daß es für den Musikalischen Leiter ein unbedingtes Erfordernis ist, mindestens sechs Monate im Jahr an seinem Opernhaus zu verbringen. Wie Solti betont, ist dies das absolute Minimum; andernfalls wäre ein Direktor nicht in der Lage, schnelle Lösungen im Notfall zu treffen. Rechnet man die Urlaubszeiten dazu, verblieben ihm während der Zeit in England jährlich zwei bis drei Monate, um im In- und Ausland als Gastdirigent in Opernhäusern und Konzertsälen aufzutreten und Werke auf Schallplatten einzuspielen. Darüber freilich kann mit Ausnahme der

Tätigkeit in den Vereinigten Staaten, wo er seit 1969 als Chefdirigent des Chicago Symphony Orchestra (CSO) amtierte, im Rahmen dieses Buches nicht berichtet werden. Als er im Sommer 1971 von seinem Direktorenposten in London zurücktrat, war für den Herbst des gleichen Jahres auch schon eine erste Europa-Tournee mit dem CSO geplant, und obwohl er sich von da an aufs Symphonische konzentrierte, bedeutete sein Rücktritt keineswegs den endgültigen Abschied von der Oper: «Ich bleibe ja Gastdirigent in Covent Garden», ließ er Peter Dannenberg wissen, «und wenn meine Tochter sechs wird und in die Schule muß – 1976 wird das sein –, möchte ich mich wieder relativ fest an einen Ort binden. Allerdings: Wenn ich noch einmal ein Opernhaus übernehme, dann nicht nur als Generalmusikdirektor, sondern auch als Intendant. Ich kann das. Ich bin Bürokrat» («Die Welt», 3. März 1971). Eine erstaunliche Aussage für einen Dirigenten, den man gerne als Vollblutmusiker bezeichnet. Und doch – vermessen war sie nicht, denn in München, Frankfurt und London hatte er während seiner fünfundzwanzig Jahre als Opern- und Generalmusikdirektor genügend Einblick erhalten, um sich von den Aufgaben und Pflichten eines Intendanten ein genaues Bild machen zu können. Im Gespräch mit Dannenberg deutete Solti an, daß er nicht abgeneigt wäre, auch ein deutsches Opernhaus zu übernehmen: «Warum denn nicht? Die Deutschen haben immer noch das beste Musikpublikum, das es gibt.» Vielleicht dachte Solti damals an seinen Freund Rolf Liebermann, der seit 1959 als Intendant der Hamburger Staatsoper viel Spektakuläres vollbrachte und in aller Welt von sich reden machte; so etwas Ähnliches hätte ihn sicher gereizt, doch waren die Würfel schon gefallen. Im nächsten Jahr gedachte er als Nachfolger Karajans das Orchestre de Paris zu leiten und zudem als Gastdirigent sechs bis acht Wochen in jedem Jahr mit dem London Philharmonic Orchestra zu arbeiten; und da er gleichzeitig auch Chef des CSO war und im Covent Garden gastierte, blieb für die so anspruchsvolle Doppelrolle als Musikalischer Leiter und Intendant eines Opernhauses keine Zeit mehr übrig. Daß er sich später dann doch wieder vermehrt für die Oper gewinnen ließ, war tatsächlich Liebermann zuzuschreiben; davon wird hier noch die Rede sein. In Deutschland hätte ihn nur eins wirklich gelockt: Bayreuth, mit dem die Kontakte nach Wieland Wagners Tod im Jahre 1966 abgebrochen und nun wieder neu aufgenommen worden waren. Daß es noch einmal ein Dutzend Jahre dauern sollte, ehe Solti zu dem ersehnten ersten Auftritt auf dem Grünen Hügel gelangte, haben wir bereits erfahren. Das Engagement von 1972 als Leiter des Orchestre de Paris, zu dem 1973 noch jenes an der Pariser Oper kam, brachte es mit sich, daß die Tätigkeit als Gastdirigent am Covent Garden nicht im vorgesehenen Ausmaß realisiert werden konnte. Freilich sind wir wiederum nur über die Aufführungen an diesem Theater orientiert; es ist denkbar, daß er auch nach 1971 noch an der English National Opera dirigierte. Am Königlichen Opernhaus wurden nach dem Rücktritt noch folgende Werke unter seiner Leitung gegeben: *Das Rheingold* von Richard Wagner am 9. September 1971, *Elektra* von Richard Strauss am 12. Juni 1972 mit drei Wiederholungen, *Carmen* von Georges Bizet in einer Neuinszenierung am 4. Juli 1972 mit ebenfalls drei Wiederholungen, *Die Frau ohne Schatten* von Richard Strauss am 11. Juni 1975 mit vier und am 5. April 1976 mit zwei Wiederholungen, *Falstaff* von Verdi am 8. Juni 1978 mit vier Wiederholungen und *Parsifal* von Wagner in der Neuinszenierung von Terry Hands am 11. April 1979 mit gleichvielen Wiederholungen. «Zu Soltis monumentaler Interpretation werden Berufenere die analytischen Glanzlichter beisteuern müssen», schrieb F. Thorn am 19. April in der Süddeutschen Zeitung. «Aber die mächtigen diatonischen Ströme des ersten und dritten Akts und die Kaskaden der ruhelosen Chromatik im zweiten trugen auch uns kleine Leute in höhere Sphären (...).» Thorn registrierte befriedigt, daß Hands, der bekannte Shakespeare-Regisseur, mit Solti den Rückzug aus dem Symbolismus von Wieland Wagner angetreten hatte und daß mit einem Minimum an Tricks und Pointen ein Höchstmaß an Wirkung erzielt worden sei, während Peter Schaufler, Musikkritiker der «Welt», die Inszenierung der Karwoche nicht für würdig genug erachtete. Seit 1979 ist Solti nicht mehr am Covent Garden erschienen; es bestehen indes Pläne, wonach er vom Dezember 1984 bis Februar 1985 den *Rosenkavalier* von Richard Strauss dirigieren wird, mit dem er dannzumal vor fünfundzwanzig Jahren (1959) dort sein Debüt gab. Als Feldmarschallin ist Kiri te Kanawa vorgesehen, und John Schlesinger wird Regie führen.

Im vorhin erwähnten Gespräch mit Peter Dannenberg in London kam Solti auch auf Wagners *Tannhäuser* zu reden, den er gerade mit René Kollo in der Titelpartie auf Platten eingespielt hatte – quadrophonisch. «Sie können das über vier Lautsprecher abspielen», erklärte der Dirigent. «Wenn Sie in der Mitte sitzen, können Sie hören, wie der Pilgerchor um Sie herum und hinter Ihrem Genick vorbeispaziert. Für symphonische Musik sehe ich nicht allzuviel Sinn in dem neuen quadrophonischen Verfahren.» Damit schwenken wir jetzt auf ein neues Thema ein, das im Hinblick auf die vielen Plattenaufnahmen, die Solti im Laufe der Zeit dirigiert hat, von besonderem Interesse ist und natürlich für einen sensiblen Künstler, der sich hier mit der Technik oder vielmehr mit verschiedenen Techniken konfrontiert sieht, vielerlei Probleme aufwirft. In der Einleitung stellten wir bereits fest, daß er von der Technik kaum

etwas versteht, was jedoch nicht heißen will, daß er für sie kein Verständnis hat. Mit Culshaw zusammen hat er ja seinerzeit als erster die neuen Möglichkeiten der Stereotechnik am konsequentesten ausgenutzt, und er ist stolz darauf: «Man muß als Dirigent sehr flexibel sein und den besten Kontakt mit den Toningenieuren haben, wenn etwas dabei herauskommen soll. Bei mir klappt das.» Auch als Operndirigent weiß er genau, worauf es ankommt. Seiner Ansicht nach muß man dabei ständig auf der Hut sein – viel mehr als ein Konzertdirigent, der es mit stabileren Elementen zu tun hat und ziemlich sicher sein kann, daß er das zu hören bekommt, was er probte. Bei einer Opernaufführung dagegen ist darauf kein Verlaß. Irgend etwas kann da jederzeit schiefgehen, und darum ist eine konstante Kontrolle, für die man wie ein Boxer sehr schnelle Reflexe benötigt, doppelt notwendig. Neben vielen anderen Dingen braucht ein Operndirigent auch einen stark entwickelten Sinn für Dramatik und für die Balance zwischen Bühne und Orchestergraben, was sich kaum mehr richtig lernen läßt, wenn man sich der Oper zu spät zuwendet. Am allerwichtigsten aber ist die Fähigkeit, mit den Sängern zu atmen und mit ihnen im Einklang zu bleiben. Trotzdem sind die Sänger nach Opernaufnahmen oft unzufrieden und aufgebracht, weil danach noch wochenlang daran herumgebastelt werde. Wie aus dem Buch «Imre Fabian im Gespräch mit René Kollo» (siehe Bibliographie) hervorgeht, haben die Manipulationen zur Verbesserung des Orchesterklangs auch diesen Sänger verbittert, der allgemein und ohne Bezug auf einen Dirigenten oder eine bestimmte Einspielung zum Schluß kam, daß eine solche ‹Verbesserung› meist zu Lasten der Sänger gehe, was einen zur Verzweiflung treiben könne. Die Stimme sei dann nämlich weit schwächer zu hören oder fast gar nicht mehr, und eben aus diesem Grund habe Birgit Nilsson einmal einen Prozeß gegen eine Schallplattenfirma angestrengt. Er selbst habe die Erfahrung gemacht, daß seine Stimme nur bei Live-Mitschnitten richtig zur Geltung komme. Er sei überhaupt der Oper ziemlich überdrüssig geworden und bevorzuge nun Liederabende, wo seine Stimme sich voll entfalten könne.
In diesem Falle, der sicher nicht allein steht, hatte also die Technik für den Künstler recht bedenkliche Folgen. Doch wie stellt sich Solti zur technischen Musikkonservierung im allgemeinen und zu Opernplatten im besonderen? Im Prinzip betrachtet er die Musikkonservierung als etwas Positives und Segensreiches, obwohl es nach ihm nichts Schöneres gibt als lebendiges Musizieren. Im Jahrbuch 1979–80 des London Philharmonic Orchestra führte er Eric Mason gegenüber folgendes aus:

Ich liebe es, Schallplatten aufzunehmen. Es erfordert zwar enorme Konzentration, aber ich bringe dabei immer mein Bestes zustande. Man hat auf diese Weise das Gefühl, etwas zu hinterlassen. Das Traurige an einer Live-Aufführung besteht ja darin, daß mit dem Ende alles wieder verschwindet und man am nächsten Tag etwas Neues beginnt. Schallplatten und Fernsehfilme hingegen bleiben, und man sagt sich, daß wenigstens etwas für einige Jahre erhalten bleibt. Natürlich möchte man manchmal darauf zurückkommen und etwas neu einspielen. Man ist nie zufrieden, und das ist auch gut so, weil man sonst stagniert. Meine alten Aufnahmen höre ich mir nie an, denn sie befriedigen mich nicht; allerdings ist es auch nicht meine Sache, an ihnen Gefallen zu finden. (Seite 15)

Fast zur selben Zeit glossierte Reinhard Beuth einige Bemerkungen des Dirigenten zur Opernkrise: «Solti hat einen Sündenbock für die Opernkrise parat: die Schallplatte, die Gesamtaufnahme. ‹Das hat die Oper in Leverkusen oder in Antwerpen kaputtgemacht, zumindest künstlerisch. Das ist schlimm: das Sterben in der Provinz.› Die Oper von Antwerpen gibt es immer noch, und geblüht hat sie so wenig wie die anderen Provinzhäuser in Belgien, auch vor Erfindung der Schallplatte nicht. Die Oper von Leverkusen, der Solti nachtrauert, hat es nie gegeben» («Die Welt», 5. Januar 1979). Das Sterben in der Provinz, fügte Beuth hinzu, habe gar nicht stattgefunden. Der vermeintlich dahinsiechenden deutschen Opernprovinz empfahl Solti, auf die Stars zu pfeifen und statt dessen mit jungen Leuten etwas Neues zu versuchen. Darauf waren die deutschen Intendanten freilich schon längst gekommen, weswegen nach Beuth bloß die Tatsache problematisch war, daß die talentierten jungen Leute allzu schnell von den großen Häusern und der Plattenindustrie in die Karrieren gehetzt wurden.
Vor etwas mehr als einem Jahr, im November 1977, hatte Solti in London mit *Ariadne auf Naxos* von Richard Strauss seine sechsundzwanzigste Operngesamtaufnahme beendet, und so mutete sein Wettern gegen derartige Platten begreiflicherweise etwas sonderbar an. Offenbar war sich Solti über die zwei Seelen, die einträchtiglich in seiner Brust wohnten, Aussenstehende jedoch zum Widerspruch oder zur Ironie reizten, nicht ganz im klaren oder hatte den inneren Widerstreit längst mit sich ausgefochten. Eine doppelte Ironie ergab sich indes aus dem Umstand, daß auch der Musikrezensent mit einer zweifachen Seele begabt war, denn etwa ein Jahr später vermochte er sich unverkennbar für eine «phonotechnische Pionierleistung» Soltis zu begeistern: für die erste digitale Opernaufnahme mit Beethovens *Fidelio*. Derselbe Reinhold Beuth schrieb: «Die Digitaltechnik wird einen Umsturz verursachen, der nur der Einführung

der Langspielplatten oder später des stereophonen Equipments vergleichbar ist. Quadro und Dolby haben im Vergleich dazu allenfalls Episodencharakter. Während es bei der Stereophonie (wie bei Quadro) nur um die Einführung des räumlichen Klanges, unabhängig von der eigentlichen Klangqualität, ging, verspricht die Digitaltechnik den entscheidenden Durchbruch in der Klangqualität.» Natürlich enthalte die Kassette drei der guten alten Scheiben und noch nicht die futuristischen digitalen Kompaktplatten – die so futuristisch auch wieder nicht waren, sind die ersten doch bereits im Frühjahr 1983 auf den Markt gekommen. Nach würdigenden Worten für die superben Leistungen des Dirigenten und der Sänger (Hildegard Behrens, Peter Hofmann, Theo Adam, Hans Sotin u. a.) tönte es bei Beuth dann folgendermaßen: «Die totale Anverwandlung allen Singens, allen Sprechens, allen Tuns bleibt nicht im Realismus stecken, sondern mündet in eine magische, trancehafte Überhöhung an den Grenzen des Manierismus. Eine Kunst-Leistung, die so tief berührt, wie sie hellauf entzückt» («Die Welt», 26. April 1980).
In seiner Besprechung des ersten digital aufgenommenen *Fidelio* wies Beuth aber auch auf Soltis eiskalten, unerhört präsenten, aggressiven und schneidend scharfen «Beethoven-Sound» hin, der durch das Chicago Symphony Orchestra pralle Plastizität erlange und nie mulmig oder wattiert wirke. «Er fetzt einem um die Ohren, wie sonst wirklich nur im Opernhaus.» Ähnliches konstatierte Karlheinz Roschitz bei seiner Vorschau auf die Solti-Konzerte mit dem CSO in Wien: «Live sind Soltis Konzerte perfekt. Unter Hochspannung. Auf der Platte merkt und bewundert man die technische Vollendung, ohne die er eine Aufnahme kaum ‹durchläßt›. Aber daß manche Solti-Aufnahmen fast schon zuviel kunstvoll aufpolierten Hochglanz zeigen und ‹zu blitzgescheit gemacht› klingen, läßt sich auch nicht leugnen. Da fehlt dann die persönliche Ausstrahlung dieses eigenwilligen Musikers mit seinen scharfen, eckigen Bewegungen, seiner packenden Dynamik und Härte» («Neue Kronen-Zeitung», 6. September 1981). Woher kommt diese von beiden Musikkritikern wahrgenommene Kälte der Wiedergabe? Sie rührt zum Teil gewiß, wie von Roschitz festgestellt, vom Fehlen der persönlichen Ausstrahlung her, von der kühl oder gar erkältend wirkenden Intelligenz seines Interpretationsstils, und zu einem anderen Teil ist sie wohl auch Ausdruck seines Zeitgefühls sowie eines Klangkörpers, bei dem technische Vollkommenheit ebenfalls an erster Stelle steht. Diese einzelnen Faktoren lassen sich indes nur schwer auseinanderhalten, weil sie sämtlich in Wechselbeziehungen zueinander stehen und zusammen das ausmachen, was Soltis Eigenart als Interpret genannt werden könnte. An ihr hatte die Technik im umfassenden Sinne dieses Begriffs, die er sich im Laufe der Zeit

aneignete, schon von jeher wesentlichen Anteil. Dann und wann allerdings hat man bei ihm tatsächlich den Eindruck, daß darauf auch die Technik in Form von Maschinen und Apparaten Einfluß nahm, indem sie mit solch verführerischen Vorgaben die Entwicklung eines Prozesses beschleunigte, hinter dem persönliches Reifen und Widerstehen zurückbleiben und durch überstürztes Voraneilen wieder wettgemacht werden mußte. Was ja von Solti angestrebt wird, ist die «lautere» Musik, und wird man sich der Doppelsinnigkeit dieses Wortes bewußt (was uns die Sinne gerade beim Abspielen von Schallplatten nahelegen), scheint plötzlich alles schrecklich banal zu werden – so banal wie der Knopf an einem Gerät, der uns beispielsweise erlaubt, die Tonstärke zu verändern. Wird aber der eigene Widerstand verfrüht ausgeschlossen oder eilends überspielt, vermag selbst die raffinierteste Technik es niemals, die wirkliche Lauterkeit, die wir trotz aller Perfektion vermissen, herbeizuzaubern oder die vorgegebene auch nur im geringsten zu verwesentlichen. Modulierungen und Phrasen, die nicht den Kern der Sache angehen, sondern ihre Wirkung in gänzlich bedeutungslosem Nuancieren außerhalb des Eigentlichen erschöpfen – und genau dies geschieht, wenn man an den Drehknöpfen und Kippschaltern der teuren Wiedergabeapparatur hantiert –, sind deshalb, so sinnreich sie auch erscheinen mögen, im Grunde weitgehend sinn- und nutzlos. Anders verhält es sich bei Solti. Auch wenn er nicht immer die Mitte des Kernhaften trifft, kommt seinem Modulieren und Phrasieren, seiner Rhythmik und Dynamik im Ablauf der Dinge wesentliche Bedeutung zu. Danach freilich, nach der Pressung und Vervielfachung der Schallplatte, bleibt es für den Benützer bei der stets gleichbleibenden, technisch abrufbaren Prozedur. Die Musik ist auf diese Weise jederzeit verfügbar, was die einen höchst patent dünkt, weil sie den privaten Neigungen, Mucken und Launen entspricht oder davon ablenkt, die anderen jedoch anstößig und verwerflich, weil sie darin einen groben Mißbrauch sehen.
Letzteres ist strenggenommen richtig. Als wir uns bei der Auseinandersetzung mit den musik-soziologischen Thesen Adornos nämlich fragten, was denn eigentlich unter Musik zu verstehen sei, ergab sich der Schluß, daß sie weder allein das ist, was die Instrumentalisten hervorbringen, noch einzig das, was die Hörer wahrnehmen: sie ist in Wirklichkeit vielmehr gemeinsame Anstalt, ein Ort kultureller Bestimmung und Erfüllung. Ferner wurde festgestellt, sie sei letzten Endes als ein Ort gleichsinniger Freiheit und Disziplinierung, der Ungebundenheit und Zucht zu bezeichnen. Als Anstalt auf Zeit erlaube sie im Reich der Töne die künstlerische Ausformung und Überwindung des grundlegend Paradoxen in der menschlichen Existenz. Und hätte man – noch weitergehend – den Begriff

des Paradoxen durch jenen der Sündhaftigkeit oder der Verfehlung ersetzt, wäre dadurch auch klar geworden, daß jede wahre und ursprüngliche Musik im Religiösen wurzelt und richtungweisenden Charakter hat. Natürlich pflegt man im Alltag eine so hinderliche Definition, sofern sie überhaupt akzeptiert wird, gleich auf die kirchliche Musik, auf Messen, Oratorien und dergleichen Einschlägiges einzuengen, und auch Solti tut dies, sei es, weil das alle Welt in der heutigen Zeit von ihm erwartet, sei es, weil sein Empfinden damit übereinstimmt oder weil er es nicht preisgeben will. Einmal hat er dies doch getan, hat er sich zu diesem Empfinden bekannt, und zwar in einem Interview mit Wolf-Eberhard von Lewinski (Informations-Kassette der Teldec zu Soltis siebzigstem Geburtstag). Es wurde durch Auszüge aus Joseph Haydns Oratorium *Die Schöpfung* eingeleitet, worauf der Dirigent sagte: «Die ‹Schöpfung› liebt' ich, seit ich ein Musiker war. Für mich ist es eines der schönsten Stücke der Musikliteratur überhaupt.» Und auf die Frage, ob für ihn Haydns *Schöpfung* nur ein musikalisches Ereignis sei oder auch ein religiöses Bekenntnis, das uns heute direkt angehe, versicherte er, daß beides zutreffe. Für jemand, der förmlich an das Alte Testament glaube wie er auch, müsse das Werk in der Tat ein religiöses Bekenntnis sein. Warum aber strahlen manche seiner Platten nicht die Wärme solchen Empfindens und Glaubens aus, sondern im Gegenteil eisige Kälte? Das liegt vielleicht doch daran, daß bei der Einspielung eines Werkes die Perfektion in jeder Hinsicht den Vorrang hat, mehr noch als im Konzertsaal oder im Opernhaus. Sie schließt – nun in einem weiter zu fassenden Sinn – die Schöpfungsgeschichte nach Möglichkeit aus, tendiert nach Glätte, Reibungslosigkeit und Brillanz und berücksichtigt das Hin und Wider, das Wägen, Zögern und Widerstehen nicht mehr, so daß das Musikwerk vollkommener erscheint, als es dies in Wirklichkeit ist und sein will. Mit der Tilgung jeglichen Widerstands verliert die Musik ihren werk- und erdhaften Charakter, ihre natürliche Wärme und Gestalt und wird zu einem Ding an sich, zur Idee ihrer selbst – zum schönen Schein endlich, geboren aus dem Geist, der sich selbst begreift. Solche Musik ist Leere und Fülle zugleich, ein erstaunliches Phänomen virtuoser Überhebung, jedoch weit entfernt von seiner eigentlichen Bestimmung, gemeinsame kulturelle Anstalt zu sein, ein Ort der Erfüllung.

Nun spiegelt sich zwar in diesem Vorgang auch die Geschichte der Musik, weshalb dessen moralische Wertung nur in weitestem Rahmen zulässig ist. Es wäre unbillig, Solti etwa vorzuwerfen (wie man das schon Karajan und anderen gegenüber tat), er dirigiere zu sehr aus dem heutigen Zeitgeist heraus, denn darauf ließe sich entgegnen, daß die Musik anders gar nicht mehr genießbar, verständlich oder auch verantwortbar wäre. Das Bewußtsein indessen, daß die Musik im Grunde gemeinsame Anstalt ist, darf niemals völlig verdrängt werden, denn ohne dies wäre sie ernstlich gefährdet und sowohl in ihrem lebendigen Bestand als auch in ihrer Tradition bedroht. Ob die Schallplatte oder andere Formen der technischen Musikkonservierung eine Gefahr darstellen oder zu einer willkommenen Popularisierung beitragen, von der die Musik in ursprünglichem Verstande profitieren wird, kann heute noch nicht schlüssig beurteilt werden. Immerhin ist offensichtlich, daß die Musik von Platten, die man sich meist privat in seinen vier Wänden anhört, ganz nach individueller Lust und Laune, so ziemlich das Gegenteil davon ist, was als gemeinsame Anstalt definiert wurde. In einem neutralen Sinn ließe sich deshalb sagen, Plattenmusik sei technische Anstalt oder private Unstalt. Dies bedeutet, daß sie die ungestalte Zeitlichkeit eines Menschen ausfüllt, dem kein Ort gemeinsam-geschichtlicher Schöpfung offensteht oder der sich absichtlich davon fernhält und zudem freiwillig oder gezwungenermaßen für sich allein lebt, ganz oder teilweise unabhängig von allen üblichen soziologischen Beziehungen. Unstalthafte Zeitlichkeit meint dann aber soviel wie die Unwesentlichkeit eines Geschehens, das nur immer Augenblick, Glück oder Zufall ist und keinen echten Gehalt aufweist, weil sich in ihm nichts vollendet. Es läuft lediglich ab, rinnt unterhaltsam, ja vielleicht packend und erregend dahin und zerrinnt, ohne viel anderes als ein Gefühl der Sättigung oder Erleichterung zu hinterlassen. Denn in der Frei-Zeit des Unstalthaften bildet sich je nachdem, wie sich der Einzelne dazu stellt, entweder Lust und Spontaneität heraus, Phantasie und müßiges Schweifen der Gedanken, oder aber bedrängende Monotonie, Verlorenheit und Trübsal. An sich tut dies der Musik keinen Abbruch, zumal sie auch unter solchen Umständen geschätzt und geliebt werden kann – freilich weniger um ihrer selbst willen, da ihr eigentliches Wesen und Bedeuten meist gar nicht zum Ausdruck gelangt, als vielmehr um ihrer zeitigenden Wirkung willen. Von da ist dann der Schritt zu der strengen und zweifellos unpopulären Behauptung, die Aufnahme und der Gebrauch von Schallplatten führe oder verführe zu einer Verunstaltung der Musik, nicht mehr allzu weit. Jeder hat selbst zu entscheiden, wie er es damit halten will. Jedenfalls läßt sich der Verdacht nicht ganz ausräumen, daß – wenn schon die Technik die Musik und das Musikverständnis nicht verändert – doch deren Nutzung solch verhängnisvolle Konsequenzen hervorrufen könnte. Dem würde Rolf Liebermann wahrscheinlich von ganzem Herzen zustimmen, nicht wegen der vorstehenden Argumentation, sondern weil er wie Solti (der bei seiner Verdammung der Operneinspielungen von Liebermann beeinflußt worden sein dürfte) triftige praktische Gründe gegen seinen Hauptfeind, die Opernplatte, anzuführen weiß. Wie immer nimmt er dabei kein Blatt vor den Mund. Die Aufnahmeräume der großen Schallplattenfirmen, schreibt er, seien das Königreich der Manipulation und des Betrugs. Die wohlklingenden Erzeugnisse seien das Resultat geschickter Zusammenstückelei: alle drei Takte werde geschnitten und geklebt ... Nicht selten singe eine Primadonna fünfzehnmal hintereinander einen «Spitzenton»; den bestgelungenen setze man dann an die entsprechende Stelle – falls man nicht gleich ein Double dafür nehme. So leicht habe man es auf der Bühne nicht, wo man, statt gemütlich ins Mikrophon zu singen, auch noch spielen, sich körperlich anstrengen und einem kritischen Publikum die Stirn bieten müsse.

Die andere Gefahr der Schallplatte, überhaupt jeder mechanischen Wiedergabe, ist die, daß die künstliche Perfektion bis ins letzte Kuhdorf vordringt, falsche Maßstäbe setzt und so eine tödlich überlegene Konkurrenz für das lebendige Theater wird. Wenn ein Opernliebhaber sich daran gewöhnt hat, die Callas als Tosca zu hören, tut er keinen Schritt mehr aus dem Haus, um eine weniger großartige oder weniger berühmte Sängerin zu erleben (...). Ebenso ist es mit Fernsehübertragungen. Wenn der angekündigte Opernfilm eine Glanzbesetzung hat, nimmt er den Musikfreunden die Lust, sich ins eigene Stadttheater zu begeben (...). («Opernjahre», Seite 288/89)

Die amüsanten, wenngleich überspitzten Formulierungen Liebermanns verraten auch, weshalb sich Opernintendanten ebenso wie Schallplattenproduzenten, Dirigenten und andere Interessierte so selten dazu entschließen können, Live-Übertragungen über Rundfunk und Fernsehen zu gestatten: alle haben Angst, ihr Produkt ließe sich hernach weniger gut verkaufen. Für eigens gedrehte Fernsehfilme von Opern vermag sich Liebermann schon eher zu erwärmen, obwohl oder weil sie das echte Theater nie ersetzen können. Einen positiven, erzieherischen Aspekt sieht er darin, daß viele Leute durch das Fernsehen überhaupt erst mit der Welt der Oper bekanntgemacht werden. Die Schattenseite der an sich löblichen Demokratisierung, die es Millionen Menschen ermöglicht, ein musikalisches Bühnenwerk am heimischen Gerät zu genießen, macht sich freilich dadurch bemerkbar, daß die kleinen Theater und die regionale Kulturpolitik den Schaden haben. Erfährt man allerdings, daß Liebermann in höchsteigener Person dreizehn Opernfilme für das Fernsehen drehte, fühlt man sich versucht, ihn der Augenwischerei zu bezichtigen und seine Stellungnahme pro und kontra entsprechend abzuwerten. Seine Ehrlichkeit und Differenziertheit würden derart aber schlecht belohnt. Er hat übrigens alle

seine TV-Filme im Playback-Verfahren aufgenommen und erst nach einem halben Dutzend gemerkt, daß das Playback den Gesichtsausdruck der Sänger verfälscht. Als er erkannte, daß man einem Sänger ein hohes H oder C einfach nicht abnimmt, wenn er dabei ein völlig gelöstes, glattes Darstellergesicht zeigt, bat er seine Interpreten immer, auch bei den reinen Bildaufnahmen nicht nur zu «markieren», sondern wirklich zu singen. Das bringt uns wieder zu Solti zurück, der sich zu wiederholten Malen gleichfalls gegen das Playback ausgesprochen hat. Wie wir schon wissen, hat er mit den Wiener Philharmonikern drei Opernfilme hergestellt: 1977 *Arabella* von Richard Strauss, 1978 *Falstaff* von Giuseppe Verdi und 1980 *Hänsel und Gretel* von Engelbert Humperdinck. Von filmischen Mätzchen, die man bei der Aufzeichnung von symphonischer Musik häufig macht, hält er gar nichts. Die Kameraschwenkereien sind seiner Ansicht nach grober Unfug und oft gehe es obendrein noch schief: Wenn die Oboe spiele, würden die Hörner gezeigt usw. Der Eindruck des Konzertsaals müsse auf jeden Fall erhalten bleiben. Man müsse Orchester und Dirigent sehen und dürfe nur ausnahmsweise einmal auf eine einzelne Gruppe von Spielern schwenken. Möglicherweise richten sich diese Äußerungen gegen die Fernsehfilme Karajans; einen Namen spricht er in diesem Zusammenhang nicht aus.
Zur Einspielung von Opern auf Schallplatten meinte Solti im Gespräch mit Peter Dannenberg, daß er eine Oper am liebsten von Anfang bis Ende durchgehend aufnehmen würde. Leider gehe das nicht. Hingegen sei es möglich, ganze «Takes» geschlossen aufzunehmen, weil wir aus den heroischen Zeiten der Schallplatte heraus seien und Orchester und Sänger längst gelernt hätten, sich für längere Zeit zu konzentrieren. «Mangel an klanglicher Balance, an kleinen rhythmischen Unebenheiten nehme ich um der Geschlossenheit willen gern in Kauf. Das wichtigste ist doch, daß es musikalisch stimmt.» Zu Live-Mitschnitten von Opern- oder Konzertaufführungen konnte sich der Maestro bisher nicht verstehen. Beim *Ring* in Bayreuth indes käme dies in Betracht, weil er einfach die Kraft nicht mehr habe, das Ganze in einem Studio durchzustehen, erklärte er 1978. Live-Aufnahmen auf Schallplatte habe er deswegen nicht herausgegeben, weil doch immer wieder äußere Störungsfaktoren aufträten, wie beispielsweise eine Polizeisirene. Auch die schönste Interpretation eines Konzerts sei doch mit Polizeisirene oder anderem Lärm kein vollendeter Genuß. Das Studio habe eben doch viele Vorteile, die einer Live-Übertragung abgingen: die Tonsauberkeit, die Korrekturmöglichkeit und vieles andere. Obwohl Solti über ein spezifisches Korrekturtalent verfügt, das ihn – wie er selbst feststellt – für Schallplattenaufnahmen geradezu prädestinie-

re, müssen für gute Aufführungen, seien sie nun direkt für das Opern- und Konzertpublikum oder für Aufnahmen bestimmt, noch andere Voraussetzungen erfüllt werden. Dazu gehört in erster Linie das gründliche Studium der Partitur. Als Solti 1977 die Welturaufführung von Michael Tippetts Vierter Symphonie vorbereitete, die der Komponist im Auftrag des Chicago Symphony Orchestra schrieb und Solti zueignete, studierte er eine Zeitlang die Partitur und traf sich dann mit dem Autor, wobei er eine Liste mit präzisen Fragen zur Hand hatte, so daß der verblüffte Tippett danach meinte: «Er ist einer der professionellsten Dirigenten, die mir je begegnet sind.» Solti selbst hat Helena Matheopoulos, der Verfasserin des Buches «Maestro», geschildert, wie er sich mit neuen Partituren vertraut macht. Er lerne sehr, sehr langsam, erzählte er, und gehe dabei vor, als habe er ein Mosaik zusammenzusetzen. Zuerst einmal lese er Note für Note, ohne sich vom Ganzen schon ein geistiges Bild zu machen. Und da er zu Bequemlichkeit neige, gehe er sehr methodisch vor; wenn er wisse, es seien zweihundert Seiten zu lernen, fange er erst gar nicht an. Nehme er sich jedoch für die nächsten zehn Tage ein Pensum von täglich zwanzig Seiten vor, dann sei die Aufgabe zu bewältigen. Er müsse sich also selbst ein wenig betrügen. Nach der ersten Lesung beginne er noch einmal von vorn und versuche sich ein bißchen die Tempi vorzustellen und sich in die Struktur und Dynamik einzufühlen. Und daraus entwickle sich allmählich die Musik. Es seien indes vier oder fünf Durchgänge vonnöten, bevor sich eine Idee davon profiliere, wie das Werk – zu Recht oder Unrecht – zu tönen habe. Das Klavier benütze er nie, weil sein Klang und sein Klangvolumen ganz anders seien. Als er zu dirigieren anfing, nahm er es zum Erlernen der Partitur gelegentlich zuhilfe, doch hörte er damit bald wieder auf. Langsam vom Kleinen zum Großen voranschreitend, setzt er die einzelnen Teile zusammen. Ein visuelles Gedächtnis hat Solti nicht, und er beneidet deshalb alle Leute mit dieser Begabung, die das Leben viel leichter mache und das Lernen erheblich beschleunige. Und da er sich nicht Notenzeichen merken kann, sondern Ton für Ton lernt, muß er ständig Partituren studieren, was meistens im Urlaub in Italien geschieht. Er betrachtet das Studium eines Werkes als einen langen Prozeß, und aus diesem Grunde läßt er es immer wieder eine Weile ruhen, um es dann wieder neu zu erarbeiten. Ein Stück, das er öfters dirigiert hat, legt er für ein paar Jahre zur Seite und rührt es nicht mehr an.

Wie Solti sein Interpretieren sieht, hat er Robert C. Bachmann gegenüber dargelegt, der in seinem Buch «Große Interpreten im Gespräch» (siehe Bibliographie) darüber berichtete. Der professionelle Musiker, sagte Solti, stellt sich stets das vor, was er sich beim

Studium erarbeitet hat. Ganz präzise Dinge, also Fragen der klanglichen Balance und der Tempi etwa. Daran, was musikalisch dabei herauskommt, denkt er nicht. Während des Interpretierens überlegt er selbst nicht, wie er etwas machen muß; vielmehr entsteht das durch den seltsamen Prozeß des Musikmachens. Die Inspiration kann man dabei nicht herbeizaubern oder erzwingen, sondern entsteht ganz natürlich aus dem Talent, der Routine und der eigenen Vorstellungskraft heraus. Auf die Inspiration kann ein berufsmäßiger Musiker, ganz gleich ob er Komponist oder Interpret ist, nicht warten. Die großen Komponisten saßen jeden Tag an ihrem Pult, und es kam etwas dabei heraus. Ein Interpret macht es – immer nach Solti – genauso. Er übt und übt und lernt und lernt, bis er stirbt. Er wartet nicht darauf, bis die Inspiration kommt. Solti wörtlich:

Intellekt und Inspiration gehen Hand in Hand. Während der Interpretation entsteht eine glückliche oder unglückliche Mischung. Man kann das nicht auseinanderhalten. Aber nur Intellekt oder nur Inspiration – das genügt nicht. In einzelnen Fällen überwiegt das eine oder andere. Mein Ziel ist es, ein ausgeglichenes Maß, einen Mittelweg zwischen diesen beiden Polen zu finden. Das nenne ich dann richtiges Musizieren. Aber das ist schwer zu erreichen. (R.C. Bachmann: «Große Interpreten im Gespräch», Seite 213)

Wie aber stellt Solti fest, daß das, was er tut, richtig ist? Geht man dieser Frage nach, zeigt sich überraschenderweise, daß er darauf keine wirklich zureichende Antwort zu erteilen vermag. Nach den so bestimmten Äußerungen von vorhin wäre das eigentlich zu erwarten gewesen, zumal sich sein eigentümliches Korrekturtalent ja nur anhand bestimmter Kriterien entfalten kann. Andererseits jedoch ist das Ausbleiben dieser Antwort verständlich, denn völlige Einsicht in sein Tun und Lassen und in die Hintergründe dafür ist keinem Menschen vergönnt. Jeder Versuch dazu müßte auf eine unendlich komplizierte Denkmechanik oder Psychologik hinauslaufen und könnte ebensowenig befriedigen wie gar keine Antwort. Daß sich Solti daher, von Bachmanns Fragen in die Enge getrieben, dem widersetzt und ins Mysteriöse ausweicht, ist kein Wunder. Als zweite Voraussetzung für gutes und richtiges Interpretieren stellt er zunächst aber sein kritisches Bewußtsein – «vielleicht mein stärkstes Talent» – in den Vordergrund. Es sei, bemerkte er zu Bachmann, wahrscheinlich der Grund, weshalb er so viele anständige Grammophonplatten gemacht habe. Wenn er einen anderen Musiker höre, wisse er genau, was er falsch und was er richtig mache. «Beim eigenen Musizieren ist das nicht so leicht möglich, weil man sich

nicht von sich selbst absetzen kann. Aber sobald ich mich auf Band höre, tritt dieses Talent in Aktion. Ich bin in der Lage, mich danach zu korrigieren. Und ich glaube, daß mich niemand so gut wie ich selbst beurteilen kann» (Bachmann, Seite 207).
Wüßte man nicht, daß Solti in der Tat ununterbrochen die Verbesserung in sich selber, aber auch bei seinen Orchestern, Interpreten etc. sucht; daß er sich gegenüber ebenso kritisch wie mit anderen ist, könnte ihm aufgrund des letzten zitierten Satzes der Rückzug auf seine Subjektivität vorgeworfen werden oder aber selbstherrliches Gebaren und Arroganz. Arrogant hat man ihn zuweilen schon genannt, nicht zuletzt auch wegen seiner Distanziertheit und Verschlossenheit, hinter der sich indessen eben das Bemühen verbirgt, seine menschliche und künstlerische Mitte zu wahren und sich weder von Lobsprüchen einlullen noch von kritischen Äußerungen in Aufregung versetzen zu lassen. Vorwürfe dieser und ähnlicher Art sind dem Dirigenten wohlbekannt, berühren ihn aber kaum, weil er wohl weiß, daß sie auf einem fundamentalen Mißverständnis seines Wesens und seiner Absichten beruhen. Dem distanzierenden Tonband ist er dankbar, daß er sich darauf anhören kann und daß es ihm auf diese Weise Raum zu Selbstkritik gewährt; als völlig Involviertem wäre es ihm nicht möglich, auf sich selbst und sein Tun einzugehen. Er weiß aber auch um die bedingte Objektivität der Tonbandaufnahmen, die viele Nuancen des Klanges und der Rhythmik verschluckt und die Klangfarben absorbiert, den Gesamtausdruck neutralisiert. So ist Solti in kleinen wie in großen Dingen ein kluger Mittler und Er-Mittler, ein geduldiger Zuhörer, ein gespannter Merker und hellwacher Prüfer, und erst diese Qualitäten insgesamt ließen ihn zu dem berühmten Ver-Mittler oder Interpreten von Weltruf werden. Wie er sich mit fast dämonischer Besessenheit und fiebriger Glut in seine Arbeit als Dirigent hineinkniet, so hält er sich mit kühlem Selbstbewußtsein und sorgfältigem Abwägen aus allem heraus, was sein Urteil trüben und sein Schaffen im Bereich dieser heilsamen Mitte gefährden könnte. Und weil er sein eigener Kritiker ist, gibt er auf die Meinung anderer wenig und hält auch von der Zeitungskritik nichts. Er hört nur auf das Urteil ein paar weniger Menschen in den Vereinigten Staaten, in Deutschland und in der Schweiz. Früher freilich, als er noch ein junger Orchesterführer war und gute Kritiken gebrauchen konnte, litt er sehr darunter, wenn er eine schlechte Presse hatte, und war deprimiert. Bittere Erfahrungen machte er vor allem mit der englischen Presse, bis er dahinterkam, daß mit einer schlechten Kritik in England noch nichts verloren war. Schon am nächsten Tag kann man dort wieder höchstes Lob ernten. Dagegen ist ein Verriß in Deutschland oder Amerika von nachhaltigerer Wirkung. Sein Glaube an sich und sein Können

ist heute indes kaum mehr erschütterbar. Wenn er aber auf niemanden hört, stellt sich erneut die Frage, warum er überhaupt festzustellen imstande ist, ob das, was er tut, richtig ist. Soltis Antwort: «Weil ich weiß, was gut und was schlecht ist. Besser als alle anderen.»

Mit anderen Worten bedeutet dies, daß er bei seiner Selbstbeurteilung ein derart hohes Maß an Objektivität erreicht hat, daß er, der außerdem über einen lebendigen, untrüglichen Instinkt für das musikalisch Richtige verfügt, keinerlei Illusionen mehr in bezug auf sein wahres Können, aber auch auf die ihm gesetzten Grenzen unterliegt. Es befriedigt ihn, als Dirigent nachschöpferisch tätig zu sein; Dirigieren ist für ihn ein endloser Prozeß der Beschäftigung mit dem Werk. Die Fülle der geschriebenen Musik ist jedoch unübersehbar. «Ich kenne etwa ein Zehntel dessen, was für mich in Frage kommt, und ich weiß, daß ich sterben und vieles nicht gehört haben werde. Das ist für mich ein Ansporn, noch fleißiger zu sein als ehedem.» Solti hat über seinen Erfolgen auch nicht vergessen, daß der eigenschöpferische Künstler weit wertvollere Arbeit leistet als der Interpret. Und wenn er wie einige seiner Kollegen in der Schallplattenindustrie zum Markenartikel geworden ist und seine Scheiben nicht wegen des Werkes, sondern um seinetwillen gekauft werden, findet er das zwar schmeichelhaft, aber dennoch falsch: «Der Interpret wird heutzutage viel zu wichtig genommen und maßlos überschätzt» (Bachmann, Seite 210). Wem es nicht genügt, daß sich Solti bei der Frage nach dem Maßstab seiner interpretatorischen Korrektheit auf die in langer Erfahrung erworbene eigene Objektivität beruft, der muß sich dennoch damit bescheiden. Er will nicht, daß seine Arbeit als Dirigent analysiert wird, weil er selbst es auch nicht tut und weil das nicht interessant sei. «Denn der schöpferische Prozeß beim Interpretieren ist ein Geheimnis. Und soll ein Geheimnis bleiben.» Auch das «Mysterium» der Musik möchte er unergründet lassen; es sei eine sehr deutsche Art, stets alles ergründen zu wollen. «Musik ist wahrscheinlich das größte Wunder in der Kunst, weil sie aus dem Nichts entsteht. Musik ist nicht zu fassen» (Bachmann, Seite 211). Da sind wir also definitiv an eine Grenze gestoßen, die keineswegs auch jene von Soltis Verständnis in musikalischen Belangen markiert. Es reicht unzweifelhaft weiter und tiefer, als seine abwehrenden Äußerungen vermuten lassen. Daß er sich nicht auf eine weitere Diskussion einlassen will, ist vielleicht wiederum ein Zeichen seiner Treue – diesmal einer Geliebten gegenüber, die man vor schamlosen Nachstellungen bewahren muß; überdies wird aber auch erkenntlich, daß er weder Gelehrter noch Musikphilosoph ist oder sein will. Die Scheu vor Worten, speziell vor großen Worten, hat er mit den meisten anderen Musikern gemein. Um so verläßlicher und aufschlußreicher pflegt das zu sein, was er aufgrund seiner vielfältigen Erfahrung mitzuteilen hat. Besonders interessant ist auch, wie sich sein ausgesprochener Sinn für Selbstkritik auf sein Repertoire auswirkte. Ist man mit diesem Sinn begabt, sollte man seiner Meinung nach jene Musikstücke, die einem weniger liegen, öfter dirigieren als solche, die sich einem leicht erschließen. Solti tat dies sein ganzes Leben lang. Er hat sich sozusagen damit gepeinigt, daß er absichtlich die Werke spielte, die ihm zu schaffen machten und die er erst richtiggehend bezwingen mußte. Zu ihnen zählten die Beethoven-Symphonien, von denen ihm der erste Satz der Fünften und die *Pastorale* (die Sechste in F-Dur) am meisten Schwierigkeiten bereiteten. Er hatte die Symphonien schon in frühen Jahren dirigiert, und obschon er wußte, daß seine damaligen Interpretationen unzulänglich waren, konnte er nur mit großer Mühe von ihnen loskommen. Es dauerte zwanzig Jahre, bis er endlich mit der *Pastorale* zurechtkam; es war die einzige Symphonie, zu deren Bewältigung er sich nicht wie üblich zwang. Ein anderes Beispiel dieser Art ist eine Mozart-Symphonie, die er über fünfzig Mal schon dargeboten hatte; auch hier brauchte er viel Zeit, ehe er sich von dem gewohnten Klangbild, das sich in seinem Gedächtnis festsetzte, endlich wieder zu lösen vermochte. Dasselbe galt für einen großen Teil der Stücke, die er in den späten vierziger Jahren aufführte. Er dirigiert sie heute anders, ertappt sich aber immer wieder dabei, die alten Fehler zu wiederholen, selbst wenn er noch so sehr auf der Hut ist. Bei Werken, die er während der letzten fünfzehn Jahre einstudierte, fällt die Umstellung wesentlich leichter. Seltsamerweise machen also die am frühesten gelernten Sachen, die zuvor ganz unproblematisch waren, heute mehr Mühe, weil die Macht der Gewohnheit die durch Selbstkritik ermöglichte Lern- und Entwicklungsfähigkeit beeinträchtigt. Umgekehrt lassen sich Werke, die wie Strawinskys *Le sacre du printemps* vor zwanzig Jahren in rein technischer Hinsicht ungemein schwierig schienen, heute weit müheloser aufführen. Als Solti dieses Stück zum ersten Mal in Angriff nahm, fand er es unglaublich schwierig, und selbst nachdem er über sechs Monate damit verbracht hatte, es Note für Note zu analysieren, konnte er sich immer noch nicht vorstellen, wie es zu schlagen war und was er damit tun sollte. Inzwischen hat er den *Sacre* mehr als fünfzig Mal dirigiert und kennt alle heiklen Passagen; er hält ihn auch heute noch nicht für ausgesprochen einfach, kommt indes gut damit zu Rande. Es genügt, wenn er vor den Proben einen Tag mit dem Studium der Partitur verbringt; den Rest besorgt dann seine Erfahrung. Und unterläuft ihm hinsichtlich der Präzision ein Fehler, ist er ohne weiteres bereit, ihn dem Orchester einzugestehen. «Allerdings muß man den Punkt,

wo man sich erlauben kann, die Schuld auf sich zu nehmen, erst einmal erreicht haben. Einem jungen Dirigenten wäre ein derartiges Bekenntnis nicht anzuraten. Legte er nämlich eines ab, würde das Orchester darauf erwidern: ‹Na also, weshalb gehen Sie denn nicht weg und lernen es ordentlich?›» (H. Matheopoulos, Seite 419)
All dies, betonte Solti, betrifft die technischen Schwierigkeiten, denen ein Dirigent begegnet, wenn er einem Orchester seine Vorstellungen zu vermitteln sucht. Weit komplexer sind die interpretatorischen Schwierigkeiten. Meinte er in jungen Jahren, für vermeintlich leicht interpretierbare Werke wie Beethovens *Fidelio* oder für die Mozart-Opern *Die Hochzeit des Figaro* und *Così fan tutte* eine endgültige Lösung gefunden zu haben, so kommen sie ihm jetzt erheblich problematischer vor. In einem reiferen Alter macht aber jeder Musiker diese Phase durch, in der er realisiert, daß nichts wirklich einfach und leicht ist und daß Lösungen eine umsichtigere Behandlung als bisher angenommen erfordern. Auch jede klassische oder romantische Symphonie bedeutet für Solti jedesmal neues Kopfzerbrechen. Immer wieder muß er die Partituren viele Male durchgehen und überdenken, und wie jeder andere ernsthafte Musiker ist auch er zum Schluß gelangt, daß die Ausdeutung von Werken der Klassik und Romantik im Vergleich etwa zu jenen von Strawinsky und Bartók viel größere Anstrengungen verlangt. Wenigstens zum Teil ist dabei wieder die Erfahrung entscheidend und ebenso die Bescheidenheit, das heißt das Vermögen zu einer kritischen Einstellung gegenüber dem eigenen Handeln und Urteilen. Solche Einsicht äußert sich nach Solti auch darin, daß man nach einer Aufführung nach Hause geht und sich über die noch unbeantworteten Fragen nicht nur genau im klaren ist, sondern ihnen beim nächsten Mal, da das betreffende Werk auf dem Programm steht, energisch zu Leibe rückt. Dieses dialektische Vorgehen erinnert an jenen Musikkritiker, der Solti vor seinem Amtsantritt in Frankfurt attestierte, ein rastloser, unerbittlicher Arbeiter und Probierer zu sein, «erfüllt vom höchsten Ziel und Sinn allen künstlerischen Bemühens: dem Urbild der Vollkommenheit». Diese platonische Idee des Musizierens habe ihm ein anderer Großer, Toscanini, vermittelt. Nach Platons Ideenlehre vollzieht sich der Aufstieg vom Werden zum Sein wie auch zu den Stufen menschlicher Erkenntnis von der Vermutung zur Meinung, von der Ansicht zur Vernunft oder zu der direkten Erkenntnis der Ideen, mithin zur Wissenschaft. Man darf also den Solti der reifen Jahre, ohne sich einer Übertreibung schuldig zu machen, als Wissenschafter auf seinem Gebiet bezeichnen, und sollte Platon zur Rechtfertigung dieser Bezeichnung nicht ausreichen, dann werden es gewiß die zahlreichen Ehrendoktorate tun, die ihm zuerkannt worden sind, so etwa von den

englischen Universitäten Oxford und Leeds, von der DePaul-Universität in Chicago sowie von Yale und Harvard (1979 zusammen mit dem ehemaligen Bundeskanzler Helmut Schmidt). Hat sich schon bei dieser Darstellung von Soltis Verhältnis zur Technik und zur Musikkonservierung herausgestellt, wie bestimmend stets das Menschliche hineinspielte, so läßt sich nun abschließend festhalten, daß seine wörtlich zu nehmende künstlerische Wissenschaft, deren er in gleichsam spiralförmigen Überwindungen teilhaft wurde, mit dazu beitrug, die technischen Probleme in jeder Beziehung zu entschärfen, ja mit allem Technischen gelassen und souverän umzugehen. Die Folgen davon sind in den späten siebziger und in den achtziger Jahren auf verschiedene Weise deutlich geworden, und auf einige sei hier kurz hingewiesen.

So registrierte Ewald Markl, der sich 1980 in Wien mit Georg Solti unterhielt, einen Wandel in der Stabführung des Dirigenten. Der «symphonische Solti» habe für die Langspielplatte mit elektrisierenden Bruckner-, Mahler- und Bartók-Dokumenten begonnen und sich relativ spät Beethoven, Brahms und neuerdings auch Mozart für die Tonkonserve erspielt. Mittlerweile sei Solti ein Dirigent geworden, der Hochspannung auch mit gemäßigten Tempi und Akzenten zu erzeugen vermöge. «Die großen ungarischen Dirigenten scheinen für derartige Metamorphosen prädestiniert zu sein. Nach Ferenc Fricsay und George Szell ist nun auch Georg Solti der Wandel vom rabiaten Perfektionisten zum perfekten Musiker gelungen» («Vox», Mai 1980). Auch einige weitere Punkte in diesem Gespräch lassen erkennen, daß Solti zu sich und seiner Arbeit sehr merklich Abstand gewonnen hat – dank seiner «Wissenschaft», die er sich im kritischen Umgang mit sich selbst, mit anderen Menschen und der Technik in jeder Bedeutungsschattierung erwarb. Am verblüffendsten kam die Distanzierung zu der früheren Tätigkeit darin zum Ausdruck, daß Solti, der eben die Partitur des *Rheingolds* studierte, vor kurzem sein Interesse angemeldet hatte, Wagners *Tristan und Isolde* noch einmal auf Platten einzuspielen. Seine Begründung: Die erste Aufnahme habe in übertragenem Sinne sein Sohn dirigiert! Dasselbe, sagte er zu Markl, gelte auch für *Das Rheingold,* das er nächste Woche in London zweimal konzertant aufführen werde. Der Grund dafür, daß der Maestro mit Opern-Neueinstudierungen so vorsichtig geworden war («Bevor ich eine mittelmäßige Inszenierung leite, mache ich die Oper lieber konzertant»), lag in der Schwierigkeit, wirklich gute Regisseure zu finden. Oder andersherum formuliert: Solti hatte als Dirigent an der Pariser Oper vor allem mit Regisseur Peter Stein so unangenehme Erfahrungen gemacht, daß er danach bei Neuinszenierungen vorsichtig und wählerisch geworden war. Da davon gleich in den folgenden

Abschnitten die Rede sein wird, sei lediglich noch vermerkt, daß Solti die damalige, episodenhaft gebliebene Überbewertung des Regietheaters auf den Mangel an exzeptionellen Operndirigenten zurückführte. Ein durch zeitliche und persönliche Distanz bewirkter Meinungswandel manifestierte sich schließlich auch in Soltis Aussage, es gebe keine nationalen Musiksprachen mehr. In Frankfurt hatte er seinerzeit ziemlich kategorisch verkündet, daß Amerika nun den Ton angebe, doch jetzt ließ sich seiner Ansicht nach zwischen typisch amerikanischen, britischen, deutschen und österreichischen Orchestern nicht mehr unterscheiden. Die Qualitäten der großen Orchester seien aus verschiedenen Gründen international geworden. Erstens habe die Schallplatte dazu enorm beigetragen. Man höre aufeinander. Zweitens spielten heute die guten Orchester faktisch alle mit den gleichen Instrumenten. In der Musik des zwanzigsten Jahrhunderts seien die amerikanischen Orchester freilich nach wie vor unschlagbar, weil sie besser trainiert seien und ein unfehlbares rhythmisches Talent hätten.
Damit ist das Thema der Musikkonservierung mit all den vielfältigen Begleiterscheinungen selbstverständlich noch lange nicht ausgeschöpft. Über Soltis umfängliche Plattenarbeit zu berichten, ist im Rahmen dieses Buches aber nicht möglich. Immerhin findet der interessierte Leser auf den Seiten 293 bis 307 eine Diskographie jener Schallplatten, die heute erhältlich sind. Obwohl die Aufnahmedaten verzeichnet sind, muß berücksichtigt werden, daß etliche Werke mehr als nur einmal aufgenommen wurden und ältere Ausgaben zum Teil nicht mehr auf der Liste figurieren; das ist auch bei vergriffenen Auflagen der Fall. Wer sich eingehender informieren und im Detail den zeitlichen Verlauf der Solti-Einspielungen verfolgen möchte, kann dies anhand der Begleitbroschüre zur zweihundertdrei Langspielplatten umfassenden Solti-Edition tun, die 1981 von Teldec Hamburg exklusiv für den Zweitausendeins-Versand ausgearbeitet wurde. Sie enthält ebenfalls eine Diskographie, die überdies noch die Preise aufführt, mit denen die Platten ausgezeichnet wurden. Ob allerdings diese Broschüre, die vielleicht schon vergriffen ist, einzeln an Interessenten abgegeben wird, ist fraglich. Um dennoch Soltis eminente Bedeutung als Schallplatten-Dirigent vor Augen zu führen, sei einerseits auf die Tatsache verwiesen, daß sein Platten-Repertoire in den sechziger Jahren vier- oder fünfmal so umfangreich wie das der fünfziger Jahre war und daß es nur wenige Aufnahmen aus dieser Zeit gibt, die keinen Preis zugesprochen erhielten. Andererseits beweist auch die Vielfalt der Auszeichnungen, die meist seinen Opernaufnahmen galten, seinen internationalen Ruhm. Die unvollständig und in wahlloser Reihenfolge genannten Auszeichnungen sollen aber nicht vergessen lassen, daß

auch die Gesamtzahl (die selbst Solti nicht geläufig ist) eine Rekordhöhe erreicht hat und daß der Dirigent daher auch in dieser Hinsicht kaum seinesgleichen hat. Hier also die verschiedenen Preise: Grand Prix du Disque Mondiale, Prix de l'Académie du Disque Lyrique, Grand Prix des Discophiles Français, Prix Hector Berlioz, Grand Prix des Discophiles Diapason, Grand Prix du Disque de l'Académie Charles Cros, Grand Prix National du Disque Lyrique, Prix Albert Carre, Montreux International Award, Montreux Diplom d'Honneur (für gesamte Schallplattenwerke), Deutscher Schallplattenpreis, Prix Arturo Toscanini, Premio della Critica Discografica Italiana, Edison Award, G.R.R.A. Award, Grammy Award und andere. Alle diese Erfolge kamen natürlich nicht von ungefähr, sondern wurden in hartem Wettbewerb unzweifelhaft mit dem gleichen flammenden Arbeitseifer, mit der gleichen Hingabe und demselben künstlerischen Ausdruckswillen errungen, der auch seine Tätigkeit in Opernhäusern und Konzertsälen kennzeichnet. Doch kehren wir nun wieder ins Jahr 1971 zurück, wo wir am Ende von Soltis zehnjähriger Tätigkeit in England stehen blieben.
Als er das Königliche Opernhaus in London verließ, hatte sich Solti vorgenommen, künftig den größten Teil seiner Zeit seiner Karriere als Konzertdirigent zu widmen, und an diesen Vorsatz hat er sich auch weitgehend gehalten. Einmal sah es allerdings so aus, als habe er seine Meinung geändert, denn 1973 – keine zwei Jahre nach seinem Weggang von Covent Garden – nahm er den Posten eines Musikalischen Beraters bei der Pariser Oper an. Er schien sich erneut der Welt eines großen Opernhauses mit all ihren Wirren und Intrigen zuzuwenden, doch er selbst sah diese Entscheidung in einem anderen Licht:

Liebermann bat mich darum, und ich wollte ihn von meinem Namen profitieren lassen. Ich arbeitete also für die ersten beiden Spielzeiten ein Programm aus. Wir wußten jedoch beide, daß damit nur die erste Hürde genommen war. Ich bin im übrigen Gastdirigent wie jeder andere auch. («Opera News», September 1976)

Rolf Liebermann hatte als Intendant der Hamburger Staatsoper in der Zeit von 1959 bis 1973 (unter anderem mit dreiundzwanzig Welturaufführungen) Wunder gewirkt und hoffte, mit Soltis Hilfe würde ihm dies auch in Paris gelingen. Das Opernhaus war schon seit Jahren bekanntermaßen nicht mehr voll funktionsfähig – die Leitung war schlecht, die Disziplin im Orchester mangelhaft, und die Aufführungen ließen viel zu wünschen übrig. Schließlich traf die französische Regierung die Grundsatzentscheidung, die Pariser Oper müsse als eines der Bollwerke der französischen Kultur wieder zu einem Haus von internationalem Rang gemacht werden. Die dafür erforderlichen Mittel wurden bereitgestellt, und der denkbar beste Administrator – Liebermann – wurde unter Vertrag genommen, um wieder Schwung in das Ganze zu bringen. Liebermann wußte, welch entscheidende Bedeutung eine straffe und erfahrene musikalische Leitung für ein großes Opernhaus hat, und wandte sich unverzüglich an Solti, dessen musikalische Aufbauerfolge am Covent Garden eine Parallele zu seinem erfolgreichen Wirken in Hamburg bildeten. Zusammen wären sie ein unschlagbares Team von Operndirektoren.

Solti ging bereitwillig auf dieses Hilfsersuchen seines langjährigen und geschätzten Freundes ein, wobei es ihm ohne Zweifel schmeichelte, zu einem so bedeutenden Vorhaben herangezogen zu werden. Wie er selber sagte, erklärte er sich damit einverstanden, als Gastdirigent aufzutreten. Während der Jahre seines Engagements für die Pariser Oper erfüllte er seine Verpflichtungen mit knapper Not und dirigierte in einer Spielzeit selten mehr als eine Oper. Das Podium bestieg er zum ersten Mal für Mozarts *Hochzeit des Figaro;* die Premiere fand im Frühling 1973 statt. Die Aufführung, die die neue Ära der französischen Kultur veranschaulichen sollte, wurde in der Opéra Royal Ludwigs XV. in Versailles gegeben, und jeder der etwa 750 geladenen Gäste hatte zwischen zweihundert und fünfhundert Dollar für diesen Kunstgenuß zu bezahlen. Die Produktion wurde später nach Paris gebracht. Für Liebermann waren die Vorbereitungen zur Mozart-Oper unvergeßlich, denn in dem italienischen Regisseur Giorgio Strehler und im Dirigenten Georg Solti prallten dabei zwei völlig gegensätzliche Persönlichkeiten zusammen. In seinem schon so oft erwähnten Buch «Opernjahre» schildert Liebermann recht ausführlich und mit spitzbübischem Schmunzeln, welch aufregende Szenen sich zwischen den beiden abspielten. «Der Ungar mit dem englischen Paß ist von einer magnetischen, fast dämonischen Introvertiertheit, während der extravertierte Strehler das überschäumende Temperament in Person ist: Er möchte alles selbst machen, spielen, singen, am liebsten auch gleich dirigieren» (Seite 234). Der Italiener kannte die Partitur in- und auswendig und fühlte sich daher berechtigt, einige Originalideen beizusteuern, wovon Solti wiederum wenig erbaut war. Kurz: Am Schluß der ersten gemeinsamen Probe waren alle Beteiligten – Strehler, Solti, der vermittelnde Liebermann, die Sänger und Musiker – am Rand eines Nervenzusammenbruchs. Als sich freilich der Vorhang dann zu der ersten Vorstellung hob, strahlte alles vor Glück. Strehler war gleich nach der Generalprobe abgereist, aber von Mailand aus schickte er allen, auch Solti, ganz reizende Glückwünsche …

Im Herbst des gleichen Jahres kehrte Solti nach Paris zurück, um die französische Erstaufführung von Schönbergs *Moses und Aron,* einem seiner großen Triumphe am Covent Garden, zu leiten. Für die Pariser Oper wurde das Werk in französischer Sprache aufgeführt; die Inszenierung stammte von Raymond Gerome, der auch die Partie des Moses sang. Den Aron gab, wie schon in London, Richard Lewis. Aufs neue war Solti mit dieser Oper, die er in späteren Jahren neben Strauss' *Schweigsamer Frau* als eines seiner Schmerzenskinder bezeichnete, weil sich eine Einspielung auf Platten bisher nicht hatte verwirklichen lassen, ein riesiger Erfolg beschieden:

Soltis präzise, kraftvolle musikalische Leitung, abwechselnd geheimnisvoll, ekstatisch und triumphierend, erfüllte alle Erwartungen, und der Chor sang wunderbar. Von jetzt an wird sicherlich jede Schallplattenfirma gebannt auf Orchester und Chor der Pariser Oper blicken. (Charles Pitt, «Opera», Dezember 1973)

Für Liebermann kam der Publikumserfolg eher überraschend. Über neunzig Prozent aller Eintrittskarten waren bei dem so schwierigen modernen Werk abgesetzt worden! Aber gerade diesmal hatte ihn die Inszenierung nicht völlig überzeugt, besonders nicht der Tanz um das Goldene Kalb. Zu dieser Orgie hatte Schönberg eine zurückhaltend-verinnerlichte Musik geschrieben, die – wie es Liebermann schien – keinen plausiblen Bezug zu dem Tumult auf der Bühne hatte. In den darauffolgenden Jahren dirigierte Solti unter anderem *Don Giovanni* und *Othello* in der französischen Hauptstadt und fand mit beiden Werken eine begeisterte Aufnahme. Alles in allem erreichte die Pariser Oper unter Liebermann und Solti erfreulich schnell wieder Weltrang. Und um sicherzustellen, daß dieser Erfolg von der Öffentlichkeit gebührend gewürdigt würde, begab sich die Operntruppe auf Reisen. Im Herbst 1976 wurde ein hundertvier Mann starkes Orchester und ein hundertköpfiger Chor nach Washington, D.C., und New York entsandt. Fast zur selben Zeit, vom 1. bis 17. November 1976, befand sich Herbert von Karajan auf seiner sechsten Amerika-Tournee mit den Berliner Philharmonikern und dem Wiener Singverein, und zwar anläßlich der Zweihundertjahrfeiern der Vereinigten Staaten. In New York, Washington und Chicago dirigierte Karajan in neun Konzerten neun verschiedene Programme, während als französischer Beitrag drei Opern aufgeführt wurden: *Die Hochzeit des Figaro* von Mozart, *Othello* von Verdi und *Faust* von Charles Gounod. Diese drei Stücke wurden ausgewählt, weil sie auch auf dem Spielplan der Met standen. Liebermann ging es darum, zu beweisen, daß die Pariser

Opéra zu den großen internationalen Häusern gehörte und sich bemühte, konventionelle Werke unkonventionell zu interpretieren. Bei allen drei Opern wirkten denn auch erstklassige Gesangssolisten mit, so Edith Mathis, Frederica von Stade und Tom Krause in *Figaro,* Margaret Price und Carlos Cossutta in *Othello* und Mirella Freni und Nicolai Gedda in *Faust.* Zudem war jede Oper in einer Weise inszeniert, die von gewöhnlicher Routine wirklich weit entfernt war. Max Bignens' stählerne und gläserne Dekorationen für *Faust* waren ausgesprochen originell, und das gleiche galt für Josef Svobodas schlichte weiße Würfel in *Othello.* Giorgio Strehler ließ in seiner Inszenierung des *Figaro,* mit dem in New York das Operngastspiel eröffnet wurde, ein ungewöhnliches Maß an gesellschaftlichem und politischem Kommentar deutlich werden: dank seiner und Soltis meisterlicher Leistung als Dirigent war ein respektabler Erfolg zu verbuchen. Dennoch gelang die Aufführung nicht mit letzter Vollkommenheit. Die Metropolitan Opera war für einen *Figaro* bei weitem zu groß, so daß gewisse Feinheiten untergingen. Abträglich war schließlich auch die unerwartet unterschiedliche Qualität der sängerischen Darbietung. Frederica von Stade riß als Cherubino das Publikum zu Beifallsstürmen hin, während Christiane Eda-Pierre als Gräfin weniger zu überzeugen vermochte.
Noch günstiger wurde *Othello* aufgenommen, mit einem gediegenen Ensemble und einem den räumlichen Verhältnissen des Hauses besser angepaßten Klangvolumen. Es sagt einiges über das Niveau der früheren künstlerischen Leitung der Pariser Oper, daß dieses Werk, das unbestreitbar zu den Meisterwerken des Opern-Repertoires gehört, dort seit 1894 nicht mehr aufgeführt worden war! Im Frühsommer des Jahres hatte endlich seine längst fällige Wiederaufnahme stattgefunden, und es war nach Reinhard Beuth «eine Aufführung jener Sonderklasse, die zwar von ein paar anderen Opernhäusern auf der Welt auch erreicht, aber nicht übertroffen werden kann. Diese Aufführung nämlich ist sensationell». Den Titelhelden spielte und sang Plácido Domingo, dem Margaret Price als Desdemona zur Seite stand – auch sie eine Idealbesetzung. Die Inszenierung des jungen Terry Hands nahm Rücksicht auf die Gegebenheiten der Oper, wirkte ruhig, fast statuarisch, zeugte aber von brillanter Denkschärfe bei der Deutung von Verdis Intentionen. Zur musikalischen Interpretation meinte Beuth:

Soltis Othello *ist nicht nur feuerköpfig, rasant, explosiv und nervig, nicht nur schnell, heftig und gewitternd. Zweifellos ist er all das auch. Aber darüber hinaus ist er formvollendet in der Klarstellung der musikalischen Kreuz- und Querbezüge, ohne nun wieder in ein dummes Insistieren auf die Leitmotivik zu verfallen. Solti erklärt und zeigt Musik, ohne sie analysierend zu zerfasern. («Die Welt», 28. Juni 1976)*

Das Besondere an der Pariser *Othello*-Premiere bestand darin, daß sie mit Hilfe des Eidophor-Verfahrens auf eine Riesenleinwand im neuen Kongreßpalast übertragen wurde, so daß eineinhalbtausend Premierengäste «zweiter Klasse» ein sonst unerschwingliches Opernereignis mitverfolgen und mitbeklatschen konnten. Unter ihnen befand sich – Rolf Liebermann, der auf diese Weise gleich an zwei Fronten auf das Ultimatum des Ministerpräsidenten Chirac reagierte, das Haus zu schließen, falls nicht eine tiefgreifende Reform der Verträge mit den Gewerkschaften vorgenommen werde. Dazu war es wegen der verständlichen Weigerung der Syndicats, unter derartigem Druck zu verhandeln, bisher keineswegs gekommen. Mit dem glänzenden Spektakel in der Opéra hatte nun Liebermann wieder ein Argument mehr zur Hand, um darauf hinzuweisen, daß es in Paris ohne die Superstars mit Supergagen nicht gehe, und gleichzeitig hatte er durch seine Anwesenheit bei der Eidophor-Premiere seinen Willen bekundet, auch für die Öffnung der Oper zum Volk hin etwas zu unternehmen und die ganze, ach so teure Geschichte ohne Niveaueinbuße zu popularisieren. Was mehr, sagte sich der gewitzte Theatermann, konnte man noch von ihm verlangen?
In New York überschütteten die Kritiker den Dirigenten des *Othello* mit höchstem Lob. Solti wird in dieser Stadt ja ohnehin fast vergöttert, aber mit seiner intensiven, von vibrierender Spannung erfüllten Aufführung verdiente er sich die allgemeine Anerkennung redlich. Am Tag der Washingtoner *Othello*-Premiere lag Solti in Chicago mit einer Grippe im Bett, doch gelang es Liebermann, Lorin Maazel – den heutigen Direktor der Wiener Staatsoper – zu überreden, noch am selben Nachmittag aus Cleveland herüberzufliegen. Maazel dirigierte die Vorstellung ohne jede Probe. Er vertraute seiner Technik, seiner gründlichen Kenntnis der Oper und nicht zuletzt auch der ausgezeichneten, ungemein präzisen Vorbereitung durch Solti, der so selbst vom Krankenlager aus noch wesentlichen Anteil am Zustandekommen einer triumphalen Aufführung hatte.
1976 war das Jahr, in dem Soltis Engagement für die Pariser Oper seinen Höhepunkt erreichte. Er studierte nicht nur *Othello* ein und dirigierte die Produktion zusammen mit der *Hochzeit des Figaro* in den Vereinigten Staaten, sondern begann überdies mit den Vorbereitungen für Wagners *Ring*-Zyklus. Zu diesem Unternehmen hatte ihn mit großer Überredungskunst und Diplomatie Freund Liebermann verführt, der ihm schon im Februar 1975 klarmachte, daß es

dabei um eine historische Tat gehe, denn die vollständige Tetralogie sei in Frankreich noch nie aufgeführt worden. Außerdem habe er in Peter Stein, der im Odéon mit einer Inszenierung des «Prinzen von Homburg» die Pariser in Erstaunen und Begeisterung versetzte, einen idealen Regisseur gefunden. Und dessen Mitarbeiter, Klaus Michael Grüber, habe kürzlich in der Salpétrière einen ungewöhnlichen «Faust» aufgeführt. Das erste Treffen zwischen Solti und der Gruppe um Peter Stein verlief für Liebermann, den Beobachter, nach den eigenen Worten «recht drollig, aber durchaus positiv. Man stelle sich die Tischrunde in einem großen Versailler Restaurant vor: Stein und Grüber ganz lässig – und Solti, jeder Zoll ein Orchesterchef. ‹Ihr sogenannter Symbolismus ist doch längst von einem neuen Realismus überholt›, begann er. ‹Ich wünsche eine wirklichkeitsnahe Bühne. Für mich ist ein Baum ein Baum, und wenn einer für die Handlung nötig ist, muß er eben dastehen!› Peter Stein gab ihm darauf eine Nachhilfestunde in Dramaturgie. ‹Ein Baum auf der Bühne ist aber nicht dasselbe wie ein Baum, der in Ihrem Garten wächst. Er beschwört viel mehr und ganz andere Assoziationen herauf als nur so ein Gewächs ...› Irgendwie einigten sie sich schließlich soweit, daß die Berliner Equipe für eine Woche in Soltis Nähe zog; er besitzt ein Haus in dem italienischen Dörfchen Roccamare» («Opernjahre», Seite 237). Etwa fünf Jahre später äußerte sich Solti ganz anders zu der Begegnung mit Peter Stein. Er habe dem deutschen Regisseur gesagt, daß er nach dem mechanisierten *Ring* im Covent Garden eine romantische Inszenierung ohne Maschinen wolle. Das Ergebnis sei aber ein noch mechanisierterer *Ring* mit noch mehr Maschinen und Stahlkonstruktionen gewesen. Da habe er die Konsequenzen gezogen und sei aus der Sache ausgestiegen. Er habe nur *Das Rheingold* und *Die Walküre* dirigiert und damit sei Schluß gewesen. Tatsächlich führte Solti im Dezember 1976 beide Werke in der Inszenierung von Peter Stein, respektive Klaus Michael Grüber verschiedentlich auf und zog sich hernach von der Pariser Oper zurück:

Es war die größte, verheerendste Katastrophe in meiner Karriere. Nicht nur weil es jedermann mißfiel, was ganz in Ordnung war, sondern weil ich *es derart verabscheute, daß ich fast krank wurde und weder dessen Anblick noch dessen Klang ertragen konnte – und dies mit der wundervollsten, denkbar brillantesten Besetzung, die Liebermann, Jean Ingpen und ich mit viel Mühe, Sorgfalt und finanziellem Aufwand zusammengebracht hatten. Und all das wurde dieser scheußlichen politischen Inszenierung aufgeopfert ... (H. Matheopoulos: «Maestro», Seite 422)*

Weil sich niemand die Mühe machte, das in Szene zu setzen, was Wagner für die Aufführungspraxis bis in alle Einzelheiten erdacht und aufgeschrieben hatte, gelobte sich Solti, fortan auf Bühnenaufführungen des *Ring* zu verzichten und Wagner-Werke nur noch im Konzertsaal zu dirigieren. Natürlich sei es viel einfacher, aus dem *Ring* eine (links-)politische Angelegenheit zu machen oder etwas *pour épater le bourgeois,* etwas sehr Gescheites oder vielleicht gar intellektuell Bestechendes, aber all das habe mit Wagner selbst nichts zu tun. Die Wagner-Inszenierungen der letzten Jahre seien so unaussprechlich furchtbar ausgefallen, daß man es kaum ertragen habe, auf die Bühne zu blicken. Die konzertanten Aufführungen des *Rheingold* in Chicago, New York und London, des dritten Aktes von *Siegfried* und der *Götterdämmerung* in Chicago und auf Tournee in New York wurden vom Publikum mit großem Enthusiasmus aufgenommen, und auch Solti zeigte sich sehr befriedigt, obwohl er den Orchesterklang dem Umstand anzupassen hatte, daß der Abstand zwischen Bühne und Orchestergraben, wie er in einem Opernhaus gegeben war, fehlte. Sehr merklich braucht jedoch das Orchester nicht gedämpft zu werden, weil die Sänger vor ihm an der Rampe stehen und so kaum Gefahr laufen, übertönt zu werden. «Entweder führt man also Wagner im Konzertsaal auf», sagte sich Solti, «oder aber in Bayreuth, wo diese wunderbare, vollkommene Balance zwischen Bühne und Orchesterversenkung besteht.» Er hatte sich eben damit abgefunden, Wagner in Zukunft einzig noch konzertant aufzuführen, als ihn Wolfgang Wagner anfragte, ob er daran interessiert wäre, 1983 – im hundertsten Todesjahr von Richard Wagner – den *Ring* zu dirigieren. Davon und von dem zu Erwartenden ist bereits in der Einleitung und in anderen Kapiteln gesprochen worden. Es wird mit dem Regisseur Sir Peter Hall, dem Bühnenbildner William Dudley und Solti einen *Ring* geben, den der Maestro bald romantisch, bald naturalistisch oder realistisch nennt. Damit ist eine Inszenierung gemeint, die völlig Wagners eigenen Intentionen entspricht, wobei die Krux der Sache gemäß Solti darin besteht, die Technologie von heute so einzusetzen, daß die Absichten von damals verwirklicht werden können. Gegen eine «Mechanisierung», die sich diesem Zweck unterordnet, scheint er somit nichts mehr einzuwenden haben. Hall hält den Versuch, genau das zu realisieren, was Wagner vorschwebte, für höchst interessant. Er ist sich indessen bewußt, daß sehr schwierige Probleme gelöst werden müssen. Das sei bis anhin noch niemandem gelungen. Auch Richard Wagner, sagte er, habe ja nicht reüssiert, weil ihm die technischen Mittel gefehlt hätten. Nach der ersten *Ring*-Inszenierung in Bayreuth sei er deswegen verzweifelt gewesen und habe zu Cosima gesagt, er wünschte, er wäre tot. Der englische Regisseur hat sich vorgenommen, alle Maschinerien in seiner Inszenierung so zu verwenden, daß sie nicht als solche zum Vorschein kommen: sie sollen allein dazu dienen, unauffällig Dinge zu bewerkstelligen, die zuvor nicht möglich waren. Dies geschieht in Übereinstimmung mit Soltis Vorstellungen, nach denen ein Feuer ein Feuer zu bleiben hat, ein Speer ein Speer, ein Pferd ein Pferd – und so weiter. Mit Abstraktem, das aufgrund der persönlichen (und möglicherweise garstig politisch motivierten) Willkür des Regisseurs dieses oder jenes zu bedeuten oder zu symbolisieren hat, in Wirklichkeit aber das konkrete Geschehen auf der Bühne wie im Orchestergraben zu einer absurden Farce herabwürdigt und das Publikum verwirrt, verunsichert oder zu Protesten reizt, will Solti nichts mehr zu schaffen haben. Inwieweit die drei Engländer in der Lage sein werden, ihr Vorhaben durchzusetzen, wird sich weisen. Man darf indes annehmen, daß der Wagner-Verehrer auf jeden Fall ganz außerordentliche Ereignisse warten.

Obwohl Solti Opern liebt und sich als ausgesprochenen Opernmenschen bezeichnet, leitete er in den vergangenen Jahren, soweit sich das überblicken läßt, nur wenige Aufführungen. Mit den administrativen Problemen wollte er nichts mehr zu tun haben, da sie, wie er meint, die für schöpferische Arbeit zur Verfügung stehende Zeit verkürzen. Aus all den verlockenden Angeboten, die ihm unterbreitet wurden, wählte er in der Regel jedes Jahr nur eines aus, das ihn künstlerisch herausforderte und optimale Bedingungen bot. Das galt beispielsweise 1980 für Wagners *Meistersinger von Nürnberg* an der Mailänder Scala. Es bleibt nun noch etwas nachzutragen, das den Leser vielleicht überraschen wird: von 1972 bis 1975 nämlich stand Georg Solti auch am Pult des Orchestre de Paris, so daß er während dreier Jahre in der Weltstadt an der Seine eine Doppelfunktion innehatte. Der besseren Übersicht wegen wurden erst die Jahre seiner Tätigkeit als Musikalischer Berater und Gastdirigent an der Pariser Oper behandelt, wo er zu einer beinahe an das Wunderbare grenzenden Wiederbelebung des Hauses beitrug. Mit dem französischen Orchester sah die Geschichte allerdings anders aus.

Das Orchestre de Paris blickt auf eine kurze und an Schwierigkeiten reiche Geschichte zurück. Frankreich hat sich stets einer großen Zahl von Orchestern gerühmt, und allein in Paris gab es zeitweise mindestens vier oder fünf, die miteinander wetteiferten. Und doch erreichte keines von ihnen je Weltrang. Um hier abzuhelfen, gründete die französische Regierung 1967 das Orchestre de Paris und holte den Dirigenten Charles Münch aus den Vereinigten Staaten zurück. Das Unternehmen war gerade erfolgreich angelaufen, als Münch während einer Gastspielreise des Orchesters starb. Um den einmal gewonnenen Schwung nicht zu verlieren, ernannte die Re-

gierung einen der besten Dirigenten zum Musikalischen Leiter des Orchesters, den es damals gab – Herbert von Karajan. Unter Karajan erreichte das Orchester bald ein noch höheres Niveau. Aber der Dirigent auf Lebenszeit der Berliner Philharmoniker stand jedes Jahr nicht mehr als etwa sechs Wochen zur Verfügung, und wirklich grundlegende Änderungen ließen sich damit nicht erzielen. Karajan zog sich im Herbst 1971 zurück und wurde durch Solti ersetzt. Auch hier hoffte man, durch die Einstellung eines besonders fähigen Dirigenten schnelle Fortschritte zu erzielen. Unglücklicherweise konnte auch Solti dem Orchester nur begrenzte Zeit zur Verfügung stellen. Abgesehen davon tauchten bald andere Schwierigkeiten auf, die Solti in der Öffentlichkeit zu erwähnen sich nicht scheute. Er beklagte sich, dem französischen Musiker gehe es nur um seine eigene Person und er ordne sich nicht gerne in ein Ensemble ein; er besitze «im höchsten Grade die angeborene Gabe zur Insubordination». Wie berichtet wurde, verlor Solti bei den Proben mit dem Orchester wegen dessen Einstellung häufig die Geduld: «Den französischen Orchestern fehlt jeglicher professionelle Ehrgeiz, und das ist eine Frage der Erziehung. Wenn ein amerikanischer Musiker während einer Probe einen Fehler macht, lacht niemand, und es geht sofort weiter; in Paris findet man so etwas komisch, und es gibt einen Heiterkeitsausbruch» («Harmonie»-Interview, September 1974).
Solti behauptete auch, nicht richtig informiert worden zu sein. Man hatte ihm zu verstehen gegeben, daß Münch sich die einzelnen Musiker vor der Zusammenstellung des Orchesters angehört hatte. Tatsächlich verhielt es sich jedoch so, daß fünfzig Musiker ohne ein solches Vorspielen eingestellt worden waren. Falls er das gewußt hätte, sagte Solti, würde er den Posten nie angenommen haben. Das Orchester seinerseits hatte jedoch auch manche Klagen über den Maestro vorzubringen, die es nach Soltis Äußerungen gegenüber der Zeitschrift Harmonie ebenfalls an die Öffentlichkeit brachte. Daß ein Konzert Soltis mit dem Orchester ein Fiasko war und in der Presse besprochen wurde, war der Sache ebenfalls nicht gerade zuträglich. Es handelte sich um eine konzertante Aufführung der Strauss-Oper *Salome* mit Grace Bumbry in der Titelpartie. Von Anfang an war klar, daß die Bumbry entweder mit ihrer Rolle nicht zurechtkam oder indisponiert war. Beim «Tanz der sieben Schleier», einem nur für Orchester geschriebenen Abschnitt, verließ sie die Bühne. Angesichts der kurz darauffolgenden, für sie sehr anstrengenden Passagen wäre es nicht weiter ungewöhnlich gewesen, wenn sie kurz verschwunden wäre, um sich zu erfrischen. Sie erschien jedoch einfach nicht wieder, so daß Solti und dem Orchestre de Paris nichts anderes übrig blieb, als an einer mehr oder

minder passenden Stelle zum Halten zu kommen. Solti war wütend, das Publikum war empört, und die Presse neigte dazu, Solti für die Fehlbesetzung der Partie mit der Bumbry verantwortlich zu machen. Den Abgesang auf die fast vier Jahre dauernde Tätigkeit mit dem französischen Orchester, mit dem sein Chef im Juni 1974 zwei Liszt-Platten eingespielt hatte, die sehr wohlwollend aufgenommen worden waren, schrieb Klaus Geitel:

Der große alte Mann geht; in der Kulisse steht, ehrgeizig, als sein Nachfolger schon der junge. Mit einer sechstägigen Deutschland-Tournee, beginnend am 18. März in Heilbronn und über Nürnberg, Düsseldorf, Hamburg, Hannover und Bonn führend, eröffnet Georg Solti an der Spitze des Orchestre de Paris die Abschiedsfeierlichkeiten, die seinem Ausscheiden als Direktor des Orchesters vorangehen. Schlußkonzert dieses langen Abschieds wird am 30. Juni unter Soltis Leitung die Aufführung von Mahlers «Symphonie der Tausend» im Palais de Congrès sein, die – wie Daniel Barenboim anmerkt – als eine «Symphonie der 999» ausklingen wird: eintausend minus Solti. («Die Welt», 14. März 1975)

Soltis Nachfolger, der um dreißig Jahre jüngere Barenboim, verpflichtete sich, jedes Jahr viereinhalb Monate dem Orchester zur Verfügung zu stehen und seine Gastverträge als Dirigent drastisch zu reduzieren. Vor kurzem hatte der erst Zweiunddreißigjährige in London und Paris in einem siebenteiligen Zyklus alle Klavierkonzerte Mozarts aufgeführt, und zwar in der Doppelrolle als Pianist und Dirigent, eine Leistung, die er im nächsten Jahr in New York zu wiederholen gedachte. Der abtretende Solti wird sich besonders in Anbetracht der vielen Gemeinsamkeiten mit dem jungen Genie seine Gedanken gemacht haben. Gedanken der Resignation vielleicht, denn ihm mußte nach den Erfahrungen mit dem Pariser Orchester klar geworden sein, daß seine physische und psychische Belastbarkeit nicht mehr so groß wie ehedem war. Darauf scheint auch die folgende Episode hinzudeuten. Als Pierre Boulez die musikalische Leitung des New York Philharmonic Orchestra niederlegte, zog man als möglichen Nachfolger ernsthaft Solti in Betracht, und so war Carlos Moseley, der Präsident des Orchesters, im Frühjahr 1975 heimlich nach Europa geflogen, um ihm den Posten eines Chefdirigenten anzubieten. Solti war verlockt, lehnte jedoch schließlich ab: «Glauben Sie bloß nicht, daß mir die Entscheidung leicht fiel – durchaus nicht. Ich liebe New York und das New Yorker Publikum. Die Versuchung war also groß, trotz aller Probleme. Und ich war mir dieser Probleme bewußt, weil ich das Orchester kürzlich gehört hatte» («New York Times», 9. Mai 1976). Vermutlich ging es bei den erwähnten Problemen um ähnliche, die seine Geduld mit dem Orchestre de Paris strapazierten, und auf eine Wiederholung dieses Experiments konnte Solti um so eher verzichten, als er ja immer noch regelmäßig mit drei Orchestern zusammenarbeitete: als Chefdirigent mit dem Chicago Symphony Orchestra, als Hauptgastdirigent mit dem London Philharmonic Orchestra und als Gastdirigent mit jenem der Pariser Oper. Mehr oder minder häufig kam wohl auch das Orchester des Covent Garden Opernhauses dazu, während er mit den Wiener Philharmonikern, mit denen er 1969 eine Japan-Tournee absolviert und im gleichen Jahr in Wien ein Abonnements-Konzert gegeben hatte, erst wieder von 1977 an öffentlich auftrat. In der Zwischenzeit allerdings hatte er mit diesem Orchester zwei Wagner-Opern auf Schallplatten aufgenommen: 1970 den *Tannhäuser* und 1971/72 den *Parsifal.* Auf die Tätigkeit mit den Wiener Philharmonikern wird noch zurückzukommen sein, denn vorerst rückt jetzt Chicago in den Vordergrund, mit dessen Symphonieorchester Maestro Solti seinen Weg in die vorderste Gruppe der weltbesten Konzertdirigenten antrat und mit dem er auch bald wieder das europäische Musikpublikum für sich eroberte.

6 Chicago: Souveräner Symphoniker

Das Chicago Symphony Orchestra (CSO) blickt auf eine stolze und ruhmreiche Geschichte zurück. 1891 wurde es von Theodore Thomas, einem der tatkräftigsten und einflußreichsten Dirigenten aller Zeiten, gegründet. Thomas ist auch der 1904 entstandene Bau der Orchestra Hall zu verdanken, dem ersten Auditorium, das in den Vereinigten Staaten für die ausschließliche Nutzung durch ein Symphonieorchester errichtet wurde. Als Thomas 1905 starb, folgte ihm Frederik Stock, der unter Thomas Erster Kapellmeister gewesen war. Während seiner jahrzehntelangen Amtszeit wurde das Chicago Symphony weltberühmt, vor allem durch seine Schallplattenaufnahmen, deren erste 1916 in New York entstanden. Als das Orchester 1941 seinen fünfzigsten Geburtstag feierte, wurden bedeutende Komponisten, darunter Igor Strawinsky, Darius Milhaud, Zoltán Kodály, Reinhold Glière, Roy Harris und William Walton damit beauftragt, Kompositionen für diesen Anlaß zu schreiben. Stocks Nachfolger waren in verhältnismäßig raschem Wechsel Désiré Defauw (1943–1947), Arthur Rodzinski (1947–1948) und Rafael Kubelik (1950–1953). Der Ungar Fritz Reiner, auf den wir eingangs des ersten Kapitels hinwiesen, begann seine zehnjährige Tätigkeit als Chefdirigent im Jahr 1953, und unter seiner Leitung wurde das Orchester für sein virtuoses Spiel und seine Disziplin (vor allem in Werken von Richard Strauss, Richard Wagner und Béla Bartók) und wegen seines besonderen Klangs, der nach Auffassung vieler Beobachter die besten Eigenschaften amerikanischer und europäischer Orchester miteinander verbindet, berühmt.

Die Ära Reiner ging mit dem Tode des Dirigenten im Jahre 1963 zu Ende. Sein Nachfolger wurde Jean Martinon, über den man bis zum heutigen Tage in Chicago geteilter Meinung ist. Einige preisen ihn als einen hervorragenden Musiker mit besonderen Kenntnissen und Erfahrungen im Bereich der zeitgenössischen Muisk, der das Repertoire des Orchesters weiter ausbaute. Nach Auffassung anderer wiederum erwies er sich in seinem Umgang mit dem Orchester als äußerst pedantisch und war in einem großen Teil des kassenfüllenden Repertoires, das heißt den Werken deutscher Komponisten, die das Orchester unter Reiner so gut spielen gelernt hatte, nicht recht zu Hause. Daß Martinon schließlich stürzte, ist jedoch darauf zurückzuführen, daß er mit einem zu großen Teil des Orchesters nicht gut auskam. Die Mißstimmung zwischen den einzelnen Gruppen des Orchesters, die für oder gegen ihn Partei ergriffen, hielt an,

nachdem er seinen Posten in Chicago längst aufgegeben hatte (1968), ja sogar nachdem er diese Welt verlassen hatte (1976).
Das größte Problem für Martinon war der langjährige und allgemein geachtete Erste Oboist, Ray Still. Er konnte Martinon als Mensch und Dirigent so wenig leiden und stritt sich bei Proben so häufig mit ihm, daß der Dirigent schließlich beschloß, der Unruhestifter müsse gehen, wenn er, Martinon, seine Autorität als Orchesterleiter wahren wolle. Zu Martinons Unglück ließ sich Still dies nicht gefallen und legte durch das Orchester, die Gewerkschaft und die Gerichte Einspruch gegen die Entlassung ein. Still erhielt schließlich nach überaus bitteren Auseinandersetzungen Recht und konnte bei dem Orchester bleiben. Damit war Martinon erledigt. Zu den vielen Musikern, die sich in dieser Auseinandersetzung auf Martinons Seite stellten, gehörte auch der Erste Flötist, Donald Peck. Still hat ihm dies weder verziehen noch seither je ein Wort mit ihm gesprochen, obwohl die beiden tagaus tagein nebeneinander sitzen. Als Solti das Orchester übernahm, unterrichtete man ihn von dieser Situation. Er versuchte, als Vermittler zwischen den beiden Musikern zu fungieren, doch Still beharrte auf seinem Standpunkt. Solti selbst, der in nur sehr wenige Auseinandersetzungen mit dem Orchester verwickelt gewesen ist, hat ebenfalls seine Erfahrungen mit Still gesammelt. Solti beschreibt den Hergang wie folgt:

Bei einer Schallplattenaufnahme war ein sehr guter Bläser mit seinem Spiel nicht zufrieden und brach es ab, weil er eine Wiederholung wünschte. Ich wollte jedoch nicht unterbrechen, da ich sehr wohl wußte, daß alles recht gut lief und daß sich ein kleiner Zwischenfall schließlich herausschneiden lassen würde. Der betreffende Musiker spielte seine Stimme jedoch nicht weiter. Ich sah mich also gezwungen, abzuklopfen, und veranstaltete ein kleines Donnerwetter. Dies war das einzige Mal in fünf Jahren, daß ich jemanden daran erinnern mußte, daß die Entscheidung darüber, ob weitergespielt oder unterbrochen wird, einzig und allein bei mir liegt. («Harmonie», September 1974)

Ray Still ist offensichtlich ein sehr schwieriger Mann, aber abgesehen davon ist er auch eines der Glanzlichter des CSO, und ungeachtet des Zwischenfalls im Aufnahmestudio haben er und Solti eine auf gegenseitiger Achtung beruhende Beziehung aufgebaut.
Als feststand, daß Martinon das Orchester verlassen würde, begab sich der Orchesterverein des CSO auf die Suche nach einem passenden Ersatz. Maßgeblich an diesem Unterfangen beteiligt waren Louis Sudler, der Vorsitzende des Orchestervereins, und John S. Edwards, der Vizepräsident und Geschäftsführer. Sudler war ein

ausgezeichneter Sänger, der an den Aufführungen der Chicago Civic Opera in den vierziger Jahren mitgewirkt hatte. Als seine sängerische Karriere zum Stillstand kam, stieg er in das Immobiliengeschäft ein, wo er ein großes Vermögen erwirtschaftete. 1964 wurde er Mitglied des Vorstandes des Chicago Symphony Orchestra und zwei Jahre später sein Präsident. Es waren schlechte Zeiten für das Orchester. Zusätzlich zur Martinon-Krise geriet es immer tiefer in die roten Zahlen, und es schien, als ließe sich nicht allzuviel zur Bereinigung der Situation tun. Außerdem hatte die Renovierung der Orchestra Hall wie beabsichtigt Orchester und Publikum zwar größeren Komfort beschert, gleichzeitig aber die vielgerühmte Akustik des Saales zerstört. Es braucht kaum weiter ausgeführt zu werden, daß sich all dies nicht allzu günstig auf die Moral des Orchesters und seine Bemühungen, Geld aufzutreiben, auswirkte. Der neue Präsident blickte in der Tat in eine recht düstere Zukunft.
Sudler sah eine seiner wichtigsten Aufgaben darin, als erstes einen erstklassigen Manager für das Orchester zu finden – einen Mann mit der für die Konsolidierung und die Zukunftsplanung erforderlichen Erfahrung in der Verwaltung eines Orchesters. Durch einen glücklichen Zufall oder dank seiner Überredungskunst fand er den idealen Mann in John S. Edwards. Dieser war bereits für die Hälfte der Orchester in den Vereinigten Staaten tätig gewesen und kannte die Musikwelt wie seine eigene Westentasche. Edwards, der auf über dreißig Jahre praktischer Erfahrung zurückblickte, war einer der begabtesten und einfallsreichsten Planer und Problemlöser. Als Sudler Kontakt mit ihm aufnahm, war er Manager des Symphonieorchesters von Pittsburgh und mit diesem Posten durchaus zufrieden. Man hatte ihn 1964 schon einmal nach Chicago holen wollen, aber er hatte abgelehnt. Das zweite Mal jedoch, geschmeichelt ob der Tatsache, sich von einem der «Großen Fünf» Orchester umworben zu sehen, und freudig erregt ob der Aussicht, sich an der Wahl eines neuen Dirigenten beteiligen zu können, nahm er das Angebot an.
Sudler war der Auffassung, das CSO sei ein großes Orchester und verdiene den besten Dirigenten der Welt. Er glaubte, durchaus zu Recht, daß die Firmen, sofern die musikalische Seite der Sache stimmte, eher bereit wären, einen finanziellen Beitrag zu leisten. Der Mann, für den er und Edwards sich entschieden, war Herbert von Karajan, der berühmteste lebende Maestro und zugleich auch der teuerste. Problematisch an dieser Wahl war nur, daß er Dirigent auf Lebenszeit der Berliner Philharmoniker war und praktisch kein Interesse daran hatte, mit amerikanischen Orchestern als Gastdirigent aufzutreten, geschweige denn mit einem von ihnen eine feste Bindung einzugehen. Die zwei Wochen im Jahre 1957 mit dem New

York Philharmonic Orchestra hatten Karajan durchaus gereicht. Es war unrealistisch von Sudler und Edwards, zu meinen, sie könnten Karajan nach Chicago locken, aber es ist bezeichnend für ihren Ehrgeiz und ihre Entschlossenheit, daß sie den österreichischen Maestro durch ganz Europa verfolgten, um ihn zur Annahme ihres Angebotes zu bewegen. Als offensichtlich wurde, daß Karajans Desinteresse echt war, begannen sie ernsthaft, andere Dirigenten in Erwägung zu ziehen und die Möglichkeit ins Auge zu fassen, daß vielleicht mehr als ein Dirigent vonnöten sein würde. Angesichts der Tatsache, daß das Orchester jetzt das ganze Jahr hindurch spielte und daß Stardirigenten nicht bereit waren, sich auf *ein* Orchester zu beschränken, konnte es durchaus sein, daß man für Chicago den erwünschten einzigen Dirigenten nicht finden würde.
Nach Karajan war 1967 Solti der gefeierteste Dirigent. Seine Schallplattenaufnahmen des *Ring*-Zyklus hatten ihn berühmt gemacht, und in der Musikwelt war der Aufführungsstandard, den er am Covent Garden Opernhaus erzielt hatte, Tagesgespräch. Tatsächlich hatte sich das Chicagoer Orchester schon 1963 vor Martinon an Solti gewandt, aber dieser hatte abgelehnt, weil der angebotene Posten einen zu großen Teil seiner Zeit in Anspruch genommen hätte. Nach zwei Jahren am Covent Garden war dies eine verständliche Reaktion. Fünf Jahre später jedoch empfand Solti das Bedürfnis nach einem Wechsel, der es ihm gestatten würde, mehr Zeit im Konzertsaal und weniger in der Oper zu verbringen. So sehr er indessen an dem Posten in den Vereinigten Staaten interessiert war, so sehr war ihm gleichzeitig daran gelegen, sich für seine Tätigkeit als Gastdirigent in Europa ein relativ großes Maß an Freiheit zu bewahren. Da sich das neue Management des Orchesters inzwischen damit abgefunden hatte, daß von einem Dirigenten vom Range Soltis mehr nicht zu erwarten war, erzielten die beiden Parteien eine Einigung. Solti würde seine Stellung in Chicago im Herbst 1969 antreten, jede Spielzeit etwa während zehn Wochen am Dirigentenpult stehen und sich zusätzlich einige Wochen mit dem Orchester auf Tournee begeben. Ebenfalls geplant wurde, daß das Orchester künftig in New York regelmäßig Konzerte geben und in naher Zukunft auf seine erste Europa-Tournee gehen würde.
Bei Sudlers und Edwards' erster Kontaktaufnahme mit Solti hatte ein atemberaubender und genialer Plan zur Diskussion gestanden, demzufolge Karajan Chefdirigent des Orchesters und Solti und Carlo Maria Giulini Mit- oder Hauptgastdirigenten geworden wären. Angesichts ihres unterschiedlichen Temperaments und ihrer unterschiedlichen musikalischen Auffassung kann man sich zwar nicht so recht vorstellen, wie Karajan und Solti dasselbe Orchester hätten dirigieren können, aber es wäre ein wirklich aufregendes Triumvirat

gewesen! Auch so war das Ergebnis von Sudlers und Edwards' Verhandlungen recht beeindruckend. Giulini stimmte bereitwillig zu, neben dem Chefdirigenten Solti als Hauptgastdirigent zu fungieren. Er ist kein ehrgeiziger Mann und überließ die administrative Seite der Orchesterleitung gerne Solti.

Der gab sich die größte Mühe, dem zwei Jahre älteren Italiener bei der Wahl des Repertoires entgegenzukommen. Leider hatte dieses Arrangement nur einige Spielzeiten Bestand, in deren Verlauf Giulini sich allmählich aus der Rolle des Hauptgastdirigenten zurückzog und nur noch gelegentlich auftrat. Er blieb jedoch lange genug, um sich die Zuneigung des Orchesters und eines großen und ihn bewundernden Publikums zu erringen. Erst als 1970 Henry Mazer als Erster Kapellmeister (Associate Conductor) zu dem Orchester stieß, erhielt dieses endlich ein gewisses Maß der so dringend benötigten Stabilität.

Solti war, wie wir schon früher erfahren haben, für das Chicagoer Publikum kein Unbekannter. 1954 hatte er beim Ravinia-Festival das CSO mit einem Programm dirigiert, auf dem unter anderem Tschaikowskys Fünfte Symphonie stand, und in den fünfziger Jahren hatte er mit der Lyric Opera zusammengearbeitet. Im Dezember 1965 war er zum ersten Mal in der Orchestra Hall aufgetreten. Als er 1969 seinen Posten in Chicago antrat, war er immer noch Direktor des Königlichen Opernhauses Covent Garden. 1971 trug seine Zusammenarbeit mit den Musikern in Chicago bereits Früchte, und nach der ersten Europa-Tournee im Herbst des gleichen Jahres äußerten sich Publikum und Presse gleichermaßen ekstatisch über die bemerkenswerte Wechselwirkung zwischen Solti und dem großen amerikanischen Orchester. Zum ersten Mal widmete er seine ganze Zeit einem Symphonieorchester, und dies erweiterte seinen Ruf sehr schnell um eine neue Dimension. Aber auch nach seinem Abschied von Covent Garden verstärkte Solti zur allgemeinen Überraschung sein zeitliches Engagement für Chicago nicht um eine einzige Woche, und er hat dies auch seither nicht getan. Statt dessen ging er bei anderen Orchestern weitere Verpflichtungen ein: zunächst bei den Londoner Philharmonikern, die er schon seit 1966/67 regelmäßig dirigierte, 1972 dann beim Orchestre de Paris. Soltis Verbindung zu dem französischen Orchester war eine stürmische Affäre von kurzer Dauer, die 1975 deswegen zu einem frühen Ende kam, weil er, seinem eigenen Eingeständnis zufolge, der Sache nicht genügend Zeit widmete. Da Soltis Aufgabe in Paris darin bestand, ein zweitklassiges Orchester auf höchstes Niveau zu bringen, fragt man sich, warum ihn dies, wo er doch in Chicago bereits über ein erstklassiges Orchester verfügte, das auf einen größeren zeitlichen Einsatz von ihm drängte, überhaupt reizte. Die gleiche Frage hätte man auch Herbert von Karajan stellen können, der vor Solti das Orchestre de Paris übernommen hatte, obwohl er gleichzeitig Chef der Berliner Philharmoniker war und es auch blieb. Solti und Karajan stellen in dieser Hinsicht keineswegs eine Ausnahme dar. Das extremste Beispiel für eine Häufung von Engagements ist vielleicht der Japaner Seiji Ozawa, der, als er mit dem 1970 übernommenen San Francisco Symphony Orchestra nicht genug hatte, 1972 beschloß, gleichzeitig auch Chefdirigent des Boston Symphony und des Tokyo Symphony Orchestra zu werden.

Warum meinen heutzutage so viele Dirigenten, gleichzeitig jeweils mehr als ein Orchester übernehmen zu müssen? Oder noch genauer gefragt, warum meinte dies Solti? Für ihn gab es dafür sowohl persönliche wie sachliche Gründe. Was erstere betrifft, so hat er Chicago von Anfang an nicht leiden können, und daran hat sich nichts geändert. Seine Bemerkungen der Presse gegenüber über die geistige Enge der Stadt haben ihn wiederholt in Schwierigkeiten gebracht. So hat er sich vor allem recht deutlich über die Farblosigkeit und Unaufmerksamkeit des Abonnentenpublikums geäußert, vor allem was das aus älteren Damen bestehende Publikum der Freitagnachmittagskonzerte betrifft: «Ich halte nichts von einem Publikum, das nur aus einem Geschlecht besteht.» Nach über einem Jahrzehnt in Chicago benehmen sich Solti und seine Familie immer noch so, als weilten sie in der Stadt zu Besuch und seien dort nicht zu Hause. Sie verfahren so, daß sie alle sechs Monate für sechs Wochen angeflogen kommen und die Stadt danach sofort wieder verlassen. Wohnen tun sie im Drake Hotel. Der Gerechtigkeit halber ist jedoch zu erwähnen, daß Solti in der Regel bei öffentlichen Veranstaltungen und während der alljährlich stattfindenden Sammlung von Geldern für das Orchester im Sender WFMT auftritt (1978 kamen auf diese Weise in einer einzigen Woche nicht weniger als vierhunderttausend Dollar zusammen). Auch seine Frau Valerie beteiligte sich an den Veranstaltungen des Orchesters. So hat sie bei einigen der «Petites Promenades» genannten Konzerte für Studenten mitgewirkt, darunter in einem «Karneval der Tiere» und einer Version für Puppentheater von Humperdincks Oper *Hänsel und Gretel,* für die sie den Text schrieb. Soltis Liebe zu England ist natürlich in erheblichem Maße dafür mit verantwortlich, daß er so wenig Zeit in Chicago verbringt. Sein Zuhause in der Winter-Spielzeit ist in Wahrheit London. Seine Erfolge am Covent Garden, das «Dankeschön» in Form eines Adelspatentes und vor allem seine aus England stammende Frau ziehen ihn dorthin zurück. Nach der Aufgabe seines Direktorenpostens stand er noch gelegentlich am Dirigentenpult des Opernhauses, gab Konzerte und machte Aufnahmen mit den Londoner Philharmonikern. Als ihm 1979 der

Posten des Chefdirigenten dieses Orchesters angeboten wurde, war niemand überrascht, als er annahm.
Abgesehen von seinen engen Verbindungen zu England pflegt Solti seine Sommer schon seit vielen Jahren teils in seinem Schweizer Chalet, teils in seinem Haus in Roccamare, zweihundert Kilometer nördlich von Rom, zu verbringen. Während sich das Chicago Symphony Orchestra in dem nördlich von Chicago gelegenen Ravinia mit wöchentlich drei Konzerten abplagt, schöpft Solti jeden Sommer in seinen Refugien neue Kräfte. Lorin Maazel pflegte mit dem Cleveland Orchestra in Blossom, Seiji Ozawa mit dem Boston Symphony Orchestra in Tanglewood und Eugene Ormandy mit dem Philadelphia Orchestra in Robin Hood Dell und Saratoga zu gastieren, doch Solti gibt als fast einziger Chefdirigent eines großen amerikanischen Orchesters während der Sommersaison keine Konzerte mit seinen Musikern. Allerdings ist anzumerken, daß die Verwaltung des Ravinia Festivals mit dem Chicago Symphony Orchestra sonst nichts zu tun hat. Das Orchester wird einfach für die Dauer der Festspiele engagiert. Solti selber verspürt nicht den leisesten Wunsch, bei dem Festival zu dirigieren; die begrenzte Probenzeit, die schlechte Akustik und der Lärm des Publikums würden ihm gar nicht zusagen. Die sachlichen Gründe, aus denen Solti die Anzahl der Wochen, die er in Chicago verbringen möchte, begrenzt, sind womöglich noch zwingender. Wie er argumentiert, ist die Zeit, die er dem CSO widmet, in etwa dem künstlerischen Gedeihen seiner eigenen Person und des Orchesters angemessen. Ein längerer Aufenthalt in Chicago würde die Fruchtbarkeit der Beziehung für beide Seiten gefährden. Dem läßt sich nur wenig entgegenhalten. Selbst die einander in größter Liebe verbundenen Ehepartner brauchen von Zeit zu Zeit eine kleine Trennung. Ein schlecht vorbereiteter Solti, ein Solti, der gelangweilt oder gereizt ist, weil er zuviele Wochen hindurch vor das gleiche Orchester treten mußte, oder andererseits ein Orchester, das darunter leidet, über einen zu langen Zeitraum hindurch dem gleichen Dirigenten ausgesetzt zu sein – all das könnte im Ergebnis sehr wohl zu glanzlosen Darbietungen führen. Solti ist ein ausgesprochen spannungsgeladener und anspruchsvoller Dirigent, der es vermag, über kurze Spannen ein hohes Maß an Konzentration und Intensität in einem Orchester hervorzurufen. Eine Spannung dieser Art läßt sich jedoch nur für einen begrenzten Zeitraum aufrechterhalten, dann muß darauf eine entspanntere Atmosphäre folgen. Das Gespann Solti-Giulini wurde dieser doppelten Anforderung in hervorragender Weise gerecht. Beide Dirigenten nehmen ihre Aufgabe gleich ernst, aber Giulini ist ein weitaus stillerer Mann, dem es mehr um Linie und Poesie geht als um Kraft und Präzision.

Solti verbringt nicht weniger Zeit mit seinem Orchester als andere bedeutende Dirigenten mit den ihren. Herbert von Karajan und die Berliner Philharmoniker, die angesehenste Verbindung zwischen einem Orchester und einem Dirigenten in Europa, machten in früheren Jahren in rasantem Tempo Schallplattenaufnahmen, begaben sich auf ausgedehnte Gastspielreisen und erweckten im allgemeinen den Eindruck von Unzertrennlichkeit. Dabei dirigierte Karajan, der seine Tätigkeit in Berlin von der Saison 1979/80 an einschränkte, in jeder Spielzeit nur noch etwa fünfzehn Konzerte mit dem Orchester. Solti bringt es in Chicago pro Saison auf etwa zwanzig bis fünfundzwanzig Konzerte. Er leitet rund ein Viertel der Aufführungen, die das Orchester innerhalb von zwölf Monaten gibt. Auf dem Spielplan für 1978/79 beispielsweise standen zehn Wochen mit Abonnementskonzerten in Chicago, denen eine vierwöchige Europa-Tournee vorausging. Die verbleibenden Wochen in der Spielzeit des Orchesters wurden von Henry Mazer, dem Ersten Kapellmeister, der die meisten Jugendkonzerte leitet, und von James Levine, der die musikalische Leitung bei den meisten Veranstaltungen im Rahmen des Ravinia-Festivals (1978 waren es zwölf) hat, sowie einer großen Zahl von Gastdirigenten ausgefüllt. Doch schauen wir uns an, was Solti während einer Saison leistet.

Spielzeit 1982/83: Konzerte mit dem CSO in Chicago

1982, 4., 5., 7. November: Dritte Symphonie d-Moll von Gustav Mahler mit Helga Dernesch, Mezzosopran; Frauen des Chicago Symphony Chorus, Glen Ellyn Kinderchor.

1982, 11., 12., 13. November: **Sinfonia Sacra* von Andrzej Panufnik, Violinkonzert a-Moll op. 82 von Alexandr Glasunow mit Lydia Mordkovitch als Solistin, Vierte Symphonie («Italienische») op. 90 von Felix Mendelssohn Bartholdy.

1982, 18., 19., 20. November: **Cantata profana* für Doppelchor, Soli und Orchester von Béla Bartók, *Psalmus Hungaricus* op. 13 von Zoltán Kodály, *Quattro pezzi sacri* von Giuseppe Verdi. Mit Dennis Bailey, Tenor (Bariton noch unbestimmt) und dem Chicago Symphony Chorus.

1983, 13., 14., 15. Januar: **Magna Mater* op. 41 von Alexandr Tscherepnin, Konzert für Violine und Streichorchester d-Moll von Felix Mendelssohn Bartholdy, Neunte Symphonie e-Moll («Aus der Neuen Welt») op. 95 von Antonín Dvořák. Solistin des Violinkonzerts: Anne-Sophie Mutter.

1983, 20., 21., 22. Januar: Orgelkonzert Nr. 16 F-Dur von Georg Friedrich Händel, Klarinetten-Konzert von John Corigliano, Dritte Symphonie («Schottische») op. 56 von Felix Mendelssohn Bartholdy. Solisten: David Schrader, Orgel, und Larry Combs, Klarinette.

1983, 24., 25., 26. März: *L'invitation au voyage, *Le manoir de Rosamonde, *Au pays où se fait la guerre, *Phydilé* von Henri Duparc, Vierte Symphonie G-Dur von Gustav Mahler. Solistin: Kiri te Kanawa, Sopran.
1983, 31. März, 1., 2. April: Klavierkonzert d-Moll op. 15 von Johannes Brahms, Ouvertüre zur *Zauberflöte* von W.A. Mozart, *Musik für Saiteninstrumente, Schlagzeug und Celesta* von Béla Bartók. Solist: Sir Clifford Curzon, Klavier.
1983, 7., 9. April: *Das Rheingold* von Richard Wagner zum Gedenken an das hundertste Todesjahr. Mit Siegmund Nimsgern, Hermann Becht, Gabriele Schnaut, Siegfried Jerusalem u.a.

Die mit einem Sternchen (*) bezeichneten Werke wurden vom Chicago Symphony Orchestra erstmals aufgeführt. Von den insgesamt 89 Konzerten des CSO in dieser Saison wurden, wie die vorstehende Liste zeigt, 23 von Solti in acht Programmen dirigiert; sein Anteil macht also fast ein Viertel aus. Auf den ersten Blick unterscheiden sich die Programme nur wenig von jenen, die man vielleicht noch von der Frankfurter Zeit oder aus noch früheren Jahren in Erinnerung hat. Noch immer schenkt Solti den ungarischen Komponisten ganz besondere Aufmerksamkeit, und unter den gespielten Werken finden sich gleichsam alte Bekannte. Dagegen stoßen wir bei Panufnik, Tscherepnin, Corigliano und Duparc auf Unbekannte in Soltis Repertoire, was beweist, daß wir erstens darüber nur unzulänglich informiert sind und daß er zweitens bemüht ist, dieses Repertoire ständig zu erweitern. Für die Wahl von Komponisten wie Mahler, Bartók und Kodály waren bestimmt persönliche Beziehungen und Bezüge ausschlaggebend, aber im Grunde genommen ist das mehr oder weniger bei allen der Fall. Eher sachlich-historischen Charakters ist wohl der Bezug zu Tscherepnin, der von 1949 bis 1964 als Professor für Komposition an der DePaul-Universität in Chicago tätig war; von derselben Universität ist Solti ja mit dem Titel eines Ehrendoktors ausgezeichnet worden. Und auch bei Händel könnten geschichtliche Relationen mitgespielt haben, denn dieser deutsche Komponist, der in England einen großen Teil seines Lebens verbrachte und auch dort starb, hatte von 1733 bis 1737 auf eigene Rechnung in London das Covent Garden Theatre geführt, freilich mit weniger Glück als Solti, entging er doch nur knapp dem finanziellen Ruin. Übrigens leitete Margaret Hillis, die Gründerin und Dirigentin des Chicago Symphony Chorus, in der gleichen Spielzeit drei Aufführungen des Händel-Oratoriums *Israel in Egypt* (Israel in Ägypten); sie pflegt als einziges weibliches Wesen unter den vielen Taktstockkünstlern rund um das CSO alljährlich ein Abonnementskonzert zu dirigieren.

Neben Solti leiteten während der Saison 1982/83 nicht weniger als ein Dutzend weiterer Dirigenten das CSO, und bei den meisten von ihnen handelte es sich um Leute von hoher Reputation. Zum Hauptgastdirigenten war eben der angesehene Chef des London Symphony Orchestra (seit 1979), der Italiener Claudio Abbado, ernannt worden, der mit sechs Programmen auftrat. Er stand unter anderem bei Mahlers Siebenter Symphonie am Pult, so daß in diesem Halbjahr drei Symphonien dieses Komponisten zur Aufführung kamen. Und unter seiner Leitung spielte auch der eigenwillige Ray Still ein Oboenkonzert von Mozart. Vom deutschen Avantgarde-Komponisten Karlheinz Stockhausen brachte Abbado am 10., 11. und 13. Februar 1983 das Werk *Gruppen* zu Gehör. Drei Dirigenten und drei Orchester waren dazu erforderlich, und infolge der speziellen Natur der Komposition wurde der letzte Teil bei jedem Konzert wiederholt. Zu den Gastdirigenten zählten Erich Leinsdorf, der 1978 Chefdirigent des Radio-Symphonie-Orchesters Berlin wurde, und Leonard Slatkin, der junge Mann an der Spitze des Saint Louis Symphony Orchestra; beide werden auch in den folgenden drei Spielzeiten je vier Programme bestreiten. Margaret Hillis und Henry Mazer sind schon genannt worden, so daß nun noch sieben Gastdirigenten aufzuzählen bleiben, nämlich Erich Bergel, Andrew Davis, Mark Elder, Carlos Kleiber, Varujan Kojian, Rafael Kubelik und Raymond Leppard. «Die zweite wichtige Voraussetzung, die ein Orchesterchef mitbringen muß», sagte Solti zu der Buchautorin Helene Matheopoulos, «besteht darin, nicht davor zurückzuschrecken, die allerbesten Gastdirigenten einzuladen, weil sie den Standard des Orchesters hochhalten helfen und es mit einer Aura des Beispielhaften umgeben. Und schließlich ist auch für jeden Dirigenten, der [General-]Musikdirektor werden möchte, ein umfassendes Können und Wissen als Musiker notwendig. Selbstverständlich dirigiert niemand alles gleich gut. Aber was den Musikdirektor von Gastdirigenten unterscheidet, ist das hohe Maß an Kompetenz, das er in möglichst vielen Bereichen des Repertoires bereits erlangt haben sollte» («Maestro», Seite 418).
Daß Solti selber die beiden genannten Voraussetzungen erfüllt, hat sich eben vorhin erwiesen. Fortlaufend baut er sein Repertoire aus; so hat er – um dies an zwei weiteren Beispielen zu zeigen – im Oktober 1982 zum ersten Mal ein Werk von Frederick Delius dirigiert, einem englischen Komponisten deutscher Herkunft, und nächstens wird auf seinen Programmen auch der Name des polnischen Komponisten Witold Lutoslawski zu lesen sein. Und dann all die namhaften Gastdirigenten, die er nach Chicago berief! Mit ihnen vereint hat er dem Publikum in der Concert Hall derart hochstehende und erlesene musikalische Genüsse zu bieten, daß

man in anderen Großstädten Amerikas und Europas nur davon träumen kann, die bedeutenden Festspielorte vielleicht ausgenommen. Wie aber, wird man sich fragen, steht es mit der ersten Voraussetzung, der ein Orchesterchef zu genügen hat? Dazu sagte Solti folgendes:

Entscheidend ist als erstes der Respekt der Spieler, ihr Vertrauen in die Musikalität des Dirigenten. Andernfalls bräche eine Palastrevolution aus. Sie müssen Zutrauen zu ihm haben. Auch halte ich mehr und mehr eine menschliche Beziehung für unerläßlich; sie sollten den Dirigenten als Menschen ebenso achten wie als Musiker und mit ihren Problemen ungescheut zu ihm gehen können, weil sie wissen, daß er sie, bis zu einem gewissen Grad mindestens, versteht. Und daß er natürlich gegen alles einschreitet, was seine Absichten gefährdet – zum Beispiel gegen die Vernachlässigung ihrer Pflichten als Orchestermitglieder (...). («Maestro», Seiten 417/18)

Sobald die Musiker einmal davon überzeugt seien, fuhr Solti fort, daß der Dirigent einerseits keine Nachlässigkeit dulde, sich andererseits aber – als fürsorglicher Boß – auch um ihre finanzielle Lage kümmere, könne man sehr viel mehr von ihnen verlangen. Ausschlaggebend bleibe indessen, daß man in seinem Beruf wirklich gut sei und dies vom Orchester anerkannt werde. Wie es mit dem Einkommen der CSO-Musiker bestellt ist, erfährt der Leser etwas später in diesem Kapitel. Schon jetzt sei aber festgehalten, daß ihm sein Orchester auch in dieser Hinsicht sehr viel zu verdanken hat und daß er von ihm wie von sich selbst entsprechend viel fordert. Solti ringt sich bei seiner Arbeit das letzte ab, und deshalb läßt er auch die Musiker schwer arbeiten, wobei das väterliche Wohlwollen oft in den Hintergrund tritt. «Er kann ganz schön ruppig werden», schrieb Robert C. Bachmann, «wenn etwas auch beim dritten Mal nicht klappen will.» Sicher sei Solti kein Tyrann, aber das Überschäumende seines Temperaments und sein fanatischer Perfektionsdrang könnten manchen Musiker allein schon aus Angst, etwas falsch zu machen, zum Schwitzen bringen. Diese Bemerkung des Verfassers von «Große Interpreten im Gespräch» bezog sich zwar auf Soltis Aufnahmearbeit mit dem London Philharmonic; bei Proben mit dem CSO wird sich der Dirigent aber kaum anders verhalten. «Was Georg Solti sagt, klingt meistens apodiktisch. Drei entscheidende Dinge seien es, die einen Dirigenten ausmachen, hält er fest: musikalische Begabung, Fleiß und ausgeprägtes Führungstalent. ‹Es braucht dazu eine vor Talent stinkende Persönlichkeit – einfach Podiummenschen. Nur die schaffen es›» («Große Interpreten», Seite 203). Damit ist noch einmal zusammengefaßt, wenn auch

in etwas vergröberter und anders gewichteter Form, was Solti als wesentlichste Erfordernisse betrachtet, um als Dirigent erfolgreich zu sein.
Zur Konzertsaison 1982/83 in Chicago bleibt indes noch einiges zu ergänzen. Außer illustren Gastdirigenten waren ja auch bedeutende Solisten vertreten, so etwa die Sopranistin Hildegard Behrens und der Tenor Dennis Bailey, die Pianisten Rudolf Firkusny, Maurizio Pollini, Rudolf Serkin und andere sowie die Violinisten Young Uck Kim, Shlomo Mintz und die Cellistin Lynn Harrell. Zu den Debütanten in der Stadt am Michigansee gehörten der bereits genannte Mark Elder, ein junger englischer Dirigent, die unter Solti aufgetretene Geigerin Lydia Mordkovitch, die Organisten William Ferris, Dennis James und David Schrader, die Pianistin Martha Argerich und zahlreiche Sängerinnen und Sänger. Man tut in Chicago also allerhand, um zum einen den Nachwuchs zu fördern und zum anderen die Konzertbesucher mit schon berühmten Sängern und Instrumentalisten bekannt zu machen. Was Solti angeht, erschöpfte sich seine Tätigkeit mit dem CSO keineswegs mit den aufgelisteten Aufführungen in der Concert Hall; vielmehr spielte er mit seinem Orchester an vier Tagen im November 1982 und an weiteren vier Tagen im Januar 1983 in Chicago Schallplatten ein, wahrscheinlich wie üblich im Medina-Tempel, der von einer Freimaurerloge erbaut wurde und sich durch eine vorzügliche Akustik auszeichnet. Komplizierte klangtechnische Dinge sind hier zwar nicht möglich wie in den Wiener Sophiensälen der Culshaw-Ära, doch konnte man damals auch bloß etwa fünfzehn Minuten im Zusammenhang aufnehmen. Heute musiziert Solti lieber große Bögen, was sich freilich nur mit Musikern machen läßt, die fehlerlos eine Stunde lang spielen können. Weil ihm die Kontinuität einer Aufnahme wichtiger ist als die Anwendung aller erdenklichen akustischen Tricks, erheischen die Einspielungen jedoch eine so tadellose Vorbereitung wie für Live-Aufführungen. Schließlich unternahm der Maestro mit dem Chicago Symphony Orchestra auch eine kleine Ostküsten-Tournee, die ihn am 14. April 1983 an die Universität von Michigan in Ann Arbor führte, am 15. an das Oberlin College in Oberlin/Ohio, am 16. in die Symphony Hall von Boston/Massachusetts und am 18. und 19. April in die Carnegie Hall von New York City, wo er letzte Saison ausnahmsweise nicht aufgetreten war. Das Programm enthielt lauter Werke, die er vorher in Chicago dirigiert hatte: die Ouvertüre zur *Zauberflöte* von Mozart, die Neunte Symphonie von Dvořák und die *Musik für Saiteninstrumente, Schlagzeug und Celesta* von Bartók. Einzig in New York wurde am 18. April *Das Rheingold* in einer konzertanten Fassung gegeben, wie schon im Jahr 1971.

Will man sich ein vollständiges Bild von Soltis Aktivitäten während der Saison machen, die in Chicago vom Oktober 1982 bis Anfang Juni 1983 dauerte, darf nicht vergessen werden, daß er seit 1979 als Nachfolger von Bernard Haitink auch Chefdirigent des London Philharmonic Orchestra (LPO) war und da und dort noch als Gastdirigent in Erscheinung tritt. Der besseren Übersicht wegen werden auch diese Musikereignisse in ihrer zeitlichen Abfolge dargestellt:

Spielzeit 1982/83: Konzerte mit dem LPO und Gastdirigate

1982, 28. September: Dritte Symphonie d-Moll von Gustav Mahler mit Faith Wilson, Mezzosopran; LPO, London Philharmonic Choir, The Southend Boys' Choir. Royal Festival Hall, London.
1982, 7. Oktober: Ouvertüre zu *Le Carneval romain* von Hector Berlioz, *Prager*-Symphonie D-Dur (K.-V. 504) von W.A. Mozart, *Brigg Fair* von Frederick Delius, *Ein Heldenleben* op. 40 von Richard Strauss; LPO, Royal Festival Hall. Zum 50. Jahrestag der Gründung des LPO durch Sir Thomas Beecham, Wiederholung des ersten gespielten Konzerts.
1982, 11. bis 19. Oktober: Schallplattenaufnahmen in Wien.
1982, 6. Dezember: Konzert mit dem Königlich Dänischen Orchester in Kopenhagen.
1982, 14. Dezember: *Concerto for Orchestra* von McCabe (Welturaufführung, komponiert im Auftrag des LPO), Erstes Violinkonzert g-Moll op. 26 von Max Bruch, Neunte Symphonie e-Moll («Aus der Neuen Welt») von Antonín Dvořák. Solistin des Violinkonzerts: Anne-Sophie Mutter. LPO, Royal Festival Hall.
1983, 5. Februar: Konzert mit dem Orchestre National in Paris.
1983, 10. Februar: Ouvertüre zu *Tannhäuser* von Richard Wagner, *Tanz-Suite* von Belá Bartók, Dritte Symphonie *(Sinfonia eroica)* Es-Dur, op. 55 von Ludwig van Beethoven. LPO, Royal Festival Hall.
1983, 13. Februar: Konzert mit dem LPO in der Royal Concert Hall, Nottingham.
1983, 17. Februar bis 9. März: Europa-Tournee zur Feier des Goldenen Jubiläums des LPO. Die einzelnen Stationen: Brüssel (17.2.), Paris (18.2.), Hamburg (19.2.), Stockholm (20.2.), Oslo (21.2.), Budapest (28.2.), Frankfurt/M. (5.3.), Barcelona (7. und 8.3.), Madrid (9.3.). Unter Klaus Tennstedt konzertiert das Orchester in Berlin, Mannheim, Wien, Stuttgart, München und Frankfurt/M.

Solti unternahm schon vom 12. bis 20. November 1980 eine Tournee mit dem London Philharmonic Orchestra, und zwar nach Japan; möglicherweise war er auch schon bei Tourneen in den sechziger Jahren mit dabei. Während seiner Zeit als Chefdirigent, die bekanntlich im Frühjahr 1983 mit der Verleihung des Titels eines Conductor laureatus oder emeritus auf Lebenszeit auslief (beide Versionen wurden vom LPO angekündigt), amtierten als Hauptgastdirigenten neben Klaus Tennstedt auch Christoph Eschenbach, der 1965 als Pianist den Ersten Preis beim Concours Clara Haskil in Luzern erhielt, und Jesús López-Cobos, ein Spanier, der als ständiger Dirigent an der Deutschen Oper Berlin tätig war. Beide sind fast genau gleich alt, nämlich dreiundvierzigjährig, während Tennstedt, 1979 zum Chefdirigenten des NDR-Symphonieorchesters in Hamburg berufen und Nachfolger Soltis beim LPO, vierzehn Jahre älter ist. Auch nach seiner Demission wird Solti weiterhin mit dem LPO zusammenarbeiten. Wie übrigens aus den Zusammenstellungen seiner Tätigkeit mit dem CSO und dem LPO während der Saison 1982/83 hervorgeht, hat seine Doppelfunktion den Vorteil, daß er hüben wie drüben des Atlantiks teilweise dieselben Werke dirigieren kann. Zumindest für das Studium der Partitur läßt sich so Zeit einsparen; auf der anderen Seite aber erfordert die Arbeit mit den zwei großen Orchestern häufige Flugreisen, die ihm immer schwerer fallen, weil seine Angst vor dem Fliegen seit ein paar unangenehm stürmischen Atlantiküberquerungen ständig zunimmt. Soltis Ziel während der etwa vier Jahre, die er dem LPO als Chefdirigent widmete, bestand zum einen darin, dessen Qualitäten weiterhin zu verbessern, damit sich die Chancen im Wettbewerb mit anderen bedeutenden Orchestern vergrößerten, zum andern aber auch in der Verbesserung der ökonomischen Situation. Er wisse, sagte Solti, unter welch schwierigen Bedingungen die englischen Musiker zu arbeiten hätten, und da er sie als wirklich leidenschaftliche Künstler erlebt habe, die trotz aller Müdigkeit stets ihr Bestes täten, wolle er ihnen zu helfen versuchen. Alle fünf Londoner Orchester seien vorzüglich. Eines der Hauptübel sei darin zu sehen, daß sie nicht über eigene Konzertsäle verfügten; das dauernde Hin und Her zwischen den Probelokalitäten und der Festival Hall sei für sie sehr anstrengend. In Chicago könne er jedes Programm mindestens drei-, manchmal sogar viermal aufführen, während in London meist nur eine Wiederholung möglich sei, was nicht genüge. Alle anderen großen Orchester der Welt hätten ein mehr oder minder festes Abonnementsystem, das mehrere Aufführungen eines Programmes gestatte, doch in London sei dies nicht der Fall. Und Eric Bravington, der Manager des LPO, wies darauf hin, daß sein Orchester jährlich ungefähr sechshundert Arbeitssitzungen (Proben, Konzerte, Schallplattenaufnahmen, Auftritte bei Festspielen und beim Fernsehen etc.) durchzustehen habe. Da sei das Doppelte wie bei vergleichbaren Orchestern in Amsterdam, Berlin oder Chicago, die zu fünfundachtzig Prozent von Subsidien und zu fünfzehn Prozent vom Verkauf von Eintrittskarten lebten; beim London Philharmonic dagegen sei dieses Verhältnis genau umgekehrt! Unter diesen Umständen betrage der Urlaub pro Jahr lediglich zwei Wochen, und dies sei angesichts der enormen Anforderungen besonders für die Bläser ungenügend. Man hoffte deshalb beim LPO, es werde Solti wie in Chicago gelingen, größere finanzielle Beiträge von Gönnern (Privatpersonen und Unternehmen aller Art) einzubringen. Außerdem sollte eine rationellere Planung der Engagements erfolgen.

Ob und in welchem Ausmaß diese Bemühungen Soltis von Erfolg gekrönt waren, ist nicht bekannt. Es ist indes nicht daran zu zweifeln, daß er alles in seiner Macht Stehende tat, den bedrängten englischen Kollegen hilfreich unter die Arme zu greifen, denn dazu fühlte er sich, der London und England als sein eigentliches Zuhause betrachtet, moralisch geradezu verpflichtet. Er hat ja auch mit dem LPO, wie aus der Diskographie ersichtlich ist, fast genausoviele Schallplattenaufnahmen wie mit dem Chicago Symphony Orchestra gemacht, wobei allerdings zu berücksichtigen ist, daß es sich bei der Schallplattenfirma, für die er von Anfang an exklusiv tätig war (man hat ihn ganz früher gelegentlich einmal an andere Gesellschaften «ausgeliehen», so etwa 1947 für Auszüge aus Strauss' *Elektra* an die Deutsche Grammophon), um ein englisches Haus handelt und überdies Einspielungen in London billiger zu stehen kommen als in Chicago. Dorthin kehren wir jetzt zurück, mit einem kurzen Überblick über seine gesamte bisherige Tätigkeit in dieser Stadt.

Von Soltis Bemühungen, sein symphonisches Repertoire ständig weiterauszubauen, ist bereits die Rede gewesen. Dabei war er wie alle Dirigenten amerikanischer Orchester zusätzlich dem Druck ausgesetzt, die Musik einheimischer Komponisten in sein Programm einzubeziehen. Er mußte folglich eine ganze Reihe von Werken einstudieren, die ihn sonst vielleicht weniger interessiert hätten. Man hat ihm schon vorgeworfen, in Chicago zu selten Musikstücke amerikanischer Komponisten aufgeführt zu haben, aber er steht gar nicht so schlecht da, denn in jeder Spielzeit hat er persönlich zwei, drei Werke von Amerikanern dirigiert und regelmäßig neue oder schwierige Kompositionen von nicht-amerikanischen Tonkünstlern aufgeführt. Hier seine Welt- und Amerika-Uraufführungen (Stand 1980): 1971 Klavierkonzert Nr. 1 von Marvin David Levy, Symphonie Nr. 4 von Alan Stout und *Sinfonia per grande Orchestra* von Stephan Douglas Burton (amerikanische Uraufführung); 1972 *Heliogabalus Imperator* von Hans Werner Henze und George-Lieder nach Gedichten aus «Das Neue Reich» von Alan Stout; 1973 Violinkonzert Nr. 1 von Bohuslav Martinů; 1976 *Final Alice* von David Del Tredici; 1977 Symphonie Nr. 4 von Michael Tippett; 1978

Symphony Nr. 4 op. 27 von Easly Blackwood. Bei diesen acht Welt-Uraufführungen und der einen US-Uraufführung kamen also in der Mehrzahl amerikanische Komponisten (Levy, Stout, Del Tredici, Blackwood) zum Zug; zudem dirigierte Solti 1971/72 Werke von drei weiteren Amerikanern, nämlich die *Variations for Orchestra* von Elliott Carter, die Symphonie *Holidays* von Charles Ives und das Cellokonzert von Miklós Rózsa. Und wie viele Dirigenten amerikanischer Orchester haben je ein so berühmt schwieriges Werk wie *Moses und Aron* angesetzt? Solti dirigierte es 1971 konzertant in Chicago und kurz danach auch in New York. Man mag Solti mit den Werken von Haydn und Mozart, Bartók und Kodály, Wagner, Mahler und Strauss identifizieren, aber es ist unbestreitbar, daß er auch auf anderen Gebieten Ausgezeichnetes geleistet hat, nicht zuletzt im Bereich der Musik des zwanzigsten Jahrhunderts.

Als Solti eingewilligt hatte, im Herbst 1969 nach Chicago zu kommen, lautete eine seiner Bedingungen, das Orchester müsse seine Gastspieltätigkeit ausweiten. Es war klar, daß dies erhebliche Kosten verursachen würde, doch er hielt diese Investitionen für notwendig, um das Ansehen des CSO zu steigern. Wenn es in New York und in Europa Konzerte gäbe, wäre das Publikum sicherlich beeindruckt. Begeisterte Kritiken und stürmische Ovationen würden sowohl dem Musizieren als auch den Bemühungen um die erforderlichen Gelder nützlich sein. Das Orchester war unter Reiner und Martinon schon einmal in New York gewesen, und 1959 hatte eine Europa-Tournee auf dem Programm gestanden, die allerdings in letzter Minute wegen der Erkrankung des Dirigenten abgesagt werden mußte. Erst als Solti das Orchester übernahm, erhielt es Gelegenheit zu längeren Gastspielreisen. 1971 gaben Solti und Carlo Maria Giuliani mit den Chicagoer Musikern in fünfzehn Städten, darunter Edinburgh, London, Helsinki, Berlin, München, Wien und Mailand, fünfundzwanzig Konzerte. Sie wurden mit einer Begeisterung aufgenommen, die nahezu keine Grenzen kannte. Es war nicht zum ersten Mal, daß das europäische Publikum und die europäischen Kritiker ein hervorragendes amerikanisches Orchester zu hören bekamen – das Chicago Symphony Orchestra überquerte den Atlantischen Ozean als letztes der «Großen Fünf» –, aber nach so vielen Berichten, so vielen ausgezeichneten Schallplattenaufnahmen und vor allem auch nach einer so langen Wartezeit muß es ein besonders aufregendes Erlebnis gewesen sein, das Orchester aus Chicago endlich selbst zu sehen und zu hören. 1971, zwei Jahre nachdem Solti seinen Posten angetreten hatte, war es – gemäß dem Magazin Time – die glücklichste Verbindung zwischen einem Dirigenten und einem Orchester seit den Tagen Toscaninis im New

York der dreißiger Jahre. 1972/73 stiftete Solti aus Anlaß seines sechzigsten Geburtstages einen Wettbewerb für junge amerikanische Dirigenten unter dreißig Jahren. Die Gewinner erhalten jeweils einen Barpreis und die Gelegenheit, das CSO und das Civic Orchestra zu dirigieren. Bei dem letzteren Klangkörper handelt es sich um das von Frederick Stock 1919 gegründete Nachwuchsorchester für das CSO; es steht unter der Leitung von Gordon Peters, Margaret Hillis und Meng-Kong Tham und konzertiert meist an Musikschulen und Universitäten. Zu seinen Gastdirigenten gehört auch Georg Solti.

1974 kehrte das CSO nach Europa zurück, wo es unter anderem in London, Amsterdam, Brüssel, Paris, Zürich, München, Wien und Venedig auftrat (diese Aufzählung entspricht nicht der chronologischen Reihenfolge). Es wurde mit womöglich noch größerem Jubel empfangen, wobei nur Paris eine Ausnahme bildete. Solti war ja damals auch Chefdirigent des Orchestre de Paris und hatte sich einige Male recht schroff über die Fähigkeiten des Orchesters geäußert. Er brachte das Chicago Symphony Orchestra nach Paris, um konkret zu demonstrieren, woran es den französischen Musikern fehlte. Wie nicht anders zu erwarten, faßten einige Kritiker dies als eine Herausforderung ihres Nationalstolzes auf. Sie attakkierten das amerikanische Orchester wegen seiner gefühllosen, militärischen Präzision und sagten, der freiere Stil ihres eigenen Orchesters sei ihnen bei weitem lieber.

1978 waren Solti und sein amerikanisches Orchester zum dritten Mal in Europa und traten nacheinander in Salzburg, Luzern, London, Edinburgh, Berlin, Hamburg, Stuttgart, Paris und noch einmal in London auf. Solti mißt sich ausgesprochen gern mit der Konkurrenz und ist stolz auf seine Erfolge. Es muß für ihn ein besonderes Vergnügen gewesen sein, mit seinem eigenen Orchester in Salzburg aufzutreten, wo sein einziger Rivale Herbert von Karajan herrscht und wo die Wiener Philharmoniker und die Berliner Philharmoniker jahraus jahrein zu Hause sind. Salzburg ist eine der musikalischen Hochburgen Europas, und Solti vermochte sie endlich mit seinem eigenen Orchester zu erobern.

Eine weitere wichtige Ausland-Tournee führte das Orchester im Juni 1977 nach Japan, wo es in acht Städten vierzehn Konzerte gab. Wie zu erwarten, waren Publikum und Kritiker überwältigt:

Kein japanisches Orchester verfügt in dieser Mischung über Fähigkeiten und Möglichkeiten wie das Chicago Symphony Orchestra (...). Japanische Kritiker haben stets die Tendenz, mit amerikanischen Orchestern streng zu verfahren. Das Orchester aus Chicago brachte jedoch als erstes einen Klang von solcher Fülle und Tiefe hervor, daß ich erschauerte, und dieser Klang wird sich nie reproduzieren lassen, wie sehr sich auch die Aufnahmetechnik künftig weiter vervollkommnen mag. (Junichiro Kawazuka, «Nihon Keizai Shimbun»)

Tourneen dieser Art haben für den Ruf eines Orchesters langfristig erhebliche Bedeutung, aber sie kosten, wie bereits erwähnt, auch ungeheuer viel Geld. Viele Leute glauben, das amerikanische Außenministerium komme als Geste des guten Willens und als Beweis für das hohe kulturelle Niveau der Vereinigten Staaten für die gesamten Kosten derartiger «Vergnügungsreisen» auf. Dies trifft aber keineswegs immer zu. Da so viele amerikanische Orchester sich darum bewerben, einmal auf Tournee gehen zu können, sind die Regierungsmittel stets nur knapp geflossen, und ehrgeizige Orchester sahen sich gezwungen, Unternehmungen dieser Art auf andere Weise zu finanzieren. Für die Europa-Tournee ihres Orchesters steuerte 1978 die Stadt Chicago hundertfünfzigtausend Dollar bei, da sie der Auffassung war, das Orchester könne durch sein Auftreten im Ausland Gutes für das Image der Stadt tun. Schließlich herrscht in einigen Ländern immer noch der Glaube, auf den Straßen von Chicago könnten Gangster ungehindert ihr Unwesen treiben – eine Vorstellung, die, wie man kaum hinzuzufügen braucht, keine allzu anregende Wirkung auf die Geschäftstätigkeit der Stadt hat. Für die gleiche Tournee erhielt das Orchester zudem einen Zuschuß von der Continental Illinois National Bank. Als Gegenleistung benutzte die Bank eines der Londoner Konzerte des Orchesters als eine Art Galaparty für die Eröffnung ihrer neuen Londoner Filiale. Zu so wirksamer finanzieller Unterstützung kommt es natürlich nicht ohne harte Arbeit seitens des Orchestervorstandes. Gleichzeitig hätten die Bemühungen um die erforderlichen finanziellen Mittel keinerlei Aussicht auf Erfolg, wenn das angebotene «Erzeugnis» nicht von überragender Qualität wäre. 1978 wurden Solti und dem Chicago Symphony Orchestra überall auf der Welt nicht nur eine überragende Qualität bescheinigt, sondern sie galten auch in fast allen Dingen, nach denen man ein Orchester und einen Dirigenten beurteilt, als unschlagbar.

Von der vierten Europa-Tournee im Jahr 1981 wird noch zu berichten sein. Im folgenden Jahr 1979 konzertierte Solti erstmals seit acht Jahren wieder in acht Städten des Westens, in St. Louis, San Francisco und zum allerersten Male mit dem CSO auch in Los Angeles. Überhaupt geht das Orchester auch häufig innerhalb der Vereinigten Staaten auf Reisen. In jeder Spielzeit wird in dem nur etwa hundertfünfzig Kilometer entfernten Milwaukee eine Serie von zehn Abonnementskonzerten gegeben; darüber hinaus tritt das Orchester in unregelmäßigen Abständen an verschiedenen Orten seines Heimatstaates Illinois auf. Gelegentlich unternimmt es auch größere Reisen, wie zur Westküste oder nach Kanada, aber die wichtigsten Veranstaltungen außerhalb Chicagos sind zweifellos die Konzerte in New York. Diese triumphalen Auftritte in der Carnegie Hall – in jeder Spielzeit finden, seit Solti das Orchester übernommen hat, zweimal jeweils zwei bis drei Konzerte statt – haben mehr für das Ansehen und den Ruf des Orchesters getan als alles andere. Dabei ist es sicher hilfreich, daß Solti Werke von so gewaltigen Dimensionen wie *Das Rheingold,* den dritten Akt aus der *Götterdämmerung* und die Symphonien von Bruckner und Mahler präsentiert; aber das New Yorker Publikum ist ohnehin von einer so tiefgehenden Wertschätzung des Dirigenten und seines Orchesters erfüllt, wie dies in gleicher Weise nirgendwo anders anzutreffen ist. Ein unfreundlich gesinnter Kritiker könnte argumentieren, dies sei darauf zurückzuführen, daß das Orchester zur Zeit seiner ersten Konzerte keine Konkurrenz gehabt habe. Das Boston Symphony und das New York Philharmonic Orchestra hatten mit ihren Dirigenten gewisse Schwierigkeiten, während das Cleveland Orchestra nach dem Tod von George Szell in den Hintergrund trat und das dauerhafteste Gespann zwischen Orchester und Dirigent unter den Großen Fünf, Eugene Ormandy und das Philadelphia Orchestra, als selbstverständlich angesehen wurde. Dieser Einwand läßt sich jedoch kaum aufrechterhalten, wenn man bedenkt, daß Solti und das Orchester seit 1969 jedes Jahr erneut größtes Aufsehen erregt haben. Bei diesen Konzerten geriet das Publikum in einen schon beinahe an Hysterie grenzenden Taumel der Begeisterung. Nach einer Aufführung von Mahlers Fünfter Symphonie machte Winthrop Sargeant im New Yorker folgende Äußerung: «Der Schluß des letzten, mit *Allegro* überschriebenen Satzes war der Anlaß für die längste Ovation, die ich seit Toscaninis Zeit je einen Dirigenten habe empfangen sehen (mit Ausnahme vielleicht von Herbert von Karajan). Sie hätte wahrscheinlich die ganze Nacht hindurch gedauert, wenn Solti seinen Konzertmeister nicht von der Bühne geleitet hätte.» Die New Yorker Kritiker gelten als ziemlich hartgesotten, aber bei Solti und seinem Orchester aus dem Mittleren Westen schließen sie sich im allgemeinen der Meinung des Publikums an. Harold C. Schonberg äußerte sich nach einer konzertanten Aufführung von Wagners *Rheingold* 1971 besonders überschwenglich.

Zum Höhepunkt der New Yorker Konzertsaison kam es heute abend in der Carnegie Hall, dank Georg Solti und dem Chicago Symphony Orchestra (...). Das Konzert war total ausverkauft. Alle Welt war außer sich vor Begeisterung, und das aus gutem Grund. Es war ein wirklich bedeutender Abend – eine große Oper, aufgeführt von einem großen Orchester unter einem großen Dirigenten. («New York Times»)

Es gibt auch keinerlei Anzeichen dafür, daß die Begeisterung der New Yorker Kritiker im Laufe der letzten Jahre nachgelassen hätte. Eine Aufführung des *Deutschen Requiem* von Johannes Brahms wurde von Raymond Ericson, dem Kritiker der New York Times, als «die beste Aufführung» bezeichnet, «die dieser Kritiker je gehört hat. (...) Solti, dem ein wunderbares Orchester und ein hervorragender Chor unterstellt waren, schien alles genau richtig zu machen» (14. Mai 1978). New York ist heutzutage eine der Metropolen der Musikwelt. Alle großen Orchester der Welt meinen, dort regelmäßig auftreten zu müssen, um ihrem Publikum zu Hause zu beweisen, daß sie wirklich das halten, was sie immer wieder versprechen. Ein Konzert in New York kann deshalb die Nerven arg strapazieren. Fällt man in New York durch, so ist man für alle Welt sichtbar auf seinen Platz verwiesen worden. Erringt man jedoch so glanzvolle Erfolge wie Solti und seine Musiker, kann man sicher sein, es geschafft zu haben. Leider mußten die regelmäßigen New Yorker Auftritte des CSO im Herbst und Frühjahr auf eine einzige Konzertreihe in jeder Spielzeit beschränkt werden. Selbst für solche Spitzenkönner lassen sich häufigere Reisen nach New York inzwischen kaum mehr finanzieren. Gegenwärtig sind für ein Gastspiel des Orchesters fünfundzwanzigtausend Dollar auf den Tisch zu legen, was eine recht gute Vorstellung davon vermittelt, was es kostet, mehr als einhundertsechs Spieler und alle ihre Instrumente von einer Stadt zur anderen zu transportieren. Und es gibt einfach nicht genügend Orte und Organisationen, die Summen in dieser Größenordnung bezahlen könnten; das Orchester mag noch so berühmt sein, die Kartenverkäufe decken die Kosten nicht. Das Chicagoer Symphonieorchester finanziert seine New Yorker Konzerte selbst, und obwohl alle Veranstaltungen bereits Monate im voraus ausverkauft sind, ist stets ein Defizit zu verzeichnen.

Zu Hause, das heißt in Chicago, haben Publikum und Presse den dem Orchester in New York verliehenen Status eines Superstars voller Begeisterung befürwortet. Die einzige und um so auffallendere Ausnahme bildete Claudia Cassidy, die berüchtigte Kritikerin, die Rafael Kubelik im Alleingang zwang, 1953 seinen Posten bei dem Orchester niederzulegen. Wie wir bei der Besprechung von Soltis Gastdirigententätigkeit während seiner Frankfurter Jahre bereits erfahren haben, machte sie 1956 auch ihm einen dicken Strich durch die Rechnung, einen leitenden Posten bei der Lyric Opera in Chicago zu bekommen; seit die streitbare Dame jedoch aus der

Chicagoer Tagespresse ausgeschieden ist, hat Solti wenig zu fürchten. Inzwischen ist Robert C. Marsh von der Chicago Sun-Times der einflußreichste Kritiker der Stadt geworden, und er hat Solti von Anfang an mit Lob überschüttet. In Soltis erster Spielzeit beschrieb er eine Aufführung von Strawinskys *Le sacre du printemps* als «die vollkommenste Wiedergabe dieser Musik, die ich je erlebt habe» (27. Februar 1970). Dazu ist anzumerken, daß Marsh seit vielen Jahrzehnten zu den Bewunderern Toscaninis zählt und daß er Solti voller Zustimmung unmittelbar in diese Tradition einordnet. Den überschwenglicheren Giulini setzt er zu Toscaninis altem Gegenspieler, Wilhelm Furtwängler, in Beziehung. Es überrascht also nicht, wenn Marsh in seinen Kritiken von Giulinis Chicagoer Konzerten besondere Strenge walten ließ. Auch Thomas Willis, bis 1979 Musikkritiker der Chicago Tribune und jetzt Mitglied der Musikwissenschaftlichen Abteilung der Northwestern University, hat Solti in all dessen Jahren in Chicago unterstützt, wenn auch Willis wie Marsh Soltis häufige und längere Abwesenheiten aus Chicago bekritteln und ihm vorwerfen, daß er, wie Willis es einmal ausdrückte, sich «wie ein Eigentümer verhält, der sein Anwesen nicht selbst verwaltet» («The Chicago Guide», Mai 1971). Eine weitere Kritikerin aus Chicago, Karen Monson, die früher beim Daily News war und sich schon früh für Solti begeisterte, empfindet für den Dirigenten tiefe Ehrfurcht. Sie war die einzige amerikanische Journalistin, die ihn zusammen mit den Wiener Philharmonikern im Frühjahr 1978 auf der Reise in seine Heimat Ungarn begleitete, von wo aus sie getreulich und ausführlich über jedes Wort des Dirigenten Bericht erstattete.

Man hat Solti in Chicago stets wegen seiner langen Abwesenheiten und seines angeblich konservativen Repertoires kritisiert, aber was sein Dirigieren betrifft, so befindet er sich unter Freunden. Fast alle Beobachter sind sich darin einig, daß dies das goldene Zeitalter für das Chicago Symphony Orchestra ist und daß man dies Solti zu verdanken hat. Die meisten Mitglieder des Orchesters würden dies bereitwillig zugeben. Mag sein, daß manche sich für dieses oder jenes Stück oder überhaupt einen anderen Dirigenten wünschen würden, aber sie achten das hohe künstlerische Niveau, das Solti ihnen zum Maßstab gesetzt hat, und sie sonnen sich in dem Ruhm, den sie jetzt genießen. Zu schätzen wissen sie natürlich auch die erhebliche Steigerung ihres Einkommens. 1973 betrug das Anfangsgehalt für ein Orchestermitglied dreihundertzwanzig Dollar pro Woche. Fünf Jahre später war dieser Betrag bereits auf fünfhundert Dollar gestiegen. Die meisten Musiker haben außerdem weit höhere Gehälter für sich ausgehandelt. Abgesehen davon bringen die Tantiemen aus den Schallplattenaufnahmen jedem Musiker jährlich weitere drei- bis fünftausend Dollar oder heute sogar mehr ein. Unter Martinon hatte die Schallplattenkarriere des Orchesters einen Tiefpunkt erreicht; seine Aufnahmen verkauften sich nicht gut, und keine Plattengesellschaft wollte das Risiko eingehen, weitere Einspielungen zu machen. Als das Ansehen des Orchesters unter Solti jedoch sprunghaft angestiegen war, umwarben die Schallplattenproduzenten es aufs eifrigste. Gegenwärtig macht das Orchester unter Solti regelmäßig Aufnahmen für Decca London, und mit seinen Gastdirigenten ist es auch für andere Plattenfirmen tätig. Ebenfalls ist es Soltis Verdienst, daß das Orchester nach einer längeren Pause wieder regelmäßig im Radio zu hören ist. Einer Erhebung zufolge übertragen dreihundert Rundfunkstationen seine Konzerte, was den Musikern in jeder Saison weitere zweitausend Dollar einbringt. (Die Rundfunksendungen werden übrigens nicht durch die Einnahmen aus dem Verkauf der Programme, sondern durch eine jährliche Stiftung der Firma Standard Oil of Indiana in Höhe von fünfhunderttausend Dollar finanziert.) Rechnet man dazu noch die Einnahmen von eintausend Dollar pro Musiker aus einer vor einigen Jahren gestarteten Serie von Fernsehaufzeichnungen für Unitel hinzu, so überrascht es nicht, daß das Orchester strahlend lächelt, wenn von Solti die Rede ist. Seine Mitglieder werden nicht nur bei jeder Gelegenheit von Publikum und Presse mit Lob überschüttet, sondern auch bestens honoriert. Das unscheinbarste Mitglied des Orchesters verdient in jeder Spielzeit mehr als zweiunddreißigtausend Dollar. Dennoch ist die Herbstpremiere, bei welcher der neue Hauptgastdirigent Claudio Abbado am 7., 8. und 9. Oktober 1982 Sechs Stücke für Orchester op. 6 von Anton von Webern, das Dritte Klavierkonzert c-Moll op. 37 von Beethoven und die *Symphonie fantastique* von Berlioz hätte dirigieren sollen, abgesagt worden, weil einhundertundein von insgesamt einhundertdrei Berufsmusikern des CSO in Streik traten, nachdem Verhandlungen mit dem Management über einen neuen Tarifvertrag gescheitert waren. Dieses wohl erstmalige Ereignis in der Geschichte des Orchesters hat sicherlich mit der inflationären Entwertung des Geldes zu tun, welche die Einkünfte der Musiker schmälert, vielleicht aber noch mit anderen Ursachen. Solti dürfte ob dieses Streiks wenig entzückt gewesen sein, konnte und wollte indes nicht eingreifen, denn für dessen Beilegung war in erster Linie John S. Edwards als General Manager zuständig, und überdies leitete er an jenem 7. Oktober in London das Festkonzert zum fünfzigjährigen Bestehen des London Philharmonic Orchestra, dessen Mitglieder gewiß nicht in Ausstand träten, verfügten sie über das beneidenswerte Einkommen ihrer amerikanischen Kollegen. Das wiederum will nicht heißen, die Begehren des CSO seien ungerechtfertigt

gewesen; darüber zu urteilen ist ohne genauere Kenntnis der Verhältnisse unmöglich.
Aber auch Solti selber hat schon durch hohe Gagenforderungen von sich reden gemacht. So war 1976 ein Konzert in Brighton deswegen nicht zustande gekommen, weil er zweitausend Pfund (neuntausenddreihundert Mark) forderte – einen Betrag, den die private Brighton Philharmonic Society nicht aufbringen konnte. Mit dem fallenden Wert des Pfundes waren Künstler mit großem Namen – die sich ihr Honorar meist in Schweizer Franken oder in Deutscher Mark auszahlen ließen – für die Engländer immer teurer geworden, obwohl die in England gezahlten Honorare dreißig Prozent unter denen in den Vereinigten Staaten lagen. Natürlich war bei dieser Gelegenheit wieder einmal eine heftige Diskussion über Stargagen entbrannt, und die Opernhäuser Europas und der USA bemühten sich, gemeinsam Honorarbegrenzungen festzulegen, weil ja auch die Bühnenstars gewichtig zu Buch schlugen. Über viertausendsiebenhundert Mark je Auftritt in Großbritannien (und entsprechend mehr anderswo) bekamen 1976 die Sängerinnen Birgit Nilsson, Joan Sutherland, Montserrat Caballé und die Tenöre Plácido Domingo, Jon Vickers und Luciano Pavarotti. Nach einer von der Sunday Times veröffentlichten Einkommensliste großer Dirigenten rangierte Solti mit Herbert von Karajan, dem inzwischen verstorbenen Karl Böhm, Leonard Bernstein und Carlo Maria Giulini unter den «führenden Fünf». Mit ihrem festen Job, der im Regelfall das Einstudieren und Aufführen von fünfundzwanzig Konzerten oder gleichvielen Opernaufführungen im Jahr vorsehe, verdienten sie zwischen dreihundertfünfzig- und fünfhunderttausend Mark. Gastauftritte brächten je Veranstaltung in England zwischen rund neuntausend und neunzehntausend Mark. Ihnen folgen elf Dirigenten, die von der Sunday Times als Welt-Superstars bezeichnet wurden: Daniel Barenboim, Claudio Abbado, Lorin Maazel, Eugene Ormandy, André Previn, Zubin Mehta, Seiji Ozawa, Pierre Boulez, Colin Davis, Bernard Haitink und Mstislaw Rostropowitsch. Zu den Stars unter den Dirigenten rechnet das englische Blatt Yehudi Menuhin, Sir Adrian Boult, Rudolf Kempe, James Levine, Eugen Jochum, Carlos Kleiber, Wolfgang Sawallisch und andere (alle diese Angaben wurden «Der Welt» vom 4. Mai 1976 entnommen).
Ganz abgesehen davon, daß zu den phantastisch erscheinenden Einkommen auch noch die erheblichen Einnahmen aus Schallplatteneinspielungen zu addieren wären, was bei den Großen Fünf damals etwa einhundert- bis siebenhundertfünfzigtausend Mark pro Jahr ausmachte, und daß die Berechnung dieser Zahlen an sich fragwürdig und mittlerweile ohnehin überholt ist, hält es schwer, zu ihnen und zu dieser Kategorisierung der Dirigenten nach ihrem

Einkommen einen Kommentar abzugeben. Sollte man sich angesichts der in Europa und Amerika herrschenden Wirtschaftskrise und Massenarbeitslosigkeit, angesichts auch der Not in den Ländern der Dritten Welt über die nach wie vor fürstlichen Gagen, die im übrigen ebenso den Stars in der Unterhaltungsmusik und in anderen Bereichen zufallen, entsetzen und entrüsten? Oder soll dies achselzuckend hingenommen werden, weil es nun einmal nicht zu ändern und aus unserem Gesellschaftssystem nicht wegzudenken ist? Müßte man gar überzeugt für dieses System plädieren, weil es allen die Chance einräumt, selbst nach oben zu kommen und an dessen Segnungen teilzuhaben? Zu diesen Fragen, hinter denen sich jeweils ein Komplex weiterer Probleme verbirgt, mag sich jeder stellen, wie er es will und verantworten kann. Wir können hier nicht darauf eingehen, sondern begnügen uns mit der Feststellung, daß öffentliche Geltung im wahren Sinne dieses Begriffs und eigentliche Bedeutung der Leistungen eines Menschen zwar vielfach übereinstimmen, jedoch längst nicht in allen Fällen. «Ich hatte viel Pech, später aber auch viel Glück», sagte Solti zu Robert C. Bachmann. «Aber ich bin überzeugt, daß nur die Glück haben, die es verdienen. In der Musik gibt es keine Lotterie. Ich glaube nicht an das verkannte Genie und an brachliegende Talente. Ein wirkliches Talent wird seinen Weg früher oder später machen, weil es nicht ruhen wird, bevor es am Ziel ist. Es wird manchmal Umwege gehen müssen, aber es wird sich durchsetzen. Ein buddhistischer Musiker ist undenkbar – man muß etwas erreichen wollen in diesem Beruf» («Große Interpreten im Gespräch», Seite 203). Daß Solti hier so selbstbewußt eine Art Philosophie des Erfolgsmenschen vertritt, ist zwar verständlich, aber es berührt gleichwohl ein wenig seltsam, daß er, den wir nun schon so lange auf seinem musikalischen Lebensweg begleitet haben – auf einem Weg, den er ohne die Sympathie, ja Liebe seiner Mitmenschen und deren tatkräftige Hilfe und Unterstützung nicht hätte beschreiten können –, sich derart undifferenziert ausdrückte. Ihn aufgrund dieser Worte allzusehr zu behaften, wäre freilich ungerecht, tat er diese Äußerungen doch in dem spontanen, temperamentvollen Bemühen, seinem Gesprächspartner klarzumachen, was einen Dirigenten ausmacht. Und das Geschäft eines Dirigenten kann ja tatsächlich nicht – oder nicht vorwiegend – darin bestehen, sich beispielsweise über den dubiosen Begriff «Erfolg» in künstlerischem wie auch in äußerlichem und pekuniärem Sinn Gedanken zu machen.

Was immer die Zukunft für Chicago bringen mag: Man wird dort Solti, der noch bis zum hundertjährigen Bestehen des Orchesters, das heißt bis 1991, Chefdirigent bleiben möchte, nie vergessen. Bereits hat er mit dem CSO mehr Schallplatten gemacht als jeder seiner Vorgänger. Zu den Werken, die er zum ersten Mal mit dem Chicago Symphony Orchestra einspielte, gehören unter anderem die Beethoven-Symphonien, alle Klavierkonzerte dieses Komponisten (Solist: Vladimir Ashkenazy), *Fidelio* und die *Missa solemnis,* ferner die vier Symphonien von Brahms und das *Deutsche Requiem* sowie Wagners *Fliegender Holländer.* Die Zahl seiner Schallplattenaufnahmen von symphonischen Werken war 1969 noch sehr klein gewesen. Jetzt füllt das Verzeichnis seiner Aufnahmen viele Seiten, und seine Einspielungen werden häufig zu den besten gezählt, die auf dem Markt erhältlich sind. Das ist auch an den Preisen abzusehen, mit denen das Orchester, der Dirigent, die Chorleiterin Margaret Hillis, die Solisten und Toningenieure überschüttet worden sind. Allein an Grammy Awards hat das CSO unter Solti deren siebzehn (Stand 1980) eingeheimst, und seither werden noch einige mehr dazugekommen sein. Hier die Liste der Grammy Awards: 1972 für Mahlers Achte Symphonie (drei Grammys) und für Mahlers Siebente Symphonie; 1973 für die fünf Beethoven-Klavierkonzerte; 1974 für die *Symphonie fantastique* von Berlioz (drei Grammys); 1975 für die neun Beethoven-Symphonien; 1976 für *Also sprach Zarathustra* von Richard Strauss; 1977 für Verdis *Requiem* und Ravels *Boléro;* 1978 für die *Missa solemnis* von Beethoven; 1979 für die vier Symphonien (zwei Grammys) und *Ein deutsches Requiem* von Brahms; 1980 für die Sechste Symphonie von Bruckner.

Es ist inzwischen möglich geworden, die Wiener Philharmoniker und das Chicago Symphony Orchestra auf Schallplatten miteinander zu vergleichen, auf denen sie unter Soltis musikalischer Leitung die gleichen Werke spielen. Aufschluß bieten vor allem die Vorspiele zu Wagner-Opern. Soltis alte Fassungen mit den Wiener Philharmonikern sind spannungsreich gespielt und aufgenommen, aber die neuen Aufnahmen sind von der Intonation und der Präzision her gesehen noch besser, obwohl sie nicht weniger fesseln. Für eine ganze Reihe von Dirigenten würden die Wiener Philharmoniker alle Ansprüche erfüllen. Für Solti indessen, bei dem man nie vergessen darf, daß er unmittelbaren Kontakt mit Toscaninis Kriterien hatte, kann das Chicagoer Orchester mehr von dem zum Ausdruck bringen, was er hört, wenn er eine Partitur studiert. In diesem Orchester hat Solti das ideale Werkzeug zur Verwirklichung seiner musikalischen Vorstellungen gefunden. Dank Solti ist das CSO heute wenn nicht das beste Orchester überhaupt, so doch ein Klangkörper, der nur zwei oder drei mögliche Konkurrenten hat. Was aber ist eigentlich das Besondere an der Verbindung zwischen Solti und dem Orchester, das die Musikliebhaber überall auf der Welt in derartige Begeisterung versetzt? Gewiß, Solti läßt die Musiker gut spielen, aber diese verfügen über genügend Können und Stolz, um dies auch ohne ihn zu tun. Er holt indes etwas aus ihnen heraus, das auf Kräfte hinzudeuten scheint, die ans Magische grenzen, doch was genau ist es? Davon ist in diesem Kapitel schon gesprochen worden, und wie man weiß, kommt es dabei auf drei Dinge an: auf Begabung, Fleiß und Führungstalent. Und da es keine Regeln gibt, wie man Beethoven oder Brahms dirigiert, ist speziell auch die Fähigkeit vonnöten, einem Orchester seine Vorstellungen mitzuteilen, wie es zu spielen hat. Wer dies nicht vermag, wird nie ein guter Dirigent sein. Als Exempel hat Solti häufig einen seiner Budapester Lehrer, Ernst von Dohnányi, angeführt. Bei ihm, der einer der größten Pianisten seiner Zeit war, konnte es geschehen, daß er an einem Tag einen herrlichen Klavierabend gab und am darauffolgenden ein denkbar schlechtes Orchesterkonzert dirigierte. Er besaß einfach nicht die Begabung, dem Orchester seine umfassenden Einsichten zu vermitteln. Solti dagegen weiß sehr wohl, was er will, und er weiß auch, wie er es bekommen kann. Energie spielt hier eine ganz entscheidende Rolle. Es ist ungeheuer anstrengend, sich Tag für Tag mit einem Orchester abzumühen, dabei stets auf Vollkommenheit zu bestehen und die ungeteilte Aufmerksamkeit der Musiker zu verlangen. Solti besitzt diese Energie in reichlichem Maße. Zudem muß ein Dirigent einfallsreich und diplomatisch sein. Es ist nicht damit getan, immer wieder das Sprüchlein herunterzusagen: «So ist es nicht richtig, spielen Sie die Stelle noch einmal!» Dadurch werden die Musiker nur müde und frustriert und schließlich feindselig gestimmt. Ein Dirigent muß vielmehr mit äußerster Genauigkeit sagen können, was er für falsch hält – spielen die Musiker eine bestimmte Stelle zu laut, zu leise, zu schnell, zu langsam, zu eindringlich, zu ausdrucksvoll? Er muß das Problem genau bezeichnen, indem er die Instrumente, die zu seiner Kritik Anlaß geben, die Stelle allein spielen läßt, möglicherweise in einem langsameren Tempo. Liegt der Fehler bei den Geigen, hilft es vielleicht, die Bogenführung zu ändern. Solti erfüllt auch diesen Teil seiner Aufgabe sehr gut, weil er sich als ausgesprochenen Former oder Reformer von Orchestern betrachtet, als jemand also, der unablässig versucht, einem Klangapparat bildend und instruierend seinen eigenen Stempel aufzudrücken. Er hasse deshalb kurze Engagements und akzeptiere sie kaum noch, sagte er. Trotzdem müsse ein Dirigent auch flexibel bei seiner Aufbauarbeit sein und sich bei Proben fragen, ob er das Gespielte – selbst wenn es seiner Konzeption nicht entspreche – gelten lassen wolle oder nicht. Denn habe man es mit vorzüglichen Musikern zu tun, von denen jeder eine leicht abweichende Auffassung vertrete, lohne es sich unter Umständen, sich mit ihnen auseinanderzusetzen.

Äußerst wichtig ist außerdem, daß der Dirigent beim eigentlichen

Konzert mehr als allein die Fähigkeit des Taktschlagens zu bieten hat. Bestimmte Dirigenten verausgaben sich völlig bei den Proben und verlassen sich dann bei der Aufführung voll und ganz auf das Gedächtnis der Musiker. Soltis außerordentliche Wachsamkeit läßt jedoch nie nach, ja er scheint bei den Konzerten noch mehr Spannung auszustrahlen. Zum Teil liegt dies daran, wie er sich auf dem Podium verhält, angespannt und leicht nach vorne gebeugt wie ein Läufer am Start. Wichtig sind besonders auch seine Augen und sein Mienenspiel, die beide eine ansteckende Wachheit vermitteln. Die Musiker mögen noch so müde und von häuslichen Sorgen geplagt sein – er hat eine so starke persönliche Ausstrahlung, daß sie gar nicht anders können, als sich ihm mit ungeteilter Aufmerksamkeit zuzuwenden. Dieser einzigartigen Fähigkeit, seine Autorität präzise spürbar werden zu lassen, verdankt es Solti, daß es ihm hervorragend gelingt, einem Orchester seine Werkkonzeption deutlich zu machen. Er überzeugt die Musiker durch seine kraftvolle Persönlichkeit, und er überzeugt sie, weil sie aus Erfahrung wissen: er ist gründlich vorbereitet, er engagiert sich zutiefst für die Musik, und er führt sie sicher durch die Partitur. Das wird auch in den kommenden Jahren so bleiben, wie denn überhaupt sehr zu hoffen ist, daß der Maestro noch lange an der Spitze seines Chicago Symphony Orchestra stehen wird. Zum Abschluß dieses Buches wollen wir ihn nun noch auf seiner vierten und bisher letzten Europa-Tournee mit dem CSO begleiten. Dabei geht es nicht nur darum, anhand von Kritiken seine Interpretationskunst zu belegen und deutlich zu machen, sondern auch von den einzelnen Konzertstationen im deutschsprachigen Raum aus zu verfolgen, was Solti dort in der Zeit vorher leistete. Dies kann allerdings nur mit der gebotenen Kürze geschehen, was aber kaum schadet, weil sich Einzelheiten für solche, denen daran gelegen ist, aus dieser jüngsten Vergangenheit leicht ermitteln lassen.

7 Europa: Rückblick und Ausblick

Am 25. August 1981 flog das Chicago Symphony Orchestra (CSO) vom O'Hare-Flughafen direkt nach Frankfurt am Main, wo es von Georg Solti erwartet wurde. Er probte mit seinen Musikern bis zum 29. August die drei vorgesehenen Tournee-Programme, nämlich erstens das *Konzert für Orchester* von Belá Bartók und die Vierte Symphonie (die *Romantische*) in Es-Dur von Anton Bruckner und zweitens die Achte Symphonie F-Dur op. 93 von Beethoven, die Tondichtung *Don Juan* op. 20 von Richard Strauss, den *Ersten Essay* für Orchester op. 12 von Samuel Barber und *Bilder einer Ausstellung* von Modest Mussorgskij in der Bearbeitung von Maurice Ravel. Das dritte Konzertprogramm war Gustav Mahlers Neunter Symphonie in D-Dur gewidmet. Es gab von diesen Werken aber auch andere Programmzusammenstellungen, so zum Beispiel in Bonn und Wien, wo allein die erwähnten Symphonien von Beethoven und Bruckner aufgeführt wurden. Zählen wir der Übersichtlichkeit halber zuerst einmal die Daten und Orte dieser Tournee auf:

29. August 1981 Frankfurt am Main (Alte Oper); 30./31. August Salzburg (Großes Festspielhaus); 2./3. September Luzern (Großer Kunsthaussaal); 4./5. September London (Royal Albert Hall); 7./8. September Mailand (La Scala); 9. September Bonn (Beethovenhalle); 12./13. September Wien (Großer Musikvereinssaal); 14. September Paris (Théâtre Musical de Paris); 15. September Brüssel (Palais des Beaux Arts); 16. September Amsterdam (Concertgebouw); 18. September Hamburg (Musikhalle); 19. September London (Royal Festival Hall)

Am 20. September kehrte das Orchester, das auf der Tournee von etwa hundert offiziellen Begleitern und Familienangehörigen sowie abwechselnd von je einem Arzt begleitet war, nach Chicago zurück. Die Reise kostete etwa eine Million und sechshunderttausend Dollar, wovon der größte Teil durch Einnahmen aus dem Kartenverkauf und Zuwendungen der Stadt Chicago, des Staates Illinois, von Firmen und Privaten gedeckt werden konnte. Für die Kosten von fünf Konzertaufführungen kamen Banken und Industrieunternehmen auf. Mit Ausnahme des Werkes von Barber wurden alle gespielten Musikstücke von der Decca auf Schallplatten angeboten, die ebenfalls unter Solti eingespielt worden waren, so daß die Konzertbesucher in der Lage waren, zu Hause ihre Eindrücke

aufzufrischen. Und wer bei den Konzerten nicht zugegen sein konnte oder wollte, sich aber diese Platten kaufte, war imstande, selbst so etwas wie eine Aufführung zu veranstalten. Schon an den vorigen Angaben zur Tournee läßt sich ablesen, daß es sich auch diesmal um eine umfängliche und komplizierte Operation handelte, deren Planung, Vorbereitung und Durchführung einen enormen Aufwand an Zeit und Geld erforderte und für jeden Beteiligten, besonders jedoch für den neunundsechzigjährigen Dirigenten, eine harte Strapaze bedeutete. Im Hinblick auf die erwähnten Faktoren, auf Soltis vorgerücktes Alter und sein Bayreuth-Engagement der nächsten Jahre scheint es deshalb fraglich, ob es in absehbarer Zeit unter seiner Leitung zu weiteren Europa-Reisen des CSO kommen wird. Immerhin hat er sich seiner Verpflichtungen als Chefdirigent und Künstlerischer Leiter des London Philharmonic Orchestra inzwischen entledigt, so daß die Aussichten auf eine neue Tournee mit dem CSO vielleicht doch günstiger als angenommen sind.
In Frankfurt wurde das Orchester zunächst einmal durch einen Empfang im Amerika-Haus geehrt, wo auch eine Ausstellung zum neunzigsten Geburtstag des CSO stattfand. Seit Anfang August bot der Buch- und Schallplatten-Versand 2001 in Frankfurt und in seinen übrigen Läden exklusiv «die umfassendste Platten-Edition in der Geschichte der Musik» an, eben die sogenannte Solti-Edition, auf die wir schon mehrmals hinwiesen. Der Ladenpreis für die zweihundertdrei Langspielplatten, die das ganze diskographische Lebenswerk bis 1981 umfassen und in zehn Kassetten vorgelegt wurden, hätte eigentlich bei rund viertausend Mark liegen müssen, doch war das Ganze für nur eintausendzweihundertneunundneunzig Mark zu bekommen. Ein Problem dieser Edition betraf, wie ein Kritiker meinte, deren Nachlaß-Charakter zu Lebzeiten des Künstlers. Der werde hoffentlich noch lange schaffensfreudig weiterproduzieren, was dann aus dem jetzt eingesammelten «Lebenswerk» vielleicht doch nur ein halbes mache. So ganz sinnfällig würden solche Künstler-Ernten doch nur post mortem. Eine etwas sonderbare Einstellung, möchte man dem entgegenhalten, denn diese Platten sind in erster Linie für die Mit- und nicht für die Nachwelt bestimmt, ganz abgesehen davon, daß für noch munter lebende Künstler in anderen Tätigkeitsbereichen ebenfalls Gesamtausgaben oder Gesamtschauen organisiert werden. Auch der Verweis darauf, daß es weitaus interessantere Dirigierrepertoires als jenes von Solti gebe, ist recht müßig. Wenn André Previn, der in diesem Zusammenhang genannt wurde, Werke einspielte, «die zumindest für deutsche Hörer ganz abseits liegen», so stellt dies an sich eine wertvolle Ergänzung zu Soltis Platten dar, tut ihnen aber keinerlei Abbruch, schon gar nicht in bezug auf das Publikumsinteresse, denn

offenbar ist es weitgespannt genug, damit beide Dirigenten zu ihrem Recht kommen. Die Kassetten der Solti-Edition können übrigens auch einzeln zu sehr vorteilhaften Preisen erstanden werden. Am 29. August 1981, einem Samstag, erklangen dann abends in der endlich wieder instandgestellten und am Tag zuvor neueröffneten Alten Oper in Frankfurt die Werke des ersten Tournee-Programms. Nach Konzertschluß verlieh Kulturdezernent Hilmar Hoffmann in einer feierlichen Zeremonie Solti die Goethe-Plakette der Stadt Frankfurt, um noch einmal die Verdienste des Dirigenten um Frankfurts Musikkultur zu ehren und auch aus Bewunderung für die Weltkarriere eines sozusagen von hier Aufgebrochenen. Solti bedankte sich und versprach, bald samt seinem Orchester wieder in der Alten Oper zu erscheinen:

Mit diesem, dem Chicago Symphony Orchestra, hatte er zuvor ebenso exzellent wie leidenschaftlich musiziert. Den «alten», nämlich ungemindert jugendlich spannkräftigen, vor Energie nahezu berstenden und vulkanisch-furiosen Georg Solti, wie man ihn aus früheren Frankfurter Jahren kannte, erlebte man bei Bartóks Konzert für Orchester: *eine glänzende Orchesterleitung unter strengster, genauester dirigentischer Kontrolle, im Saal akustisch perfekt zur Geltung kommend (Durchhörbarkeit, Abschattierung der Klanggruppen). («Frankfurter Rundschau», 31. August 1981)*

Einen «neuen» Solti, bemerkte der Rundschau-Kritiker, habe man mit der Interpretation der Vierten Symphonie von Bruckner kennengelernt. Dessen Liebe zu dem österreichischen Komponisten datiere ja aus der Nachfrankfurter Zeit. Da nun habe er die später erworbenen, nicht minder eindrucksvollen Insignien seines phänomenalen Dirigententums gezeigt: Gelassenheit, Souveränität und gesammelte Ruhe, das alles verbunden mit einer unterschwelligeren Gespanntheit, einem hellwachen und unermüdlichen Gestaltungswillen.

Solti hatte schon seine erste Europa-Tournee von 1971 in Frankfurt begonnen, exakter ausgedrückt in der Höchster Jahrhunderthalle am 18. September. Es hatte demnach neun Jahre gedauert, bis er nach einem Auftritt als Gastdirigent im Jahr 1962 wieder in der Main-Stadt erschien, und erneut waren zehn Jahre vergangen, ehe er 1981 nun ein zweites Mal mit dem CSO dort konzertierte. Den Münchnern war es etwas besser ergangen; sie waren auf den Reisen von 1971, 1974 und 1978 berücksichtigt worden, gingen aber 1981 leer aus. 1978 hatte Solti in München zudem mit den Münchner Philharmonikern musiziert und im folgenden Jahr das Silvester-Konzert des London Philharmonic Orchestra geleitet. Ein erstes und einziges Mal bisher hatte am 16. September 1978 auch Stuttgart das CSO erlebt, was alles doch recht augenfällig macht, wie selten Soltis Auftritte in der Zeit nach 1961 – also nach seinen neun Frankfurter Jahren – ausfielen. Er hatte den Schwerpunkt seiner Tätigkeit eindeutig nach England und den Vereinigten Staaten verlagert, und erst auf seiner dritten Europa-Tournee war ihm richtig bewußt geworden, wie sehr er – nach seinen eigenen Worten – «den deutschsprachigen Raum vernachlässigt» hatte. Damals hatte er auch angedeutet, daß er nicht gänzlich abgeneigt wäre, neben dem CSO oder vielleicht gar statt seiner ein europäisches Orchester zu übernehmen, wobei für ihn im Grunde nur zwei wirklich in Frage kamen: die Berliner und die Wiener Philharmoniker. «Aber die brauchen mich nicht», stellte er scherzhaft betrübt fest. Im gleichen Jahr 1978, in dem Solti mit dem CSO auch in Berlin auftrat, schrieb das Spandauer Volksblatt, vor sieben Jahren habe das amerikanische Orchester durch seine Perfektion beeindruckt – und durch die kühle Glätte des Klangbildes befremdet. Diesmal musiziere es möglicherweise nicht mehr ganz so unfehlbar, aber mit weit mehr Einfühlung, Feuer und Musikalität. «Das ist gewiß das Werk von Sir Georg Solti. Der am Dirigentenpult hier lange vermißte Chef des amerikanischen Spitzenorchesters gab mit einem Debussy-Mahler-Programm einen Einblick, zu welchen Höhen der Lernprozeß in umgekehrter Richtung (den es seit langem gibt) führen kann. Denn früher wollten unsere Orchester alle so werden wie die aus der Neuen Welt. Inzwischen suchen amerikanische Orchester in Europas Erbe nach dem, was über den technischen Höchststand hinaus die Musik ausmacht» (Hans-Jörg von Jena, «Spandauer Volksblatt Berlin», September 1978). An diesen Feststellungen mußte schon etwas Wahres sein, denn ein Jahr später erklärte Solti selbst, die nationalen und anderweitigen Unterschiede zwischen den großen Orchestern seien verschwunden. Er hatte folglich, weil sein Orchester etwas europäischer geworden war, weniger Grund als vorher, unbedingt an ihm als etwas ganz Einzigartigem festzuhalten, und aus dieser paradoxen Situation heraus erwuchs vielleicht der Wunsch nach einem Wechsel oder zumindest nach Abwechslung, zumal er ja die Leitung des CSO schon neun Jahre innehatte. Zu bedenken ist ferner, daß er vom 10. bis 15. März 1978 eine kleine Tournee mit den Wiener Philharmonikern unternommen hatte, die ihn nach Linz, Wien, Budapest und Düsseldorf-Neuss führte, und daß auch dies Heimatgefühle verschiedenster Art in ihm wachrufen mußte. «Die deutsche Musik ist meine ursprüngliche Heimat», hatte er noch im Dezember zuvor in Hamburg gesagt, und nimmt man nun alles in allem, läßt sich mit einigem Recht vermuten, daß Solti in jener Zeit ein gewisses Heimweh verspürte, ein Bedauern, der

Alten Welt so weitgehend den Rücken zugekehrt zu haben, und daß er wohl auch Sehnsucht nach den jungen Jahren empfand, der so reich erfüllten Zeit, die er hier verbracht hatte und in der er sich unversehens als gealterter Mann wiederfand. Und weil er Chicago nie liebte, mag auch eine Amerika-Verdrossenheit mitgespielt und seine nostalgischen Anwandlungen noch bestärkt haben. Außer in beiläufigen und in verhüllende Ironie gekleideten Bemerkungen ist er darauf aber nie zu sprechen gekommen. Dennoch blieb seine Aussage, die Berliner und Wiener Philharmoniker brauchten ihn (leider) nicht, bei der Presse ein aktuelles Thema, und als er am 6. und 7. März 1981 am Pult des Berliner Philharmonischen Orchesters zwei Aufführungen von Brahms' Vierter Symphonie in e-Moll op. 98 und Bartóks *Konzert für Orchester* dirigierte, fragte ihn ein Journalist der Bild-Zeitung ebenso offen wie plump, ob er Lust hätte, Karajans Nachfolger bei den Philharmonikern zu werden. Solti lachend: «Karajan ist doch nicht schlecht, und ich wünsche ihm ein langes Leben.» Damit war alles gesagt, was es unter den gegebenen Umständen zu sagen gab. Gehen wir also weiter zu Soltis zweiter Station auf dem Europa-Trip von 1981.
Das war Salzburg, wo das Chicago Symphony Orchestra während der Festspiele am 30. August 1981 unter seiner Leitung Bruckners *Romantische* und Bartók zu Gehör brachte. Zu diesem vierzehnten Orchesterkonzert im Großen Festspielhaus schrieb Peter Cossé, man könne das Bartóksche *Konzert für Orchester* heutzutage kaum überlegter, im Detail markanter und in der gesamten Spannung des Stücks entschlossener gespielt hören. Solti zeichne den elementaren Pulsschlag der Partitur nach: elastisch, aber auch schneidend. Die Folge sei ein hochgespanntes Musizieren. Ob der musikalische Verlauf nun zweispurig angelegt sei oder ob quasi-solistische Einwürfe von den Kräften des gesamten Instrumentalverbandes eingesogen würden – immer gelinge es Solti, den Regelkreis zwischen Werk und Aufführung geschlossen zu halten:

Das galt nach der Pause nicht minder für die völlig unmanierierte, jeder Scheinwirkung abholde Darstellung der «Romantischen» von Bruckner. Die weiten Räume des Werkes waren wie aus der Vogelperspektive zu «hören», der kapitale Formverlauf schien mühelos im motivischen Mikroereignis aufgehoben zu sein. Ein heller, metallischer Bruckner, vielleicht dem einen oder anderen zu unspekulativ, aber in jeder Phase begründet und bis in den letzten Winkel ausgeleuchtet. («Salzburger Nachrichten», 1. September 1981)

Man komme nicht umhin, schloß Cossé seine Besprechung, von einem absoluten Höhepunkt in der Reihe der Orchesterkonzerte zu sprechen, während der Kritiker der Salzburger Volkszeitung Solti «den Karajan Amerikas und Englands» nannte. Ferdinand Melichar vom Münchner Merkur vermochte sich mit der Interpretation von Bruckners Vierter freilich nicht zu befreunden: «Präziser und seelenloser kann man dieses Werk, das doch vom Komponisten selbst als romantisch bezeichnet wurde, kaum dirigieren. (...) Auch wenn's noch so perfekt war – Bruckner braucht mehr Seele» (1. September 1981).

Das fünfzehnte Orchesterkonzert der Festspiele, das am 31. August 1981 mit dem CSO und Solti am Pult aufgeführt wurde, erntete indes einhelliges und begeistertes Lob. Bei diesem zweiten Tournee-Programm mit Beethovens Achter, Strauss, Barber und Mussorgskij gefielen vor allem die *Bilder einer Ausstellung*: «Was Solti und sein Orchester uns da vorführten, war schlicht umwerfend», führte Baldur Bockhoff in seiner Besprechung aus. «Da saß man nun und wußte nicht recht, ob man angesichts solch intelligent-präzisen Musizierens den Kopf schütteln oder einfach nur in sich hineinkichern sollte. Brillanter läßt sich mit Musik nicht handeln» («Süddeutsche Zeitung», 2. September 1981). Am Rande vermerkten die Salzburger Zeitungen an jenem Tag, die mit dem zweiten Konzert des CSO unter Solti beendeten Festspiele hätten einen Besucherrekord von 165 350 Menschen ergeben, und die Veranstaltungen seien wie im Vorjahr zu neunundneunzig Prozent ausverkauft gewesen. Und auf derselben Seite darunter: Der angesehene Musikpreis «Una vita nella musica» der Vereinigung Omaggio a Venezia, der wie bekannt an Karl Böhm verliehen worden sei, werde am 19. September im Rahmen eines Gedenkkonzertes im Teatro Fenice der Witwe des Dirigenten, der am 13. August 1981 in Salzburg verstarb, überreicht. Das Orchester leite Erich Binder, der diesjährige Preisträger des Karl-Böhm-Dirigentenwettbewerbs. Am Rande ... Wie schnell doch die Zeit vergeht und wie rasch doch der Mensch vergißt und vergessen wird! Das hat sich vielleicht auch Solti bei dieser Nachricht gesagt, denn 1981 waren es fünfundvierzig Jahre her, seit er erstmals bei Toscanini in Salzburg weilte. Das war im Jahre 1936 gewesen, vor dem Zweiten Weltkrieg.

Die früheren Solti-Auftritte bei den Festspielen sind an anderer Stelle bereits geschildert worden, so daß jetzt noch nachzuholen bleibt, daß er nach der langen Pause von 1964 an erstmals wieder während der Mozartwoche vom 21. bis 30. Januar 1977 in Salzburg dirigierte. Sein damaliges Orchesterkonzert von 25. Januar mit den Wiener Philharmonikern war dem Anlaß entsprechend ganz auf Mozart ausgerichtet, von dem er die Symphonie in Es-Dur (K.-V. 543), die *Haffner*-Symphonie in D-Dur (K.-V. 385) und die g-Moll-Symphonie (K.-V. 550) dirigierte. Im Jahr darauf hatte er dann sein

Debüt mit dem Chicago Symphony Orchestra gegeben. Beim dreizehnten Orchesterkonzert im Rahmen der Festspiele hatten am 30. August 1978 *La mer* und *Prélude à l'après-midi d'un faune* von Claude Debussy sowie die Erste Symphonie in D-Dur von Gustav Mahler auf dem Programm gestanden, im vierzehnten Orchesterkonzert vom 31. August 1978 Michael Tippetts Vierte Symphonie und Tschaikowskys Sechste Symphonie in h-Moll op. 74, die *Pathétique.* Orchester und Dirigent erregten schon damals höchste Bewunderung, und ein Kritiker schrieb: «Es gab Beifallsstürme, wie man sie an diesem Ort nur bei Karajan gewohnt ist.»
Die beiden nächsten Konzerte des CSO unter der Leitung Soltis folgten am 2. und 3. September 1981 an den Internationalen Musikfestwochen in Luzern. Zuerst kam das zweite Tournee-Programm mit Beethovens Achter, Strauss, Barber und Mussorgskij/Ravel zur Aufführung. Wie der Musikkritiker Linus David feststellte, zeigte Solti mit der Wiedergabe der Achten Symphonie von Beethoven exemplarisch, was dabei herausspringen kann, wenn nicht die übergreifende Gesamtschau eines Werkes zum Ausgangspunkt der Interpretation gemacht wird, sondern der Notentext als bis ins Detail überprüfbare Willensäußerung des Komponisten. «Solti nahm die Partitur solcherart wörtlich und erzeugte beim Hörer im Verlauf der Darbietung die ständige Spannung ‹Wo will das hinaus?›, nicht unähnlich der Situation bei einer Uraufführung. Der sich dabei einstellende Eindruck einer irgendwie ungezwungenen Stimmigkeit kam dabei nicht zuletzt dadurch zustande, daß analysierende Distanz (nicht mit Gefühlskälte zu verwechseln) jedes preziöse Auskosten von Bausteinen und formalen Entwicklungsmitteln und damit ihr Herausbrechen aus dem Gesamtgefüge verhinderte» («Luzerner Neuste Nachrichten», 4. September 1981). Diese klugen Beobachtungen erinnern einmal mehr daran, daß Toscanini in Salzburg zum verehrten Vorbild Soltis geworden war und daß die eben beschriebene Interpretationsweise genau jener des italienischen Maestro entsprach. Auch wird sich der Leser darauf zurückbesinnen können, daß Toscanini zum Mitinitiator der Luzerner Musikfestwochen wurde und daß er Solti 1939 in Luzern ermunterte, ihn in New York zu besuchen. Aber dann war der Krieg ausgebrochen, und bis sich die Amerikaträume des unbekannten jungen Mannes aus Budapest erfüllten sollten, vergingen viele Jahre des Wartens, viele Jahre auch harter und hingebungsvoller Arbeit in der Schweiz, in München, Frankfurt und London. Doch mit dem Chicago Symphony Orchestra war der amerikanische Traum Wirklichkeit geworden, und in ihm symbolisierte sich die Erfüllung von Soltis kühnsten Hoffnungen und Wünschen, so daß anzunehmen ist, daß für ihn dieser neuerliche Auftritt mit dem CSO in der Stadt am Vierwald-

stättersee eine besonders tiefe Genugtuung bedeutete. Laut den Luzerner Neusten Nachrichten vom 5. September 1981 genossen die amerikanischen Musiker zwischenhinein eine fröhliche See-Rundfahrt mit dem Motorschiff Rigi. «Die frische Luft und der gute Wein werden mithelfen, daß wir die Neunte Symphonie von Gustav Mahler wunderbar spielen werden», meinte ein Violinist schmunzelnd. Und Gordon Peters, der Erste Schlagzeuger, wußte allerlei über das Orchester und seinen Leiter zu erzählen, dessen Strenge und Distanziertheit er positiv beurteilte: «Wenn wir etwas Wichtiges zu sagen haben, schafft sich Maestro Solti Zeit, um uns anzuhören.» Sonst gelte im Orchester die Auffassung: «Do your job and mind your own business» (Mache deine Arbeit und halte dich an das, was dich angeht). Nach Peters ist die deutsche Tradition beim CSO noch heute spürbar. Bis 1915 wurde ausschließlich Deutsch gesprochen, denn die Musiker stammten fast ausschließlich aus Deutschland. Erst durch den Einfluß des Ersten Weltkrieges und den Abbruch der Beziehungen zu Deutschland begann man in Chicago, das Orchester mit amerikanischen Musikern zu besetzen und vor allem amerikanische Musiker auszubilden. Inzwischen entwickelte sich eine eigene amerikanische Tradition. Den Hauptunterschied zu den europäischen Orchestern sah Peters in der Tatsache, «daß wir Amerikaner im allgemeinen lauter spielen». Das sei einerseits durch die Größe der Konzerthäuser in den USA bedingt, andererseits durch die ausgeprägte Entwicklung der Blechinstrumente in den Vereinigten Staaten. Infolge der Dominanz des Blechs hätten die amerikanischen Orchester dann automatisch auch den Klang der Streichinstrumente verstärkt. An der Rundfahrt nahm Solti nicht teil, wohl aber seine Gattin, die von ihrer Mutter und den beiden Töchtern begleitet war. Und am Abend dann also Gustav Mahlers Neunte Symphonie:

Bei der Wiedergabe durch Solti und das Chicago Symphony Orchestra sind es vor allem die beiden schnellen Innensätze, welche mir haften blieben. Dieses Täppische und Derbe, welches die ländlerartigen Abschnitte des zweiten Satzes ausdrücken und das sich beinahe bis zum Fratzenhaften verzerrt, dürfte in dieser Kantigkeit und rhythmischen Genauigkeit so rasch ein anderes Orchester nicht nachmachen. Und unnachahmlich dürfte auch diese aggressive Schärfe sein, mit der die Streicher und Bläser unter dem unerbittlichen (...) Diktat Soltis (der übrigens wie schon am Vortag nach der Partitur dirigierte) diese Rondo-Burleske angingen und sie bis zur Unheimlichkeit steigerten – das hat auch Klemperer nicht härter und unerbittlicher herausgebracht. (Fritz Schaub, «Luzerner Tagblatt», 5. September 1981).

Wie schon in Salzburg gab es auch in Luzern Musikrezensenten, denen Soltis Interpretationsstil nicht zusagte: «Was ich aber an beiden Abenden schmerzlich vermißte, waren Innigkeit, Poesie, Gemüt, Beseelung, Natürlichkeit und jenes von innerem Erleben getragene Mitatmen, ohne das sich jeder Musiknachvollzug zu bloßer Selbstbespiegelung erniedrigen muß» («Der Bund», Bern, 5. September 1981). Soltis nüchterne Leidenschaft, die – wie wir längst wissen – ihre triftigen Gründe und Hintergründe hat, vermag selbstverständlich nicht alle Hörerbedürfnisse zu befriedigen, aber darauf kommt es auch gar nicht an. Zudem hat gerade Mahler seine Neunte gewiß nicht um der poetischen Innigkeit willen geschrieben; vielmehr wird in diesem Werk das Fazit einer Tradition gezogen, die morsch und brüchig geworden ist. Wer hier und auch anderswo naiverweise von Solti, dem dieser Prozeß in seiner ganzen Tragweite schärfer und bewußter vor Augen steht als den meisten, die Entwicklung von gefühlsbetonter Wärme erwartet, kennt weder ihn noch Mahler. Doch erwähnen wir nun noch ganz kurz Soltis Auftritte in Luzern und Montreux, die sich in den vorhergehenden Jahren abspielten. Daß er sich 1958 erstmals am «Septembre musical» in Montreux beteiligte, ist schon damals gesagt worden, als seine Gastdirigententätigkeit von Frankfurt aus dargestellt wurde. Weitere Konzerte in diesem Rahmen dirigierte er am 25. September 1960 und am 3. September 1965. Sein Debüt in Luzern gab er am 8. September 1966 mit den Wiener Philharmonikern, wobei die Vierte Symphonie in e-Moll op. 98 von Johannes Brahms, Wagners *Siegfried-Idyll* und die Schlußszene aus der *Götterdämmerung* aufgeführt wurden. Solistin war Birgit Nilsson, die als Wagner-Heroine über eine einmalige Stimmkraft verfügte. Diese Programmgestaltung lag auf der Hand, denn im Vorjahr hatte Solti eben die Einspielung der *Ring*-Tetralogie (auf neunzehn Platten) beendet, die überall großes Aufsehen erregte. Daß die Nilsson mit ihrer Stimme gegen das Riesenorchester aufzukommen vermochte, wurde ungemein bewundert. «Nicht minder überwältigend erschien die Leistung der Wiener Philharmoniker, die sich von Maestro Solti zu einem orchestralen Glanz anspornen ließen, dessen entfesselte Leuchtkraft den begeisterten Zuhörern – im wahrsten Sinne des Wortes – den Atem raubte» («Tages-Anzeiger» Zürich). Das Programm des folgenden Jahres blieb ausschließlich Werken von Béla Bartók vorbehalten: der Ballettmusik *Der wunderbare Mandarin* op. 19, dem Violinkonzert, interpretiert von Isaac Stern, und dem *Konzert für Orchester*. Unter Soltis Stabführung standen am 7. September 1967 in Luzern allerdings nicht mehr die Wiener Philharmoniker, sondern die Musiker des Orchestre National de l'ORTF. Bis zu Soltis nächstem Erscheinen an den Internationalen Luzerner Musikfestwochen (IMF) vergingen volle elf Jahre, doch diesmal kam er nicht mit einem «geliehenen» Orchester, sondern mit seinem eigenen: dem Chicago Symphony Orchestra, das er auf seiner dritten Europa-Tournee anführte. Freilich mußten die IMF-Leute ihrem welschschweizerischen Kollegen René Klopfenstein den Vortritt lassen, dem Direktor des «Septembre musical» (auch «Festival de Musique Montreux-Vevey» genannt). In Montreux also, im Maison de Congrès, spielte das CSO am 1. September 1978 die gleichen Werke, die zwei Tage zuvor in Salzburg erklungen waren, nämlich *La mer* und *Prélude à l'après-midi d'un faune* von Debussy und die Vierte Symphonie von Brahms. Peter Hagmann rühmte die ungeahnte Präzision im Zusammenspiel und -klang der amerikanischen Musiker, die Opulenz und Homogenität der Streicher, die niemals schmetternde Kraft der Blechbläser und die angriffige Farbgebung in Holz, was alles nur dank strengster Auslese und kontinuierlicher Arbeit möglich sei. «Und dann Solti, der unbestreitbar zu den bedeutendsten Dirigenten des Jahrhunderts gerechnet werden muß: In ihm verbinden sich ein unbändiges Temperament und ein äußerst wacher Intellekt in einer Synthese, wie sie sich anregender kaum denken läßt. Auf der einen Seite steht ein Ausdrucksfanatismus, der zu den Extremen des Darstellbaren führt (...). Die andere Seite bildet eine äußerst gewissenhafte Kontrolle jenes Ausdruckes auf der Basis des Notentextes, der von Solti peinlich genau eingehalten wird, wie auch eines Interpretationskonzepts, in dem sich das Aufbauen und das Ausleuchten struktureller Einzelheiten die Waage halten, durch das mithin der Eindruck eines mit großem Atem durchgezogenen Spannungsbogens erzielt und gleichzeitig die Einsicht in kompositorische Details ermöglicht wird» («Basler Zeitung», 5. September 1978). Eine vorzügliche und auch vorzüglich geschriebene Kritik, die dadurch keineswegs entwertet wird, daß sie auffallend an unsere jüngsten Zitate aus Salzburger und anderen Zeitungen erinnert, ja selbst an die ersten Solti-Kritiken von Willi Schuh während der Schweizer Jahre. Ob in Zürich, München, Frankfurt, London, Chicago, New York oder wo auch immer: in fast schon unzähligen Abwandlungen sind uns – von relativ wenigen Ausnahmen abgesehen – Eindrücke, Beobachtungen, Hinweise und Schlüsse in bezug auf Soltis Interpretationsweise mitgeteilt worden, die stets in etwa auf dasselbe hinausliefen. Natürlich behalten alle diese Aussagen ihr eigenes Gewicht, denn selbst wenn sie sich auf einen gemeinsamen Nenner bringen ließen – gewonnen wäre damit nicht viel. So wenig nämlich *ein* vollkommenes Konzert einen Dirigenten macht, so wenig macht dies *eine* allumfassende Kritik. Die Vielzahl und Vielfalt der kritischen Äußerungen ist deshalb erwünscht und notwendig. Zielen allerdings die meisten, weil sie wesentlich sind, auf dasselbe Wesentliche hin, läßt sich an ihnen auch kaum eine Entwicklung des Dirigenten ablesen, sondern allenfalls die Kontinuität seiner Erfolge. Man kann daher sagen, Solti sei ein geborener Dirigent und ein hervorragender Interpret. Aus den Kritiken wird jedoch nicht ersichtlich, daß er auch ein großer Dirigent ist, weil dazu mehr als «nur» die Interpretationskunst gehört. Dazu gehört in Wirklichkeit auch die richtige Behandlung und Führung des Orchesters, und eben aus diesem Grunde war es wichtig, daß bei der Darstellung von Soltis Verhältnis zum Chicago Symphony Orchestra auf diese Voraussetzungen hingewiesen wurde. Damals bezeichnete er sich als Former und Bildner von Orchestern und verglich sich – was unerwähnt blieb – ausdrücklich mit einem Bildhauer. Jürg Erni lieferte in seiner Kritik von Soltis Konzert mit dem CSO in Luzern, das am 2. September 1978 im Kunsthaus stattfand und Brahms' Dritter und Vierter Symphonie galt, dazu eine überaus verblüffende musikalische Parallele. Ein auffallendes Merkmal Soltis, bemerkte er, sei dessen untrügliches Gefühl für ein durchgehaltenes Metrum. Unter einer frei gehandhabten Agogik (Temponuancierung) laufe der feste Schlag wie ein perpetuierendes Pendel weiter. Das habe zur Folge, daß ein Andante immer noch ein «gehendes» Tempo habe, andererseits ein Allegro nicht willkürlich davonlaufe:

Dieses Festhalten, dieses Ausformulieren und Meißeln ist es, was an dieser Interpretationskunst so einmalig ist. Solti als Bildhauer, der unentwegt korrigiert, ohne daß diese Korrektur der vorgezeigten Form der Plastik etwas anhaben könnte. Noch nie so lebendig ist mir diese «klassische» Sinfonik vorgekommen, aber auch noch nie so in sich ruhend und aus der Distanz maßvoll betrachtet. («Basler Zeitung», 5. September 1978)

Wie sich hier sehr schön zeigt, nehmen die Kritiker bei Aufführungen zwar das Ergebnis des künstlerischen Schaffens von Dirigent und Orchester wahr, doch sind sie aufgrund sorgsamen Analysierens durchaus auch imstande, zumindest implizite den vorgängigen Schaffensprozeß nachzuzeichnen. Er entspricht in diesem Fall recht genau der konkreten Probenarbeit, dem Studium der Partitur, den Vorstellungen, Absichten und Zielen jenes Orchesterchefs, als den sich Solti darstellte. In dieser Kritik kommt spiegelbildlich und somit für den Leser seitenverkehrt das Resultat der Einstudierung und Formierung eines Werkes zum Ausdruck, was mit anderen Worten heißt, daß bei einer Aufführung dem Anschein nach der Dirigent die Interpretation verwirklicht, während dies doch eigentlich das Orchester tut. Die Bildungsarbeit des Stabführers wird auf

diese Weise in das sich Zeitigende der Aufführung projiziert, in die Auslegung (Interpretation) von bedeutsamen Klangmomenten und stumm-beredten Zeichen, wobei sie ihres wahren Ansehens verlustig geht. Sogar bei einer zutreffenden Analyse ergibt sich somit nicht ein vollständiges Bild des Schaffensvorganges, sondern lediglich ein zeitgerafftes Abbild des Ganzen, das den nichtsahnenden Leser oft ebenso wunderlich dünkt, wie es für den Hörer manchmal die Gestikulationen des Mannes auf dem Podium sind. Das ist ein Grund mehr, weshalb aus Kritiken wohl das Niveau, nicht aber die Entwicklung eines Dirigenten ersichtlich wird, denn sie vollzieht sich auf anderen Ebenen, in lebendigem alltäglichem Tun und vor allem im lehrreichen Umgang mit dem Orchester. Und wenn vorhin behauptet wurde, ein großer, bedeutender Dirigent müsse mehr als bloß die Kunst der Interpretation beherrschen, so läßt sich jetzt – in Aufhebung der kritischen Vorspielung, jedoch in idealer Verkürzung – festhalten, daß als Voraussetzung wie als Resultat des Bildens und Studierens auch ein großes Orchester dazugehört. Noch einfacher und allgemeiner ausgedrückt: Zu seiner Größe bedarf der Dirigent expliziterweise auch der Größe eines Orchesters.
Auf seiner vorläufig letzten, vierten Europa-Tournee von 1981 gastierte Solti mit dem Chicago Symphony Orchestra nach Luzern an je zwei Abenden in London und Mailand, einmal in Bonn und am 12. und 13. September 1981 in Wien. Mit dieser alten Musikstadt und den Wiener Philharmonikern stand der Maestro schon lange Zeit in enger Beziehung. Statt auf die zweifellos erfolgreichen beiden Konzerte mit dem CSO einzutreten, soll deshalb in einem knappen Rückblick Soltis Tätigkeit mit den Philharmonikern zusammengefaßt werden. Daß er oft an den Salzburger Festspielen und einmal an den Musikfestwochen in Luzern mit ihnen auftrat und viele Schallplatten mit ihnen einspielte, darunter auch Wagners *Ring des Nibelungen,* ist schon bekannt und braucht nicht wiederholt zu werden. Auch wissen wir, daß das erste große und weltberühmte Orchester, mit dem Solti überhaupt in Berührung kam, eben das der Wiener Philharmoniker war. Als Assistent Toscaninis dirigierte er es 1937 in Salzburg bei Proben, aber zum ersten öffentlichen Auftreten war es erst im Juli/August 1951 gekommen, mit fünf Aufführungen von Mozarts Oper *Idomeneo* anläßlich der Salzburger Festspiele. Wir wollen uns hier aber wie gesagt auf jene Aufführungen mit den Wiener Philharmonikern beschränken, die nicht in Salzburg, sondern in Wien oder anderswo stattfanden. Das allererste Konzert mit diesen Musikern leitete Solti am 8. Oktober 1962 im Konzertsaal der Hochschule für Musik in Berlin, wobei die Ouvertüre zu *Coriolan* in c-Moll op. 62 von Beethoven, die Vierte Symphonie e-Moll op. 98 von Brahms und *Le sacre du printemps*

von Strawinsky zu hören waren. Noch im selben Jahr, am 10. und 11. November 1962, dirigierte er die Philharmoniker erstmals in Wien. Das 3. Abonnementkonzert mit vorheriger öffentlicher Generalprobe brachte die Symphonie in g-Moll (K.-V. 183) von Mozart, die *Tanz-Suite* für Orchester von Bartók und die *Symphonie fantastique* von Berlioz zur Aufführung. Das folgende 4. Abonnementkonzert im Großen Musikvereinssaal stand unter der Leitung von Hans Knappertsbusch, der ja 1958 für Decca den gesamten *Ring*-Zyklus hätte einspielen sollen. Ungefähr zwei Jahre später, am 7. Juni 1964, gab Solti während der Wiener Festwochen im Theater a. d. Wien ein Sonderkonzert mit Janáčeks *Sinfonietta* für Orchester, der Tondichtung *Don Juan* von Richard Strauss und Bartóks *Konzert für Orchester* (die letzteren beiden Werke standen auch auf dem CSO-Tournee-Programm von 1981). Am 23. und 24. Oktober 1965 kamen beim 1. Abonnementkonzert mit vorhergehender Generalprobe Wagners *Siegfried-Idyll* und Bruckners Siebente Symphonie in E-Dur zu Gehör; das 2. Abonnementkonzert dirigierte Lorin Maazel, der heutige Direktor der Wiener Staatsoper. Im Jahr darauf stand Solti erneut am Pult der Wiener Philharmoniker. Das Programm des 3. Abonnementkonzerts vom 3. und 4. Dezember 1966 enthielt Mozarts *Jupiter*-Symphonie in C-Dur (K.-V. 551), Bartóks *Divertimento für Streichorchester* und die bereits 1962 in Berlin aufgeführte Vierte Symphonie von Brahms. Beim 4., anschließenden Abonnementkonzert schwang Claudio Abbado den Taktstock, der 1971 zum Hauptdirigenten der Wiener Philharmoniker, 1977 zum Chefdirigenten des London Symphony Orchestra und 1982 schließlich zum Hauptgastdirigenten des Chicago Symphony Orchestra ernannt wurde. Zusammen mit Willi Boskovsky leitete Solti die Konzertreise der Wiener Philharmoniker vom 13. Februar bis 8. März 1969 nach Japan und England. Die beiden Dirigenten gaben in Kawasaki, Sapporo, Tokio, Kyoto, Osaka, Fukuoka, Niijata und London insgesamt zwölf Konzerte mit Werken von Beethoven, Brahms, Bruckner, von Einem, Haydn, Schubert und Richard Strauss, doch geht aus der Liste, die uns das Orchester freundlicherweise zur Verfügung stellte, nicht hervor, wer auf dieser Tournee was dirigierte. Mit einem Londoner Orchester, vermutlich dem London Philharmonic, hatte Solti bereits 1966 eine Japan-Reise unternommen, so daß die von 1969 mit den Wiener Philharmonikern die zweite war. Die dritte – um dies kurz zu rekapitulieren – erfolgte 1977 mit dem Chicago Symphony Orchestra, die vierte 1980 mit dem London Philharmonic. Am 4. und 5. Oktober 1969 gelangten beim 3. Abonnementkonzert in Wien unter Solti die Symphonie in B-Dur (Hob. I: 102) von Haydn, *Collage* für Orchester von Boris Blacher und die Zweite Symphonie in C-Dur op. 61

von Robert Schumann zur Aufführung. Zur eben genannten Haydn-Symphonie wäre noch hinzuzufügen, daß es sich dabei um die zehnte der zwölf Londoner Symphonien handelt und daß Solti hofft, mit dem London Philharmonic Orchestra allesamt auf Schallplatten aufnehmen zu können. Bisher sind allerdings erst die Symphonien Nr. 96, 101, 102 und 103 eingespielt. Alle bisher erwähnten Konzerte in Wien von 1962 bis 1969 fanden übrigens während seiner Londoner Jahre (1961–1971) als Direktor des Opernhauses Covent Garden statt. Weil er aber schon im Herbst 1969 seinen Posten als Chefdirigent des Chicago Symphony Orchestra (CSO) übernahm, trat in seiner öffentlichen Tätigkeit mit den Wiener Philharmonikern eine lange Zäsur ein. Erst von 1977 an leitete er in der österreichischen Hauptstadt wieder Abonnementkonzerte, was allerdings nicht besagen will, daß in dieser Zeit mit den Philharmonikern gar nichts mehr lief, denn 1970 und 1971/72 nahm er mit ihnen immerhin die beiden Wagner-Opern *Tannhäuser* und *Parsifal* auf. Mit den Engagements in Paris von 1972 bis 1976 setzte dann bis 1977 eine totale Flaute ein. Dem Wiener Musikpublikum blieb Soltis Dirigierkunst indes nicht gänzlich vorenthalten, auch wenn sich der Maestro seit dem Herbst 1969 bis zum Frühjahr 1977 nicht mehr mit den Philharmonikern präsentierte. Wenigstens zwei Ausnahmen gab es doch, und das war im September 1971 und im September 1974, als Solti auf seiner ersten und zweiten Europa-Tournee mit dem CSO auch in der Donaustadt konzertierte.
Um es gleich vorwegzunehmen: Einige Tage vor dem ersten Wiener Tournee-Konzert des Jahres 1974 zeichneten Solti und das CSO in den Sophiensälen, «einem Redouten-Etablissement im Dampfnudel-Neobarock der Jahrhundertwende, angenehm überakustisch und vom Konzertbetrieb unbehelligt», Beethovens Sechste und Siebte Symphonie auf. Wie es dabei zuging, schilderte Karl Schumann: «Die Sitzung dauert von 10 bis 12.30 Uhr. Man zielt auf ausgedehnte ‹Takes›; ein ganzer Satz, ein halber Satz wird ohne Unterbrechung aufgenommen. Es geht wie am Schnürchen. Die Spannung wird nicht zuletzt garantiert durch mehrere Pausen; länger als eine halbe Stunde wird nicht musiziert. Das Chicago Symphony Orchestra demonstriert die vielberufene Disziplin amerikanischer Orchester: äußerste Pünktlichkeit, ‹kein Gerede und kein Gesumm›, Dialoge zwischen Chef und Instrumentalisten nur soweit Worte zur Sache beitragen, keine Albereien, straffe Konzentration ohne jeden Anflug von Gemütlichkeit» («Süddeutsche Zeitung», 14. September 1974). Über sein Orchester sagte Solti zu Schumann: «Es geht mit einem durch dick und dünn, sobald es von einem Dirigenten überzeugt ist. Es hat Seele, Musikalität, wirkliches Interesse an der Kunst, nicht nur Präzision.» Auf der dritten Europa-

Tournee von 1978 spielte Solti mit dem CSO in Wien sämtliche Symphonien und das *Deutsche Requiem* von Brahms auf Platten ein. Öffentlich musiziert wurde nur in Salzburg.
Seine Tätigkeit mit den Wiener Philharmonikern setzte er Anfang Januar 1977 in Wien mit den Tonaufnahmen für die Strauss-Oper *Arabella* fort. Unter der Regie von Otto Schenk wurde der Fernsehfilm dazu im März und April in Berlin gedreht. Gundula Janowitz sang in dem Streifen, der gemeinschaftlich vom Österreichischen Fernsehen (ORF) und vom Zweiten Deutschen Fernsehen (ZDF) hergestellt wurde, die Titelpartie; Sona Ghazarian war Arabellas Schwester Zdenka und Edita Gruberova die Fiakermilli. In einem Gespräch mit Hermi Löbl vom Wiener Kurier über diesen TV-Opernfilm, dem 1978 Verdis *Falstaff* und 1980 Humperdincks *Hänsel und Gretel* folgten, gestand Solti ein, er habe Direktor Seefehlner nach vielen Absagen nun doch angeboten, an der Wiener Staatsoper zu dirigieren; vereinbart sei aber noch nichts Definitives. Am 20. Jänner stieg darauf der Ball der Wiener Philharmoniker, und Solti ließ es sich nicht nehmen, nach dem feierlichen Einzug der geladenen Gäste und nach dem Abspielen der Festfanfare, die Richard Strauss 1924 für den ersten Ball komponiert hatte, die Ouvertüre zur «komisch-mythologischen» Oper *Die schöne Galathee* zu dirigieren. Es spielten natürlich die Wiener Philharmoniker. Mit ihnen kam auch das 6. Abonnementkonzert vom 27. März 1977 mit der Generalprobe vom Vortag zur Ausführung. Im Programm: Die Achte Symphonie in F-Dur op. 93 von Beethoven und *Ein Heldenleben* op. 40 von Richard Strauss. Im folgenden Frühling machte man gemeinsam eine kleine Reise, auf der zwei Programme zum Einsatz kamen. Nr. 1 sah Mozarts *Jupiter*-Symphonie in C-Dur (K.-V. 551) und Brahms Erste Symphonie in c-Moll op. 68 vor; Nr. 2 Beethovens Achte und Straussens *Heldenleben.* Zugabe: Die *Fledermaus*-Ouvertüre von Johann Strauß (Sohn). Bevor er die Einwilligung zu dieser Konzertreise gab, die auch nach Budapest führte, hatte Solti bestimmt, sein Honorar solle zwei jungen ungarischen Dirigenten zur Förderung ihrer beruflichen Ausbildung im Westen zugute kommen – eine bewegende persönliche und politische Geste eines Mannes, für den das Wiedersehen mit seiner Heimatstadt nach so vielen Jahren ein besonderes Erlebnis bedeutete. Über die Verhältnisse in Ungarn machte er sich keine Illusionen. In einem Gespräch mit Robert C. Bachmann, das etwa drei Jahre vorher geführt wurde, sagte er: «Ich bin in einem faschistischen Polizeistaat geboren, der jetzt kommunistisch ist – zwischen beiden sehe ich sowieso keinen großen Unterschied –, so daß ich so lange, als ich nicht irgend muß, kein Land betreten werde, in dem man mir an der Grenze den Paß abnimmt. Das ist für mich ein Tabu. Ich will

gehen, wohin und wann ich will. Diese Freiheit lasse ich mir nicht nehmen.» Was die allgemeine politische Entwicklung betraf, so war Solti damals sehr skeptisch, und da seit 1975 kaum wesentliche Änderungen eingetreten sind, dürften seine Ansichten bis heute ungefähr die selben geblieben sein. Solti befürchtet hauptsächlich, die liberalistische Weltanschauung der westlichen Welt werde in wenigen Jahrzehnten zugunsten einer globalen Gleichmacherei aufgeweicht sein. Um einen demokratischen Staat zu führen und zu erhalten, brauche es Intelligenz und Selbstdisziplin des einzelnen Bürgers:

Demokratie ist die schwierigste Staatsform überhaupt. Wahrscheinlich werden sich künftig nur noch Kleinstaaten, wie etwa die Schweiz, behaupten können. Denn die großen Staatsgebilde lassen sich je länger, je weniger freiheitlich regieren. Ich hoffe zu Gott, daß ich mit meiner Prognose ganz falsch bin, denn ich habe Kinder, denen ich gerne eine etwas freundlichere Zukunft gönnen möchte. Aber leider deuten die Zeichen auf eine besorgniserregende Entwicklung hin. Ich werde deshalb alles daransetzen, mich meiner eigenen Haut zu wehren. («Große Interpreten im Gespräch», Seite 214)

Solti ist überzeugt, daß man sich gegen alle Bestrebungen, unsere Freiheit einzuschränken, zur Wehr setzen muß, allerdings nicht mit den Mitteln der Musik. «Damit betreibe ich keine Weltanschauung. Ich glaube nicht an die Befriedung der Welt durch die Musik». Das seien, leider Gottes, naive Vorstellungen. Die Konzertreise mit den Wiener Philharmonikern – mit welcher der Maestro sicherlich keine politische Demonstration beabsichtigte, sondern höchstens die Setzung eines Hoffnungszeichens für die Menschen hinter dem Eisernen Vorhang – begann am 10. März 1978 mit dem Programm N. 1 in der Bruckner-Halle zu Linz. Am 11. und 12. März folgten in Wien mit dem gleichen Programm die Generalprobe und das sechste Abonnementkonzert, und am 13. und 14. März gastierte man dann mit beiden Programmen nacheinander im Erkel-Theater von Budapest. Nach der Rückkehr nach Wien flogen Solti und die Philharmoniker nach Düsseldorf. In der Stadthalle Neuss konzertierten sie am 15. März mit dem ersten Programm, womit die kleine Tournee beendet war. Wie bereits angemerkt worden ist, gab Solti im September des gleichen Jahres in Wien mit dem Chicago Symphony Orchestra keine Konzerte, sondern nahm mit seinem Orchester lediglich Schallplatten auf.
Recht sonderbar und kaum erklärlich ist die Tatsache, daß es erst am 24. Februar 1980 zu Georg Soltis Debüt an der Wiener Staatsoper kam. In München, Berlin, Frankfurt, San Francisco, Chicago,

New York, London, Hamburg, Paris und in weiteren Städten und Festspielorten hatte er als Operndirigent ganz Vorzügliches geleistet, und trotz alldem, trotz seiner langjährigen Zusammenarbeit mit den Wiener Philharmonikern auch und ungeachtet seines Rufes, zu den ersten Wagner-, Verdi- und Mozartdirigenten seiner Zeit zu zählen, war es bis zu dem genannten Datum den Wiener Opernfreunden nicht vergönnt gewesen, ihn an ihrer Staatsoper zu erleben. In den paar Jahren zuvor hatte er allerdings wegen anderweitiger Verpflichtungen verschiedene Einladungen von Direktor Egon Seefehlner ablehnen müssen, aber weshalb es nicht früher schon zu Solti-Auftritten an der Staatsoper reichte, bleibt etwas rätselhaft. Ob es an Solti selber oder an Wien lag, ist eine offene Frage. Und unklar ist auch, wie sich bei der Darstellung seiner Münchner Zeit erwies, ob er nicht schon zu Anfang der fünfziger Jahre an der Staatsoper dirigierte (siehe Seite 73). Wenn man Meinhard Rüdenauer glauben darf, leitete Solti jedoch 1950 im Theater an der Wien eine Aufführung des *Tristan*. Wie derselbe Musikkritiker schrieb, suchte der als schwierig geltende Sir Georg für sein Debüt Verdis *Falstaff*, den er bereits als Film produziert habe, selber aus, und außerdem habe er auch Bedingungen gestellt: «Eine seiner wichtigsten Bedingungen: Die Musiker an den ersten Pulten müssen immer dieselben sein. Kein übliches Rotieren in Beamtenmanier je nach Diensteinteilung» («Kronen-Zeitung», 10. Februar 1980). Dies war in Wien keineswegs selbstverständlich, sondern kam schon fast einer Auszeichnung gleich. Möglicherweise waren also die mißlichen Probebedingungen dafür verantwortlich, daß sich Solti nicht eher dazu entschließen konnte, in Wien eine Oper zu dirigieren. Vor der Premiere äußerte er sich der Presse gegenüber zu seinem lebenslangen Verhältnis zu den Wiener Philharmonikern. Das Orchester sei noch nie so gut gewesen wie jetzt, meinte er. Es sei nach wie vor ein äußerst individuelles Ensemble, aber jetzt gebe es Musiker, die manchmal bereit seien, auf Anregungen eines Dirigenten einzugehen. «Was ihn selbst angeht, so weiß Solti genau, daß er älter und reifer werden mußte, um die Kunst zu erlernen, mit einem so edlen Orchester umzugehen. ‹Sie sagen, ich bin netter geworden. Ich finde, sie sind besser geworden›, ist die Kurzfassung seiner Ansichten» («Die Presse», 23. Februar 1980). Aus Sympathie zu Seefehlner und dessen pekuniären Schwierigkeiten und in Erinnerung an den großen Mann, mit dem er in London zusammenarbeitete, stimmte Solti zum ersten Mal in seiner Laufbahn zu, eine musikalische Neueinstudierung in den Dekors von Luchino Visconti zu übernehmen. Filippo Sanjust, der Regisseur und Ausstatter, erklärte indessen, er brauche einfach seine eigenen Bilder – worauf Solti in den Wiener Blättern lesen mußte, seinetwegen werde der *Falstaff* neu und teuer. So fiel auf die fünf Vorstellungen, die er in Wien leitete, ein erster Schatten. Während Die Welt, die Süddeutsche Zeitung, die Frankfurter Allgemeine und andere Blätter übereinstimmend von «Soltis Triumph an der Ringstraße» berichteten, gingen die Wiener Zeitungen, die sich über seine dirigentische Leistung ebenfalls sehr lobend aussprachen, auf die nicht ganz befriedigende Inszenierung ein, die zum Teil mit regelrechten Verrissen bedacht wurde. Dies und die Buhrufe für Sanjust empfand Solti, der an der Regieführung nichts auszusetzen hatte, als unverständlich und kränkend. Als Sensationsentdeckung dagegen für alle, die ihn bislang nicht kannten, galt Guillermo Sarábia, der Mexikaner von Düsseldorfs Deutscher Oper am Rhein, der sich mit seinem prachtvoll-kernig timbrierten Bariton in die erste Garde der Opernrecken und zugleich in die Ehrengalerie der *Falstaff*-Darsteller sang. Pilar Lorengar als komödiantische Alice Ford, Bernd Weikl als ihr Mann sowie Sona Ghazarian, Yordi Ramiro, Christa Ludwig und die übrigen Sängerdarsteller hatten an dem grandiosen Erfolg der Aufführungen großen Anteil.

Ehe wir wieder an unseren Ausgangspunkt zurückkehren, zu Soltis zwei Konzerten in Wien mit dem Chicago Symphony Orchestra während der vierten Europa-Tournee vom September 1981, muß noch darauf hingewiesen werden, daß der Dirigent schon im Sommer desselben Jahres im Großen Musikvereinssaal am Pult stand. Bei der Generalprobe vom 20. Juni und bei den Abonnement- und Festwochenkonzerten vom 21. und 22. Juni 1981 dirigierte er die Ouvertüre *Die Hebriden* (oder *Die Fingalshöhle*) op. 26 von Felix Mendelssohn Bartholdy, *Lieder eines fahrenden Gesellen* von dem damals vor siebzig Jahren in Wien verstorbenen Gustav Mahler, vorgetragen von Hermann Prey, und die Neunte Symphonie in C-Dur D 944 von Franz Schubert. Es waren, soweit wir unterrichtet sind, die bisher letzten Aufführungen mit den Wiener Philharmonikern, diesem großen und glanzvollen Orchester, dem Solti so viel zu verdanken hat. Blickt man auf die symphonischen Werke zurück, die hier genannt worden sind, fällt auf, daß wir den meisten im Verlauf dieser Darstellung schon einmal oder mehrere Male begegnet sind, und es scheint fast, als habe Solti in dem Bemühen, sich vor diesen ausgezeichneten Musikern keine Blöße zu geben, viele Kompositionen erst anderswo eingeübt. Wie zum Teil wenigstens aus der Diskographie ersichtlich ist, hat er mit ihnen seit 1958 nicht allein den historischen ersten *Ring* auf Schallplatten aufgenommen, sondern unter anderem auch die Dritte, Fünfte und Siebente Symphonie Beethovens, die Siebente und Achte von Bruckner, die vier Symphonien von Schumann, Schuberts Große C-Dur-Symphonie D 944 und an Opern *Hänsel und Gretel* von Humperdinck, *Die Zau-*

berflöte von Mozart, *Arabella, Elektra, Der Rosenkavalier* und *Salome* von Richard Strauss sowie *Parsifal, Tannhäuser, Tristan und Isolde* und *Die Meistersinger von Nürnberg* von Richard Wagner. Es ist zu hoffen, daß mit den Wiener Philharmonikern zumindest noch *Lohengrin* und *Rienzi* eingespielt werden und daß auch das lebendige Musizieren mit ihnen im Konzertsaal und Opernhaus sich fortsetzt. Wir setzen unsererseits die Europa-Tournee mit dem Chicago Symphony Orchestra und Solti nun fort und machen nach Paris, Brüssel und Amsterdam in Hamburg wieder Halt, wo am 18. September 1981 in der Musikhalle das zweite Tournee-Programm – Beethovens Achte, Straussens *Don Juan* und *Bilder einer Ausstellung* von Mussorgskij/Ravel – das Auditorium zu Begeisterungsstürmen hinriß.
Aber wie in Wien soll auch in der Hansestadt nicht das musikalische Geschehen von 1981 im Vordergrund stehen; wir benützen das CSO-Konzert vielmehr dazu, in einer kurzen Rückschau aufzuzeigen, was sich in Hamburg in der Vergangenheit alles ereignete. Eine lückenlose Aufzählung der Solti-Auftritte darf jedoch nicht erwartet werden; ebenso wird auf eine Wiederholung dessen, was in diesem Buch über Soltis Kontakte zu Hamburg bereits gesagt worden ist, verzichtet. Den Anfang machen deshalb seine Aufnahmen von 1958 mit dem Symphonieorchester des Norddeutschen Rundfunks (NDR), zu denen natürlich Rolf Liebermann den Anstoß gab, der von 1957 bis 1959 Leiter der Musikabteilung des NDR war. Aufgezeichnet wurden damals die *Tanz-Suite* von Bartók, ein Cellokonzert von Luigi Boccherini, die *Trois nocturnes* von Debussy und die Symphonie in D-Dur (*The Miracle;* Hob. I:96) von Haydn. (1977 wurden außerdem noch Bruckners Siebente Symphonie in E-Dur und Mozarts Klavierkonzert in B-Dur [K.-V. 595] aufgenommen.) Ein Konzertgastspiel fand 1965 mit dem London Symphony Orchestra statt, 1968 ein weiteres mit dem New Philharmonic Orchestra London. Auf Einladung von Liebermann, der seit 1959 (bis 1973) den Posten eines Intendanten der Hamburgischen Staatsoper bekleidete, fand sich Solti mit Freuden bereit, in Hamburg Mozarts *Zauberflöte* aufzuführen, die ihm besonders am Herzen lag. Da deutsche Orchester aufgrund ihrer Diensteinteilung häufig in der Zusammensetzung wechseln, bestand Solti – zu jener Zeit noch Direktor des Königlichen Opernhauses Covent Garden in London – wie später auch in Wien auf der Zusage, daß ihm bis zur Aufführung möglichst immer die gleichen Musiker zur Verfügung standen. Diese «conditio sine qua non» wurde weitestgehend erfüllt. Schwieriger war es allerdings, bei dem in Deutschland üblichen Repertoire- und Abonnementssystem immer auch die singenden Darsteller vollzählig bei allen Proben um sich zu versammeln. Auf Soltis Vor-

schlag übernahm Peter Ustinov die Regie, der dem Dirigenten und Liebermann die Entscheidung in allen Fragen der Besetzung überließ. In Hamburg war auch bereits bekannt geworden, daß Solti mit Ablauf der Spielzeit 1970/71 seinen Londoner Posten aufgeben wolle, um sich vermehrt der Konzerttätigkeit zu widmen: «Ich bin der am längsten amtierende Theaterdirigent dieses Jahrhunderts (sechs Jahre München, neun Jahre Frankfurt, zehn Jahre London), jetzt sind andere dran!» Bei der Premiere vom 8. Dezember 1968, die Soltis Operndebüt an der Hamburger Staatsoper bedeutete und der sich fünf weitere Vorstellungen unter seiner Stabführung anschlossen, klang das Philharmonische Staatsorchester «wie verwandelt, entfettet, ohne dadurch zopfig zierlich zu werden».

Der Held des Abends ist darum, wie es auch sein soll, der Dirigent. Georg Solti interpretiert die Partitur mit verhältnismäßig kleiner Streicherbesetzung im Stil einer klaren, intensiven Linearität, die vieles von ihren charakteristischen Wirkungen zur Geltung bringt. Die Ouvertüre, ausschweifend langsam und gefühlsgeladen im Adagio, gestochen, funkelnd und transparent im Fugen-Allegro, wird zum glänzenden Konzertspiel. Die Ensembles sind fein gegliedert, diskret in den Nuancen der Lyrik, Komik und der theatralischen Turbulenz charakterisiert, die Steigerungen des Finales werden der Singspiel-Schlichtheit zuliebe bewußt unterboten, die Hymnik der Priesterchöre ist ohne Pathos. (Werner Oehlmann, «Tagesspiegel», 10. Dezember 1968)

Im Ensemble überragten eindeutig die Frauen, vor allem die liebreizende Schweizerin Edith Mathis als innige, seelenvolle Pamina, die mit makellos reinem Sopran eine zeitlos gültige Mädchenfigur aus Mozartschem Geist verkörperte und von der Kritik ausnahmslos mit höchstem Lob bedacht wurde. Als Königin der Nacht brillierte die aus Budapest stammende Sylvia Geszty und als Papagena Helga Thieme, der in Heinz Blankenburg ein lebensvoll-charmanter Papageno zur Seite stand. Mit Hans Sotin als Sarastro, Jerry J. Jennings als Tamino und Franz Grundheber als der Mohr Monostatos waren auch die übrigen tragenden Rollen ausgezeichnet besetzt. Die von Peter Ustinov geleitete Inszenierung entsprach dagegen nicht jedermanns Geschmack, und am Schluß der Premiere hatte er sogar vereinzelte Buhrufe entgegenzunehmen. Heinz Joachim freilich betrachtete es als «ein Verdienst der Hamburgischen Staatsoper, daß sie endlich einmal gründlich aufräumte mit den antiquierten Vorstellungen – aber auch mit modernem Tiefsinn, der den Blick auf Mozarts *Zauberflöte* verstellt» («Die Welt», 20. Dezember 1968). Ustinov besitze Nerv für die unmittelbare Theaterwirkung und einen fein entwickelten Spürsinn für Mozarts geniale dramaturgische Begabung, die zweifellos zum vorbildlich knappen Aufbau der einzelnen Szenen und des Ganzen beigetragen habe. Erfrischend unbekümmert um alle literarischen Angriffe auf Schikaneder habe er sich streng an das Original gehalten. Das dürfte auch Soltis Absichten entsprochen haben, der sich sowohl bei symphonischen wie bei Bühnenwerken stets für die originalen, authentischen Fassungen von Musik und Inszenierung einsetzte und dies auch beim Bayreuther *Ring* von 1983 so zu halten gedenkt. Mangels Materialien gibt es über das Hamburger Konzert vom 23. September 1971 mit dem Chicago Symphony Orchestra anläßlich der ersten Europa-Tournee und über das vom März 1975 mit dem Orchestre de Paris während dessen Deutschland-Tournee weiter nichts zu berichten. Am 11. und 12. November 1977 stand Solti am Pult der NDR-Symphoniker in Hamburgs Musikhalle und dirigierte im 4. Abonnementskonzert Mozarts Klavierkonzert in B-Dur (K.-V. 595) mit Alfred Brendel als Solist und Bruckners Siebente Symphonie in E-Dur. Auf die Frage der Welt-Redaktorin Kläre Warnecke, ob sich seine Bruckner-Sicht seit der Schallplatteneinspielung von 1965 mit den Wiener Philharmonikern entscheidend geändert habe, antwortete er: «Ich bin heute mehr zu einem klassischen, weniger romantischen Bruckner gekommen. Er hat wahrscheinlich eine größere Linie, mehr formale Zusammenhänge als früher, mehr also zu Beethoven hin als zu Mahler.» Auch hierin wird wieder Soltis Bemühen um größtmögliche Werktreue erkennbar. Mit Bruckner hat er sich übrigens trotz Adornos Ermunterung erst in der Zeit nach Frankfurt zu befassen angefangen, weshalb begreiflich wird, daß er 1965 noch zu keinem völlig ausreichenden Verständnis des österreichischen Komponisten gelangt war. Ob Solti in absehbarer Zeit wieder an der Hamburgischen Staatsoper zu erleben sei, wollte Kläre Warnecke wissen. Dieser verneinte bedauernd, denn Christoph von Dohnányi sei einer seiner Freunde und habe bei ihm in Frankfurt als sein Assistent angefangen. «Aber ich bin ausgebucht bis 1982. Und ich will nicht dreizehn Monate im Jahr arbeiten. Ich bin fest entschlossen, nicht mehr als neun Monate zu arbeiten» («Die Welt», 10./11. Dezember 1977). Zur Verdeutlichung des Zusammenhangs sei hier angefügt, daß Christoph von Dohnányi – ein Enkel von Soltis einstigem Budapester Klavierlehrer Ernst von Dohnányi – 1977 als Intendant und Chefdirigent an die Hamburgische Staatsoper berufen worden war. Er hatte 1951 als Absolvent des Kapellmeisterexamens den Richard-Strauss-Preis der Stadt München erhalten und seine Studien in den Vereinigten Staaten bei seinem Großvater fortgesetzt. Danach war er als Generalmusikdirektor in Lübeck und Kassel und als Chefdirigent am Kölner

Rundfunk tätig gewesen sowie von 1968 bis 1977 als GMD und Operndirektor der Städtischen Bühnen in Frankfurt am Main. Seine Ausbildung und Laufbahn hatte daher mit jener Soltis vieles gemein, und wenn dieser in Toscanini, Richard Strauss, Furtwängler und Bruno Walter seine Vorbilder gesehen hatte, so darf wohl angenommen werden, daß er umgekehrt zum Vorbild von Dohnányi und anderen geworden war. Aber auch das Angebot des NDR-Symphonieorchesters, das seit dem abrupten Abgang von Moshe Atzmon, einem gebürtigen Budapester, verwaist war und ihn gerne zu seinem Chef erkoren hätte, mußte Solti schließlich schweren Herzen ablehnen. Er habe dieses Angebot mit seiner Frau, die ihn übrigens nach Hamburg begleitete, wochenlang erörtert, sagte Solti und begründete seinen Entscheid folgendermaßen: «Sehen Sie: ich lebe in London, arbeite seit Jahren schon mit dem herrlichen Chicago Symphony Orchestra. Dann kam das Angebot, die Londoner Philharmoniker mit zu übernehmen. Ich finde, für einen Fünfundsechzigjährigen bin ich, die Schallplattenaufnahmen eingerechnet, ausgelastet. Aber als Gast komme ich gern zu den ausgezeichneten NDR-Symphonikern. Darüber werden wir verhandeln» («Hamburger Abendblatt», 10./11. Dezember 1977). Tatsächlich gab Solti nach dem Auftritt während der dritten Europa-Tournee mit dem Chicago Symphony Orchestra vom 15. September 1978 am 15. Februar 1981 mit dem NDR-Symphonieorchester ein weiteres Konzert. In der Hamburger Musikhalle erklangen dabei das Vorspiel zu Wagners *Meistersingern,* zu Ehren von Bartóks hundertstem Geburtsjahr dessen *Tanz-Suite* und Tschaikowskys Sechste Symphonie in h-Moll op. 74, die *Pathétique.* Dem verehrten Sir Georg und dem Orchester, meldeten die Lübecker Nachrichten danach, hätten die aus ganz Norddeutschland Gekommenen wahre Ovationen bereitet, doch die Hamburger Morgenpost titelte fett und groß: «Bäume wachsen nicht in den Himmel.» Die hochgespannten Erwartungen des Hamburger Musikpublikums seien nur mit Vorbehalten erfüllt worden; das bekannt hochsensible Klasse-Orchester habe sich unter Solti nicht zu einer Gipfelleistung aufschwingen können. Die Harburger Anzeigen und Nachrichten wiederum taten jedermann kund, man habe mit Georg Solti eine «Sternstunde» erlebt: «Der ungarische Maestro mit dem englischen Adelsprädikat gab dem NDR-Symphonieorchester die Ehre und führte mit gewohnten Supertemperament vor, was es heißt, wenn ein Weltklassedirigent am Pult steht» (16. Februar 1981). Der dritte Satz der *Pathétique* sei allerdings eher zer- als geschmettert worden. Diese recht untypischen und wenig profunden Kritiken lassen den Verdacht aufkommen, daß die Enttäuschung über Soltis Ablehnung, das heimische Orchester zu übernehmen, in Hamburg und Umgebung noch nicht

überall verwunden war. Im Herbst 1981 folgte schließlich jenes Konzert mit dem Chicago Symphony Orchestra, von dem unser hanseatischer Exkurs ausging. Am Tag darauf, also am 19. September 1981, ging diese vierte Europa-Tournee des CSO mit der Aufführung von Mahlers Neunter Symphonie in Londons Royal Festival Hall zu Ende.
Wir haben bei den einzelnen Stationen auf dieser Tournee die Gelegenheit wahrgenommen, jeweils rückblickend darzustellen, was sich dort in bezug auf Soltis Tätigkeit als Gastdirigent seit seinem Weggang von Frankfurt alles abgespielt hat. Daß auch Solti selber dann und wann auf seine früheren Konzert- und Opernaufführungen in dieser oder jener Stadt zurückschaute und sich dabei seine Gedanken machte, scheint durchaus möglich, weshalb sich unser Verfahren auch einigermaßen rechtfertigt. Freilich werden seine Gedanken und Erinnerungen sich nicht nur geradlinig in vergangene Zeiten zurückerstreckt haben, sondern auch in vielerlei Querbezügen, wobei für ihn bald die eine und bald die andere große oder kleine Begebenheit wichtig oder sonstwie bedeutungsvoll gewesen sein mag. Da wir aber darüber nicht Bescheid wissen oder höchstens andeutungsweise und in Ausnahmefällen, soll auch dieser letzte Abschnitt über sein Wirken, das wir als Außenstehende verfolgen, in gerader Linie und chronologischer Reihenfolge verlaufen. Zu sagen bleibt, auf die faktischen Ereignisse bezogen, nicht mehr viel, wenigstens nicht im Rahmen des hier Möglichen. Mit Ausnahme von Berlin nämlich, das wir übergingen, weil es auf der vierten Europa-Tournee von 1981 mit dem Chicago Symphony Orchester nicht besucht wurde, sind im deutschen Sprachraum wohl alle Städte berücksichtig worden, auf die sich Soltis Dirigententätigkeit konzentriert hat, so daß nun – last but not least – einzig noch die dortigen Geschehnisse aufzuaddieren sind. Wie erinnerlich haben Solti-Auftritte in Berlin schon Ende der vierziger Jahre und in den fünfzigern stattgefunden; sie werden daher nicht noch einmal erwähnt. Ebenso ist bereits auf das Konzert mit den Wiener Philharmonikern vom 8. Oktober 1962 verwiesen worden, so daß jetzt als nächstes das vom 3. und 4. Juni 1966 zu nennen ist. An diesen beiden Tagen dirigierte Solti das 8. Abonnementkonzert in der Philharmonie und brachte mit dem Berliner Philharmonischen Orchester die Zweite Symphonie in C-Dur op. 61 von Schumann, das Konzert für Violine und Orchester in a-Moll op. 53 von Antonín Dvořák (Solist: Thomas Brandis) und *Till Eulenspiegels lustige Streiche* von Richard Strauss zu Ohren des begeisterten Musikpublikums. Im folgenden Jahr weilte der Maestro während der Berliner Festwochen in der Philharmonie zu Gast. Die Philharmoniker spielten am 6. Oktober 1967 unter seiner Leitung das Monodram *Er-*

wartung von Arnold Schönberg, die Ballettsuite *Jeu de cartes* und die *Symphony in Three Movements* (Symphonie in drei Sätzen) von Igor Strawinsky. Die Solistin war Helga Pilarczyk. Das nächste Wiedersehen mit den Berliner Konzertbesuchern, die Solti als «aufgeschlossen, interessiert und mitreißend» bezeichnete, ergab sich 1971 auf der ersten Europa-Tournee mit den Chicagoer Symphonikern. Wahrscheinlich fanden in jenem September zwei Konzerte statt. Bis Solti ein weiteres Mal mit dem CSO in Berlin gastierte, vergingen nicht weniger als sieben Jahre, doch bei den Festwochen-Aufführungen vom 10. und 11. September 1978 sah er sein Orchester und sich in der Philharmonie um so überschwenglicher gefeiert. Wie Klaus Geitel trefflich bemerkte, hat das Chicago Symphony Orchestra in Sir Georg einen Dirigenten verpflichtet, «dessen peitschende Vehemenz, dessen spornende und fordernde, bohrend intensive Darstellungslust, die aufs Gleißende, die Erhellung (aber nicht Ausnüchterung) der Musik zielt, so etwas wie einen ‹amerikanischen Traum› der musikalischen Interpretation zu realisieren vermag». Solti, setzte Geitel hinzu, sei sicherlich einer der großen Klangdesigner unter den Dirigenten der Weltelite. Im ersten Konzert mit Debussys *La mer* und dem *Prélude à l'aprés-midi d'un faune* sowie Mahlers Erster Symphonie in D-Dur, auch *Titan* genannt, sei es dem Dirigenten gelungen, auf unverwechselbare Weise Luzidität und Temperament zu vereinen, Hellsicht mit Passion, und davon habe denn auch seine Auslegung der Mahler-Symphonie großartig profitiert:

Soltis Interpretationen beziehen gewissermaßen auf die zugespitzteste Weise eine mittlere Position. Zwischen Karajans üppig musikselige, weich zeichnende Interpretationen und die hager asketischen der Analytiker (...) setzt Solti entschlossen die seinen, in denen Phantasie, Verstandesschärfe, Genauigkeit und musikantischer Schwung auf bannende Art ineinandergreifen. Das ist es tatsächlich: Solti und sein Orchester vermögen den Hörer zu bannen, ohne ihn einzulullen. («Die Welt», 12. September 1978)

Im zweiten Konzert boten die amerikanischen Musiker unter Soltis Leitung die Erste Symphonie in C-Dur op. 21 von Beethoven und die Siebente in E-Dur von Bruckner dar, und erneut fielen die meisten Kritiken überaus anerkennend aus. Als Solti im nächsten Jahr nach nahezu zwölfjährigem Unterbruch wieder ans Pult der Berliner Philharmoniker zurückkehrte und am 3. und 4. März 1979 Mahlers Zweite Symphonie in c-Moll dirigierte, bei deren Aufführung die Sopranistin Lucia Popp, die israelische Mezzosopranistin Mira Zakai und der Chor der St.-Hedwigs-Kathedrale mitwirkten, wurde ihm ein triumphaler Empfang beschert. Ob die Rückkehr Wolfgang Stresemann, dem eben ausgeschiedenen langjährigen Intendanten des Orchesters zu verdanken war oder seinem unternehmungslustigen Nachfolger Peter Girth, wußten die Berliner nicht mit Sicherheit zu sagen. Tatsache war jedenfalls, daß unter Girth Dirigenten zu den Philharmonikern zurückfanden, die man lange vermißte. Überhaupt schien ein neuer Liberalismus einzukehren, denn das Orchester hatte sogar wieder unter anderen Dirigenten Schallplattenaufnahmen machen dürfen. Bis anhin war dazu nur Karajan berechtigt gewesen, der in dieser Saison das Orchester nur gerade vierzehn Mal in Berlin leitete. Solti habe für Eindrücke gesorgt, schrieb Wilfried W. Bruchhäuser, die man ohne Übertreibund und Leichtfertigkeit als sensationell bezeichnen dürfe. Bei der Interpretation von Mahlers «Auferstehungs»-Symphonie sei Sir Georg keine Kompromisse eingegangen. «Nicht ästhetisch mild verpackte Verklärungen entsprechen seinen Intensionen, nicht Schönklang um jeden Preis, sondern die auf die Spitze getriebene Durchformung der Charakteristik, die die Partitur enthält» («Berliner Morgenpost», 6. März 1979). Im Jahr 1981 besuchte Solti die Freiheitsinsel West-Berlin nicht auf der Tournee mit dem Chicago Symphony Orchestra, sondern schon vorher als Gastdirigent der Berliner Philharmoniker. Bei den zwei Konzerten vom 6. und 7. März dirigierte er allerdings eines der Tournee-Programme: die Vierte Symphonie in e-Moll op. 98 von Brahms und das *Konzert für Orchester* von Bartók, das erstmals bei seinen Frankfurter Museums-Konzerten auf dem Programm gestanden hatte. «Es ist jetzt gut dreißig Jahre her», erinnerte sich Hans Heinz Stuckenschmidt, der Altmeister deutscher Musikkritik, der in jenem Jahr achtzig werden sollte, «daß er hier als Pianist und Dirigent zuerst seinen unvergleichlichen Zauber ausübte. Inzwischen hat er damit die Welt erobert.» Und dann beschrieb Stuckenschmidt in gewohnt souveräner Manier Soltis Zeichengebung, von der hier schon so oft gesprochen wurde. Lassen wir sie uns ein letztes Mal von ihm vor Augen führen:

Seither ist er als Interpret noch gewachsen, doch als Tänzer vor dem Orchester viel ruhiger geworden. Noch immer ist sein nervöser Körper geladen von ausstrahlenden musikalischen Energien, und wenn die Bildkraft der beredten Hände, der unermüdlichen Linken mit dem fordernden, die Töne heranwinkenden und herauskitzelnden Zeigefinger nicht mehr ausreicht, wird der ganze Mann zum Mittel der Zeichengebung. Was dabei musikalisch herauskommt, ist stets außerordentlich. Wie Solti die Zeitmaße der Vierten Symphonie von Brahms anlegt, wie er straff und doch in weiten, romantischen Bögen die melodischen Kerne entschält, das ist ein echtes musikalisches Erlebnis. («Frankfurter Allgemeine», 12. März 1981)

Zusammen mit dem vorhergegangenen Zitat aus einer Konzertbesprechung von Klaus Geitel entsteht so zum Abschluß noch einmal ein plastisches Bild von Soltis großer Dirigentenpersönlichkeit und seiner Kunst der Interpretation. 1982 hat er in Berlin nicht dirigiert, und auch in anderen Städten Europas ist er nach seiner vierten Tournee mit dem Chicago Symphony Orchestra kaum aufgetreten, London natürlich ausgenommen. Von seinen Konzerten während der Saison 1982/83 mit dem CSO und dem London Philharmonic Orchestra und von seinem Bayreuther Engagement im Sommer 1983 und vielleicht auch 1984 und 1985 haben wir bereits vernommen, so daß lediglich noch zu erwähnen bleibt, daß er in diesem Jahr voraussichtlich auch wieder mit den Berliner Philharmonikern musizieren wird. Doch obwohl damit unsere Schilderung von Soltis musikalischem Leben – seiner Ausbildungszeit und seiner Tätigkeit als Pianist, Opern- und Konzertdirigent – beendet ist, geht für ihn der bunte Reigen seiner Auftritte in der Alten und Neuen Welt und sein unermüdliches Schaffen als Orchesterleiter und Interpret von Musikwerken weiter. Daß er, der ständig Gebende und sein Publikum so reich Beschenkende, selber auch Eindrücke und Anregungen nach Hause bringt, die in die Zukunft weisen und seine Arbeit weiterhin erregend spannungsvoll machen, versteht sich von selbst. Sollte er gerade bei den letzten Konzerten vom März 1981 in Berlin eine nachhaltige Anregung empfangen haben, die für seine weitere Tätigkeit in gewisser Beziehung bestimmend sein könnte und über das Ende dieses Bandes fast tröstlich hinauswiese, wäre dies sicherlich besonders reizvoll. Und in der Tat scheint es zumindest, daß Solti so etwas erlebte, denn vor seinen jüngsten Berliner Konzerten hatte eben der polnische Komponist Witold Lutoslawski die Philharmoniker dirigiert. Dieser eröffnete sein Programm mit der ersten seiner zwei Symphonien, einem viersätzigen Werk, das von der Tonalität wegstrebt, ohne sie zu überwinden. Hierauf sang Halina Lukomska fünf Orchesterlieder Lutoslawskis nach Gedichten von Kazimiera Illakowicz, und nach der Pause spielte Roman Jablonski das Cellokonzert *Mi-Parti* des polnischen Meisters. Vielleicht war Solti bei diesem Konzert in der Berliner Philharmonie zugegen, vielleicht auch nicht – jedenfalls hat man im folgenden Jahr hören können, daß er demnächst Werke von Lutoslawski aufzuführen gedenke.

«Ich bin kein ausgeklügelt Buch, ich bin ein Mensch mit seinem Widerspruch.» Dieses Zitat aus einer Dichtung von C.F. Meyer läßt sich sowohl auf den vorliegenden Band als auch auf Solti selber anwenden. Es konnte und durfte hier nicht darum gehen, Soltis Leben und Wirken auf eine leicht zu handhabende Formel zu bringen, mit deren Hilfe man dann in der Lage wäre, ebenso vereinfachend wie verfälschend zu behaupten, Solti sei der und der und habe dieses und jenes getan – voilà. Müßig ist es auch, auf bündige und endgültige Weise seinen Rang oder seinen Stellenwert in der heutigen Musikwelt bezeichnen zu wollen. Dazu hat sich Gerhard R. Koch in einem Artikel zu Soltis siebzigstem Geburtstag vom 21. Oktober 1982 sehr pointiert und treffsicher geäußert: «Die Frage, ob er etwa der bedeutendste Dirigent seiner Generation oder wer etwa größer sei, Karajan, Solti oder Bernstein, ist läppisch belanglos, verzerrt unsinnig das Bild von Musik überhaupt in eine kulturindustrielle Sphäre, in der das Wie allemal wichtiger als das Was erscheinen soll. Solti ist einer der überragenden Dirigenten der Nachkriegszeit – alle weiteren Überlegungen sind letztlich überflüssig» («Frankfurter Allgemeine», 21. Oktober 1982). Aus diesem Grunde lag das Hauptgewicht in dieser Darstellung darauf, einen möglichst umfänglichen Einblick in das Werden und Wachsen, Streben und Bemühen des Dirigenten zu vermitteln, es in möglichst vielen Facetten zu widerspiegeln und damit eine Ganzheit sichtbar werden zu lassen, die nur dem Leben selbst zu eigen ist, nicht aber dem einzelnen Beispiel. Deshalb ist nach Möglichkeit auch seine Umgebung einbezogen, sind die Mitmenschen berücksichtig worden, Freunde und Kollegen, Kritiker und Künstler: nur in solcher Gesamtheit kann eine Existenz mehr oder minder exemplarischen Charakter erhalten und für andere bedeutungsvoll sein. Und nur so bleibt die Relation zwischen Persönlichem und Beispielhaftem auch einigermaßen ausgewogen und wird nichts Absolutes postuliert, das ganz andere Dirigentenschicksale undenkbar machte. Weniger im Ergebnis als vielmehr im lesenden Miterleben erschließt sich somit Soltis Persönlichkeit und Tätigkeit, die bis zu einem gewissen Grad, aber nicht darüber hinaus, mit der eines Dirigenten schlechthin gleichgesetzt werden kann.

Wer auf rasche Ergebnisse aus war und in kurzer Frist Endgültiges in die Hand zu bekommen hoffte, vielleicht auch Sensationelles und schnell Verwertbares, sieht sich auf den Text zurückverwiesen, auf all das, was ihm bei seiner Lesart entging. Nicht anders dürfte es den Lesern und Zuhörern ergehen, für die ein Dirigent so etwas wie ein Zauberer, ein vergöttertes Fabelwesen ist, und die eine Bestätigung dieser Ansicht wünschten. Zwar besteht keine Parallele zwischen diesem Buch und Soltis Dirigiertätigkeit; dennoch soll bei dieser Gelegenheit darauf hingewiesen werden, wie er sich zu seinem Publikum stellt. Ein gutes Publikum, sagte er, liebe er sehr, weil es ihn stimuliere und für ihn eine unglaubliche, phantastische Inspira-

tion sei. «Gutes Publikum, das ist nicht eines, das kräftig klatscht und schreit, sondern eines, das zuhört, und zwar so, daß ich das Gefühl habe, es kennt das Werk und weiß, was ich mache. (...) Ein gutes Publikum ist das Beste, was man beim Musikmachen haben kann. Es ist etwas unglaublich Schönes. Aber man hat es leider nicht oft. Wenn ich es aber einmal habe, dann empfinde ich ein Gefühl des Glücks» («Große Interpreten im Gespräch», Seite 215).
Wenn also dieser Band ein wenig dazu beitrüge, vermehrtes Verständnis in bezug auf die Tätigkeit und die Anliegen von Dirigenten und namentlich von Georg Solti zu schaffen, wäre sein Zweck schon weitgehend erfüllt. Daß wir zur Anwendung von unzulänglichen Wertmaßstäben neigen, mag oft auch daran liegen, daß es mit unserer musischen und besonders musikalischen Erziehung und Ausbildung nicht gerade weit her ist und daß darum unser Verhältnis zur Musik nicht sachverständig und natürlich, sondern eher gesellschaftlich oder anderswie beengt ist. In diesem Zusammenhang darf vielleicht auf Soltis Landsmann Zoltán Kodály aufmerksam gemacht werden, der in lebenslanger Arbeit als Musikpädagoge ein Ausbildungssystem schuf, das vom Kindergarten bis zur Oberstufe führt und zur Entwicklung des Musiklebens in seinem Lande wesentlich beitrug. Dank einer solchen Schulung in noch jungen Jahren ist es auch eher möglich, an jeder Art von Musik teilzuhaben und über sie wie auch über Dirigenten und deren Aufgaben unbefangener zu urteilen.
Man hat Georg Solti schon einen musikalischen Weltbürger genannt. Das ist er gewiß auch, wie mancher seiner Kollegen. Viel kennzeichnender für seine Persönlichkeit ist jedoch der Umstand, daß er sich im Laufe seiner Karriere weder für Amerika noch für Kontinentaleuropa entschied, sondern sein eigentliches Zuhause und seine neue Heimat in England fand. Eine Heimat sucht man sich ja nicht aus; sie wird einem vielmehr da geschenkt, wo das Herz seinen Frieden und seine Erfüllung findet: das Glück. Daß es ihm ausgerechnet in seiner insularen Befindlichkeit anheimfiel, war alles andere als bloßer Zufall, sondern wesensgemäßes Schicksal, denn in solch verschlossener Inständigkeit und expressiver Ausdrücklichkeit einerseits, in einer derartigen Position der Mitte andererseits haben wir den Dirigenten immer wieder angetroffen. Wir haben ihn als großartigen Mittler und Vermittler von Musik kennengelernt, voll feurig-schwungvoller und doch gebändigter, verinnerlichter Lebenslust und Musizierfreude, und so ist England für ihn der Ort seiner Bestimmung als Mensch und Interpret geworden: ein Ort des inneren und äußeren Ausgleichs und somit der glücklichen Erwahrung eines Gleichgewichts. Von daher sind ihm auch neue Kräfte zugeflossen, die es ihm ermöglichten, sich sowohl für die Neue wie auch

für die Alte Welt zu entschließen, sein persönliches Paradoxon somit zu überwinden und zugleich sich selber und seiner Familie treu zu bleiben. Treue bezeugt er aber ebenso gegenüber seinem Auftrag, die großen klassischen Meisterwerke zu bewahren und seiner Mit- und Nachwelt zu übermitteln. Dafür schulden ihm zahllose Menschen unserer Zeit Dank und Anerkennung. Bewunderung indessen verdient Georg Solti für sein unablässig aufopferndes Bestreben, die herrliche Musik, in deren Dienst er seine außerordentliche Begabung stellt, niemals zu einer Routineangelegenheit, sondern stets und überall zu einem Fest der Sinne werden zu lassen, zu jenem berückenden und bewegenden Ereignis, in welchem der Mensch in traumhaftem Vergessen zur höchsten Idee seiner selbst gelangt. Wollte man Soltis Wirken ganz kurz umschreiben, ließe sich sagen, daß sich darin eine künstlerische Maxime Gustav Mahlers verwirklicht: «In jeder Aufführung muß das Werk neu geboren werden.» Unter diesem Aspekt dürfen sich die Musikfreunde ganz besonders auf die *Ring*-Aufführungen vom Juli und August 1983 in Bayreuth freuen, die vielleicht in den beiden nächsten Jahren ebenfalls unter Soltis Leitung wiederholt werden. Näheres dazu steht ja bereits in der Einleitung dieses Buches, so daß auch in dieser musikalischen Biographie der Kreis abgeschritten ist und zugleich aufs neue sich eröffnet – den weiteren musikalischen Ereignissen in Georg Soltis Dirigentenleben entgegen.

Diskographie

Verzeichnis der gegenwärtig erhältlichen Schallplattenaufnahmen Georg Soltis. Die meisten Aufnahmen sind auch als Musikkassetten erhältlich. – Sämtliche Opern, Messen etc. werden in der Originalsprache gesungen.

DECCA

BÉLA BARTÓK

Herzog Blaubarts Burg
Kolos Kovats, Baßbariton – Silvia Sass, Sopran – István Sztankay, Sprecher
London Philharmonic Orchestra
Aufgenommen: März 1979
6.42556

Konzert für Klavier und Orchester Nr. 1
Sonate für zwei Pianos und Schlaginstrumente
Vladimir Ashkenazy, Klavier
London Philharmonic Orchestra
Aufgenommen: 1981
SXDL 7605 Digital-Aufnahme

Konzert für Klavier und Orchester Nr. 2
Vladimir Ashkenazy, Klavier
London Philharmonic Orchestra
Aufgenommen: Februar 1978
6.42552

Konzert für Klavier und Orchester Nr. 3
Vladimir Ashkenazy, Klavier
London Philharmonic Orchestra
Aufgenommen: Februar 1978
6.42552

Konzert für Orchester
London Symphony Orchestra
Aufgenommen: Februar 1965
6.42573

Chicago Symphony Orchestra
Aufgenommen: Januar 1981
6.42670 Digital-Aufnahme

Konzert für Violine und Orchester Nr. 2 h-Moll
Kyung Wa Chung, Violine
London Philharmonic Orchestra
Aufgenommen: Februar 1976
6.42285

Musik für Saiteninstrumente, Schlagzeug und Celesta
London Philharmonic Orchestra
Aufgenommen: April 1955
ECS 533

London Symphony Orchestra
Aufgenommen: Dezember 1963
6.41418

Tanz-Suite
London Philharmonic Orchestra
Aufgenommen: April 1955
ECS 533

London Symphony Orchestra
Aufgenommen: Februar 1965
6.42573

Chicago Symphony Orchestra
Aufgenommen: Januar 1981
6.42670 Digital-Aufnahme

Der wunderbare Mandarin,
op. 19 – Suite
London Symphony Orchestra
Aufgenommen: Dezember 1963
6.41418

LUDWIG VAN BEETHOVEN

Coriolan-Ouvertüre e-Moll, op. 62
Chicago Symphony Orchestra
Aufgenommen: September 1974
6.35275 (9 LPs)

Egmont-Ouvertüre f-Moll, op. 84,1
Chicago Symphony Orchestra
Aufgenommen: Mai 1972
6.35275 (9 LPs)

Fidelio, op. 72
Hildegard Behrens, Sona Ghazarian, Sopran – Peter Hofmann, David Kuebler, Robert Johnson, Tenor – Theo Adam, Baßbariton – Hans Sotin, Gwynne Howell, Philipp Kraus, Baß
Chicago Symphony Orchestra und Chor. Aufgenommen: Mai 1979
6.35492 (3 LPs) Digital-Aufnahme

Konzert für Klavier und Orchester Nr. 1 C-Dur, op. 15
Vladimir Ashkenazy, Klavier
Chicago Symphony Orchestra
Aufgenommen: Mai 1972
6.35120 (4 LPs)
6.41987

Konzert für Klavier und Orchester Nr. 2 B-Dur, op. 19
Vladimir Ashkenazy, Klavier
Chicago Symphony Orchestra
Aufgenommen: Mai 1972
6.35120 (4 LPs)
6.42028

Konzert für Klavier und Orchester Nr. 3 c-Moll, op. 37
Vladimir Ashkenazy, Klavier
Chicago Symphony Orchestra
Aufgenommen: Mai 1972
6.35120 (4 LPs)
6.41924

Konzert für Klavier und Orchester Nr. 4 G-Dur, op. 58
Vladimir Ashkenazy, Klavier
Chicago Symphony Orchestra
Aufgenommen: Mai 1972
6.35120 (4 LPs)
6.41845

Konzert für Klavier und Orchester Nr. 5 Es-Dur, op. 73
Vladimir Ashkenazy, Klavier
Chicago Symphony Orchestra
Aufgenommen: Mai 1972
6.35120 (4 LPs)
6.41502

Leonoren-Ouvertüre Nr. 3 C-Dur, op. 72 a
Chicago Symphony Orchestra
Aufgenommen: Mai 1972
6.35275 (9 LPs)

Missa Solemnis D-Dur, op. 123
Lucia Popp, Sopran – Yvonne Minton, Alt – Mallory Walker, Tenor – Gwynne Howell, Baß
Chicago Symphony Orchestra und Chor
Aufgenommen: Mai 1977
6.35410 (2 LPs)

Symphonie Nr. 1 C-Dur, op. 21
Chicago Symphony Orchestra
Aufgenommen: September 1974
6.35275 (9 LPs)
6.42371

Symphonie Nr. 2 D-Dur, op. 36
Chicago Symphony Orchestra
Aufgenommen: September 1974
6.35275 (9 LPs)
6.42256

Symphonie Nr. 3 Es-Dur, op. 55 «Eroica»
Wiener Philharmoniker
Aufgenommen: Mai 1959
6.41517

Chicago Symphony Orchestra
Aufgenommen: September 1974
6.35275 (9 LPs)
6.42255

Symphonie Nr. 4 B-Dur, op. 60
Chicago Symphony Orchestra

Aufgenommen: September 1974
6.35275 (9 LPs)
6.42256

Symphonie Nr. 5 c-Moll, op. 67
Chicago Symphony Orchestra
Aufgenommen: September 1974
6.35275 (9 LPs)
6.42151

Symphonie Nr. 6 F-Dur, op. 68
«Pastorale»
Chicago Symphony Orchestra
Aufgenommen: September 1974
6.35275 (9 LPs)
6.42093

Symphonie Nr. 7 A-Dur, op. 92
Wiener Philharmoniker
Aufgenommen: Oktober 1958
6.42295

Chicago Symphony Orchestra
Aufgenommen: September 1974
6.35275 (9 LPs)
6.42372

Symphonie Nr. 8 F-Dur, op. 93
Chicago Symphony Orchestra
Aufgenommen: September 1974
6.35275 (9 LPs)
6.42371

Symphonie Nr. 9 d-Moll, op. 125
Pilar Lorengar, Sopran – Yvonne Minton, Mezzosopran – Stuart Burrows, Tenor – Martti Talvela, Baß
Chicago Symphony Orchestra und Chor
Aufgenommen: Mai 1972
6.35275 (9 LPs)
6.48025 (2 LPs)

HECTOR BERLIOZ

La Damnation de Faust
Frederica von Stade, Mezzosopran – Kenneth Riegel, Tenor – Malcolm King, José van Dam, Baß
Chicago Symphony Orchestra und Chor
Aufgenommen: 1981
6.35586 (3 LPs) Digital-Aufnahme

Les Francs-Juges, op. 3
(Die Femerichter)
Chicago Symphony Orchestra
Aufgenommen: Mai 1974
6.41839

Symphonie fantastique, op. 14
Chicago Symphony Orchestra
Aufgenommen: Mai 1972
6.41482

GEORGES BIZET

Carmen
Kiri te Kanawa, Norma Burrowes, Sopran – Tatiana Troyanos, Mezzosopran – Jane Berbié, Alt – Placido Domingo, Jacques Loreau, Michael Roux, Michel Sénéchal, Jean-Pierre Remy, Tenor – José van Dam, Thomas Allen, Bariton – Pierre Thau, Baß
John Alldis Chor
London Philharmonic Orchestra
Aufgenommen: Juli 1975
6.35312 (3 LPs)

– *Vorspiel zum 1. Akt*
Orchester des Royal Opera House Covent Garden, London
Aufgenommen: März 1968
SPA 127

ALEXANDER BORODIN

Fürst Igor
– *Ouvertüre*
Berliner Philharmoniker
Aufgenommen: Juni 1959
6.48118 (2 LPs)

London Symphony Orchestra
Aufgenommen: Dezember 1965
SXL 6263

– *Polowetzer Tänze*
London Symphony Orchestra und Chor

Aufgenommen: Dezember 1965
SXL 6263

JOHANNES BRAHMS

Akademische Fest-Ouvertüre, op. 80
Chicago Symphony Orchestra
Aufgenommen: Mai 1978
6.35461 (4 LPs)

Ein deutsches Requiem, op. 45
Kiri te Kanawa, Sopran – Bernd Weikl, Bariton
Chicago Symphony Orchestra und Chor
Aufgenommen: Mai 1978
6.35462 (2 LPs)

Sonaten für Violine und Klavier
Nr. 1 G-Dur, op. 78 – Nr. 2 A-Dur, op. 100 – Nr. 3 d-Moll, op. 108
mit Georg Kulenkampff, Violine
Aufgenommen: Februar 1947 und Juli 1948
ECM 831

Symphonie Nr. 1 c-Moll, op. 68
Chicago Symphony Orchestra
Aufgenommen: Januar 1979
6.35461 (4 LPs)

Symphonie Nr. 2 D-Dur, op. 73
Chicago Symphony Orchestra
Aufgenommen: Januar 1979
6.35461 (4 LPs)

Symphonie Nr. 3 F-Dur, op. 90
Chicago Symphony Orchestra
Aufgenommen: Mai 1978
6.35461 (4 LPs)

Symphonie Nr. 4 e-Moll, op. 98
Chicago Symphony Orchestra
Aufgenommen: Mai 1978
6.45461 (4 LPs)
6.42388

Tragische Ouvertüre, op. 81
Chicago Symphony Orchestra
Aufgenommen: Mai 1978
6.35461 (4 LPs)

Variationen über ein Thema von Haydn, op. 56a
Chicago Symphony Orchestra
Aufgenommen: Mai 1977
6.35462 (2 LPs)

ANTON BRUCKNER

Symphonie Nr. 4 Es-Dur «Romantische»
Chicago Symphony Orchestra
Aufgenommen: Januar 1981
6.42709 Digital-Aufnahme

Symphonie Nr. 5 B-Dur
Chicago Symphony Orchestra
Aufgenommen: Januar 1980
6.35562 (2 LPs) Digital-Aufnahme

Symphonie Nr. 6 A-Dur
Chicago Symphony Orchestra
Aufgenommen: Januar 1979
6.42555

Symphonie Nr. 7 E-Dur
Wiener Philharmoniker
Aufgenommen: November 1965
6.35166 (2 LPs)

Symphonie Nr. 8 c-Moll
Wiener Philharmoniker
Aufgenommen: November 1966
6.35169 (2 LPs)

CLAUDE DEBUSSY

La Mer
Chicago Symphony Orchestra
Aufgenommen: Mai 1976
6.42200

Prélude à l'après-midi d'un faune
(Der Nachmittag eines Faun)
Chicago Symphony Orchestra
Aufgenommen: Mai 1976
6.42200

MAURICE RAVEL
Boléro
RICHARD STRAUSS
Also sprach Zarathustra
CLAUDE DEBUSSY
Der Nachmittag eines Faun

Chicago Symphony Orchestra
Aufgenommen: 1975/76
6.48250 DMM

PAUL DUKAS

L'Apprenti sorcier
(Der Zauberlehrling)
Israel Philharmonic Orchestra
Aufgenommen: März 1957
6.42143

EDWARD ELGAR

Cockaigne-Ouvertüre
(In London Town), op. 40
London Philharmonic Orchestra
Aufgenommen: Februar 1976
6.42292

Enigma, op. 36
(Variationen über ein eigenes Thema)
Chicago Symphony Orchestra
Aufgenommen: Mai 1974
6.48118 (2 LPs)

Falstaff, op. 68
London Philharmonic Orchestra
Aufgenommen: Dezember 1979
SXL 6963

In the South (Alassio), op. 50
London Philharmonic Orchestra
Aufgenommen: Dezember 1979
SXL 6963

Konzert für Violine und Orchester h-Moll, op. 61
Kyung Wha Chung, Violine
London Philharmonic Orchestra
Aufgenommen: Februar 1977
6.42309

Pomp und Circumstance, op. 39, Nr. 1–5
London Philharmonic Orchestra
Aufgenommen: Februar 1977
6.42292

Symphonie Nr. 1 As-Dur, op. 55
London Philharmonic Orchestra
Aufgenommen: Februar 1972
SXL 6569

Symphonie Nr. 2 Es-Dur, op. 63
London Philharmonic Orchestra
Aufgenommen: Februar 1975
SXL 6723

MICHAEL GLINKA

Ruslan und Ludmilla – Ouvertüre
Berliner Philharmoniker
Aufgenommen: Juni 1959
SPA 257

London Symphony Orchestra
Aufgenommen: Dezember 1965
SXL 6263

CHRISTOPH WILLIBALD GLUCK

Orfeo ed Euridice (Orpheus und Eurydike)
Pilar Lorengar, Helen Donath, Sopran – Marilyn Horne, Mezzosopran
Chor und Orchester des Royal Opera House Covent Garden, London
Aufgenommen: Juli 1969
6.35209 (2 LPs)

CHARLES GOUNOD

Margarethe (Faust) – Ballettmusik
Orchester des Royal Opera House Covent Garden, London
Aufgenommen: Mai 1960
6.41649

JOSEPH HAYDN

Die Schöpfung
Norma Burrowes, Sylvia Greenberg, Sopran – Rüdiger Wohlers, Tenor – James Morris, Siegmund Nimsgern, Bariton
Chicago Symphony Orchestra und Chor
Aufgenommen: 1981
6.35600 (2 LPs) DMM Digital-Aufnahme

Symphonien Nr. 96 D-Dur «Miracle»/Nr. 101 D-Dur «Die Uhr»
London Philharmonic Orchestra
Aufgenommen: 1981
6.42727 DMM Digital-Aufnahme

Symphonien Nr. 102 B-Dur/Nr. 103 Es-Dur «mit dem Paukenwirbel»
London Philharmonic Orchestra
Aufgenommen: Dezember 1981
6.42733 DMM Digital-Aufnahme

ENGELBERT HUMPERDINCK

Hänsel und Gretel
Lucia Popp, Norma Burrowes, Edita Gruberova, Sopran – Brigitte Fassbänder, Julia Hamari, Mezzosopran – Anny Schlemm, Alt – Walter Berry, Bariton
Wiener Sängerknaben
Wiener Philharmoniker
Aufgenommen: Februar 1978
6.35436 (2 LPs)

GUSTAV HOLST

The Planets, op. 32 (Die Planeten)
Frauenchor des London Philharmonic Orchestra
London Philharmonic Orchestra
Aufgenommen: Februar 1978
6.42458

ZOLTÁN KODÁLY

Háry János – Suite
London Philharmonic Orchestra
Aufgenommen: April 1955
ECS 519

Psalmus Hungaricus, op. 13
William McAlpine, Tenor
London Philharmonic Chor
London Philharmonic Orchestra
Aufgenommen: April 1954
ECS 533

Tänze aus Galánta
London Philharmonic Orchestra
Aufgenommen: November 1952
ECS 519

Variationen über ein ungarisches Volkslied «Der Pfau»
London Philharmonic Orchestra
Aufgenommen: April 1954
ECS 519

FRANZ LISZT

Episoden aus Lenaus «Faust» – Nr. 2: Mephisto-Walzer Nr. 1
(Der Tanz in der Dorfschenke)
Orchestre de Paris
Aufgenommen: Juni 1974
SXL 6709

Festklänge, Symphonische Dichtung Nr. 7
London Philharmonic Orchestra
Aufgenommen: April 1977
6.42262

Les Préludes, Symphonische Dichtung Nr. 3
London Philharmonic Orchestra
Aufgenommen: April 1977
6.42262

Prometheus, Symphonische Dichtung Nr. 5
London Philharmonic Orchestra
Aufgenommen: April 1977
6.42262

Tasso, Symphonische Dichtung Nr. 2
Orchestre de Paris
Aufgenommen: Juni 1974
SXL 6709

Von der Wiege bis zum Grabe, Symphonische Dichtung Nr. 13
Orchestre de Paris
Aufgenommen: Juni 1974
SXL 6709

GUSTAV MAHLER

Des Knaben Wunderhorn
– Verlor'ne Mühe Nr. 2/Das irdische Leben Nr. 5/Rheinlegendchen Nr. 7/Wo die schönen Trompeten blasen Nr. 9

Yvonne Minton, Mezzosopran
Chicago Symphony Orchestra
Aufgenommen: März 1970
6.35566 (2 LPs)

Lieder eines fahrenden Gesellen
Yvonne Minton, Mezzosopran
Chicago Symphony Orchestra
Aufgenommen: März 1970
6.35566 (2 LPs)

Das Lied von der Erde
Yvonne Minton, Mezzosopran – René Kollo, Tenor
Chicago Symphony Orchestra
Aufgenommen: Mai 1972
6.35566 (2 LPs)

Symphonie Nr. 1 D-Dur
«Der Titan»
London Symphony Orchestra
Aufgenommen: Januar 1964
6.35230 (15 LPs)
6.35131 (2 LPs)

Symphonie Nr. 2 c-Moll
«Auferstehung»
Heather Harper, Sopran – Helen Watts, Alt
London Symphony Orchestra und Chor
Aufgenommen: Mai 1966
6.35230 (15 LPs)
6.48033 (2 LPs)

Isobel Buchanan, Sopran – Mira Zakai, Alt
Chicago Symphony Orchestra und Chor
Aufgenommen: Mai 1980
6.35540 (2 LPs) Digital-Aufnahme

Symphonie Nr. 3 d-Moll
Helen Watts, Alt – Dennis Wicks, Posaune – John Georgiadis, Violine – William Lang, Posthorn
Ambrosian Chorus – Boys from Wandsworth School
London Symphony Orchestra
Aufgenommen: Januar 1968
6.35230 (15 LPs)
6.48035 (2 LPs)

Symphonie Nr. 4 G-Dur
Sylvia Stahlmann, Sopran
Concertgebouw Orchester Amsterdam
Aufgenommen: 1960
6.35230 (15 LPs)
6.35131 (2 LPs)

Symphonie Nr. 5 cis-Moll
Adolf Herseth, Trompete – Dale Clevenger, Horn
Chicago Symphony Orchestra
Aufgenommen: März 1970
6.35230 (15 LPs)
6.48128 (2 LPs)

Symphonie Nr. 6 a-Moll
Chicago Symphony Orchestra
Aufgenommen: März 1970
6.35230 (15 LPs)
6.48129 (2 LPs)

Symphonie Nr. 7 h-Moll «Lied der Nacht»
Chicago Symphony Orchestra
Aufgenommen: Mai 1971
6.35230 (15 LPs)
6.35195 (2 LPs)

Symphonie Nr. 8 Es-Dur
«Symphonie der Tausend»
Heather Harper, Lucia Popp, Arléen Auger, Sopran – Yvonne Minton, Mezzosopran – Helen Watts, Alt – René Kollo, Tenor – John Shirley-Quirk, Bariton – Martti Talvela, Baß
Chor der Wiener Staatsoper – Singverein der Gesellschaft der Musikfreunde Wien – Wiener Sängerknaben
Chicago Symphony Orchestra
Aufgenommen: August und September 1971
6.35230 (15 LPs)
6.35197 (2 LPs)

Symphonie Nr. 9 D-Dur
London Symphony Orchestra
Aufgenommen: April 1967

6.35230 (15 LPs)
6.48083 (2 LPs)

FELIX MENDELSSOHN BARTHOLDY

Symphonie Nr. 4 A-Dur, op. 90 «Italienische»
Israel Philharmonic Orchestra
Aufgenommen: Mai 1958
6.42236

WOLFGANG AMADEUS MOZART

Così fan tutte, K.-V. 588
Pilar Lorengar, Jane Berbié, Sopran – Teresa Berganza, Mezzosopran – Ryland Davies, Tenor – Tom Krause, Bariton – Gabriel Bacquier, Baß
Chor des Royal Opera House Covent Garden, London
London Philharmonic Orchestra
Aufgenommen: Juli 1973
D 56

Don Giovanni, K.-V. 527
Margaret Price, Sylvia Sass, Lucia Popp, Sopran – Stuart Burrows, Tenor – Bernd Weikl, Bariton – Gabriel Bacquier, Kurt Moll, Alfred Sramek, Baß
London Opera Chorus
London Philharmonic Orchestra
Aufgenommen: Oktober 1978
6.35475 (4 LPs)

Die Hochzeit des Figaro, K.-V. 492
Kiri te Kanawa, Lucia Popp, Sopran – Frederica von Stade, Mezzosopran – Robert Tear, Tenor – Thomas Allen, Samuel Ramey, Bariton – Kurt Moll, Baß
London Opera Chorus
London Philharmonic Orchestra
Aufgenommen: 1981
6.35598 (4 LPs) DMM Digital-Aufnahme

Konzert für Klavier und Orchester Nr. 25 C-Dur, K.-V. 503
Alicia de Larrocha, Klavier
London Philharmonic Orchestra
Aufgenommen: Dezember 1977
6.42406

Konzert für Klavier und Orchester Nr. 27 B-Dur, K.-V. 595
Alicia de Larrocha, Klavier
London Philharmonic Orchestra
Aufgenommen: Dezember 1977
6.42406

Serenade Nr. 13 G-Dur, K.-V. 525
«Eine kleine Nachtmusik»
Israel Philharmonic Orchestra
Aufgenommen: Mai 1958
6.42236

Die Zauberflöte, K.-V. 620
Pilar Lorengar, Hanneke van Bork, Cristina Deutekom, Sopran – Yvonne Minton, Hetty Plümacher, Mezzosopran – Stuart Burrows, René Kollo, Gerhard Stolze, Kurt Equiluz, Tenor – Hermann Prey, Dietrich Fischer-Dieskau, Bariton – Martti Talvela, Herbert Lackner, Hans Sotin, Baß
3 Wiener Sängerknaben

Chor der Wiener Staatsoper
Wiener Philharmoniker
Aufgenommen: September 1969
6.35189 (3 LPs)

MODEST MUSSORGSKY

Bilder einer Ausstellung (Bearb. M. Ravel)
Chicago Symphony Orchestra
Aufgenommen: Mai 1980
6.42645 Digital-Aufnahme

Die Fürsten Chowantschina – Vorspiel
Berliner Philharmoniker
Aufgenommen: Juni 1959
SPA 257

London Symphony Orchestra
Aufgenommen: Dezember 1965
SXL 6263

– Tanz der persischen Sklaven
Berliner Philharmoniker
Aufgenommen: Juni 1959
SPA 257

Eine Nacht auf dem kahlen Berge
Berliner Philharmoniker
Aufgenommen: Juni 1959
SPA 257

London Symphony Orchestra
Aufgenommen: Dezember 1965
SXL 6263

JACQUES OFFENBACH

Gaîté Parisienne
(Bearb. M. Rosenthal)
Orchester des Royal Opera House Covent Garden, London
Aufgenommen: Mai 1960
6.41649

Les Contes d'Hoffmann
(Hoffmanns Erzählungen)
– Barcarolle
Orchester des Royal Opera House Covent Garden, London
Aufgenommen: 1959
6.42236

AMILCARE PONCHIELLI

Danze delle Ore
(Tanz der Stunden)
Orchester des Royal Opera House Covent Garden, London
Aufgenommen: 1959
6.48118 (2 LPs)

SERGEJ PROKOFJEW

Klassische Symphonie D-Dur, op. 25
(«Symphonie classique»)
Romeo und Julia, op. 64 (Auszüge)
Chicago Symphony Orchestra
Aufgenommen: 1981
SXDL 7587 Digital-Aufnahme

SERGE RACHMANINOFF

Konzert für Klavier und Orchester Nr. 2 c-Moll, op. 18
Julius Katchen, Klavier
London Symphony Orchestra
Aufgenommen: Juni 1958
6.42382

MAURICE RAVEL

Boléro
Chicago Symphony Orchestra
Aufgenommen: Mai 1976
6.42200

MAURICE RAVEL
Boléro
RICHARD STRAUSS
Also sprach Zarathustra
CLAUDE DEBUSSY
Der Nachmittag eines Faun
Chicago Symphony Orchestra
Aufgenommen: 1975/76
6.48250 DMM

Le Tombeau de Couperin
Chicago Symphony Orchestra
Aufgenommen: Mai 1980
6.42645 Digital-Aufnahme

GIOACCHINO ROSSINI

Il Barbiere di Siviglia (Der Barbier von Sevilla)
– Ouvertüre
Chicago Symphony Orchestra
Aufgenommen: Mai 1972
6.41839

La Boutique fantasque
(Der Zauberladen)
(Bearb. O. Respighi)
Israel Philharmonic Orchestra
Aufgenommen: März 1957
6.42143

L'Italiana in Algeri (Die Italienerin in Algier)
– Ouvertüre
Orchester des Royal Opera House Covent Garden, London

Aufgenommen: 1959
6.41779

Semiramide (Semiramis)
– *Ouvertüre*
Orchester des Royal Opera House Covent Garden, London
Aufgenommen: 1959
6.41779

FRANZ SCHUBERT

Symphonie Nr. 9 C-Dur
Wiener Philharmoniker
Aufgenommen: Juni 1981
6.42693 DMM Digital-Aufnahme

ROBERT SCHUMANN

Julius Cäsar (Ouvertüre)
Wiener Philharmoniker
Aufgenommen: September 1969
6.35122 (3 LPs)

Ouvertüre, Scherzo und Finale, op. 52
Wiener Philharmoniker
Aufgenommen: September 1969
6.35122 (3 LPs)

Symphonie Nr. 1 B-Dur, op. 38 «Frühlings-Symphonie»
Wiener Philharmoniker
Aufgenommen: Juni 1969
6.35122 (3 LPs)

Symphonie Nr. 2 C-Dur, op. 61
Wiener Philharmoniker
Aufgenommen: September 1969
6.35122 (3 LPs)

Symphonie Nr. 3 Es-Dur, op. 97 «Rheinische»
Wiener Philharmoniker
Aufgenommen: November 1967
6.35122 (3 LPs)

Symphonie Nr. 4 d-Moll, op. 120
Wiener Philharmoniker
Aufgenommen: November 1967
6.35122 (3 LPs)

RICHARD STRAUSS

Also sprach Zarathustra, op. 30
Samuel Magad, Violine
Chicago Symphony Orchestra
Aufgenommen: Mai 1975
6.42006

MAURICE RAVEL
Boléro
RICHARD STRAUSS
Also sprach Zarathustra
CLAUDE DEBUSSY
Der Nachmittag eines Faun
Chicago Symphony Orchestra
Aufgenommen: 1975/76
6.48250 DMM

Arabella
Lisa Della Casa, Hilde Güden, Mimi Coertse, Judith Hellwig, Sopran – Ira Malaniúk, Mezzosopran – Anton Dermota, Waldemar Kmentt, Tenor – Eberhard Wächter, George London, Bariton – Otto Edelmann, Harald Pröglhoff, Baß
Chor der Wiener Staatsoper
Wiener Philharmoniker
Aufgenommen: August 1957
6.35104 (3 LPs)

Ariadne auf Naxos
Leontyne Price, Tatiana Troyanos, Edita Gruberova, Norma Burrowes, Deborah Cook, Sopran – Enid Hartle, Mezzosopran – René Kollo, Peter Weber, Heinz Zednik, Kurt Equiluz, Gerhard Unger, Tenor – Walter Berry, Barry McDaniel, Bariton – Manfred Jungwirth, Alfred Sramek, Georg Tichy, Baß – Erich Kunz, Sprecher
London Philharmonic Orchestra
Aufgenommen: November 1977
6.35458 (3 LPs)

Don Juan, op. 20
Chicago Symphony Orchestra,
Aufgenommen: Mai 1972
6.42006

Eine Alpensymphonie, op. 64
Symphonie-Orchester des Bayerischen Rundfunks
Aufgenommen: September 1979
6.42800

Ein Heldenleben, op. 64
Rainer Küchl, Violine
Wiener Philharmoniker
Aufgenommen: März 1977
6.42284

Elektra
Birgit Nilsson, Marie Collier, Pauline Tinsley, Felicia Weathers, Jane Cook, Margarita Sjöstedt, Sopran – Regina Resnik, Margarita Lilowa, Maureen Lehane, Yvonne Minton, Mezzosopran – Helen Watts, Alt – Gerhard Unger, Gerhard Stolze, Tenor – Tom Krause, Bariton – Leo Heppe, Tugomir Franc, Baß
Chor der Wiener Staatsoper
Wiener Philharmoniker
Aufgenommen: September 1966
6.35173 (2 LPs)

Der Rosenkavalier
Régine Crespin, Helen Donath, Emmy Loose, Rosl Schwaiger, Arleen Augér, Sopran – Yvonne Minton, Rohangiz Yachmi, Mezzosopran – Anne Howells, Ingrid Mayr, Alt – Luciano Pavarotti, Murray Dickie, Hubert Prikopa, Kurt Equiluz, Anton Dermota, Karl Terkal, Tenor – Otto Wiener, Bariton – Manfred Jungwirth, Herbert Lackner, Alfred Jerger, Baß
Chor der Wiener Staatsoper
Wiener Philharmoniker
Aufgenommen: November 1968
6.35118 (4 LPs)

Salome
Birgit Nilsson, Josephine Veasey, Liselotte Maikl, Sopran – Grace Hoffmann, Alt – Waldemar Kmentt, Paul Kuen, Stefan Schwer, Aron Gestner, Nigel Douglas, Tenor – Eberhard Wächter, Tom Krause, Bariton – Max Proebstl, Zenon Kosnowski, Theodor Kirschbichler, Heinz Holecek, Baß
Wiener Philharmoniker
Aufgenommen: Oktober 1961
6.35090 (2 LPs)

Till Eulenspiegels lustige Streiche, op. 28
Chicago Symphony Orchestra
Aufgenommen: Mai 1975
6.42006

IGOR STRAWINSKY

Oedipus Rex
Kerstin Meyer, Mezzosopran – Peter Pears, Ryland Davies, Tenor – Benjamin Luxon, Donald McIntyre, Baßbariton – Stafford Dean, Baß
John Alldis Choir
London Philharmonic Orchestra
Aufgenommen: März 1976
SET 616

Le Sacre du Printemps
(Das Frühlingsopfer)
Chicago Symphony Orchestra
Aufgenommen: Mai 1974
6.41848

FRANZ VON SUPPÉ

Dichter und Bauer – Ouvertüre
Wiener Philharmoniker
Aufgenommen: Mai 1959
6.41508

Ein Morgen, ein Mittag, ein Abend in Wien – Ouvertüre
Wiener Philharmoniker
Aufgenommen: Mai 1959
6.41508

Leichte Kavallerie – Ouvertüre
Wiener Philharmoniker
Aufgenommen: Mai 1959
6.41508

Pique Dame – Ouvertüre
Wiener Philharmoniker

Aufgenommen: Mai 1959
6.41508

DAVID DEL TREDICI

Final Alice
Barbara Hendricks, Sopran & Sprecherin – Fred Hemke, Robert Black, Sopran-Saxophon – Fred Spector, Mandoline – Frederic Chrislip, Tenor-Banjo
Chicago Symphony Orchestra
Aufgenommen: Oktober 1979
SXDL 7516 Digital-Aufnahme

PETER TSCHAIKOWSKY

Eugen Onegin
Teresa Kubiak, Sopran – Anna Reynolds, Enid Hartle, Mezzosopran – Julia Hamari, Alt – Stuart Burrows, Michel Sénéchal, Tenor – Bernd Weikl, Bariton – Nicolai Ghiaurov, William Mason, Richard van Allan, Baß
John Alldis Choir
Orchester des Royal Opera House Covent Garden, London
Aufgenommen: Juni 1974
6.35260 (3 LPs)

Konzert für Klavier und Orchester Nr. 1 b-Moll, op. 23
Clifford Curzon, Klavier
Wiener Philharmoniker
Aufgenommen: Oktober 1958
6.48159 (2 LPs)

Serenade für Streicher C-Dur, op. 48
Israel Philharmonic Orchestra
Aufgenommen: Mai 1958
SPA 375

Symphonie Nr. 5 e-Moll, op. 64
Orchester des Pariser Konservatoriums
Aufgenommen: Mai 1956
6.42560

Chicago Symphony Orchestra
Aufgenommen: Mai 1975
6.42029

Symphonie Nr. 6 h-Moll, op. 74 «Pathétique»
Chicago Symphony Orchestra
Aufgenommen: Mai 1976
6.42304

UNBEKANNT

The National Anthem (Konzertfassung des London Philharmonic Orchestra)
London Philharmonic Orchestra
Aufgenommen: Februar 1977
6.42292

GIUSEPPE VERDI

Aïda
Leontyne Price, Sopran – Mietta Sighele, Mezzosopran – Rita Gorr, Alt – Jon Vickers, Franco Ricciardi, Tenor – Robert Merrill, Bariton – Plinio Clabassi, Giorgio Tozzi, Baß
Chor und Orchester des Opernhauses Rom
Aufnahmedatum unbekannt
6.35108 (3 LPs)

Don Carlos
Renata Tebaldi, Jeanette Sinclair, Joan Carlyle, Sopran – Grace Bumbry, Mezzosopran – Carlo Bergonzi, Kenneth MacDonald, John Wakefield, Tenor – Dietrich Fischer-Dieskau, Bariton – Nicolai Ghiaurov, Martti Talvela, Tugomir Franc, Baß
Chor und Orchester des Royal Opera House Covent Garden, London
Aufgenommen: Juni 1965
6.35117 (4 LPs)

Falstaff
Ilva Ligabue, Mirella Freni, Sopran – Giulietta Simionato, Rosalind Elias, Mezzosopran – Alfredo Kraus, John Lanigan, Piero de Palma, Tenor – Geraint Evans, Robert Merrill, Bariton – Giovanni Foiani, Baß

Chor und Orchester der RCA Italiana
Aufgenommen: Juli 1963
2BB 104/6

Missa da Requiem (Requiem)
Joan Sutherland, Sopran – Marilyn Horne, Mezzosopran – Luciano Pavarotti, Tenor – Martti Talvela, Baß
Chor der Wiener Staatsoper
Wiener Philharmoniker
Aufgenommen: Oktober 1967
6.35207 (2 LPs)

Otello
Margaret Price, Sopran – Jane Berbié, Mezzosopran – Carlo Cossutta, Peter Dvorský, Kurt Equiluz, Tenor – Gabriel Bacquier, Bariton – Kurt Moll, Stafford Dean, Hans Helm, Baß
Chor der Wiener Staatsoper
Wiener Sängerknaben
Wiener Philharmoniker
Aufgenommen: September 1977
6.35420 (2 LPs)

Quattro Pezzi Sacri (Vier geistliche Stücke)
– *Ave Maria*
Chicago Symphony Orchestra und Chor
Aufgenommen: Mai 1978

– *Laudi alla Vergine Maria*
Chicago Symphony Orchestra und Chor
Aufgenommen: Mai 1978

– *Stabat Mater*
Chicago Symphony Orchestra und Chor
Aufgenommen: Mai 1977

– *Te Deum*
Jo Ann Pickens, Sopran
Chicago Symphony Orchestra und Chor
Aufgenommen: Mai 1978
6.42490

La Traviata
– *Vorspiel zum 1. Akt*
Orchester des Royal Opera House Covent Garden, London
Aufgenommen: 1959
6.41779

– *Vorspiel zum 3. Akt*
Orchester des Royal Opera House Covent Garden, London
Aufgenommen: 1959
6.41779

Un Ballo in Maschera
(Ein Maskenball)
Birgit Nilsson, Sylvia Stahlman, Sopran – Giulietta Simionato, Mezzosopran – Carlo Bergonzi, Piero de Palma, Vittorio Pandano, Tenor – Cornell MacNeil, Bariton – Tom Krause, Baßbariton – Fernando Corena, Libero Arbace, Baß
Chor und Orchester der Accademia di Santa Cecilia, Rom
Aufgenommen: Juli 1960
6.35280 (3 LPs)

RICHARD WAGNER

Der fliegende Holländer
Janis Martin, Sopran – Isola Jones, Mezzosopran – Werner Krenn, René Kollo, Tenor – Norman Bailey, Bariton – Martti Talvela, Baß
Chicago Symphony Orchestra und Chor
Aufgenommen: Mai 1976
6.35361 (3 LPs)

– *Ouvertüre*
Wiener Philharmoniker
Aufgenommen: Oktober 1961
6.41524

Die Meistersinger von Nürnberg
Hannelore Bode, Sopran – Julia Hamari, Mezzosopran – René Kollo, Adalbert Kraus, Martin Schomberg, Wolfgang Appel, Michel Sénéchal, Adolf Dallapozza, Tenor – Norman Bailey, Kurt Moll, Martin

Engel, Bernd Weikl, Gerd Nienstedt, Helmut Berger-Tuna, Kurt Rydl, Rudolf Hartmann, Baß
Chor der Wiener Staatsoper
Wiener Philharmoniker
Aufgenommen: September 1975
6.35329 (5 LPs)

– Ouvertüre
Chicago Symphony Orchestra
Aufgenommen: Mai 1972
6.42370

Parsifal
Rotraud Hansmann, Lucia Popp, Kiri te Kanawa, Sopran – Christa Ludwig, Anne Howells, Margarita Lilowa, Mezzosopran – Birgit Finnilä, Alison Hargan, Gillian Knight, Alt – René Kollo, Robert Tear, Heinz Zednik, Ewald Aichberger, Tenor – Dietrich Fischer-Dieskau, Zoltan Kélémen, Bariton – Hans Hotter, Gottlob Frick, Herbert Lackner, Baß
Chor der Wiener Staatsoper
Wiener Sängerknaben
Wiener Philharmoniker
Aufgenommen: Dezember 1971
6.35231 (5 LPs)

Rienzi
– Ouvertüre
Wiener Philharmoniker
Aufgenommen: Oktober 1961
6.41524

Der Ring des Nibelungen
Götterdämmerung
Birgit Nilsson, Claire Watson, Lucia Popp, Gwyneth Jones, Sopran – Christa Ludwig, Maureen Guy, Helen Watts, Grace Hoffman, Anita Välkki, Alt – Wolfgang Windgassen, Tenor – Dietrich Fischer-Dieskau, Bariton – Gustav Neidlinger, Gottlob Frick, Baß
Chor der Wiener Staatsoper
Wiener Philharmoniker
Aufgenommen: Mai 1964
6.35500 (19 LPs)
6.35253 (6 LPs)

Das Rheingold
Claire Watson, Oda Balsborg, Hetty Plümacher, Sopran – Kirsten Flagstad, Mezzosopran – Jean Madeira, Ira Malaniúk, Alt – Set Svanholm, Paul Kuen, Waldemar Kmentt, Tenor – George London, Gustav Neidlinger, Eberhard Wächter, Bariton – Kurt Böhme, Walter Kreppel, Baß
Wiener Philharmoniker
Aufgenommen: Oktober 1958
6.35500 (19 LPs)
6.35250 (3 LPs)

Siegfried
Joan Sutherland, Birgit Nilsson, Sopran – Marga Höffgen, Alt – Wolfgang Windgassen, Tenor – Hans Hotter, Gustav Neidlinger, Bariton – Kurt Böhme, Baß
Wiener Philharmoniker
Aufgenommen: Mai 1962
6.35500 (19 LPs)
6.35252 (5 LPs)

Die Walküre
Birgit Nilsson, Régine Crespin, Helga Dernesch, Berit Lindholm, Vera Schlosser, Sopran – Christa Ludwig, Vera Little, Brigitte Faßbänder, Claudia Hellmann, Mezzosopran – Marilyn Tyler, Helen Watts, Alt – James King, Tenor – Hans Hotter, Bariton – Gottlob Frick, Baß
Wiener Philharmoniker
Aufgenommen: Oktober 1965
6.35500 (19 LPs)
6.35251 (5 LPs)

– Todverkündung/3. Akt
Kirsten Flagstad, Marianne Schech, Oda Balsborg, Ilona Steingrüber, Claire Watson, Sopran – Grace Hoffman, Anny Delorie, Hetty Plümacher, Mezzosopran – Set Svanholm, Tenor – Otto Edelmann,

Bariton
Wiener Philharmoniker
Aufgenommen: 1957
GOS 577/8

Orchestermusik aus «Der Ring des Nibelungen»
Wiener Philharmoniker
Aufgenommen: 1981
SXDL 7612 Digital-Aufnahme

Siegfried-Idyll
Wiener Philharmoniker
Aufgenommen: November 1965
6.35166 (2 LPs)

Tannhäuser
Helga Dernesch, Sopran – Christa Ludwig, Mezzosopran – René Kollo, Werner Hollweg, Kurt Equiluz, Tenor – Victor Braun, Bariton – Hans Sotin, Manfred Jungwirth, Norman Bailey, Baß
Chor der Wiener Staatsoper
Mitglieder der Wiener Sängerknaben
Wiener Philharmoniker
Aufgenommen: Oktober 1970
6.35193 (4 LPs)

– Ouvertüre
Chicago Symphony Orchestra
Aufgenommen: Mai 1977
6.42370

– Ouvertüre und Bacchanale
Singverein der Gesellschaft der Musikfreunde Wien
Wiener Philharmoniker
Aufgenommen: Oktober 1961
6.41524

Tristan und Isolde
Birgit Nilsson, Sopran – Regina Resnik, Mezzosopran – Frith Uhl, Ernst Kozub, Peter Klein, Waldemar Kmentt, Tenor – Tom Krause, Theodor Kirschbichler, Bariton – Arnold van Mill, Baß
Singverein der Gesellschaft der Musikfreunde Wien
Wiener Philharmoniker
Aufgenommen: September 1960
6.35153 (5 LPs)

– Vorspiel/Isoldes Liebestod
Chicago Symphony Orchestra
Aufgenommen: Mai 1977
6.42370

WILLIAM WALTON

Belshazzar's Feast (Belsazars Fest)
Benjamin Luxon, Bariton
London Philharmonic Orchestra und Chor
Aufgenommen: Juli 1977
SET 618

Coronation Te Deum (Krönungs-Te Deum)
Ralph Downes, Orgel
London Philharmonic Choir – Chöre der Salisbury Cathedral, Winchester Cathedral, Chichester Cathedral
London Philharmonic Orchestra
Aufgenommen: März 1977
SET 618

CARL MARIA VON WEBER

Oberon
– Ouvertüre
Chicago Symphony Orchestra
Aufgenommen: November 1973
SXL 6830

Bibliographie

Adorno, Theodor W.: Einleitung in die Musiksoziologie, Suhrkamp Taschenbuch Wissenschaft 142, 3. Auflage, Frankfurt am Main 1980

Bachmann, Robert C.: Große Interpreten im Gespräch, dtv 2. Aufl., München 1979

Bloomfield, Arthur J.: The San Francisco Opera 1923–1961, New York 1961

Culshaw, John: Ring Resounding, New York 1967

Davis, Ronald: Opera in Chicago, New York 1966

Fabian, Imre, im Gespräch mit René Kollo, Zürich 1982

Fries, Othmar/Schaub, Fritz: Internationale Musikfestwochen Luzern 1938–1973, Eine Dokumentation, Luzern 1974

Furlong, William Barry: Season With Solti: A Year in the Life of the Chicago Symphony, New York 1974

Haltrecht, Montague: The Quiet Showman, London 1975

Herzfeld, Friedrich: Magier des Taktstocks, Lizenzausgabe für Buchclub Ex Libris Zürich, Berlin West 1964

Heym, Heinrich (Herausgeber): Frankfurt und sein Theater, Bibliotheksausgabe, Frankfurt am Main 1971

Kempter, Lothar (Redaktor): Musikkollegium Winterthur, Festschrift zur Feier des dreihundertjährigen Bestehens 1629–1929, Zweiter Band: Das Musikkollegium Winterthur 1837–1953, Winterthur 1959

Lawrence, Robert: A Rage for Opera, New York 1971

Liebermann, Rolf: Opernjahre, Taschenbuchausgabe, München 1979

Matheopoulos, Helena: Maestro/Encounters with Conductors of Today, London 1982

Robinson, Paul: Herbert von Karajan, Rüschlikon-Zürich 1981

Schonberg, Harold C.: Die großen Dirigenten, Bern und München 1970

Walter, Bruno: Thema und Variationen, S. Fischer Verlag 1950

– : Von der Musik und vom Musizieren, S. Fischer Verlag 1957

Personenregister